Hellseherisches Medium

Entschlüsseln Sie die Geheimnisse der psychischen Entwicklung, der Medialität, der Wahrsagerei und des Pendels

© Copyright 2024

Alle Rechte vorbehalten. Kein Teil dieses Buches darf in irgendeiner Form ohne schriftliche Genehmigung des Autors reproduziert werden. Rezensenten dürfen in Besprechungen kurze Textpassagen zitieren.

Haftungsausschluss: Kein Teil dieser Publikation darf ohne die schriftliche Erlaubnis des Verlags reproduziert oder in irgendeiner Form übertragen werden, sei es auf mechanischem oder elektronischem Wege, einschließlich Fotokopie oder Tonaufnahme oder in einem Informationsspeicher oder Datenspeicher oder durch E-Mail.

Obwohl alle Anstrengungen unternommen wurden, die in diesem Werk enthaltenen Informationen zu verifizieren, übernehmen weder der Autor noch der Verlag Verantwortung für etwaige Fehler, Auslassungen oder gegenteilige Auslegungen des Themas.

Dieses Buch dient der Unterhaltung. Die geäußerte Meinung ist ausschließlich die des Autors und sollte nicht als Ausdruck von fachlicher Anweisung oder Anordnung verstanden werden. Der Leser / die Leserin ist selbst für seine / ihre Handlungen verantwortlich.

Die Einhaltung aller anwendbaren Gesetze und Regelungen, einschließlich internationaler, Bundes-, Staats- und lokaler Rechtsprechung, die Geschäftspraktiken, Werbung und alle übrigen Aspekte des Geschäftsbetriebs in den USA, Kanada, dem Vereinigten Königreich regeln oder jeglicher anderer Jurisdiktion obliegt ausschließlich dem Käufer oder Leser.

Weder der Autor noch der Verlag übernimmt Verantwortung oder Haftung oder sonst etwas im Namen des Käufers oder Lesers dieser Materialien. Jegliche Kränkung einer Einzelperson oder Organisation ist unbeabsichtigt.

Inhaltsverzeichnis

TEIL 1: PSYCHISCHE ENTWICKLUNG 1
   EINFÜHRUNG 2
   KAPITEL EINS: SIND SIE DAZU BEREIT, ZUM HELLSEHER ZU WERDEN? 4
   KAPITEL ZWEI: WIE SIE IHRE ANGEBORENEN ÜBERSINNLICHEN FÄHIGKEITEN RICHTIG NUTZEN 14
   KAPITEL DREI: HELLSEHERISCHE HILFSMITTEL 27
   KAPITEL VIER: VERSTEHEN SIE DEN ASTRALKÖRPER 38
   KAPITEL FÜNF: ASTRALREISEN 49
   KAPITEL SECHS: BEGINNEN SIE IHRE ÜBUNGEN ZUR MEDIALITÄT 59
   KAPITEL SIEBEN: TELEPATHIE ENTFALTEN 66
   KAPITEL ACHT: KUNST DER WAHRSAGEREI 75
   KAPITEL NEUN: WAHRSAGEREI ÜBEN 81
   KAPITEL ZEHN: DIE MACHT DES HELLSEHENS 86
   KAPITEL ELF: SPIRITUELLES HEILEN: DIE ARBEIT MIT ENERGIE 91
   KAPITEL ZWÖLF: KRISTALLE ZUR HEILUNG UND FÜR DIE PERSÖNLICHE KRAFT 101
   FAZIT 105
TEIL 2: WAHRSAGEN 106
   EINFÜHRUNG 107
   KAPITEL EINS: IST ES WIRKLICH MÖGLICH, IN DIE ZUKUNFT ZU SEHEN? 109

KAPITEL ZWEI: HILFSMITTEL ZUR WAHRSAGEREI 114
KAPITEL DREI: ASTROLOGIE VERSTEHEN 121
KAPITEL VIER: WIE MAN EIN GEBURTSHOROSKOP LIEST 131
KAPITEL FÜNF: NUMEROLOGIE - WIE SICH DAS SCHICKSAL DURCH ZAHLEN OFFENBART 143
KAPITEL SECHS: HANDLESEN - DIE GRUNDLAGEN DES HANDLESENS 151
KAPITEL SIEBEN: RUNENWERFEN I: WIE MAN DIE RUNEN WIRFT 165
KAPITEL ACHT: RUNENWERFEN II: LAYOUTS UND LEGESYSTEME FÜR DIE WAHRSAGEREI 171
KAPITEL NEUN: TAROT-LESEN I: DIE GROßE ARKANA 178
KAPITEL ZEHN: TAROT-LESUNG II: DAS KLEINE ARKANA 188
KAPITEL ELF: TAROT-LESUNG III: LEGESYSTEME UND DEUTUNGEN 210
FAZIT 218

TEIL 3: MEDIUMISMUS 220
EINLEITUNG 221
KAPITEL EINS: SIND SIE EIN MEDIUM? 223
KAPITEL ZWEI: ARTEN VON MEDIEN 232
KAPITEL DREI: DER BEGINN IHRER PSYCHISCHEN REISE 241
KAPITEL VIER: IHREN SPIRITUELLEN KÖRPER VERSTEHEN 252
KAPITEL FÜNF: VORBEREITUNG, SCHUTZ UND INTENTION 262
KAPITEL SECHS: ÜBERSINNLICHE FÄHIGKEITEN I: HELLFÜHLIGKEIT 270
KAPITEL SIEBEN: ÜBERSINNLICHE FÄHIGKEITEN II: HELLHÖRIGKEIT 278
KAPITEL ACHT: ÜBERSINNLICHE FÄHIGKEITEN III: HELLSICHTIGKEIT 285
KAPITEL NEUN: KONTAKTAUFNAHME MIT DER GEISTERWELT 293
KAPITEL ZEHN: FINDEN SIE IHRE GEISTFÜHRER 301
KAPITEL ELF: DIE ARBEIT IN SPIRITUELLEN KREISEN 312
KAPITEL ZWÖLF: VERBESSERN SIE IHRE ÜBERSINNLICHEN FÄHIGKEITEN 318
SCHLUSSBEMERKUNG 326

TEIL 4: PENDEL 327
   EINFÜHRUNG 328
   KAPITEL EINS: EINFÜHRUNG IN DAS PENDELN 330
   KAPITEL ZWEI: WIE SIE EIN PENDEL AUSWÄHLEN 336
   KAPITEL DREI: VORBEREITUNGEN FÜR DIE VERWENDUNG
   DES PENDELS 343
   KAPITEL VIER: AKTIVIEREN SIE IHR PENDEL 357
   KAPITEL FÜNF: MIT IHREM PENDEL KOMMUNIZIEREN 365
   KAPITEL SECHS: VERLORENE GEGENSTÄNDE MIT EINEM
   PENDEL FINDEN 376
   KAPITEL SIEBEN: PENDEL FÜR WAHRSAGEREI UND MAGIE 380
   KAPITEL ACHT: EIGENSCHAFTEN VON KRISTALLPENDELN 393
   KAPITEL NEUN: VERWENDUNG VON PENDELN FÜR DIE
   KÖRPERLICHE HEILUNG 404
   KAPITEL ZEHN: DIE VERWENDUNG VON PENDELN ZUR
   ENERGIEHEILUNG 415
   FAZIT 425
HIER IST EIN WEITERES BUCH VON MARI SILVA, DAS
IHNEN GEFALLEN KÖNNTE 426
REFERENZEN 427

Teil 1: Psychische Entwicklung

Ein unverzichtbares Hilfswerk für Telepathie, Wahrsagerei, Astralprojektion, Medialität, Hellseherei, Heilung und übersinnliche Hexerei

Einführung

Wenn man Ihnen sagen würde, dass Sie besondere übersinnliche Fähigkeiten haben, die an das Übernatürliche grenzen, würden Sie wahrscheinlich anfangen, hysterisch zu lachen. Nun, zumindest würden Sie das, wenn Sie bisher noch nicht gut mit übersinnlichen Entwicklungen vertraut sind. Gehen Sie üblicherweise einfach davon aus, dass Sie ein ganz normaler Mensch sind, der in keiner Weise besonders ist? Nun, tatsächlich sind Sie weit davon entfernt, gewöhnlich zu sein. In Ihrem Inneren ist eine Menge los, aber Sie müssen das erst noch erkennen. Das bedeutet nicht, dass Sie merkwürdig sind oder sich von anderen unterscheiden. Wenn wir jeden aufgrund seiner übersinnlichen Kräfte als „besonders" bezeichnen würden, wäre jeder auf die eine oder andere Weise außergewöhnlich. Und warum? Weil jeder Mensch, auch Sie, übersinnliche Fähigkeiten hat.

Da Sie sich noch nicht systematisch mit übersinnlichen Fähigkeiten und Kräften befasst haben, basiert Ihre Vorstellung von übersinnlichen Gaben möglicherweise auf dem, was Sie im Laufe der Jahre im Fernsehen gesehen haben. Infolgedessen sind Sie vielleicht in dem Glauben aufgewachsen, dass übersinnliche Fähigkeiten nur einer Handvoll Menschen zugänglich sind, von denen Sie annehmen, dass sie entweder ungewöhnlich oder außergewöhnlich sind. Zum Beispiel ist das meiste, was Sie im Fernsehen über Hellseher und Medien gelernt haben, bloßer Zufall, oder zumindest der Großteil davon. Jeder Mensch hat übersinnliche Fähigkeiten. Manche Menschen haben eine stärkere Veranlagung für diese Fähigkeiten als andere. Das bedeutet, dass manche Menschen besser mit ihren übersinnlichen Fähigkeiten umgehen können als andere, aber letztendlich hat jeder Mensch diese Fähigkeiten.

Das Problem liegt darin, Ihre übersinnlichen Fähigkeiten zu erkennen und zu erlernen, wie Sie diese Fähigkeit nutzen können, um jeden Aspekt Ihres Lebens zu verbessern. Ich möchte Ihnen helfen, dieses Konzept besser zu verstehen. Der Prozess, der dazu notwendig ist, um Ihre übersinnlichen Kräfte zu entfalten und Ihre übersinnlichen Sinne zu erwecken, wird *psychische Entwicklung* genannt. Die psychische Entwicklung ist ein Prozess des Erwachens, bei dem Sie Ihre wahren Fähigkeiten als Mensch erkennen. Der Zweck dieses Buches ist einfach: Es dient Ihnen als Leitfaden für Ihre psychische Entwicklungsreise und führt Sie Schritt für Schritt durch den Prozess Ihres psychischen Erwachens.

Dieses Buch wurde in klarer und prägnanter Sprache geschrieben. Es richtet sich an alle Leser, vom Anfänger bis hin zu denjenigen, die bereits gute Grundkenntnisse über den Prozess der psychischen Entwicklung haben. Es spielt also keine Rolle, ob Sie gerade zum ersten Mal etwas über übersinnliche Fähigkeiten lernen oder ob Sie die Grundlagen bereits kennen - dieses Buch ist in jedem Fall für Sie geeignet. Ich erkläre Ihnen vom ersten bis zum letzten Kapitel des Buches ausführlich die verschiedenen übersinnlichen Fähigkeiten die es gibt und wie Sie Ihre eigenen verbessern können. Das Buch enthält einfache und überschaubare Übungen, Techniken und Beispiele, die Ihnen das Verständnis des Themas erleichtern sollen. Was dieses Buch von ähnlichen Büchern auf dem Markt unterscheidet, ist, dass es aktuelle und leicht verständliche Informationen enthält. Noch wichtiger ist, dass die Übungen, Techniken und Anleitungen praxisnah sind, d.h. Sie können sie jederzeit in die Praxis umsetzen.

Wenn Sie ein Buch mit einer gesunden Mischung aus Theorie und praktischen Anleitungen suchen, das Ihnen hilft, Ihre übersinnlichen Fähigkeiten zu entfalten, dann ist dies genau das richtige Buch für Sie. Lassen Sie uns die Reise ohne weitere Verzögerung beginnen!

Kapitel Eins: Sind Sie dazu bereit, zum Hellseher zu werden?

Unabhängig davon, was Sie von Hellsehern und übersinnlichen Fähigkeiten halten, haben auch Sie übersinnliche Kräfte – zumindest bis zu einem gewissen Grad hin. Wie ich bereits in der Einleitung erwähnte, besitzt jeder Mensch übersinnliche Fähigkeiten. Viele haben gelernt, ihre Fähigkeiten zu verfeinern und zu nutzen, während andere ihre Fähigkeiten schlummern lassen und darauf warten, dass sie geweckt werden. Wenn Sie jemals Ihre Intuition oder Ihr „Bauchgefühl" genutzt haben, um eine Entscheidung zu treffen, die sich als richtig erwiesen hat, sind Sie zweifellos ein Hellseher. Nun fragen Sie sich vermutlich, ob die Intuition das Gleiche wie die Hellseherei ist.

Bis zu einem gewissen Grad, ja. Die Fähigkeit zur Intuition ist dasselbe wie die Fähigkeit zum Übersinnlichen, aber übersinnliche Fähigkeiten können so weit verfeinert werden, dass sie schließlich über die reine Intuition hinausgehen. Das bedeutet, dass Sie sich selbst trainieren können, um Ihre übersinnlichen Fähigkeiten über die Kraft Ihrer Intuition hinaus zu verbessern. Anstatt sich bei Entscheidungen auf Ihr Bauchgefühl zu verlassen, können Sie Ihre hellseherischen Sinne so weit schärfen, dass Sie einfach sicher wissen, was zu tun oder zu lassen ist. So einfach kann das Leben sein. Aber das Erlernen solcher Fähigkeiten ist nicht einfach.

Viele Menschen beginnen den Prozess des hellseherischen Erwachens in dem Glauben, dass alles einfach und unkompliziert verlaufen wird, aber sie werden in solchen Fällen oft enttäuscht. Die Enttäuschung rührt daher, dass sie die Reise in dem Glauben antreten, dass Sie innerhalb von ein paar Monaten viel erreichen können. Ich habe sogar schon mal jemanden getroffen, der übersinnliche Fähigkeiten als Modeerscheinung bezeichnete, weil er eine Woche nach Beginn des Lernens noch keine Astralprojektion erreichen konnte. Ich war bestürzt, als ich erfuhr, dass ein vermeintlicher Hellseher dieser Person versprochen hatte, dass man die Astralprojektion in fünf Tagen erlernen könne, solange man nur konsequent genug übte. Tatsächlich mag Konsequenz für die Entwicklung übersinnlicher Fähigkeiten entscheidend sein. Dennoch wird Ihnen das alleine nicht dabei helfen, eine der übersinnlichen Fähigkeiten in ein paar Tagen zu entwickeln.

Wenn man gerade erst anfängt, das Hellsehen zu erlernen, ist es am besten, es als das Erlernen einer neuen Fähigkeit zu betrachten. Sie würden beispielsweise beim Erlernen einer anderen Fertigkeit, wie zum Beispiel Grafikdesign, auch nicht alles nach nur fünf Tagen wissen. Warum sollten Sie also erwarten, dass Sie die Hellseherei oder Telepathie in fünf Tagen lernen können? Genauso wie Sie sich in jeder Fähigkeit, die Sie neu lernen, langsam weiterentwickeln müssen, indem Sie ständig neue Verfahrensweisen und Methoden erlernen, müssen Sie dasselbe bei der psychischen Entwicklung auch tun. Das heißt, Sie müssen geduldig und ausdauernd bleiben und stets offen für Lernfortschritte sein. Bevor Sie die Frage, ob Sie dazu bereit sind, ein Hellseher zu werden, mit „Ja" beantworten können, müssen Sie sich vergewissern, dass Sie während der gesamten Reise geduldig bleiben werden. Geduld ist die wichtigste Eigenschaft, wenn es um die Entwicklung Ihrer übersinnlichen Fähigkeiten geht. Wenn Sie nicht geduldig genug sind, werden Sie wahrscheinlich nicht länger als ein paar Wochen durchhalten, bevor Sie das Vorhaben, Ihre übersinnlichen Fähigkeiten zu verbessern, aufgeben.

Sie müssen verstehen, dass Menschen in unterschiedlich schnellem Tempo lernen. Manche lernen schneller als andere. Wenn Sie heute gemeinsam mit einem Freund mit dem Hellsehen beginnen, werden Sie nicht beide im gleichen Tempo weiter lernen. Es kann sein, dass Ihr Freund schneller gut darin ist, farbige Auren zu sehen, während Sie erst langsam anfangen, ein schwaches Licht zu sehen. Sollte dies der Fall sein, bedeutet das nicht, dass Sie nicht auch so weit wie Ihr Freund kommen können. Es bedeutet lediglich, dass Ihr Freund schneller lernt als Sie, und das ist in Ordnung. Sie müssen in Ihrem eigenen Tempo arbeiten, nicht in dem einer anderen Person. Es sollte also für Sie keine Rolle spielen, was jemand anderes bereits erreicht hat. Sie müssen sich nur auf Ihre Fortschritte konzentrieren, denn das ist alles, was zählt. Wenn Sie diese einfachen Hintergründe verstanden haben, können Sie mit Sicherheit sagen, dass Sie dazu bereit sind, Hellseher zu werden. Aber *was genau ist ein Hellseher eigentlich?*

Die einfachste Definition eines Hellsehers ist die eines Menschen mit außersinnlichen Wahrnehmungsfähigkeiten. Der Schlüsselpunkt ist dabei das Kriterium der „außersinnlichen Wahrnehmung". Derartige Arten von Wahrnehmung können Informationen erhalten, ohne dabei die anerkannten Sinneskanäle zu benutzen. Einfach ausgedrückt bedeutet das: Jemand mit außersinnlicher Wahrnehmung kann Informationen wahrnehmen, ohne seine normalen Sinne wie Sehen, Hören, Tasten, Riechen oder Schmecken zu benutzen. Wenn Sie eine außersinnliche Wahrnehmung haben, können Sie Dinge sehen, die Ihre normalen Augen nicht sehen können. Die außersinnliche Wahrnehmung ist die Grundlage für alle übersinnlichen Fähigkeiten, einschließlich des Hellsehens, der Telepathie, der Medialität usw. Als Hellseher können Sie über die Grenzen der materiellen Welt hinaussehen, hören, spüren, fühlen oder schmecken.

Im Laufe der menschlichen Geschichte gab es immer wieder dokumentierte und undokumentierte Berichte über „besondere" Menschen, die verschiedene Probleme in den unterschiedlichsten Bereichen des Lebens lösen konnten, die von Wirtschaftsproblemen bis hin zu Beziehungen reichten. Es gibt Beispiele und Belege für die Existenz von Menschen, die Hellseherei, Medialität, Präkognition und andere übersinnliche Fähigkeiten in verschiedenen Kulturen weltweit nutzen können.

Im antiken Indien waren die Weisen bekanntermaßen Meister in der Kunst der Hellseherei. Die Geschichte von Sanjay, einem Assistenten von Dhritrashtra, dem Vater des Kauravas, liefert uns ein Beispiel über einen altindischen Philosophen, der die Hellseherei nutzte. Während des Krieges zwischen den Pandavas und den Kauravas im Mahabharata berichtete Sanjay dem blinden Dhritrashtra von allem, was auf dem Schlachtfeld geschah. Und das, obwohl er Tausende von Kilometern vom Ort der Schlacht entfernt war. Alle glaubten, dass Sanjay die Gabe des hellseherischen Auges besaß. Mit anderen Worten, Sanjay war ein Hellseher.

Auch im Westen gibt es Geschichten über bekannte Hellseher wie Edgar Cayce, einen amerikanischen Hellseher, der für seine hellseherischen Fähigkeiten berühmt war. Cayce galt als Seher, Mystiker, Hellseher und psychischer Diagnostiker. Er war dazu in der Lage, Menschen von ihren Krankheiten zu heilen, indem er sich in einen tranceartigen Meditationszustand begab, um die Wurzeln ihrer Krankheit zu bestimmen und so ein Heilmittel zu finden.

Berühmt ist auch die Geschichte von Victor Race, der seinerzeit als „geistesschwach" galt. Race war ein Bauer, der seine Krankheiten selbst diagnostizieren und heilen konnte. Aber da hörten seine Kräfte nicht auf. Er half außerdem unzähligen anderen Menschen mit ihren Krankheiten, indem er sie in eine Trance versetzte, um anschließend nach Lösungen für Ihre Leiden zu suchen.

Des Weiteren gibt es viele andere Berichte über Menschen mit übersinnlichen Fähigkeiten auf der ganzen Welt. Viele dieser Menschen stammen aus unterschiedlichen Kulturen. Dennoch hatten sie alle die gleichen übersinnlichen Kräfte. Dies zeigt, dass es keine Ausnahmen dabei gibt, wer Hellseher werden kann. Jeder kann ein Hellseher werden, wenn er dazu bereit ist, sich selbst und seinen Fähigkeiten zu vertrauen.

Nehmen wir einmal an, Sie sind mit der wahren Bedeutung des Wortes „Hellseher" noch nicht vertraut. In diesem Fall denken Sie, wenn Sie das Wort hören vielleicht zunächst an eine Person in einem schwach beleuchteten Raum mit Kristallkugeln, merkwürdigen Apparaten, Nebelmaschinen und anderen Dingen, mit denen Ihnen übernatürliche Ereignisse oder Geschehnisse vorgeschwindelt werden sollen. Ich bezeichne solche vermeintlichen Fähigkeiten als nichts anderes als Illusionen.

Wahrscheinlich haben Sie von Kindheit an gelernt, dass Hellseher dubiose und betrügerische Menschen sind - im Grunde genommen Betrüger, die darauf abzielen, Sie auszubeuten. Selbst wenn Sie also in jungen Jahren ein übersinnliches Ereignis erlebt haben, haben Sie es wahrscheinlich aufgrund Ihrer negativen Wahrnehmung von Hellsehern bereits diskreditiert. Dank der modernen Medien vernachlässigen wir übersinnliche Erfahrungen, weil sie nicht so glamourös und dramatisch sind, wie sie in den uns bekannten Filmen und Fernsehsendungen dargestellt werden.

Was die meisten Menschen nicht wissen, ist die Tatsache, dass Medien und Hellseher unterschiedlich sind. Ich treffe oft Menschen, die denken, dass ein Medium und ein Hellseher dieselben Fähigkeiten haben. Manche Menschen benutzen die unterschiedlichen Bezeichnungen sogar wie Synonyme. Für jemanden, der mit beiden Begriffen wenig oder gar nichts anfangen kann, mögen beide Rollen ähnlich erscheinen, aber es gibt tatsächlich einen deutlichen Unterschied zwischen den beiden.

Im Gegensatz zu Hellsehern erhalten Medien Informationen durch sogenanntes „Channeling" oder eine vorübergehende Besessenheit. Mit anderen Worten, sie werden in der Regel von Wesen aus dem Jenseits besessen, die Informationen durch sie an die Lebenden weitergeben. Es gibt auch Hellseher, die als Medien fungieren können.

Diese Personen werden oft als übersinnliche Medien bezeichnet. Psychische Medien erhalten Informationen durch außersinnliche Wahrnehmung, aber der entscheidende Punkt ist, dass sie mit Wesen aus dem Jenseits kommunizieren können. Die Kommunikation findet oft mithilfe ihrer übersinnlichen Sinne statt. Das bedeutet, dass ein Medium auch ein Übersinnlicher sein kann, aber das ein jeder Übersinnlicher nicht unbedingt ein Medium ist. Als jemand, der mehr über übersinnlichen Praktiken lernen möchte, sollten Sie den Unterschied zwischen den beiden Begriffen am besten kennen und sie nicht falsch verwenden.

Es gibt in der Regel drei Möglichkeiten, für die Art und Weise, wie ein Medium einem Menschen helfen kann. Die erste liegt darin, Ihnen zu helfen, kürzlich verstorbene Geister zur Kommunikation zu ermutigen. Nehmen wir beispielsweise an, Sie haben einen verstorbenen Verwandten, mit dem Sie gerne kommunizieren würden, um wertvolle Informationen zu erhalten. Ein Medium kann Ihnen dabei helfen, die Informationen zu erhalten, indem es den Geist Ihres verstorbenen Verwandten in eine Trance versetzt und ihn auf diese Weise „channelt".

Die zweite Möglichkeit, wie ein Medium seine Fähigkeiten einsetzen kann, ist durch medizinische (physische) Hilfe für eine Person, deren Krankheit von der Wissenschaft im Allgemeinen als unheilbar angesehen wird. Dazu müsste ein Medium wohlwollende Geister „channeln", die bereit sind, der Peron zu helfen. Die Geister helfen beispielsweise dabei, die Ursache der Krankheit herauszufinden und das richtige Heilmittel zu finden, wie etwa die Heilung durch den Einsatz eines Heilkristalls.

Drittens können Medien ihre Kräfte nutzen, um Verbrechen aufzuklären, insbesondere solche, die anderen als unlösbar scheinen.

Jeder Hellseher, der die Fähigkeit besitzt, Trancezustände herbeizuführen und Geister zu „channeln", kann die gleichen Dinge tun wie ein Medium auch. Das bedeutet aber nicht, dass Hellseher und Medien ein und dasselbe sind.

Als Hellseher lernen Sie Ihre Fähigkeiten auf zwei verschiedene Arten kennen. Die erste ist die Notwendigkeit, dass Sie es sich auf natürliche Weise der Tatsache bewusstwerden, dass Sie mit übersinnlichen Kräften geboren wurden. Als Heranwachsender stellten Sie vielleicht fest, dass Sie oft Dinge wissen, die andere Menschen nicht zu wissen scheinen. Zum Beispiel haben Sie schon mal Dinge gesehen, von denen andere behaupten, sie könnten sie nicht sehen. Wenn das auf Sie zutrifft, bedeutet das, dass Sie eine stärkere Veranlagung für diese Kräfte haben als andere Menschen. Die zweite Art und Weise, auf die übersinnliche Kräfte zum Vorschein kommen, sind traumatische oder lebensbedrohliche Erlebnisse. Das heißt, wenn Sie bereits vorher Anzeichen für übersinnliche Fähigkeiten zeigten, kann ein beinahe tödlicher Unfall oder ein ähnliches Ereignis, das ein körperliches oder emotionales Trauma verursacht, Ihre übersinnlichen Sinne auslösen.

Die fortgeschrittene psychische Entwicklung ist mit konsequentem Training und regelmäßiger Übung leicht zu erreichen. Aber seien Sie sich bewusst, dass das Entfesseln Ihrer übersinnlichen Fähigkeiten Sie für die Nachwirkungen und Konsequenzen der übersinnlichen Praxis anfälliger macht. Das bedeutet, dass Sie dazu bereit sein müssen, alle Ängste und Zweifel zu überwinden, um ein Hellseher zu werden. Auf diese Weise wird es für Sie einfacher, mit den Folgen Ihrer Entscheidung umzugehen.

Der Ursprung des Wortes „psychisch" ist das griechische Wort „psyche", das so viel wie Geist, Seele oder Verstand bedeutet. Im weiteren Sinne bezieht sich die Bedeutung des Wortes auch auf Gedanken, Gefühle und Empfindungen. Vielleicht ist ein Hellseher so etwas ähnliches wie ein Psychologe. Der einzige Unterschied besteht darin, dass Hellseher das Studium des Geistes auf eine höhere spirituelle Ebene erheben. Anstatt sich nur auf den Verstand zu konzentrieren, wie es Psychologen tun, dehnen Hellseher ihr Studium auf die Seele oder den Geist aus. Obwohl Ihr Geist eine göttliche Entität ist, hat er großen Einfluss auf Ihre Gefühle, Gedanken, Stimmungen usw.

Sie können die Gedanken, Gefühle oder Absichten von Menschen erkennen, indem Sie deren Auren lesen. Das Aura-Lesen ist auch ebenfalls Teil der psychischen Entwicklung.

Um noch besser zu verstehen, was einen Hellseher ausmacht, müssen Sie ein paar Dinge lernen. Das Wissen um diese Dinge wird Ihnen helfen, alle verbleibenden falschen Vorstellungen zu korrigieren, die Sie über Hellseher und über die übersinnliche Entwicklung haben könnten. Und was noch wichtiger ist: Sie werden dadurch Ihre Wahrnehmung und Ihre Einstellung zur außersinnlichen Wahrnehmung verändern.

Eine der wichtigsten Informationen, die Sie über Hellseher haben sollten, ist die, dass diese Ihnen die Zukunft nicht mit absoluter Präzision voraussagen können. Diese Ansicht ist das Gegenteil von dem, was die meisten Menschen glauben. Sie haben vielleicht bereits gehört oder gelesen, dass Hellseher die Zukunft genau vorhersagen können, aber das ist nicht ganz richtig. Wenn Sie Ihre hellseherischen Fähigkeiten trainieren und verfeinern, erhalten Sie vielleicht Einblicke in Ereignisse, die noch gar nicht eingetreten sind. Das heißt aber nicht unbedingt, dass Sie das Ereignis genauso vorhersagen können, wie es eintreten wird.

Die Zukunft ist dynamisch und wandelbar, so dass es unmöglich ist, sie mit absoluter Präzision vorherzusagen. Ein authentischer und fähiger Hellseher würde Ihnen niemals versprechen, dass er Ihre Zukunft genau so sehen kann, wie sie eintreten wird. Stattdessen hilft er Ihnen dabei zu verstehen, dass die Zukunft unbestimmt ist. Sie erschaffen Ihre Zukunft, wenn Sie individuelle Entscheidungen treffen und durch diese im Leben vorankommen. Die psychische Entwicklung hilft Ihnen lediglich dabei, Entscheidungen zu treffen, die Ihnen beim Erreichen eines Ziels helfen können.

Hellseher sind extrem sensibel, was dazu führt, dass Sie Energie und andere Dinge wahrnehmen, die Sie selbst nicht sehen können, weil Ihr psychischer Pfad gesperrt ist. Ich möchte an dieser Stelle noch einmal betonen, dass wir alle bis zu einem gewissen Grad intuitiv und sensibel veranlagt sind. Jeder Mensch wird mit einer intakten Intuition und übersinnlichen Sinnen geboren. Der Unterschied zwischen einem Übersinnlichen und einem Nicht-Übersinnlichen besteht lediglich darin, dass der Nicht-Übersinnliche seine übersinnlichen Sinne erst noch erwecken muss. Wenn Sie sich noch nie mit übersinnlichen Aktivitäten beschäftigt haben, können Sie mit Sicherheit sagen, dass Sie ein Nicht-Übersinnlicher sind. Die Hellseher, die Sie kennen oder von denen Sie hören, sind nicht einzigartig oder grundsätzlich anders als Sie selbst. Nehmen wir einmal an, Sie entscheiden sich dafür, Ihre übersinnlichen Fähigkeiten zu verbessern und zu verfeinern. Diese Entscheidung ist alles, was Sie brauchen, um sich schließlich als authentischer Hellseher zu bezeichnen.

Abschließend möchte ich anmerken, dass wir Menschen zwar alle unterschiedliche Fähigkeiten haben, aber dass die Hellseher auf der ganzen Welt gleich sind. Der Unterschied in den Fähigkeiten der Einzelnen ergibt sich aus dem aktivsten übersinnlichen Sinn (den aktivsten Sinnen) in jedem von uns. Wenn Ihr übersinnlicher Sinn zum Beispiel die Hellfühligkeit ist, werden Sie höchstwahrscheinlich gut dazu in der Lage sein, als Medium zu arbeiten. Andererseits wird eine Person, deren primärer übersinnlicher Sinn die Hellsichtigkeit ist, mit größerer Wahrscheinlichkeit auch als Energieleser erfolgreich sein. Vergessen Sie nie, dass jeder Mensch unterschiedliche Ansichten, Erfahrungen und Voraussetzungen hat. Diese Faktoren beeinflussen natürlich auch, wie sie Lesungen durch übersinnliche Kanäle richtig interpretieren.

Der erste Schritt, um die Macht Ihrer übersinnlichen Sinne zu verstehen, besteht darin, sich von diesen irreführenden Ansichten über Hellseher zu trennen. Sie müssen den Begriff „Hellseher" in Ihrem Geist von Täuschung oder Betrug abgrenzen. Natürlich verleugne ich nicht, dass es Scharlatane gibt, die ihre Fähigkeiten lächerlich übertreiben oder sie letztlich sogar ganz erfinden. Solche Leute verlassen sich oft auf Tricks, um die Hellseherei zu betreiben. Sie sind sicherlich keine echten Hellseher. Aber es ist viel besser, sie als Betrüger anzusehen, die die Leichtgläubigkeit und Verwundbarkeit anderer ausnutzen. Wenn Sie das verstanden haben, werden Sie offener für das Verständnis dessen, was ein echter Hellseher ist.

Ein echter Hellseher ist ein Mensch mit der Fähigkeit, Dinge über die physische Welt hinaus wahrzunehmen. Solche Menschen können ihre außersinnlichen Fähigkeiten nutzen, um Informationen zu erhalten, die sie mit ihren normalen Sinnen gar nicht wahrnehmen können. Es ist schwierig genau zu definieren, was mit dem Begriff „normale" Sinne gemeint ist. Wir sind alle darauf konditioniert worden zu glauben, dass die Wahrnehmung auf das Physische beschränkt ist. Daher haben wir eine recht konkrete Vorstellung von der Realität.

Aufgrund dieser Konditionierung nehmen Sie vielleicht an, dass der Himmel für jeden gleich blau aussieht oder dass jeder Mensch Stimmungsschwankungen wahrnehmen kann. Aber wenn Sie Ihr Wissen über das sensorische Spektrum erweitern, werden Sie feststellen, dass nicht jeder von der Existenz anderer Sinne weiß, die über die uns allen bekannten hinausgehen. Durch dieses neu gefundene Wissen werden Sie sich Ihrer angeborenen übersinnlichen Fähigkeiten bewusst.

Die werden zu der grundlegenden Erkenntnis über übersinnliche Fähigkeiten kommen, dass diese auf einem Spektrum existieren. Man kann zwar einfach sagen, dass ein Mensch „übersinnlich" ist, aber wenn man anschließend fragt, *was* seine übersinnlichen Fähigkeiten *sind*, hätten sie wahrscheinlich keine Ahnung, wie Sie die Frage beantworten sollen. „Übersinnlich" ist ein ziemlich unspezifischer Sammelbegriff für eine Reihe von Fähigkeiten und Fertigkeiten, die alle mit dem inhärenten Vermögen, sensorische Daten auf einer zutiefst spirituellen Ebene zu erhalten, zu tun haben. Übersinnliche Fähigkeiten sind in ihrer Intensität und Anwendung variabel, weshalb es am besten ist, wenn Sie sie auf einem Spektrum betrachten. So wie Psychologen Eigenschaften wie Narzissmus mithilfe eines Spektrums beschreiben, das auf dem Grad der Intensität beruht, sollten Sie sich auch übersinnliche Fähigkeiten auf einem Spektrum vorstellen. Um Ihnen diese Vorstellung noch näher zu bringen, lassen Sie uns über ein Beispiel, bei dem es um drei Freundinnen geht, nachdenken.

Die drei Freundinnen hatten vereinbart, an einem Samstag gemeinsam mit ihren Hunden im Park spazieren zu gehen. Am Veranstaltungstag kommt die erste Freundin im Park an. Sie sucht sich einen Platz zum Sitzen und ihr Hund bleibt dabei in der Nähe. Sie bemerkt kaum, dass es im Park von Menschen und Hunden nur so wimmelt. Nach einer Weile kommt auch die zweite Freundin mit ihrem Hund an. Sie geht auf ihre Freundin zu und bemerkt, dass diese in ein Spiel vertieft ist, das sie auf ihrem Handy spielt. Behutsam ruft sie ihrer Freundin einen freundlichen Gruß zu. Beide tauschen Höflichkeiten aus, und sie setzt sich neben ihre Freundin und hält die Leine Ihres Hundes in der Hand.

Bald trifft die dritte Freundin ein und ist sofort von dem wimmelnden Trubel im Park überwältigt. Die verschiedenen Geräusche, Bewegungen, Gerüche, Lichter usw. kommen alle gleichzeitig auf sie zu. Sie bemerkt sofort die komplizierte Beziehung zwischen einem Paar, das in der Nähe mit seinem Hund spazieren geht. Schnell geht sie zu ihren Freunden, um beiden die Beobachtungen mitzuteilen. Die erste Freundin antwortet, dass sie kaum bemerkt hatte, wie viele andere Menschen im Park waren.

Aus dem obigen Beispiel geht hervor, dass die erste und die zweite Freundin beide eine relativ normale Bandbreite an Sensibilität aufwiesen. Im Gegensatz dazu zeigt die dritte Freundin ein höheres Maß an Sensibilität. Das bedeutet, dass die dritte Freundin wahrscheinlich über stärkere übersinnliche Fähigkeiten verfügt. Sie ist wahrscheinlich eiine Empathin oder einfach ein hochsensibler Mensch. Beziehen Sie dieses Beispiel nun auf Ihre eigenen täglichen Erfahrungen. In welchem Maße nehmen Sie täglich Reize auf? Welche Reize wirken auf Sie am stärksten? Wie wirken sich die Reize auf Ihre körperliche, emotionale und geistige Verfassung aus? Durch die diese Fragen öffnen Sie sich einem besseren Verständnis Ihrer psychischen Gaben auf dem spirituellen Spektrum. Dies ist die Voraussetzung dafür, dass Sie Ihre angeborenen übersinnlichen Sinne anzuzapfen vermögen.

Im nächsten Kapitel werde ich mich mehr darauf konzentrieren, wie Sie Ihre angeborenen übersinnlichen Kräfte richtig einsetzen können. Denken Sie daran, dass die Kraft bereits in Ihnen, Sie müssen nur herausfinden, wie Sie Ihre übersinnlichen Sinne erwecken können. Es gibt so viele Faktoren, die beim selbstinduzierten übersinnlichen Erwachen eine Rolle spielen. Lassen Sie uns im Folgenden herausfinden, welche das sind.

Kapitel Zwei: Wie Sie Ihre angeborenen übersinnlichen Fähigkeiten richtig nutzen

Im Laufe der Jahre haben Sie möglicherweise den Zugang zu Ihren angeborenen übersinnlichen Fähigkeiten verloren. Aber man verliert seine Gaben nie wirklich. Unabhängig davon, was in Ihrem Leben geschieht, schlummern Ihre übersinnlichen Sinne noch immer in Ihnen. Um sie zu erwecken, müssen Sie in Ihr Inneres schauen und sie finden. Die Herausforderung besteht darin, dass Sie Ihre übersinnlichen Fähigkeiten finden müssen, bevor Sie sie nutzen können.

Der erste Schritt besteht darin, dass Sie Ihren dominanten übersinnlichen Sinn identifizieren. Verschiedene Menschen haben unterschiedliche übersinnliche Sinne. Obwohl die Hellsichtigkeit die bekannteste übersinnliche Fähigkeit oder vielmehr der bekannteste übersinnliche Sinn ist, gibt es noch eine ganze Reihe anderer übersinnlicher Fähigkeiten, die in Frage kommen. Dieses Wissen ist entscheidend für Ihre übersinnliche Entwicklungsreise. Beginnen Sie den Prozess des übersinnlichen Erwachens, ohne dabei Ihren vorherrschenden übersinnlichen Sinn zu entdecken. Sie werden sich dabei ertappen, wie Sie es immer wieder versuchen, ohne ein greifbares Ergebnis zu erzielen.

Es gibt für jeden übersinnlichen Sinn spezifische Übungen, die darauf ausgerichtet sind, Ihnen das Erwachen zu erleichtern und zu beschleunigen. Wenn Sie zum Beispiel hellsehen können, sind die beste Möglichkeit, um Ihren hellseherischen Sinn zu erwecken. Aber was passiert, wenn Sie nicht hellsichtig sind? Wenn Sie weiterhin Hellsichtigkeitsübungen machen, könnten Ihre Bemühungen vergeblich sein. Deswegen müssen Sie als erster Ihren hellseherischen Sinn identifizieren. Ihr hellseherischer Sinn steht in direktem Zusammenhang mit den hellseherischen Fähigkeiten, die in Ihnen schlummern.

Nehmen wir einmal an, Sie waren schon einmal bei einem professionellen Hellseher. Dort fragen Sie sich vielleicht, wie die Hellseher während einer Sitzung Informationen über Sie sammeln können. Nun, der Schlüssel dazu ist ihre Fähigkeit, ihre übersinnlichen Sinne anzuzapfen, um mit der Geisterwelt zu kommunizieren. Diese übersinnlichen Sinne werden als die „Ansprüche" der Intuition bezeichnet. Wenn Sie dieses Bauchgefühl über etwas haben, das Sie vorher nicht wussten, ist gerade einer Ihrer übersinnlichen Sinne am Werk.

Ein weit verbreiteter Irrglaube über die übersinnlichen Sinne ist der, dass man nicht mehr als eine Fähigkeit auf einmal haben kann. Das ist nicht wahr. Es kann beispielsweise sein, dass Sie mehr zu einem bestimmten hellseherischen Sinn neigen, aber dennoch auch alle anderen Sinne besitzen. Das bedeutet, dass Sie, auch wenn die Hellseherei Ihr wichtigster übersinnlicher Sinn ist, immer noch Zugang zu allen anderen hellseherischen Sinnen haben können.

Letztendlich gibt es sechs Hellsinne, aber nur vier davon sind bei den meisten Menschen vorhanden. Ich werde an dieser Stelle also nur über diese vier sprechen.

Der erste übersinnliche Sinn ist die Hellsichtigkeit, von der Sie bereits gehört haben. Obwohl viele Menschen das Wort „hellsichtig" als Synonym für „übersinnlich" verwenden, ist es einer der vier Hellsinne, die einem Hellseher zur Verfügung stehen. Der Begriff bedeutet so viel wie „klares Sehen" (Clairvoyance im Englischen). Hellsichtige Menschen empfangen übersinnliche Botschaften in der Regel in Form von Bildern. Man kann also sagen, dass Bilder wahrnehmen, die jenseits unserer Welt entstanden sind.

Als Hellseherin erscheinen mir übersinnliche Botschaften oft in Form einer Szene, die wie ein Film vor meinen Augen abläuft. Manchmal empfange ich auch nur einzelne Bilder. Ob es nun Bilder oder Szenen sind, das Besondere ist, dass die darin enthaltenen Botschaften stets metaphorisch sind. Nehmen wir zum Beispiel an, ich helfe einem Klienten, der sich emotional überwältigt fühlt. Durch die Lesung sehe ich vielleicht, dass er eine schwere Last auf dem Rücken trägt. Die Botschaften sind nicht immer eindeutig. Es liegt also an Ihnen, das, was Ihnen erscheint, genau zu analysieren, um die wörtliche Bedeutung der Botschaft herauszufinden.

Als Hellsichtiger werden die Bilder, die Sie erhalten, wenn Sie eine Deutung für Ihre Kunden vornehmen, für Sie immer unterschiedlich sein, stets abhängig von der Situation des jeweiligen Kunden und von anderen Faktoren, wie z.B. dessen persönlichem Hintergrund und physischen und emotionalen Zustand.

Um Ihren hellseherischen Sinn anzuzapfen, müssen Sie in erster Linie immer auf Bilder achten, die zufällig und wie aus dem Nichts in Ihrem Kopf auftauchen. Die Chancen, dass diese Bilder übersinnliche Botschaften sind, die Sie analysieren müssen, stehen in den meisten Fällen gut.

Die Hellhörigkeit ist der zweite Hellsinn. Es handelt sich dabei um die übersinnliche Fähigkeit, Stimmen zu hören, ohne dazu Ihre physischen Ohren zu benutzen. Wenn Sie hellhörig sind, können Sie übersinnliche Botschaften hören, ganz als ob jemand sie laut in Ihrem Kopf aussprechen würde. Oft hört sich die Stimme für Sie wie Ihre eigene an, aber Sie können klarerkennen, dass es nicht wirklich Ihre Stimme ist. Die Stimme wird niemals harsch, grausam oder quälend sein. Hellhörige Botschaften kommen mit einer gleichmäßigen und ruhigen Stimme bei Ihnen an.

Normalerweise sind hellhörige Botschaften direkt und unkompliziert. Sie müssen nichts analysieren. Nehmen wir also an, Sie wollen eine wichtige Entscheidung treffen und nutzen Ihre hellseherischen Fähigkeiten, um herauszufinden, ob Sie diese Entscheidung treffen sollen oder nicht. Eine hellhörige Botschaft sagt Ihnen vielleicht: „Warten Sie, bis der Sommer vorbei ist." Hellhörigkeit bedeutet, dass Sie hauptsächlich kurze und knappe Botschaften erhalten.

Die Nachricht kann zum Beispiel eine einzelne Zahl oder ein Wort sein. Wenn dies der Fall ist, brauchen Sie natürlich eine genaue Analyse, um der Botschaft einen Sinn zu geben. Wenn Sie ein einzelnes Wort erhalten, müssen Sie es vielleicht mit etwas in Ihrem Leben in Verbindung bringen, um die eigentliche Botschaft oder Bedeutung der Nachricht zu verstehen. Nehmen wir zum Beispiel an, Sie haben eine

Sitzung mit einer anderen Person und Sie hören die Nummer „15". Das kann verschiedene Dinge bedeuten.

Eine typische Bedeutung könnte darin bestehen, dass dem Klienten im Alter von 15 Jahren etwas Traumatisches widerfahren ist, das noch immer Blockaden verursacht und den Fortschritt in dessen Leben behindert hat. Um die wahre Bedeutung der Zahl zu erfahren, müssen Sie mit Ihrem Gegenüber zusammenarbeiten. Hellhörige Botschaften sind manchmal poetisch. Sie können also mit der dominanten hellsinnigen Fähigkeit des Hellhörens viel Spaß haben.

Die einfachste Möglichkeit, um Ihren Hellhörigkeitssinn anzuzapfen, besteht darin, auf Stimmen zu achten, die in Ihrem Kopf auftauchen. Sie müssen auch mit Ihrer Intuition im Einklang sein, um Ihr hellhöriges Potenzial freizusetzen. Hellhörigkeit ist manchmal die dominierende psychische Fähigkeit von Medien.

Der dritte Hellsinn ist die Hellfühligkeit, der englische Begriff „Clairfeeling" bedeutet so viel wie „klares Gefühl". Es handelt sich dabei um die vorherrschende psychische Fähigkeit von Empathen und hochsensiblen Menschen. Als Hellsichtiger empfangen Sie übersinnliche Botschaften in Form von Gefühlen. Wenn Sie eine bestimmte Emotion erkennen können, die eine Person empfindet, sind Sie möglicherweise ein hellfühliger Hellseher. Mit Hellfühligkeit können Sie die Emotionen anderer Menschen lesen, haben oft Bauchgefühle oder nehmen Informationen über die Energie, die sich durch Ihre Umgebung bewegt, wahr.

Wenn ich einen Kunden mit Hellfühligkeit lese, bekomme ich immer ein Gefühl für seine Energie. Ich erkenne, ob sie ernsthaft, übermütig, traurig oder fürsorglich sind. Wenn ich nach einem Treffen mit einem Kunden ein kurzes Frösteln verspüre, weiß ich, dass er wegen etwas Wichtigem zu mir gekommen ist. Wenn ein Kunde körperlich krank ist und es noch nicht einmal weiß, kann ich das durch seine Energie wahrnehmen. In anderen Fällen spüre ich die körperlichen Symptome, sobald ich mit dem Klienten in Kontakt komme.

Wenn die Hellfühligkeit Ihre dominante hellseherische Fähigkeit ist, sind auch Sie zu all diesen Dingen in der Lage. Der Sinn des Klargefühls bedeutet, dass Sie die Emotionen und Energien der Menschen, denen Sie begegnen, genauso wahrnehmen können, wie diese sie erleben.

Eine Taktik, die ich regelmäßig angewandt habe, um meine Hellfühligkeit zu stärken, war die, meine Erfahrungen in ein Tagebuch zu schreiben, wann immer ich ein starkes Gefühl bekomme, das ich nicht abschütteln kann. Wenn Sie das tun, werden Sie davon überrascht sein, wie viele Botschaften Sie intuitiv auffangen und festhalten können. Die meisten Menschen erhalten hellfühlende Botschaften, ohne sich dessen bewusst zu sein. Das Führen eines Tagebuchs über Ihre intuitiven Gefühle bietet Ihnen eine sichere Möglichkeit, um Ihre hellseherischen Fähigkeiten zu nutzen. Je mehr Sie die Botschaften erkennen, desto besser werden Sie in der Lage sein, sie aufzuspüren.

Der vierte und letzte Hellsinn, den Sie kennen sollten, ist das Hellwissen. Der englische Begriff für diese Fähigkeit bedeutet so viel wie „klares Wissen". Es handelt sich um die hellseherische Fähigkeit, ohne vorherige Informationen etwas über eine Situation, ein Ereignis, eine Person oder ein Objekt zu wissen. Wenn ein Kunde zu einer Lesung kommt, weiß ich bestimmte Dinge über ihn, bevor ich mit der Sitzung beginne. Das liegt an meiner hellwissenden Fähigkeit.

Als hellwissender Hellseher wissen Sie Dinge, ohne zu verstehen, woher Sie sie überhaupt wissen. Sie können zum Beispiel eine Person treffen und in der Lage sein, genau zu sagen, was für ein Mensch sie ist, noch bevor Sie ihr vorgestellt werden. Hellwissen ist wie ein Download von Informationen auf die Festplatte Ihres Gehirns. Dies geschieht innerhalb von Sekunden, so dass Sie das Gefühl haben, die Informationen seien schon die ganze Zeit in Ihrem Kopf gewesen.

Um diesen Sinn anzuzapfen, gehen Sie einfach in sich hinein, wann immer Sie Antworten auf etwas brauchen. Fragen Sie Ihre Intuition nach der Lösung oder nach einer Antwort auf jedes Problem, das Sie lösen wollen. Wenn Ihre vorherrschende hellseherische Fähigkeit das Hellwissen ist, werden Sie die Antwort auf Ihre Frage irgendwo in Ihrem Inneren finden. Ihre Intuition ist dazu da, um Ihnen zuzuhören und um Ihnen Antworten zu geben, wann immer Sie sie brauchen.

Diese sind die vier Hellsinne, mit denen Sie vertraut sein sollten. Das Wissen um Ihre Hellsinne ist ein entscheidender Schritt zur Erweckung Ihrer übersinnlichen Fähigkeiten. Noch wichtiger ist es, dass Sie Dinge tun, die Ihnen helfen, das übersinnliche Erwachen, nach dem Sie suchen, zu erreichen.

Es gibt verschiedene Übungen, die Sie durchführen können, während Sie Ihre angeborenen übersinnlichen Fähigkeiten weiterentwickeln. Diese Übungen können in Kombination miteinander oder einzeln praktiziert werden. Das hängt ganz von Ihnen und Ihrem Zeitplan ab. Das Gute daran ist, dass Sie nicht alle Verfahrensweisen jeden Tag üben müssen. Schon eine Übung pro Tag kann Ihnen dabei helfen, Ihre schlummernden übersinnlichen Fähigkeiten zu wecken. Am besten beginnen Sie mit der Methode, die Ihnen am leichtesten fällt. Je mehr Sie üben, desto besser werden Sie in allen Übungen, selbst in den scheinbar schwierigen. In nur wenigen Monaten werden Sie vielleicht erstaunt darüber sein, was Sie auf Ihrer Reise schon alles erreicht haben.

Meditation

Die Meditation ist der Schlüssel zur Verbindung mit den tiefsten Ebenen Ihrer Seele. Ohne Meditation können Sie Ihre übersinnlichen Fähigkeiten nicht freisetzen, denn es gibt keine andere Möglichkeit, sich mit diesem Teil von Ihnen zu verbinden. Sie ermöglicht es Ihnen, Ihre Schwingung auf die gleiche Wellenlänge zu bringen wie die spirituellen Wesen aus dem Jenseits, die Ihnen übersinnlichen Botschaften übermitteln werden.

Das Anheben Ihrer inneren Schwingungen ist ein entscheidender Bestandteil des übersinnlichen Erwachens. Solange Sie keine hohe Schwingungsenergie erreichen, wird das übersinnliche Erwachen für Sie praktisch unmöglich sein. Spiritualität arbeitet mit einer sehr hohen Frequenz, und das müssen Sie auch tun, wenn Sie sich mit ihr verbinden wollen.

Die tägliche Meditation versetzt Sie in einen entspannten, ruhigen und bewussten Geisteszustand, der es Ihnen leichter macht, Ihre energetische Schwingung zu erhöhen. Je mehr Sie meditieren, desto mehr werden Sie sich mit der Spiritualität, der universellen Energie und Ihrem höheren Selbst verbunden fühlen. Glücklicherweise nimmt die Meditation nur wenig Zeit in Anspruch. Alles, was Sie brauchen, sind 10 bis 15 Minuten täglich für Ihre Meditationsübungen, die dabei helfen, Ihre Schwingung auf einer hohen Frequenz zu erhalten.

Natürlich können Sie jederzeit meditieren, aber es hilft immer, dazu einen besonders guten Zeitpunkt zu finden. Die Zeit, die Sie wählen, sollte die sein, zu der Sie sich am wachsten und geistig klarsten fühlen. Noch wichtiger ist es, dass Sie sich einen Zeitraum ohne Ablenkungen und Unterbrechungen zum Üben aussuchen.

Sie können beispielsweise früh am Morgen meditieren, wenn Sie frisch aus dem Bett kommen und sich sicher sind, dass Sie nicht wieder einschlafen werden. Sie können auch direkt vor dem Schlafengehen meditieren, wenn Sie mit all dem Stress des Alltags fertig sind. Wenn es für Sie gut passt, ist auch die Mittagszeit ein hervorragender Zeitpunkt zum Meditieren. Wichtig ist nur, dass die Zeit, die Sie sich für die Meditation nehmen, für Sie selbst die richtige ist.

Wenn Sie die Meditation zum ersten Mal ausprobieren, denken Sie vielleicht, dass Sie genau 10 bis 15 Minuten üben müssen. Aber wie lange Sie meditieren, sollte von der Zeit abhängen, die für Sie richtig ist. Es gibt keine bestimmte ideale Zeitspanne für die Meditation. Alles hängt von der jeweiligen Person ab, mit anderen Worten: von Ihnen. Selbst wenn Sie nur fünf Minuten pro Tag schaffen, ist das in Ordnung. Es steht Ihnen frei, die Dauer Ihrer Meditation allmählich zu verlängern, je mehr Sie üben und je besser Sie werden.

Ich mag Meditation, weil sie so entspannend und beruhigend ist, dass ich mich dabei manchmal selbst vergesse. Das hilft mir auch, mehr Zeit mit dem Meditieren zu verbringen, und Ihnen wird es wahrscheinlich ähnlich ergehen. Das Wichtigste ist, dass Sie einen Zeitrahmen wählen, der kein Unbehagen bei Ihnen hervorruft. Beginnen Sie langsam und steigern Sie sich zunehmend mehr.

Ein geeigneter Ort ist für die erfolgreiche Meditation unerlässlich. Der Ort, an dem Sie meditieren, sollte ein Ort sein, an dem Sie sich wohlfühlen, aber nicht zu schläfrig werden. Es sollte auch ein Ort sein, an dem die Wahrscheinlichkeit, dass Sie abgelenkt, gestört oder unterbrochen werden, sehr gering ist. Ihre Meditation sollte ruhig und friedlich sein, damit es Ihnen leichter fällt, Ihren Geist zu fokussieren. Während Sie meditieren, können Sie auf einem Stuhl oder auf dem Boden sitzen. Wichtig ist nur, dass Sie es sich bequem machen.

Das bequeme Sitzen ist wichtig, aber machen Sie es sich nicht zu bequem. Sitzen Sie in einer aufrechten Position, so dass Sie nicht gebeugt sind. Ein gebeugter Rücken macht es schwieriger sicherzustellen, dass Sie sich ausreichend konzentrieren und das Einschlafen vermeiden. Am besten sitzen Sie beim Meditieren, wenn Sie Ihre Wirbelsäule gerade und Ihre Schultern entspannt lassen. Dabei sollte sich auch Ihr Rücken nicht steif anfühlen.

Sobald Sie die richtige Sitzposition eingenommen haben, müssen Sie sich als Nächstes auf Ihre Atmung konzentrieren. Atmen Sie einfach ein und aus. Geben Sie jeden Versuch, Ihren Atem zu regulieren, auf. Konzentrieren Sie sich einfach auf Ihre Atmung. Während der Meditation gibt es kein richtiges oder falsches Atemmuster. Wenn Sie auf sich selbst achten, werden Sie vielleicht feststellen, dass Sie anfangs schnell atmen, dass Ihre Atmung aber langsam und entspannt wird, wenn Sie sich auf Ihren Geist konzentrieren.

Der Schlüssel zur Meditation ist die Achtsamkeit für Ihre Atmung. Sie lenken dazu Ihre Aufmerksamkeit von allem anderen ab und konzentrieren sich gezielt auf Ihren Atem. Achten Sie darauf, wie Sie ein- und ausatmen. Konzentrieren Sie sich auf das Gefühl Ihres Atems beim Einatmen und Ausatmen.

Natürlich wird Ihr Geist von Ihrer Atmung abschweifen. Das ist ganz normal und Sie brauchen sich nicht zu ärgern, wenn Ihnen dies während der Meditation passiert. Viele Gedanken werden wie zufällig in Ihrem Kopf auftauchen. Versuchen Sie nicht, diese zu unterdrücken oder zu meiden. Erkennen Sie die Gedanken an, wenn sie in Ihren Geist wandern. Jeder Versuch, sich selbst vom Denken abzuhalten, führt nur zu noch mehr Denken.

Was Sie stattdessen tun können, ist, jeden Gedanken, jedes Gefühl und jede Empfindung wahrzunehmen, die während der meditativen Praxis auftauchen. Danach konzentrieren Sie sich aber wieder auf Ihren Atem. Tun Sie dies jedes Mal, wenn Sie bemerken, dass Ihre Gedanken abschweifen.

Das Wichtigste bei der Meditation ist die Konzentration. Wenn Sie sich nicht konzentrieren, können Sie nicht den Zustand der Ruhe und Entspannung herbeiführen, den Sie suchen. Neben der Atmung können Sie Ihren Geist auch gezielt fokussieren, indem Sie Mantras rezitieren. Viele Hellseher praktizieren die Mantra-Meditation. Ein beliebtes Mantra, das Sie beim Meditieren verwenden können, ist beispielsweise:

„Einatmen, ich weiß, dass ich einatme.

Ausatmen, ich weiß, dass ich ausatme."

Dieses Mantra stammt von Thich Nhat, einem berühmten buddhistischen Mönch und spirituellen Anführer.

Die Meditation muss nicht schwierig sein, solange Sie dabei alles befolgen, was wir gerade besprochen haben. Schließlich sollten Sie beim Üben auch Spaß haben. Seien Sie nicht zu hart zu sich selbst. Verurteilen Sie sich nicht, wenn Sie abgelenkt werden. Konzentrieren Sie sich einfach wieder und atmen Sie weiter.

Geistführer

Ihre Geistführer sind ein Teil Ihres göttlichen spirituellen Teams. Sie sind Seelen, die sich dazu bereit erklärt haben, Sie bei Ihrem spirituellen und persönlichen Wachstum zu unterstützen. Sie haben bereits mehrere Leben gelebt und verfügen daher über mehr Erfahrung, als Sie sich vorstellen können. Sie helfen Ihnen dabei, Dinge wahrzunehmen und zu beachten, die Sie normalerweise nicht hätten wahrnehmen können. Sie bringen wertvolle Dinge und Menschen in Ihr Leben. Vor allem helfen sie Ihnen aber dabei, ein glückliches Leben zu führen. Sie können Ihnen bei fast allem helfen.

Geistführer sind dazu da, Ihnen auf Ihrer übersinnlichen und spirituellen Entwicklungsreise zu helfen. Die Kommunikation mit ihnen bietet Ihnen eine Möglichkeit zu lernen, wie Sie Ihre übersinnlichen Fähigkeiten richtig nutzen können. Zu den Geistführern gehören spirituelle Lehrer, Meister, Engel und andere spirituelle Wesen. Diese können Ihnen bei allem helfen, bei dem Sie sie um Unterstützung bitten. Um Ihren Geistführer zu treffen, müssen Sie ihn durch Meditation „channeln". Während der Meditation können Sie Ihre Geistführer bitten, sich Ihnen zu offenbaren. Dann können Sie sie nach Ihrem Wissen befragen und Informationen von ihnen erhalten. Wenn sie erscheinen, dürfen Sie Ihre Gedanken, Gefühle und Fragen nicht filtern. Lassen Sie sich einfach treiben.

Bevor Sie mit Ihrer Meditation beginnen, müssen Sie die gezielte Absicht haben, Ihrem Geistführer zu begegnen. Es ist möglich, dass Ihnen Ihr Geistführer nicht gleich beim ersten Versuch erscheint. Geben Sie nicht auf. Sie brauchen einfach nur noch mehr Übung. Noch wichtiger ist, dass Sie das nötige Vertrauen zu Ihrem Geistführer aufbauen.

Die Visualisierungsaufgabe wird Ihnen helfen, Ihren Geistführer zu treffen. Hierbei handelt es sich um eine sehr effektive Methode, um Ihre übersinnlichen Portale zu öffnen und Ihre Fähigkeiten anzuzapfen. Die Kombination von Meditation und Visualisierung ist ein nützliches Hilfsmittel für die übersinnliche Entwicklung. Nutzen Sie Ihre Vorstellungskraft, um sich vorzustellen, wie Ihre Geistführer aussehen.

Wie sehen Ihre spirituellen Gefährten aus? Wie sind sie gekleidet? Wie lauten ihre Namen? Wie sind ihre Persönlichkeiten?

Beantworten Sie all diese Fragen und schreiben Sie sie in einem Tagebuch auf. Wann immer Sie bereit sind, Ihren Geistführern zu begegnen, verwenden Sie diese Antworten, um Sie sich im Geiste wieder zu visualisieren. Ihre Geistführer werden Ihnen genauso erscheinen, wie Sie sie sich das erste Mal vorgestellt haben. Lassen Sie Ihrer Phantasie freien Lauf, damit Sie eine stärkere Verbindung zu Ihrem spirituellen Team aufbauen können.

Für die Kommunikation mit Ihren Geistführern benötigen Sie einen heiligen Ort, an dem Sie die Verbindung herstellen können. Wenn Sie zum ersten Mal versuchen, sich mit Ihrem Geistführer zu verbinden, wählen Sie einen Ort, an dem Sie bequem mit ihm kommunizieren können. Sie können sich mit den Geistführern verbinden, wo immer Sie wollen, aber die Wahl eines bestimmten Ortes, an dem Sie sich regelmäßig bequem ungestört aufhalten können, kann Ihnen helfen. Ich empfehle Ihnen, Ihren Meditationsplatz aufzusuchen, denn Sie müssen Ihre Schwingungen erhöhen, bevor sie sich mit den Geistführern verbinden können.

Geistführer sind unsichtbar, aber wie ich schon sagte, kann die Visualisierung der Geistführer die Kommunikation für Sie erleichtern. Vielleicht fällt es Ihnen bei Ihren ersten Versuchen schwer, den spirituellen Wesen zu vertrauen, vor allem, weil Sie noch Anfänger sind. Aber Sie sollten wissen, dass Sie sie um Zeichen und Antworten bitten können. Das Bitten um Zeichen ist ein Weg, um mehr Vertrauen zwischen beiden Parteien aufzubauen. Wenn Sie schlafen, werden Sie offener für die geistige Welt. Das bedeutet, dass es für Sie leichter wird, Ihre Geistführer zu sehen, wenn Sie sich in der Traumwelt befinden. Versuchen Sie, bevor Sie zu Bett gehen, Ihre Geistführer zu bitten, sich mit Ihnen zu verbinden. Tun Sie dies in dem festen Glauben, dass Ihre Bitte erhört werden wird. Dann können Sie Ihre Gefährten in allen Dingen, in denen Sie sich verloren fühlen, um Rat fragen.

Das Wichtigste ist, dass Sie Ihren Geist und Ihr Herz für Ihre Geistführer öffnen. Halten Sie Ausschau nach Zeichen und machen Sie sich klar, dass es durch die Hilfe Ihrer Geistführer unendlich viele Möglichkeiten gibt.

Psychometrie

Die Psychometrie ist die Praxis des Lesens der Energie eines Objekts durch Berührung. Sie ist eine der effektivsten und unterhaltsamsten

Methoden, um Ihre übersinnlichen Fähigkeiten zu verbessern. Sie werden zweifellos eine Menge Spaß bei den Übungen zur Psychometrie haben. Ich rate Anfängern in der psychischen Entwicklung immer, die Psychometrie zu einem wichtigen Teil ihrer täglichen Übungen zu machen. Das Gefühl, dass Sie einen physischen Gegenstand in der Hand halten können, um seine Energie zu lesen, stärkt das Selbstvertrauen und vermittelt Ihnen ein Gefühl der Sicherheit. Es kann Ihnen dabei helfen, alle Ihre übersinnlichen Sinne zu entwickeln, vom Hellsehen bis hin zur Hellfühligkeit. Das Praktizieren der Psychometrie ist besonders hilfreich, wenn Sie vorhaben, später ein Medium zu werden.

Mit der Psychometrie können Sie die Energie eines Gegenstandes lesen, um Informationen über ihn zu erhalten. Sie spüren die Energie, sehen Bilder, riechen Dinge und hören Töne, die Ihnen einen Einblick in die Geschichte des Gegenstands und seines Besitzers geben. Wenn Sie die Kunst der Psychometrie bereits beherrschen, müssen Sie nur in der Nähe eines Gegenstandes sein, um ihn lesen zu können. Aber als Anfänger müssen Sie das Objekt persönlich in der Hand halten.

Sie fragen sich wahrscheinlich, wie die Psychometrie Ihnen Informationen über ein Objekt liefern kann. Das ist relativ simpel. Wenn Sie einen Gegenstand in Ihrer Wohnung berühren, hinterlassen Sie einen physischen Abdruck auf dem Objekt. Aber was Sie vielleicht nicht wissen, ist, dass Sie auch einen Teil Ihrer Energie auf dem Objekt hinterlassen. Sie bestehen aus Energie, wie alles andere im Universum auch. Sie hinterlassen Ihren Abdruck auf allem, mit dem Sie in Kontakt kommen. Das bedeutet, dass jedem Gegenstand, den Sie berühren, ein Teil Ihrer energetischen Schwingungen aufgeprägt wird. Mit der Psychometrie können Sie die Energieeindrücke lesen, die auf den Gegenständen hinterlassen werden. Je mehr energetische Abdrücke auf einem Objekt vorhanden sind, desto mehr Informationen über das Objekt können Sie dem Kontakt entnehmen.

Um Psychometrie zu praktizieren:

- Waschen und trocknen Sie zunächst Ihre Hände, um die verbleibende Energie loszuwerden.
- Bringen Sie die Energie durch Ihre Hände zum Fließen, indem Sie sie einige Sekunden lang aneinander reiben.
- Bringen Sie nun Ihre Handflächen mit etwas Abstand zueinander zusammen. Ziehen Sie Ihre Handflächen auseinander, ohne dass sie sich dabei berühren. Nehmen Sie das

schwere Gefühl zwischen den Handflächen wahr. Das ist das Gefühl von fließender Energie. Wenn Sie es nicht spüren, reiben Sie Ihre Hände noch ein paar weitere Sekunden lang aneinander.

– Suchen Sie sich einen physischen Gegenstand wie einen Ring oder ein Armband und halten Sie ihn sanft in Ihren Händen. Sie können jeden beliebigen Gegenstand verwenden, aber achten Sie darauf, dass er häufig getragen oder benutzt wird. Verwenden Sie einen Gegenstand, der weder Ihnen, noch jemandem, den Sie kennen, gehört. Bitten Sie beispielsweise einen Freund um ein Familienerbstück, das Sie zum Üben verwenden können.

– Schließen Sie sanft die Augen und entspannen Sie sich. Machen Sie eine kurze Meditationsübung, falls Ihnen dies weiterhilft.

– Achten Sie auf die Geräusche, Gerüche und Bilder, die Ihnen in den Sinn kommen, während Sie den Gegenstand in den Händen halten. Was sehen, riechen, hören und fühlen Sie?

Während Sie sich konzentrieren, erhalten Sie Informationen über den Besitzer des Gegenstandes, den Sie in der Hand halten. Ich sollte an dieser Stelle anmerken, dass die emotionale Energie die stärkste ist, die Sie von Gegenständen, an denen Sie Psychometrie anwenden, erhalten. Die stärksten Emotionen, die von einem Gegenstand ausgehen, sind Liebe, Angst und Hass.

Beachten Sie, dass Sie Psychometrie nutzen können, um Medialität zu praktizieren und den Geist eines verstorbenen geliebten Menschen zu „channeln". Dazu benötigen Sie das Foto der verstorbenen Person oder einen Gegenstand, der ihr zu Lebzeiten lieb war.

Andere Möglichkeiten, wie Sie Ihre übersinnlichen Fähigkeiten nutzen können, sind:

– Ein Spaziergang in der Natur

– Der Besuch eines Antiquitätenladens, um das Energielesen zu üben

– Die Schärfung Ihre Intuition mit der Meditation durch das dritte Auge

– Der Beitritt zu einer psychischen Entwicklungsgruppe

– Die Teilnahme an Kursen zur psychischen Entwicklung

– Das Führen eines Tagebuchs, um Ihre Fortschritte beim täglichen Üben zu dokumentieren und zu verfolgen

Das Wichtigste ist, dass Sie konsequent üben müssen, um Ihre angeborenen übersinnlichen Fähigkeiten zu entfalten. Seien Sie also bereit, sich anzustrengen!

Kapitel Drei: Hellseherische Hilfsmittel

Ob Sie Anfänger oder erfahrener Hellseher sind, Sie können viele Hilfsmittel verwenden, um Ihre Fähigkeiten zu verbessern. Der Sinn des Einsatzes übersinnlicher Hilfsmittel besteht darin, dass Sie metaphysische und spirituelle Wesen mit ein wenig Unterstützung konsultieren können. Sie brauchen diese Hilfsmittel nicht unbedingt. Aber wenn Sie sie haben, können Sie Ihre Fähigkeiten viel schneller beherrschen lernen. Beachten Sie, dass nicht alle Hellseher Hilfsmittel benötigen, um eine Lesung zu erreichen. Viele haben die Kunst gemeistert, und können nur ihre Intuition und ihre übersinnlichen Sinne zum Lesen verwenden. Dies fällt Ihnen besonders einfach, wenn sie mehr als einen dominanten übersinnlichen Sinn haben.

Wenn Sie über mehr als eine übersinnliche Fähigkeit verfügen, überschneiden sich die Fähigkeiten zwangsläufig während der Lesungen. Dadurch erhalten Sie während einer psychischen Lesung Zugang zu verschiedenen Formen von Informationen. Um Lesungen ohne hellseherische Hilfsmittel durchzuführen, müssen Sie entspannt und ruhig bleiben. Wenn Sie sich nicht in einen ruhigen Zustand versetzen können, wird es Ihnen schwerfallen, sich mit Ihrer angeborenen spirituellen Informationsquelle zu verbinden. Wenn Sie sich entspannen, lassen sich Ihre Energie und Ihr spirituelles Feld leichter lesen. Wie Sie bereits gelernt haben, ist es am besten, wenn Sie zunächst meditieren, bevor Sie mit der Lesung loslegen. Das hilft Ihnen, mit Ihren übersinnlichen Sinnen und der geistigen Welt in Verbindung zu bleiben.

Zu den hellseherischen Hilfsmitteln gehören eine Reihe von Gegenständen, die Sie leicht kaufen oder selbst herstellen können. Um Ihnen das Lernen zu erleichtern, habe ich eine Anleitung beigefügt, die erklärt, wie Sie übersinnliche Hilfsmittel selbst herstellen können, ohne viel Geld ausgeben zu müssen. Natürlich kann es sein, dass Sie die Gegenstände lieber kaufen möchten, anstatt sie selbst anzufertigen. In diesem Fall lassen sich leicht Online-Shops finden, die esoterische Artikel verkaufen. Im Folgenden finden Sie Hilfsmittel, die Sie mit Ihren angeborenen übersinnlichen Fähigkeiten kombinieren können, um mächtiger zu werden.

Pendel

Ein Pendel ist ein effektives Werkzeug, um tief in das kollektive Bewusstsein des Universums einzutauchen. Das bedeutet natürlich auch, dass Sie mit dem Pendel Ihr Unterbewusstsein und Ihr höheres Bewusstsein anzapfen können. Es spielt dabei keine Rolle, wonach Sie suchen – egal, ob es sich um eine einfache Antwort oder um etwas Tiefergehendes handelt, ein Pendel kann Ihnen tiefere Einsichten in jeder Situation ermöglichen. Im Laufe der Geschichte wurden Pendel immer wieder effektiv eingesetzt, um verlorene Gegenstände zu finden.

Viele Menschen glauben es zwar nicht, aber Pendel können auch auf Geistwesen zugreifen. Sie können dieses Instrument nutzen, um spirituelle Weisungen vom göttlichen Wesen zu erhalten. Das Gute an der Verwendung von Pendeln für die Hellseherei ist, dass sie Ihnen dabei helfen, schnell genaue Antworten auf jedes Problem zu erhalten. Angenommen, Sie möchten etwas über Ihre Beziehungen, Ihre Karriere, Ihr Schicksal oder Ihren Lebensweg erfahren. Bei all diesen Themenbereichen trägt das Pendel dazu bei, dass Sie das gewünschte Wissen schneller erlangen.

Um ein Pendel zum Lesen zu verwenden, müssen Sie es gut an einer Kette befestigen, damit es sich frei bewegen und hin und her schwingen kann. Ein schwingendes Pendel führt Sie zu den Antworten, die Sie suchen. Während es schwingt, bewegt es sich durch Ihre tiefsten Gedanken, Gefühle und Energien. Die Bewegungen des Pendels sind das, was Sie interpretieren müssen, um Ihre Antworten zu erhalten. In Verbindung mit Ihrer übersinnlichen Gabe sollten Sie keine Probleme bei der Deutung haben. Wenn Sie hellsichtig sind, werden Ihnen die

Antworten vielleicht dann am schnellsten einfallen, während Sie das Pendel beim Schwingen beobachten.

Sie können Pendel in fast jedem Geschäft oder Onlineshop kaufen, der Artikel zum Thema Hellsehen anbietet. Wenn Sie es lieber selbst herstellen möchten, finden Sie im Folgenden eine Anleitung. Achten Sie darauf, dass Sie ein Pendel aus Holz, Plastik, Kork, Kristall oder sogar Metall herstellen können. Es gibt verschiedene Gegenstände in Ihrem Haushalt, die Sie verwenden können, um sich schnell ein Pendel zu basteln. Um Ihr Pendel herzustellen, benötigen Sie eine lange Kette, vorzugsweise zwischen 38 und 46 Zentimeter lang, an der Sie das Pendel befestigen. Achten Sie dabei darauf, dass der Verschluss der Kette noch funktionsfähig ist. Sie benötigen außerdem einen Ring für Erwachsene, der aus Gold oder Silber gefertigt sein kann.

- Öffnen Sie den Verschluss der Halskette und fädeln Sie Ihren Gold- oder Silberring durch darauf. Schließen Sie den Verschluss der Halskette wieder. Tun Sie dies, damit der Ring sich frei bewegen kann, ohne dabei herunterzufallen.

- Legen Sie den Ellbogen Ihrer rechten (oder dominanten) Hand sanft auf eine flache Oberfläche, z.B. einen Tisch. Strecken Sie Ihren Unterarm senkrecht auf dem Tisch aus. Halten Sie dann Ihr Pendel so, dass der Ring etwa 5 cm von Ihren Fingern entfernt ist.

- Das Pendel beginnt zu schwingen. Achten Sie auf die Pendelbewegungen, während es schwingt. Nehmen wir an, das Pendel bewegt sich zuerst von links nach rechts. Sie können diese Bewegung als „Ja" definieren. Eine Bewegung von rechts nach links kann mit „Nein" definiert werden. Eine Auf- und Abwärtsbewegung könnte „Unbekannt" sein. Dies wird Ihnen dabei helfen zu verstehen, was die Geister sagen, wenn Sie eine Pendelbewegung in eine bestimmte Richtung beobachten.

- Halten Sie Ihr neues Pendel zwischen Zeigefinger und Daumen fest, um Ihr neues Pendel zu testen. Stellen Sie dann eine Frage, deren Antwort Sie bereits kennen. Sie könnten zum Beispiel fragen: „Hat es gestern geregnet?" Prüfen Sie, ob die Pendelbewegung des Pendels die vorgegebene Frage genau beantwortet.

– Wiederholen Sie die obigen Schritte mit mindestens zehn verschiedenen Fragen, die vorgegebene Antworten haben. Auf diese Weise erhalten Sie Gewissheit über die Richtigkeit der Pendelbewegungen. Je nachdem, wie erfolgreich Sie bei dieser Übung sind, müssen Sie die vorher festgelegten Bezeichnungen der Pendelbewegungen entweder ändern oder nicht.

Achten Sie darauf, dass das Pendel, das Sie herstellen, so frei wie möglich schwingt. Das können Sie am besten sicherstellen, indem Sie darauf achten, dass die Haltekette weder zu kurz noch zu dick ist. Wenn es sich nicht so frei und leicht bewegt, wie es sollte, müssen Sie die Kette oder den Ring, der daran befestigt ist, möglicherweise austauschen. Tauschen Sie die Materialien aus, bis Sie die richtige Größe gefunden haben und die gewünschten Ergebnisse erzielen können.

Ich empfehle Ihnen, mehrere Arten von Pendeln aus verschiedenen Materialien und Ketten zu basteln. Machen Sie eines aus Plastik, Kupfer, Kristall oder Holz. Probieren Sie verschiedene Versionen aus, um herauszufinden, was am besten funktioniert. Denken Sie daran, dass alle Hellseher unterschiedlich sind, d.h. etwas, dass bei Ihnen funktioniert, funktioniert vielleicht nicht automatisch bei anderen Personen und umgekehrt.

Bevor Sie das Pendel benutzen, versetzen Sie sich in einen entspannten und ruhigen Geisteszustand. Falls Sie das nicht tun, könnten Sie viele Antworten erhalten, mit denen Sie nicht einverstanden sind. Wenn Sie entspannt bleiben, verringert sich die Wahrscheinlichkeit, dass Sie negative und widersprüchliche Antworten erhalten.

Tarot-Karten

Tarotkarten sind eines der beliebtesten Hilfsmittel für Hellseher. Viele Menschen fühlen sich mit ihnen wohl, weil sie leicht zu lesen und gut zu verstehen sind. Sie werden viele Hellseher finden, die sie benutzen, um Antworten auf ihre dringlichsten Fragen zu finden, sogar im Internet. Wenn Sie neugierig und wissbegierig sind, können die Tarotkarten Ihnen dabei helfen, sich selbst zu enträtseln. Das Erlernen des Tarotlesens - und Deutens ist ein langwieriger Prozess. Zu Beginn werden Sie sicherlich mehr Fragen als Antworten erhalten. Es braucht Zeit, um die Bedeutung der Karten richtig deuten zu lernen. Außerdem ist eine Menge Übung erforderlich.

Wenn Sie die Tarotkarten zum ersten Mal ausprobieren, sind Sie vielleicht zunächst überwältigt und verwirrt von der schieren Menge der Karten. Die Karten sind zahlreich, und Sie müssen sie alle einigermaßen gut beherrschen. Ursprünglich wurden die Tarotkarten für Kartenspiele verwendet. Erst im 18. Jahrhundert wurden sie erstmals zur Wahrsagerei eingesetzt. Beim Tarot geht es um universelle Symbole, was bedeutet, dass die Karten und die Geschichten, die sie vermitteln, über Kultur, Zeit und Kontinente hinausreichen.

Wenn Sie sich Ihr Tarot-Kartenspiel kaufen, werden Sie feststellen, dass die Karten unterschiedliche Titel haben. Sie sind außerdem von 0 bis 21 durchnummeriert. Bei einigen Kartenspielen gehen die Nummern von 1 bis 22. Andere Karten sind auf die übliche Art und Weise nummeriert, die Sie von traditionellen Kartenspielen kennen. Sie sind mit Königen, Damen und Assen versehen, die in zwei Bereiche unterteilt sind: die Großen Arkana und die Kleinen Arkana. Die Großen Arkana umfassen alle Karten ohne Farben. Die Kleinen Arkana enthalten Karten, die als Stäbe, Kelche, Schwerter und Pentakel bezeichnet werden. Ein Standard-Tarotdeck hat 78 Karten, 22 in den Großen Arkana und die restlichen 56 in den Kleinen Arkana.

Die Karten der Großen Arkana stellen Archetypen dar. Sie deuten auf wichtige Muster, Themen und Lektionen hin, die Sie oder der Fragesteller (die Person, deren Lesung Sie durchführen) beachten sollten. Bestimmte Karten stehen für den bevorstehenden Wandel. Wenn Sie beispielsweise den Turm erhalten, der zu den Karten der Großen Arkana gehört, bedeutet dies, dass Sie einen großen, lebensverändernden Wandel erleben werden.

Beachten Sie, dass die Karten der Großen Arkana nicht alle gleich sind. Die Namen der Karten können je nach Deck geändert werden. Glücklicherweise sind die Karten immer mit ausführlichen Informationen versehen, die Sie sich vor dem Üben durchlesen sollten. Das macht die Sache für Sie einfacher.

Die Kleinen Arkana des Tarotdecks umfassen Karten, die die Herausforderungen, Triumphe, Freuden, Ängste, Ärgernisse und Hoffnungen darstellen, die Sie jeden Tag erleben. Denken Sie daran: Nur weil wir diese Karten als kleine oder Nebenarkana bezeichnen, bedeutet das nicht, dass die dargestellten Themen unbedeutend sind. Die Themen sind lediglich vorübergehend weniger weitreichend als die Themen, die in den Karten der Großen Arkana behandelt werden.

Außerdem sind die Themen der Nebenarkana leichter zu bearbeiten.

Die Kleine Arkana ist, wie gesagt, in vier Farben unterteilt. Genauer gesagt sind es die Stäbe, Kelche, Schwerter und Pentakel. Jede ist mit einem Teil der menschlichen Erfahrung verbunden. Die Schwerter sind mit kognitiven Prozessen und Entscheidungsfindung verbunden, die Stäbe mit Motivation und Handeln, die Kelche mit Emotionen und Gefühlen und die Pentakel mit materiellen Dingen, wie Finanzen und Arbeit.

Je nach Art des Decks, das Sie kaufen, kann es sein, dass die Karten miteinander gemischt sind. Aber die oben genannten Interpretationen sind die allgemeinen Bedeutungen für die Farben in jeder Nebenarkana.

Wenn Sie keine Tarotkarten kaufen möchten, können Sie sich natürlich auch zu Hause ein Deck zusammenstellen. Ich empfehle diese Möglichkeit besonders den Anfängern unter den Hellsehern, denn so ist Tarot viel einfacher zu meistern. Die Decks beziehen sich dadurch viel konkreter auf Ihr eigenes Leben, was bedeutet, dass die Antworten der Geister leichter zugänglich werden.

Nachfolgend finden Sie die Arbeitsschritte zur Herstellung Ihres Tarotkarten-Decks für hellseherische Lesungen:

- Suchen Sie sich ein großes Stück dickes Papier, aus dem Sie 78 Kartenstücke ausschneiden können. Die Karten können eine beliebige Größe haben, aber denken Sie beim Ausschneiden stets an das Mischen der Karten. Achten Sie darauf, wie sie sich in Ihrer Hand anfühlen und wie sie sich mischen lassen. Ich empfehle die Verwendung von Pappkarton, um die nötige Haltbarkeit der Karten zu gewährleisten.

- Wie Sie bereits gelernt haben, besteht ein Tarotdeck aus einem Satz von 22 Karten und vier weiteren Sätzen von 14 Karten. Denken Sie daran, wenn Sie die 78 Karten ausschneiden.

- Wenn Sie fertig sind, müssen Sie die Karte gestalten und die Farben der Nebenarkana benennen. Das am häufigsten von Anfängern verwendete Design ist das sogenannte Rider-Waite-Smith Deck. Die meisten Hilfsmittel zum Erlernen der Bedeutung der Karten folgen diesem Design. Sie sollten wissen, dass eine persönliche Gestaltung und personalisierte Abweichungen Ihnen zu tieferen Bedeutungen in Ihren Kartensatz verhelfen können.

– Als Nächstes müssen Sie die Motive für die Kartenentwürfe skizzieren und ihnen Beschriftungen hinzufügen. Versuchen Sie, die Symbole auf dem Rider-Waite-Smith-Deck für Ihre Karten so gut wie möglich zu imitieren.

– Zum Schluss zeichnen oder malen Sie das Design der Rückseite auf Ihr Deck. Sie können es einfach oder komplex gestalten. Das hängt ganz davon ab, was Sie persönlich bevorzugen.

Geschafft. Nun haben Sie Ihr selbstgemachtes Tarotdeck, das Sie für Hellseherei verwenden können. Sie können die Karten mischen und deren Bedeutungen lernen. Während Sie Ihr Deck zeichnen und zusammenstellen, werden Sie ein Gefühl der Vertrautheit mit jeder der Karten entwickelt haben. Das wird Ihnen später helfen, die Kunst des Tarotkartenlesens für Ihre psychische Entwicklung zu meistern.

Die unerschütterliche Konzentration ist beim Tarotlesen unerlässlich. Wie Sie die Karten mischen, spielt dabei keine Rolle. Entscheidend ist, wie gut Sie sich auf den Prozess konzentrieren. Wenn Sie nicht so gut konzentriert sind, wie Sie es sein sollten, entgehen Ihnen möglicherweise eine Menge wichtiger Details.

Sie sollten sich deswegen nicht ärgern oder sich Sorgen machen, wenn Sie nicht gleich alle Bedeutungen der Karten auf einmal gelernt haben. Nehmen Sie sich Zeit. Einer der wichtigsten Aspekte des ganzen Prozesses ist der, dass Sie durch diese Aktivität Ihre Intuition weiterentwickeln und verbessern können.

Kristalle

Kristalle sind nützliche Edelsteine, die nachweislich spirituelle Energie enthalten. Bei einer Kristalldeutung geht es um die Vertrautheit mit den vielen Eigenschaften dieser natürlichen Ressourcen und darum, wie sie für den höchsten, göttlichen Zweck genutzt werden können. Genau wie Sie selbst haben auch Kristalle eigene energetische und schwingende Kräfte. Das bedeutet, dass Sie sie verwenden können, um Ihren persönlichen Schwingungszustand zu erhöhen oder zu verbessern. Und was noch wichtiger ist: Sie können sie auch dazu einsetzen, um Ihre Verbindung zum Spirituellen zu stärken.

Die kraftvollen Heilkräfte dieser Edelsteine wirken sich sowohl auf physischer als auch auf nicht-physischer Ebene aus. Dank der Mineralienmischung der Erde verfügt jeder Stein über eine intensive und einzigartige Konzentration von Lebensenergie. Als Hellseher müssen Sie wissen, welche Steine die höchste spirituelle Resonanz aufweisen. Steine mit hoher Resonanz interagieren mit Ihrem Energiefeld, heben es an und fokussieren es für Sie. Ihr Energiefeld umfasst physische, mentale, emotionale und spirituelle Körper, die alle auf unterschiedlichen Frequenzen schwingen. Alle diese Körper können durch die Kristalle positiv beeinflusst werden.

Das Wissen um die Verwendung von Kristallen und Edelsteinen für das Hellsehen ist ein grundlegender Bestandteil der Esoterik. Die Kristalle werden bei Lesungen verwendet, um übersinnliche Botschaften zu empfangen und zu interpretieren. Sie können sich außerdem auf das Energiefeld der Steine einstimmen, um herauszufinden, welche Steine Ihnen in einem bestimmten Moment Ihres Lebens von großem Nutzen sein könnten.

Das Beste an Kristallen ist, dass sie auch für Tarot- und Orakellesungen eingesetzt werden können. Die Kristalle erhöhen Ihre Chancen, die Antworten und Lösungen zu erhalten, die Sie suchen, erheblich. Die folgenden Kristalle gehören zu den Steinen, die Sie für Hellsehen verwenden können:

- Sodalith
- Amazonit
- Chrysokoll
- Blauer Spitzenachat
- Schwarzer Turmalin
- Herkimer Diamant
- Klarer Quarz
- Fluorit
- Amethyst
- Azurit

Diese Steine können für eine Reihe von Zwecken verwendet werden. Sodalith und Amazonit eignen sich hervorragend, um einen Zustand der Ruhe während des Hellsehens bei Ihnen auszulösen und aufrechtzuerhalten. Wenn Sie mit diesen Kristallen meditieren, werden Sie ein Gefühl von Frieden und Ruhe empfinden, wann immer Sie Informationen erhalten, die Ihnen nicht gefallen. Klarer Quarz ist hervorragend dazu geeignet, um die Klarheit und das Verständnis während des Lesens zu verbessern. Er wird mit dem Kronen- und dem dritten Augenchakra in Verbindung gebracht, was bedeutet, dass er Ihnen dabei helfen kann, den Sinn Ihrer Lesung und der Botschaften, die Sie erhalten, zu verstehen.

Blauer Spitzenachat und Chrysokoll sind wirksam, um Ihnen eine gute Kommunikation mit dem Geist zu gewährleisten, wenn Sie eine Lesung durchführen. Nehmen wir an, Sie machen die Lesung für jemand anderen. In solchen Fällen helfen sie Ihnen, die empfangenen Botschaften klar und deutlich an Ihren Klienten oder Gesprächspartner weiterzugeben. Beide Steine sind mit dem Halschakra verbunden. Blauer Spitzenachat wird der „Stein der Artikulation" genannt.

Sie können Ihre Energiekristalle und Ihr Tarotdeck zusammen an einem Ort aufbewahren. Beachten Sie dabei auch, dass Sie nicht unbedingt alle der oben aufgeführten Steine benötigen. Es handelt sich dabei lediglich um Empfehlungen für die Art von Kristallen, die Sie für Ihre psychische Praxis und Entwicklung in Betracht ziehen sollten.

Das Wichtigste ist, dass Sie bei der Auswahl von Kristallen und Steinen, die zur Hellseherei verwendet werden können, Ihrer Intuition folgen.

Runen

Die wörtliche Bedeutung des Wortes „Rune" ist „etwas Geheimes" oder „etwas Verborgenes". Die Bedeutung der Runen wurden erst in den 1980er Jahren allgemein bekannt. Davor kannten und verstanden nur die angesehensten Mystiker die divinatorische Kraft der Runen. Falls Sie noch nicht mit Runen vertraut sind, stellen Sie sich uralte Symbole vor, die als esoterische und divinatorische Werkzeuge dienen. Die meisten Menschen nehmen an, dass die Runensymbole aus der lateinischen Sprache stammen, aber sie stammen tatsächlich aus den alten germanischen Sprachen, die vor dem Lateinischen entstanden sind.

Im Laufe der Jahre haben sie sich weiterentwickelt, um eine eher symbolische Bedeutung anzunehmen. Sie werden heutzutage für besondere Zwecke verwendet. Runen werden oft auf Holzfliesen und Perlen oder Glas abgebildet. Jedes dieser Symbole hat eine bestimmte Bedeutung und Botschaft. Natürlich handelt es sich um spirituelle Botschaften. Um deren Bedeutungen zu übersetzen, müssen Sie die Kunst des Runenlesens erlernen. Hellseher, die Runen in ihren Lesungen verwenden, werden oft Runen-Hellseher genannt.

Als Runen-Hellseher verfügen Sie über das nötige Wissen und die Erfahrung, um Runensteine für spirituelle und divinatorische Zwecke zu verwenden. Auch wenn Sie kein Meister des Runenlesens werden wollen, können Sie die Grundlagen des Runenlesens erlernen, um Sie auf Ihrer psychische Reise zu unterstützen. Die Verwendung von Runen beim Hellsehen kann Ihnen helfen, Einblick in verschiedene Situationen zu gewinnen. Sie können die Runen auch als Vermittler verwenden, um die Botschaften, die Sie von Ihren Geistführern erhalten, genauer zu erklären. Sie können Runen als Medium verwenden, um mit dem Universum zu kommunizieren und Vorhersagen zu treffen.

Wenn Sie Runen in Ihre Deutungen miteinbeziehen, können Sie eine starke Verbindung zur spirituellen Energiequelle herstellen. Dies ermöglicht es Ihnen, übersinnliche Botschaften intuitiv zu interpretieren, und zwar im Einklang mit Ihren vorherrschenden übersinnlichen Fähigkeiten. Einfach ausgedrückt heißt das: Die Verwendung von Runen während einer Lesung kann Ihren dominanten hellseherischen Sinn so weit schärfen, dass die Botschaften für Sie intuitiv klar und bedeutungsvoll werden.

Als Fragesteller müssen Sie die Lesung mit einer bestimmten Frage oder Absicht beginnen. Oder Sie können eine allgemeine Deutung vornehmen, um zu sehen, ob der Geist Ihnen etwas zu sagen hat. Wie bei einer Tarot-Lesung müssen Sie die Runenperlen oder -kacheln ausbreiten und danach die Lesung und Interpretation durchführen.

Sie können die Spiritualität durch Runen konsultieren, wann immer Sie noch mehr Klarheit über etwas brauchen. Nehmen wir an, Sie haben eine wichtige oder auch nur kleine Entscheidung zu treffen. In diesem Fall kann Ihnen das Lesen der Runen helfen, mit Ihrer Entscheidung die richtige Richtung einzuschlagen. Ein Runenspruch ist ein weiteres Mittel, das dazu dient, dass Sie sich ein klares Bild von dem machen, was vor Ihnen liegt.

Astrologie

Viele Menschen glauben, dass Astrologie und übersinnliche Praktiken nichts miteinander zu tun haben, aber das ist nicht wahr. Seit Hunderten von Jahren haben verschiedene Kulturen auf der ganzen Welt die Bewegungen der Planeten und Sterne studiert, um dadurch Zugang zur Göttlichkeit zu erhalten. Obwohl die Astrologie ein eigenständiges Fachgebiet der Esoterik ist, kann sie auch für die Hellseherei genutzt werden. Wenn Sie Astrologie studieren, wird sich dies direkt positiv auf Ihr psychisches Wachstum auswirken.

In der Astrologie dreht sich alles um die Ausrichtung und Platzierung der Sterne und Planeten. Sie basiert auf der Vorstellung, dass die Position der Planeten und die Ausrichtung der Sterne zum exakten Zeitpunkt der Geburt eines Menschen jede Facette seines Lebens beeinflussen, einschließlich seiner Persönlichkeit, seines Karmas, seiner Ziele und seiner allgemeinen Stimmungslage. Wenn Sie der Astrologie bereits zugeneigt sind, haben Sie wahrscheinlich schon festgestellt, dass Sie Ähnlichkeiten mit anderen Menschen desselben Sonnenzeichens haben.

Bei einer astrologischen Deutung werden die Einflüsse Ihres Sonnenzeichens, Ihres Mondes und Ihres Aszendenten kombiniert und miteinbezogen. Nehmen wir beispielsweise an, Sie möchten herausfinden, warum sich die Ereignisse in Ihrem Leben so entwickeln, wie sie es tun, oder wie es um die Kompatibilität zwischen Ihnen und einer anderen Person bestellt ist. In diesem Fall kann Ihnen eine astrologische Deutung gut weiterhelfen. Wenn Sie die Astrologie zu Ihren natürlichen intuitiven Fähigkeiten hinzufügen, werden Ihre hellseherischen Gaben dadurch deutlich verstärkt.

Die Astrologie ist nichts, was Sie durch das Lesen von ein paar Sätzen vollständig verstehen oder anwenden können. Um die Astrologie als psychologisches Werkzeug zu nutzen, brauchen Sie eine Quelle, die Ihnen genau das beibringt. Geburtshoroskope sind kompliziert, so dass Sie gegebenenfalls einen Mentor brauchen, der Ihnen den Lernprozess erleichtert.

Dies sind im Wesentlichen die besten psychischen Werkzeuge, die Sie auf Ihrer Reise benötigen. Diese Hilfsmittel können Ihnen das Üben erleichtern, aber das macht sie nicht zwingend erforderlich. Verwenden Sie sie nur dann, wenn Sie es auch wollen. Wenn Sie lieber ein Hellseher ohne Hilfsmittel sein möchten, ist die Arbeit an Ihrem dritten Auge die beste Möglichkeit, um dieses Ziel zu erreichen. Das wird Ihre Intuition und Ihre übersinnlichen Sinne so weit schärfen, dass die Werkzeuge Dritter keine Rolle mehr spielen. Es wird nur noch Sie und Ihre übersinnlichen Sinne geben.

Kapitel Vier: Verstehen Sie den Astralkörper

Hatten Sie jemals eine AKE? Eine AKE ist eine außerkörperliche Erfahrung. Dabei trennt sich Ihr Astralkörper von Ihrem physischen Körper. Dies geschieht in der Regel, wenn Sie sich in einem Traumzustand befinden. Jetzt fragen Sie sich wahrscheinlich, was ein Astralkörper ist. Um Ihnen dabei zu helfen, dieses Konzept zu verstehen, werde ich es in dieser Stelle genauer erklären.

Wenn Sie sich im Spiegel betrachten, können Sie Ihren physischen Körper sehen. Sie können ihn sehen, weil er sichtbar ist. Im Gegensatz zu dem, was Sie vielleicht denken, ist der physische Körper nicht Ihr einziger Körper. Er ist nur eine kleine Teilmenge dessen, was Ihr gesamtes menschliches Wesen ausmacht.

Sie bestehen aus zwei Teilen: Ihrem physischen Körper, den Sie sehen können, und einem anderen, den Sie nicht sehen können, es sei denn, Sie trainieren und üben, Ihr drittes Auge zu benutzen. Der zweite Teil ist Ihr Energiekörper. Sie können ihn auch als Ihr Energiefeld bezeichnen. Erinnern Sie sich, dass ich im vorigen Kapitel schon einmal kurz das menschliche Energiefeld erwähnt habe? Nun, Ihr Energiekörper ist das, worauf ich mich dabei bezogen habe.

Das Energiefeld ist allgemein als Aura bekannt. Es handelt sich um eine Mischung aus Lichtern und Farben, die Ihren physischen Körper umgibt. Die Aura ist für das menschliche Auge unsichtbar, d.h. Sie müssen Ihr drittes Auge öffnen, wenn Sie sie sehen wollen. Hellseher sehen den unsichtbaren Körper als ein helles Energiefeld, das den Körper durchdringt und sich etwa 15 cm vom Körper entfernt ausdehnt. Ihr Energiefeld ist mit Ihrem physischen Körper verbunden. Was auch immer sich auf Ihren Energiekörper auswirkt, spiegelt sich normalerweise in Ihrem physischen Körper wider und umgekehrt.

Denken Sie daran, dass das Energiefeld nicht als eigenständige Einheit existieren kann, d.h. es hängt von der Existenz Ihres sichtbaren physischen Körpers ab. Genau wie der Körper, den Sie sehen können, hat Ihr Energiefeld Dinge wie einen Kopf und einen Rumpf, einschließlich Armen und Beinen. Das Energiefeld existiert, weil es für das reibungslose Funktionieren Ihres materiellen Körpers unerlässlich ist. Die Hauptaufgabe des Körpers besteht darin, Lebensenergie aus dem Universum aufzunehmen und sie an Ihre materielle Form weiterzugeben. Auf diese Weise versorgt es Ihre physische Form mit Energie.

Die Aura oder der Energiekörper ist auch eine Art Schablone oder Vorlage für den physischen Körper. Ohne diese Vorlage würde sich Ihr physischer Körper aufgrund des unaufhörlichen Stoffwechsels ständig verändern. Im Grunde genommen bedeutet dies, dass die Existenz des Energiekörpers für Ihre physische Gesundheit entscheidend ist. Wie ich bereits erwähnt habe, wirkt sich alles, was das Energiefeld betrifft, automatisch auf den physischen Körper aus.

Nun, Ihr Energiefeld enthält verschiedene Schichten und Körper, von denen einer der Astralkörper ist. Sie können ihn alternativ den spirituellen Körper nennen. Der Astralkörper ist mit Ihrem physischen Körper verbunden. Er ist Ihre einzige Verbindung zwischen der physischen Ebene und den höheren (nicht-physischen) Ebenen. Das bedeutet, dass Ihr Astralkörper sowohl in der physischen Welt als auch in der metaphysischen Welt funktionieren kann.

Angenommen, Sie möchten in die Astralebene reisen, um mit höherdimensionalen Wesen zu interagieren oder ähnliche Dinge zu tun. In diesem Fall brauchen Sie dazu Ihre Astralform. Der Astralkörper ist die Erscheinungsform, die Sie verwenden, wenn Sie sich im Traumzustand befinden. Wenn Sie davon träumen, dass Sie im Schlaf etwas tun, sind Sie im Traum in Ihrer Astralform. Auch beim luziden Träumen ist der Astralkörper derjenige, der das Sagen hat.

Die Astralform kann nicht funktionieren, solange der physische Körper aktiv ist. Deshalb übernimmt sie die Kontrolle, wenn Sie schlafen. Wenn Sie aber lernen, wie man sich astral projiziert und astral reist, können Sie herausfinden, wie Sie den Astralzustand absichtlich herbeiführen können.

Ihr Energiefeld verfügt über verschiedene Energiekanäle, über die es Energie an Ihre materielle Form weitergibt. Diese Kanäle sind auch als Nadis bekannt. Sie haben außerdem auch Energiezentren, die als Chakren bezeichnet werden. Die Energiezentren und -kanäle sind wichtig, um ein sauberes Energiesystem zu gewährleisten, damit die Energie frei zum physischen Körper fließen kann.

Ein klarer und freier Energiefluss ist der Schlüssel für das Funktionieren des physischen Körpers. Ohne ihn kann der Körper nicht zu Höchstleistungen auflaufen. Sie brauchen ein sauberes Energiesystem, um Ihr Wohlbefinden und die wesentlichen Körperfunktionen weiterhin zu erhalten. Lassen Sie uns kurz über die Energiezentren und -kanäle sprechen.

Die Chakren sind Ihre Energiezentren. Sieben Hauptchakren pumpen Energie in Ihre physische Form. Sie vitalisieren Ihren gesamten Körper. Sie finden die Chakren in der Mittellinie des Körpers und sie verlaufen von unten nach oben. Wenn diese Energiekanäle blockiert sind, kann dies zu Schmerzen oder Krankheiten in bestimmten Teilen Ihres Körpers führen.

Jedes Ihrer Chakren ist mit einem Teil des physischen Körpers verbunden. Das macht die Diagnose für Energieheiler einfacher, die bei Blockaden im Energiefeld weiterhelfen können. Es ist wichtig zu verstehen, wie die Chakren funktionieren und wie Sie sich für deren Energien offenhalten können. Wenn die Chakren blockiert oder nicht funktionsfähig sind, können Sie einfach nicht mehr auf Ihr psychisches Potential zugreifen.

Was sind die sieben Chakren?

– **Wurzelchakra:** Dies ist das erste Chakra, das sich an der Basis Ihrer Wirbelsäule befindet. Wenn das erste Chakra blockiert ist, führt dies häufig zu körperlichen Symptomen wie Ischias, Schmerzen im unteren Rücken, Krampfadern und verschiedenen Erkrankungen des Immunsystems. Das Wurzelchakra ist für die Funktion der Wirbelsäule, der Beine, der Füße, der Nieren, des Rektums und des Immunsystems zuständig. Jede Blockade in diesem Chakra wirkt sich also auf diese spezifischen Teile Ihres Körpers aus.

– **Sakralchakra:** Das Sakralchakra befindet sich zwischen dem Nabel und dem Unterbauch und ist das Chakra, das dem Wurzelchakra am nächsten ist. Wenn das Sakralchakra blockiert ist, verursacht es körperliche Symptome wie Beckenschmerzen, Ischiasbeschwerden, Probleme beim Wasserlassen, Libidoprobleme und Schmerzen im unteren Rücken. Das zweite Chakra steuert Ihre sexuelle Funktion. Es steuert auch Ihren Magen, Ihre Leber, Ihre Nieren, Ihre oberen Eingeweide, Ihre Bauchspeicheldrüse, Ihre Milz und den Bereich um die Mitte Ihrer Wirbelsäule herum.

– **Solarplexus-Chakra:** Chakra Nummer drei ist das Solarplexus-Chakra, das sich, wie Sie wahrscheinlich schon am Namen erkennen können, im Solarplexus befindet. Dieses Chakra ist für Ihren Oberbauch, die mittlere Wirbelsäule, die Leber, die Gallenblase, die Milz, die Nebennieren, den Dünndarm, den Brustkorb, den Nabel und den Magen zuständig. Jede Blockade im Solarplexus-Chakra kann körperliche Erkrankungen wie Diabetes, Bauchspeicheldrüsenentzündung, Magengeschwüre, Verdauungsstörungen, Zirrhose, Bulimie und viele weitere verursachen.

– **Herz-Chakra:** Ihr viertes Chakra ist das Herz-Chakra, das sich in der Mitte des Herzens befindet. Aber das Herzchakra steuert nicht nur das Herz, sondern auch andere Teile des Körpers wie zum Beispiel das Blut, die Lunge, die Brüste, Arme und Hände, das Zwerchfell und das Kreislaufsystem. Eine Blockade in diesem Chakra kann Asthma, Lungenentzündung, Probleme im oberen Rückenbereich und allgemeine Herzprobleme verursachen.

– **Kehlchakra:** Wie der Name schon sagt, ist dies das fünfte Energiezentrum, das sich am Hals befindet. Das Kehlchakra reguliert die Funktionen in Ihrem Hals, der Schilddrüse, dem Mund, den Zähnen, der Speiseröhre und dem Hypothalamus. Ein blockiertes Halschakra kann sich durch körperliche Symptome wie Halsgeschwüre, Skoliose, Schilddrüsenfehlfunktionen und Sprach- oder Stimmprobleme bemerkbar machen.

– **Drittes Augenchakra:** Chakra Nummer sechs ist das dritte Augenchakra, und wahrscheinlich das bekannteste Chakra.

Selbst Menschen, die sich nicht mit Esoterik beschäftigen, haben schon mal etwas über das dritte Augenchakra gehört. Das dritte Auge ist in verschiedenen Kulturen auf der ganzen Welt beliebt, aber alle sind sich einig, dass es der Hauptsitz der Intuition ist. Das dritte Auge kontrolliert Ihr Gehirn, die Hirnanhangdrüse, die neurologischen Funktionen und die Zirbeldrüse. Wenn das Chakra des dritten Auges blockiert ist, führt dies zu Symptomen wie Hirntumoren, Krampfanfällen, Schlaganfällen, Funktionsstörungen der Wirbelsäule, Blindheit und Lernstörungen.

– **Kronenchakra:** Dies ist das letzte und höchste Chakra. Das Kronenchakra befindet sich oben auf Ihrem Kopf, auf dem Scheitel. Es beherrscht die Mittellinie über Ihren Ohren und den oberen Teil Ihres Kopfes. Das Kronenchakra ist das Bindeglied für die Verbindung mit dem höheren Bewusstsein. Wenn es blockiert ist, verursacht es körperliche Beschwerden im Zusammenhang mit dem Skelettsystem, der Muskulatur, Hautkrankheiten und chronischer Erschöpfung.

Die Nadis sind die Energiekanäle. Sie sind viel reichhaltiger als die Chakren. Als Energiekanäle transportieren die Nadis oder Meridiane Energie durch die Chakren. Sie beeinflussen Ihre körperliche Gesundheit ebenso sehr wie die Chakren. Jede Störung des Energietransports von den Nadis zu den Chakren führt zu körperlichen Erkrankungen und Beschwerden.

Es gibt 12 Hauptnadis und Tausende weiterer kleinerer Nadis an verschiedenen Stellen im Körper. Die Hauptnadis sind nach ihren Funktionen benannt. Sie haben die Nadis der Lunge, der Milz, des Magens, des Dickdarms, des Dünndarms, des Herzens, der Nieren, der Leber, der Blase, des Herzkonstriktors, und der Gallenblase. Sie decken Ihr gesamtes physisches System ab und helfen Ihrem Körper dabei, das Gleichgewicht zu halten. Eine Blockade in den Nadis stört das Gleichgewicht des Körpers.

Jetzt fragen Sie sich wahrscheinlich, was das alles mit dem Astralkörper und der psychischen Entwicklung zu tun hat. Nun, Energieblockaden sind im Allgemeinen nicht gut für das psychische Geschäft schädlich. Wenn Sie unter einer Energieblockade leiden, beeinträchtigt dies Ihre Fähigkeit, auf Ihre psychischen Portale zuzugreifen. Es beeinträchtig außerdem jegliche Versuche, Ihren

Astralkörper zu „channeln". Bedenken Sie dabei, dass Astralreisen ein wichtiger Bestandteil der psychischen Praktiken sind.

Ich will damit sagen, dass Ihr Energiesystem klar und ausgeglichen sein muss, wenn Sie Ihre Kräfte nutzen wollen. Das dritte Auge ist, wie ich schon sagte, der Sitz der Intuition. Das bedeutet, dass Sie nicht auf Ihre Intuition zugreifen können, solange das Chakra des dritten Auges blockiert ist. Ihr Energiekörper muss zu jeder Zeit frei von Blockaden sein.

Der erste Schritt, um sicherzustellen, dass Ihr System frei von Blockaden bleibt, besteht darin, zu verstehen, was Energieblockaden überhaupt verursacht.

Ihr physischer Körper ist sehr empfindlich und wird durch innere und äußere Faktoren beeinflusst. Diese führen oft zu einer Energiestagnation oder Konzentration. Meistens sind derartige Probleme auf ein geistiges und emotionales Ungleichgewicht zurückzuführen. Sie können aber auch durch schlechte Umweltbedingungen, ungesunde Ernährung und Krankheiten verursacht werden.

Wenn ein Auslöser im physischen Körper verursacht wird, beginnt sich Ihr Energiefluss zu verdünnen. Dies führt zu Schmerzen und Organschäden. Obwohl sich die Blockade direkt auf den spezifischen Bereich auswirkt, in dem sie auftritt, hat sie letztlich einen Ripple-Effekt. Das bedeutet, dass sie den Energiefluss in anderen Teilen des Körpers unterbricht. Dies führt natürlich zu weiteren Problemen in der Gesamtfunktion Ihres Energiesystems und Ihres Gesundheitszustandes. Wenn dies geschieht, ist die Energieheilung der Schlüssel zur Beseitigung der Blockade und zur Entlastung Ihres gesamten Energiesystems.

Zu den besten Energieheiltechniken, die von erfahrenen Energieheilern angewandt werden, gehören Reiki, Ayurveda, Akupunktur usw. Außer Reiki können Sie die meisten dieser Methoden nicht an sich selbst anwenden. Im Folgenden finden Sie einfache Strategien zur energetischen Reinigung, die Sie bequem zu Hause durchführen können, um es sich leichter zu machen.

Ich sollte dabei anmerken, dass Ihr Energiefeld jederzeit klar sein muss, um Ihnen das Lesen der Energie anderer Menschen zu ermöglichen. Wie Sie sehen, ist es also wichtig, die folgenden Methoden zu erlernen.

Technik 1: Energie durch die Chakren leiten

Hierbei handelt es sich um eine meiner persönlichen Lieblingsübungen, um die Energie zu klären. Es handelt sich um eine Übung, die darauf abzielt, Ihren Geist, Ihren Körper und Ihre Gefühle mit Ihrer Seele in Einklang zu bringen. Dadurch wird das Gleichgewicht in Ihrem Energiesystem wiederhergestellt. Wenn Sie dichte Energie loswerden, verbessern Sie dadurch Ihre Verbindung mit der Energiequelle. Dies wiederum fördert Ihre Klarheit und Intuition und ermöglicht es Ihnen, Ihre innere Führung zu nutzen, um wichtige Entscheidungen zu treffen und wichtige Fragen zu beantworten.

Die Fähigkeit, Energie durch die Chakren zu leiten ist etwas, das ich Ihnen zur Integration in Ihre täglichen spirituellen Aktivitäten empfehle. Durch tägliches Üben können Sie den vollen Nutzen aus dieser Technik ziehen. Sie können klein anfangen – beispielsweise indem Sie fünf bis zehn Minuten Ihrer Zeit jeden Tag nutzen, um sich einen enormen Vorteil für Ihr gesamtes Energiesystem zu erarbeiten.

Der Prozess ist dabei ganz einfach. Sie erden, leiten und reinigen jeden Morgen und Abend die Energie in Ihrem System. Mit zunehmender Übung nehmen Ihre Vitalität, Ihre Klarheit und Ihr Gefühl der Konzentration zu. Dann können Sie die Zeit, die Sie für Ihre täglichen Übungen verwenden, erhöhen. Ich mag diese Methode, weil Sie dafür keinen ruhigen oder beschaulichen Ort brauchen. Sie können überall dort Energie tanken, wo Sie gerade sind, wenn Sie das Bedürfnis danach verspüren. Sie können es sogar während eines hitzigen Gesprächs mit einer anderen Person tun.

Zunächst werden Sie vielleicht nichts spüren. Das ist ganz normal. Sie müssen einfach weitermachen, bis Sie es spüren können. Bitten Sie die Energie, Sie aufzufüllen, und vertrauen Sie darauf, dass sie es auch tut. Wie man so schön sagt: Übung macht den Meister. Je mehr Sie üben, desto besser werden Sie darin und desto mehr werden Sie davon profitieren.

Wie gehen Sie bei dieser Methode am besten vor?

Erden Sie sich

Zunächst einmal müssen Sie sich erden. Wir sind selten automatisch voll im Augenblick präsent. Stressfaktoren und Ablenkungen durch die Aktivitäten unseres täglichen Lebens gibt es zuhauf. Sie halten unseren Geist oft auf die Vergangenheit oder die Zukunft fixiert. Die Erdung bietet Ihnen eine Möglichkeit, in den gegenwärtigen Moment einzutauchen und nicht in die Vergangenheit oder die Zukunft zu schauen. Achtsamkeit und Präsenz im Moment sind der erste Schritt, um Ihren Geist, Ihren Körper und Ihre Emotionen mit Ihrem Geist in Einklang zu bringen.

Schritt 1: Erstellen Sie ein Erdungskabel, das von Ihrem ersten Chakra ausgeht

Setzen Sie sich aufrecht hin und kreuzen Sie die Arme und Beine dabei nicht. Stellen Sie Ihre Füße fest auf den Boden. Stellen Sie sich vor, dass an der Basis Ihrer Wirbelsäule ein Lichtstrahl aus Ihrem Wurzelchakra zum Mittelpunkt der Erde wandert.

Schritt 2: Öffnen Sie Ihr Kronenchakra

Visualisieren Sie eine weitere Lichtschnur, die von Ihrem Kronenchakra aus direkt nach oben in den Himmel führt, um sich mit der kosmischen Energie zu verbinden.

Schritt 3: Rufen Sie nach Ihrem Geist

Rufen Sie laut Ihren vollen Namen. Wiederholen Sie ihn dreimal. Ihr vollständiger Name ist für Sie einzigartig. Indem Sie Ihren vollen Namen wiederholen, rufen Sie Ihr Bewusstsein in den gegenwärtigen Moment zurück.

Schritt 4: Erzeugen Sie Erdungskabel von Ihren Füßen aus

Erwecken Sie die Chakren an der Basis Ihrer Füße. Stehen Sie mit den Füßen fest auf dem Boden und stellen Sie sich vor, wie Lichtstrahlen von Ihren Füßen bis zum Kern der Erde wandern.

Schritt 5: Energie aus der Erde gewinnen

Sobald Sie erfolgreich Stränge von Ihren Füßen und Ihrem ersten Chakra und einen kosmischen Strang von Ihrem Kronenchakra aus geschaffen haben, ist es an der Zeit, die Erdenergie nach oben zu leiten. Rufen Sie die Energie aus dem Erdkern und stellen Sie sich vor, wie sie in Ihre Füße, durch Ihre Beine und bis zu Ihrem Scheitel hinauffließt. Stellen Sie sich vor, wie die Energie die äußeren Schichten Ihres Energiefeldes füllt. Füllen Sie Ihre Aura und Ihren Körper mit dieser Energie. Sobald sie energetisch aufgeladen wurden, lassen Sie die Energie an der Schnur, die mit Ihrem ersten Chakra verbunden ist, hinunter in den Kern der Erde strömen.

Jetzt haben Sie sich erfolgreich durch Erdenergie geerdet. Der nächste Schritt besteht darin, Ihre Energie frei laufen zu lassen.

Lassen Sie Ihre Energie laufen

Nach der erfolgreichen Erdung können Sie die Energie durch Ihre Chakren kanalisieren, Blockaden auflösen und sie nacheinander reinigen. Sie wissen besser als jeder andere, was Sie wollen. Lassen Sie zu, dass die heilende Energie Ihren Körper, Ihren Geist, Ihre Emotionen und Ihre Seele durchströmt. Auf diese Weise werden Sie über die nötige Vitalität verfügen, um die hochschwingende Energie zu projizieren, die höherdimensionale Wesen zu Ihnen hinzieht.

Schritt 6: Senden Sie göttliche Energie aus

Im Gegensatz zur Erdungsenergie, die vom Erdkern nach oben wandert, um die kosmische Erdungsschnur hinunterzuspülen, wandert die göttliche Energie vom Kronenchakra durch die übrigen Chakren nach unten, bis sie das Zentrum der Erde erreicht. Lassen Sie die Energie mindestens viermal laufen und stellen Sie sich dabei die Farben der Energie vor, die durch Ihren Körper fließt. Es gibt vier Farben, und sie alle stehen für vier Arten von Energie, die Sie durchlaufen müssen.

Die erste ist eine königliche tiefblaue Farbe für de-programmierende Energie. Sie ist darauf ausgerichtet, dichte Energien aus Ihrem System auszuwaschen. Die zweite ist ein neon-elektrisches Blau für Klarheitsenergie. Sie zielt darauf ab, die geistige Klarheit zu verbessern und das Wissen zu steigern. Die dritte Energie hat eine grüne Farbe für Heilenergie. Sie lassen diese Energie laufen, um Wunden in den physischen und nicht-physischen Systemen zu heilen. Die vierte Farbe ist schließlich eine goldene Farbe für die Energie der Liebe und der Wahrheit. Lassen Sie diese Energie laufen, um sich mit Licht und Liebe zu beleben. Sie wird Sie daran erinnern, wer Sie sind und wie groß Ihre übersinnlichen Fähigkeiten sind.

Schritt 7: Tauschen Sie das Erdungskabel aus

Dies ist der letzte und wichtigste Schritt bei diesem Energie-Heilungsverfahren. Bevor Sie die Übung abschließen, müssen Sie Ihre Erdungsschnur durch eine neue ersetzen. Dies wird Ihnen dabei helfen, sich neu auszurichten und im gegenwärtigen Moment zu verankern. Lassen Sie alle Restenergien durch die alte Schnur abfließen und setzen Sie sie frei. Befreien Sie sich dann von der Schnur, indem Sie sich eine Rose vorstellen, die durch ihren Stiel mit der Erde verbunden ist. In diesem Zusammenhang ist die Rose ein Symbol der Vergebung und eine Möglichkeit, um giftige Energie in Licht umzuwandeln.

Visualisieren Sie Ihre alte Erdungsschnur in der Mitte der Rose und lassen Sie sie über einer großen Wasserfläche explodieren, so dass die Rose untergetaucht wird und wieder zu neuem Leben erwacht.

Wann immer Sie das Gefühl haben, dass eine Blockade in Ihrem Energiesystem vorliegt, können Sie diese Methode anwenden, um sie zu beseitigen und sich zu revitalisieren.

Technik 2: Visualisieren, um negative Energie freizusetzen

Visualisierung ist eine einfache Übung, die Sie überall und jederzeit durchführen können. Sie können sie bei der Arbeit oder sogar in einem überfüllten Raum durchführen. Es ist normal, dass Sie die Visualisierung nicht gleich beim ersten Versuch schaffen. Auch wenn Sie das Gefühl haben, dass Sie nicht gut darin sind, versuchen Sie es immer weiter. Wie die erste Fähigkeit wird auch diese besser, je mehr Sie üben.

Und bei dieser Strategie geht es nicht nur um Einbildung. Es geht darum, eine tatsächliche Energieverschiebung zu erzeugen, die Sie in Echtzeit spüren können. Der Prozess wird im Folgenden aufgeschlüsselt.

Schritt 1: Setzen Sie sich eine feste Absicht

Als Erstes müssen Sie die Absicht formulieren, um alle negativen und toxischen Energien aus Ihrem System freizusetzen und alles, was Sie von der Aura anderer Menschen aufgenommen haben, abzuweisen. Sie können Ihre Absicht zum Beispiel formulieren, indem Sie sagen: „Ich lasse alle Energie, die mir nicht mehr dient, aus meinem System los, egal ob sie von mir selbst oder von anderen stammt. Ich tue dies, um mein höheres Ziel zu erreichen." Alternativ können Sie Ihre Absicht auch selbst formulieren. Achten Sie nur darauf, dass sie mit Ihrem Vorhaben übereinstimmt, also mit dem Loslassen von toxischer Energie, Reststoffen und Energieblockaden.

Schritt 2: Einen Körper aus Licht erzeugen

Stellen Sie sich einen leuchtenden Ball aus goldenem Licht in der Mitte Ihrer Brust vor. Stellen Sie sich vor, wie sich das Licht ausdehnt und größer wird, wenn Sie ausatmen. Stellen Sie sich dann vor, wie sich das Licht beim Ein- und Ausatmen aus Ihrer Brust ausdehnt. Es sollte mit jedem Ausatmen größer werden.

Schritt 3: Verbreiten Sie das Licht

Stellen Sie sich vor, wie sich der Lichtball von einem Körperteil zum nächsten ausbreitet, bis er Ihren ganzen Körper bedeckt. Visualisieren Sie ihn in Ihrem Kopf, auf Ihren Armen, Ihrem Oberkörper, Ihren Zehen und anderen Körperteilen.

Schritt 4: Erweitern Sie das Licht

Stellen Sie sich vor, dass sich das Licht ausdehnt, bis es über Ihre Haut hinausgeht. Lassen Sie es sich ausdehnen, bis es eine Armlänge weit in alle Richtungen entfernt ist.

Schritt 5: Mit Abschirmung einpacken

Abschirmung bietet Ihnen eine Möglichkeit, eine schützende Hülle um sich herum zu bilden, um zu verhindern, dass Sie giftige Energie aus Ihrer Umgebung aufnehmen. Dadurch wird die Wahrscheinlichkeit, dass Sie später wieder unter Energieblockaden leiden, drastisch reduziert. Es geht relativ einfach. Stellen Sie sich einfach eine große Blase aus Licht um sich herum vor. Stellen Sie sich die Blase als einen festen Filter vor, der Ihren ganzen Körper vollständig bedeckt. Bitten Sie die Blase, als Schutzschild vor negativer Energie zu fungieren und gleichzeitig positive Energie und Liebe hineinzulassen. Stellen Sie sich vor, wie sich die Blase mit goldenem Licht füllt.

Das ist alles. Wie Sie sehen können, ist diese Methode kurz und einfach. Aber noch wichtiger ist, dass sie hochwirksam für die energetische Reinigung und Selbstheilung ist. Wenn Sie dieses Verfahren in Ihre täglichen Aktivitäten einbauen, werden Sie dadurch viel ruhiger, friedlicher und ausgeglichener. Außerdem werden Sie dadurch weniger reaktiv.

Sie können auch Mineralien verwenden, um alle Giftstoffe aus Ihrem Energiekörper zu entfernen. Nehmen Sie sich eine Tasse Meersalz und eine weitere Tasse Natron. Lösen Sie beides in einer warmen Wanne auf und lassen Sie sich darin einweichen, um Giftstoffe und Negativität zu vertreiben. Wenn Sie kein Vollbad nehmen möchten, können Sie sich auch ein einfaches Fußbad gönnen. Aber verwenden Sie nicht eine ganze Tasse für ein Fußbad. Reduzieren Sie sie auf eine viertel Tasse. Dies ist auch für die Erdung hilfreich.

Im nächsten Kapitel werden wir uns ansehen, wie Sie Ihren Astralkörper bewusst einsetzen können, um sich zu projizieren und die Astralebene zu bereisen, ohne sich dabei im Traumzustand befinden zu müssen.

Kapitel Fünf: Astralreisen

Ob Sie ihn nun Astralkörper, Energiekörper oder Traumkörper nennen wollen, Tatsache ist, dass Sie einen nicht-physischen Körper haben, mit dem Sie in die nicht-physischen Bereiche der Welt reisen können. Jeder Mensch hat einen Astralkörper. Die Erfahrung der Astralprojektion oder des Astralreisens ist universell. Verschiedene Menschen in unterschiedlichen Kulturen haben bereits über ihre außerkörperlichen Erfahrungen gesprochen. Es gibt eine weithin bekannte Geschichte über Zwillinge, die Astralreisen nutzten, um sich nach der Trennung bei der Geburt wiederzusehen.

Der subtile Körper des Energiefeldes ist derjenige, der sich während des luziden oder unbewussten Träumens in seine Geistform projiziert. Astralreisen und Träume sind miteinander verwoben und werden beide als außerkörperliche Erfahrungen wahrgenommen. Wenn Sie Ihren Astralkörper trainieren, kann er getrennt vom physischen Körper existieren und als Matrix für Ihr Bewusstsein dienen. Die Astralprojektion ist eines der spirituellen Trainingsmittel zur Kultivierung Ihres feinstofflichen Energiekörpers.

Eine außerkörperliche Erfahrung ist bei vielen Menschen typischerweise unfreiwillig. Vielleicht hatten Sie sogar schon einmal eine AKE, ohne es zu merken. Es gibt Berichte über Nahtoderfahrungen, bei denen Menschen plötzlich in einer nicht-physischen Form in der Nähe ihres Krankenhauszimmers schwebten. Zur gleichen Zeit arbeiteten die Ärzte daran, ihr Leben zu retten. AKEs werden typischerweise durch Traumata, Krankheiten und Wasser-, Nahrungs- und Schlafentzug ausgelöst.

Im Gegensatz zu wissenschaftlich anerkannten AKEs ist die Astralprojektion eine bewusste esoterische Praxis. Damit meine ich, dass es sich um etwas handelt, das Sie mit der Kraft Ihres Bewusstseins tun. Sie können die Astralprojektion also einfach als eine bewusste außerkörperliche Erfahrung bezeichnen. Wenn Sie eine Astralprojektion durchführen, transzendiert Ihr Astralkörper Ihren physischen Körper. Sie befinden sich im Grunde genommen in einem traumähnlichen Zustand und sind sich Ihrer Handlungen und Entscheidungen weiterhin voll bewusst. Dies kann durch Selbsthypnose und Meditation erreicht werden. In Ihrem Astralzustand können Sie durch Zeit, Raum und Dimensionen reisen. Das mag ein wenig wie etwas aus einem Superheldenfilm klingen. Es funktioniert bei Menschen, die daran arbeiten, sich tiefer mit dem Göttlichen zu verbinden. Weltweit ist die Astralprojektion als eine Möglichkeit zur Vertiefung der spirituellen Praktiken anerkannt.

Astralreisen bieten Ihnen eine Möglichkeit, um verschiedene Bereiche des Universums zu erkunden, um Ihre Verbindung mit der Quelle der kosmischen Energie zu stärken. Je mehr Sie die Astralebene bereisen, desto öfter werden Sie wahrscheinlich höherdimensionalen Wesen begegnen, die Ihnen helfen, Ihre spirituellen und persönlichen Ziele zu erreichen. Beachten Sie dabei, dass die astrale Dimension die Heimat vieler jenseitiger Wesen ist, die hoch- oder niedrigschwingend sein können.

Das Erlernen von Astralprojektion und Astralreisen ist nicht immer so einfach, wie Sie es in den Filmen aussieht. Es gibt keinen endgültigen Leitfaden für Astralreisende. Es gibt keine allgemeingültige Anleitung, die jeder verwenden kann, um Astralreisen zu lernen. Was bei einer Person funktioniert, muss bei Ihnen nicht unbedingt auch erfolgreich sein. Und selbst wenn es funktioniert, geht es vielleicht nicht so schnell wie bei der anderen Person. Jeder Mensch ist einzigartig, und das Gleiche gilt auch für seine Erfahrungen mit Astralreisen.

Das schließt nicht aus, dass es Grundlagen gibt, die jeder nutzen kann, um in seinem Astralkörper die Astralebene zu bereisen. Bevor Sie also Ihren spirituellen Pass erhalten und Ihre Reise beginnen, müssen Sie diese Grundlagen beherrschen. Wie Sie bereits wissen, ist konsequentes Training der Schlüssel zur Beherrschung zu allem, was die Esoterik betrifft.

Als Anfänger sollten Sie zunächst die Kunst des Meditierens beherrschen, ohne dabei zu dösen oder gar einzuschlafen. Noch bevor Sie Ihren Astralkörper projizieren, sollten Sie täglich mindestens 5 Minuten lang meditieren. Auf diese Weise lernen Sie, Ihren Geist zu beruhigen und zu fokussieren. Der Versuch einer ersten Projektion kann für die meisten Menschen beängstigend sein. Aber wenn Sie sich in einem Zustand der Ruhe und Konzentration befinden, ist es für alle weniger beunruhigend. Wenn Sie Ihren Ruhezustand nicht selbst finden können, verwenden Sie die Kristalle, die in einem früheren Kapitel beschrieben wurden, um Ihnen bei der Mediation zu helfen.

Nachdem Sie dazu in der Lage sind, durch Meditation in einen ruhigen Geisteszustand zu gelangen, sollten Sie vielleicht die Selbsthypnose lernen. Damit können Sie lernen, wie Sie in einen noch tieferen tranceähnlichen Zustand gelangen können. Je mehr Sie sich wie in Trance fühlen, desto besser stehen Ihre Chancen, Ihren Astralkörper zu projizieren und möglicherweise die nicht-physischen Dimensionen zu erforschen. Die Selbsthypnose ähnelt der Meditation, aber sie macht die Astralebene zugänglicher, so dass Sie sich mit anderen verbinden können. Der Hauptunterschied zwischen Meditation und Selbsthypnose für die Astralprojektion besteht darin, dass Sie sich bei der Selbsthypnose eine Absicht und ein bestimmtes Ziel setzen müssen. Ihre Absicht für das Entsenden Ihres Astralkörpers könnte zum Beispiel sein, dass Sie mit Ihrem Geistführer auf der Astralebene sprechen wollen.

Luzides Träume sind eine weitere Methode, die Sie für die Astralprojektion nutzen können. Da Sie Ihnen eine Möglichkeit bieten, um sich auf kontrollierte und absichtliche Weise auf Ihr Bewusstsein zu konzentrieren, helfen Ihnen luzide Träume auch beim Astralreisen. Wenn Sie gelernt haben, sich in den für die Projektion erforderlichen tranceähnlichen Zustand zu versetzen, müssen Sie sich als Nächstes auf Ihren Astralkörper einstimmen und über den physischen Bereich hinausgehen.

Bevor Sie versuchen zu reisen, hilft es, wenn Sie zunächst die Projektion beherrschen. Versuchen Sie während der Meditation oder Selbsthypnose zu beobachten, wie Ihr Geist aus der materiellen Form aufsteigt. Sobald Sie diese Übung beherrschen, können Sie sich umdrehen und Ihren physischen Körper betrachten. Denken Sie daran, dass dies nicht über Nacht möglich wird. Um erfolgreich zu sein, müssen Sie viel und regelmäßig üben. Vielleicht brauchen Sie sogar mehrere Meditationssitzungen, bevor Sie Ihre Astralform von Ihrer materiellen

Form abheben können. Lassen Sie sich davon nicht entmutigen.

Sobald Sie sich in Ihrem Astralkörper wohl fühlen, können Sie die Astralebene betreten und erkunden. Sie können Ihre Astralreisen auch dann beginnen, wenn Sie nicht auf der Astralebene reisen wollen, kein Problem. Ihre Astralform ermöglicht Ihnen viel mehr als nur das. In Ihrer Astralform können Sie den grenzenlosen Raum jenseits der materiellen Welt erkunden.

Wenn Sie sich fragen, was Sie vom Erlernen der Astralprojektion haben, lassen sich viele Vorteile hervorheben. Erstens können Sie mithilfe Ihrer Astralform zum Ort der Akasha-Aufzeichnungen reisen. Dort finden Sie alle Informationen über Ihre vergangenen Leben und Ihr früheres Selbst. Sie können auch Informationen über Ihre Zukunft finden. Die Akasha-Aufzeichnungen sind die Heimat des unendlichen Wissens. Wenn Sie auf die Aufzeichnungen zugreifen, können Sie die Informationen, die Sie dort erhalten, nutzen, um Ihr Leben zu verbessern und Ihre persönliche Entwicklung zu beschleunigen.

Ein weiterer Vorteil der Astralprojektion ist der, dass sie Ihnen bei der körperlichen und geistigen Heilung hilft. Erinnern Sie sich, dass ich gesagt habe, dass der Energiekörper die Vorlage für Ihre materielle Form ist? Ich sagte auch, dass alles, was im physischen Körper geschieht, zuerst im Energiefeld beginnt. Wenn Sie sich in Ihrer Astralform befinden, haben Sie direkten Zugang zu Ihrer Aura oder Ihrem Energiefeld. In dieser Erscheinungsform können Sie Ihr aurisches Feld auf eventuelle Blockaden oder sich aufbauende Krankheiten untersuchen. Wenn sich in einer Ihrer Auraschichten eine Krankheit bildet, können Sie das bei der Untersuchung in Ihrer Geistform feststellen. Sie können nicht nur jede sich entwickelnde Krankheit untersuchen und entdecken, sondern auch Ihre aurischen Schichten behandeln und heilen, bevor sich die Krankheit in Ihrem materiellen Körper manifestiert.

Das ist aber noch nicht alles. Nehmen wir einmal an, eine Krankheit manifestiert sich in Ihrem physischen Körper, bevor Sie es überhaupt bemerken. In solchen Fällen können Sie in Ihre Astralform eintreten, um sie mit Ihrer Energie zu heilen. Die Astralprojektion kann Ihnen helfen, Ihre vergangenen Leben zu erforschen, Ihre persönliche und spirituelle Entwicklungsreise zu beschleunigen und sich von Krankheiten zu heilen.

Der vielleicht wichtigste Vorteil der Astralprojektion ist der, dass Sie sich mit Ihren Geistführern in astraler Form verbinden und mit ihnen kommunizieren können. Das heißt, Sie können Ihre Geistführer sehen und mit ihnen sprechen. Das ist eine seltene Gelegenheit für Sie, um sich über alles, was Sie beschäftigt, Rat und Unterstützung zu holen.

Auf der Astralebene finden Sie nicht nur Geistführer. Sie können auch die Geister Ihrer verstorbenen Angehörigen finden. Wenn Sie also geliebte Menschen haben, die Sie gerne treffen und möglicherweise befragen möchten, bietet Ihnen der Besuch der Astralebene eine Möglichkeit, um dies zu tun. Ich könnte Ihnen noch viel mehr über die Vorteile der Astralprojektion erzählen, aber ich bin sicher, Sie verstehen jetzt langsam, worauf ich hinauswill.

Nun, da Sie wissen, was Astralprojektion und Reisen sind und was sie beinhalten, müssen wir darüber sprechen, wie Sie beides praktizieren können, um die Vorteile zu nutzen, die wir gerade besprochen haben?

Es gibt viele Methoden, die Sie lernen können, um mit der Astralprojektion zu beginnen. Wir haben gleich Dutzende davon. Aber Sie sollten wissen, dass nicht alle von ihnen so effektiv funktionieren, wie sie sollten. Doch zwei Ansätze sind allen diesen Möglichkeiten eigen.

Die erste besteht darin, dass Sie Ihren Körper zum Schlafen verführen, während Ihr Geist hellwach ist. Dieser Ansatz ist knifflig, denn Ihr Geist will immer das tun, was Ihr Körper gerade auch tut. Dieser Ansatz zielt darauf ab, Ihren Körper allmählich zu immer tieferer Entspannung zu verführen, ohne dass der Geist ebenfalls in die Bewusstlosigkeit abgleitet. Der zweite Ansatz besteht darin, Ihren Körper in den Schlafzustand eintreten zu lassen und dann Ihren Traumkörper aus Ihrer materiellen Form herauszurollen.

Weise Yogis pflegten, zwei Frösche aneinander zu binden, kurz bevor sie in den Schlafzustand eintraten. Die gebundenen Frösche würden unablässig Geräusche machen, während der Yogi schläft. Die Yogis nutzten das Geräusch, um ihr Bewusstsein/ihren Geist wach zu halten, auch wenn der Körper in den Schlaf driftete. Schließlich traten sie so in einen luziden Traumzustand ein, oder waren in der Lage in der Astralform den Körper zu verlassen.

Die meisten Methoden der Astralprojektion folgen diesen Ansätzen. Im Folgenden erkläre ich Ihnen die effektivsten Übungen zur Astralprojektion und wie Sie sie richtig anwenden können.

Die Methode des Monroe-Instituts

Diese Methode wurde von Bob Monroe entwickelt, einem führenden Forscher auf dem Gebiet des menschlichen Bewusstseins. Sie ist in seinem Werk „Journeys Out of the Body" (Reisen aus dem Körper heraus) enthalten. Monroe beschreibt darin detailliert und Schritt für Schritt, wie man sich astral projizieren kann. Die Methode ist eine, die Monroe persönlich für Astralreisen verwendet hat. Sie können sich mit dieser Methode in nur sieben Schritten astral projizieren.

Schritt 1: Meditationszustand

Machen Sie eine kurze Meditationsübung, um sich in einen entspannten Zustand zu versetzen - körperlich und geistig. Die Entspannung Ihres Körpers und Geistes ist die Grundlage für die Astralprojektion. Sie können auch eine kurze Atemübung machen, um sich in einen entspannten Zustand zu versetzen.

Schritt 2: Hypnagogischer Zustand

Versetzen Sie sich in einen hypnagogischen Zustand. Mit anderen Worten: Versetzen Sie sich in einen Halbschlafzustand, in dem Sie weder schlafen noch wach sind. Sie können dies tun, indem Sie einen Unterarm hochhalten, während der Oberarm auf dem Boden oder auf dem Bett ruht. Wenn der Schlaf eingeleitet wird, fällt Ihr Arm nach unten und weckt Sie dadurch immer wieder auf. Mit konsequenter Übung werden Sie schließlich lernen, in den hypnagogischen Zustand zu gelangen, ohne Ihren Arm dabei zu benutzen.

Eine andere Möglichkeit, um in diesen Zustand zu gelangen, besteht darin, ein Objekt auszuwählen, auf das Sie sich konzentrieren können. Wenn neben dem Objekt, auf das Sie sich konzentrieren, weitere Bilder in Ihren Kopf eindringen, haben Sie den Halbschlafzustand erfolgreich herbeigeführt. Beobachten Sie die Bilder passiv, um den Halbschlafzustand beizubehalten.

Schritt 3: Beinahe-Schlaf

Vertiefen Sie den Nahschlafzustand. Befreien Sie dazu Ihren Geist und beobachten Sie Ihr Blickfeld mit geschlossenen Augen. Tun Sie eine Zeit lang nichts anderes. Schauen Sie dann durch die Schwärze vor Ihren geschlossenen Augenlidern. Sie sollten anfangen, Lichtmuster zu bemerken. Diese haben nichts mit dem Prozess zu tun, denn es handelt sich lediglich um neuronale Entladungen Ihrer Augen. Ignorieren Sie sie also, bis sie aus Ihrem Blickfeld verschwinden.

Wenn dies geschieht, bedeutet dies, dass Sie einen tieferen Zustand der Entspannung erreicht haben. Von diesem Punkt an treten Sie in einen Zustand ein, in dem Sie die körperlichen Empfindungen in Ihrem Körper nicht mehr wahrnehmen. Es kann sein, dass Sie das Gefühl haben, sich in einer sinnlichen Leere zu befinden, in der Ihre Gedanken die einzige Quelle der Stimulation sind. Bei diesem Schritt geht es darum, den geistigen Empfindungen Vorrang vor den körperlichen Empfindungen einzuräumen. Wenn Sie noch körperliche Reize spüren, bedeutet dies, dass Sie noch nicht in den gewünschten Zustand eingetreten sind.

Schritt 4: Zustand der Vibration

Versetzen Sie sich in einen Schwingungszustand, in dem Sie auf die Schwingungen um Sie herum aufmerksam werden. Wenn Sie sich in einem Zustand tiefer Wachsamkeit befinden, werden die Schwingungen verstärkt. Dies wird als der kritischste Schritt bei dieser Methode angesehen und kann über den Erfolg oder Misserfolg Ihres Versuchs der Astralprojektion entscheiden. Die Schwingungen können sich wie ein leichtes Kribbeln in Ihrem Körper anfühlen. Sie können aber auch intensiver sein, so dass Sie das Gefühl haben, als ob Stromstöße durch Ihren Körper jagen würden. Im Grunde genommen ist dies ein Zeichen dafür, dass Ihr Astralkörper versucht, sich aus dem materiellen Körper zu lösen.

Bevor Sie in den Schwingungszustand eintreten, vergewissern Sie sich, dass Sie keinen Schmuck tragen. Legen Sie alle Gegenstände ab, die direkten Kontakt mit Ihrer Haut haben. Sorgen Sie dafür, dass der Raum so dunkel ist, dass Sie das Licht nicht mehr durch Ihre Augenlider sehen können. Aber schließen Sie nicht jede Lichtquelle aus. Legen Sie sich auf den Boden und richten Sie Ihren Kopf nach Norden. Legen Sie alle Kleidung ab, aber lassen Sie sich bedeckt, damit Ihnen nicht kalt wird. Die Wärme sollte sich für Sie ein wenig unangenehm anfühlen. Stellen Sie sicher, dass Sie sich in einem Raum befinden, in dem Sie niemand stören oder unterbrechen kann. Wenn möglich, schließen Sie die Tür zum Schutz vor Unterbrechungen ab.

Schritt 5: Regulieren Sie den Schwingungszustand

Kontrollieren Sie Ihren Schwingungszustand, indem Sie die Schwingungen geistig in Ihren Kopf leiten. Lassen Sie sie von dort aus bis zu Ihren Zehen wandern. Spüren Sie die Welle, wenn sie Ihren ganzen Körper durchläuft und Sie von oben nach unten Schwingungswellen erzeugen. Sie sollten dadurch einen Energiewelleneffekt erzeugen.

Konzentrieren Sie sich dabei auf die Schwingungen in Ihrem Körper. Stellen Sie sich eine Welle von Schwingungen vor, die von Ihrem Kopf ausgeht, und leiten Sie sie auf den Rest Ihres Körpers über. Wiederholen

Sie diesen Schritt, bis Sie in der Lage sind, die Wellen auf Kommando zu erzeugen. Wenn Sie diese Methode beherrschen, bedeutet dies, dass Sie den Punkt erreicht haben, an dem Sie Ihren Körper verlassen können.

Schritt 6: Teilweise Abtrennung

In dieser Phase müssen Sie Ihre Gedanken kontrollieren. Sie müssen Ihren Geist auf die Vorstellung konzentrieren, dass Sie Ihren Körper verlassen. Lassen Sie nicht zu, dass Ihre Gedanken zu etwas anderem abschweifen. Umherschweifende Gedanken könnten dazu führen, dass Sie die Kontrolle über Ihren aktuellen Zustand verlieren. Wenn Sie in der richtigen Schwingungslage sind, können Sie mit der teilweisen Trennung beginnen, indem Sie zunächst versuchen, einen Teil Ihrer Astralform loszulassen. Dies könnte zum Beispiel einer Ihrer Füße oder Hände sein.

Sie können eine Gliedmaße anheben, bis Sie spüren, dass sie eine vertraute Oberfläche oder einen Gegenstand berührt. Dann können Sie Ihre Gliedmaße durch die Oberfläche oder den Gegenstand drücken. Danach kehren die Gliedmaße in die physische Form zurück. Wenn Sie dies erfolgreich getan haben, reduzieren Sie die Vibrationen in Ihrem Körper, bis Sie sich nicht mehr in diesem Zustand befinden. Beenden Sie die Sitzung und legen Sie sich ruhig hin, bis Sie sicher sind, dass Sie wieder Ihr normales körperliches Selbst sind.

Wenn Sie zunächst eine teilweise Trennung durchführen, bereiten Sie sich gut auf die vollständige Trennung vor.

Schritt 7: Eine vollständige Trennung vom physischen Körper

Lösen Sie sich vollständig von Ihrer materiellen Form. Sie können dies auf zwei Arten tun. Eine Möglichkeit ist, sich sanft aus dem physischen Körper zu lösen. Dazu müssen Sie sich vorstellen, wie Sie immer leichter werden, sobald Sie in den Schwingungszustand eingetreten sind. Stellen Sie sich vor, wie Sie sich fühlen würden, wenn Sie nach oben schweben würden. Lassen Sie diesen Gedanken in Ihrem Geist, während Sie in dem Schwingungszustand bleiben. Erlauben Sie keinen anderen fremden Gedanken, die Vorstellung aus Ihrem Geist zu vertreiben. In diesem Moment werden Sie auf ganz natürliche Weise eine außerkörperliche Erfahrung machen.

Die zweite Möglichkeit besteht darin, sich aus Ihrem Körper herauszurollen. Dies ist als die Rotations- oder Rollout-Methode bekannt. Wenn Sie sich in der Schwingungsphase befinden, stellen Sie sich vor, wie Sie sich aus Ihrem materiellen Körper herausrollen, so ähnlich, als wollten Sie sich im Bett umdrehen. Achten Sie darauf, dass Sie dies nicht physisch tun - rollen Sie sich virtuell aus Ihrer physischen Form heraus und in die astrale Form hinein. Sie werden sich neben Ihrem physischen Körper wiederfinden, der nun regungslos daliegt. Stellen Sie sich vor, wie Sie nach oben schweben, und Sie sollten spüren, wie Sie zu schweben beginnen.

Herzlichen Glückwunsch, Sie haben erfolgreich eine Astralprojektion erlebt. Jetzt, wo Sie sich in Ihrer Astralform befinden, können Sie tun und lassen, was Sie wollen. Erkunden Sie die Astralebene oder besuchen Sie Ihren Lieblingspromi in Ihrer Astralform. Es gibt keine Grenzen, wohin Sie es Sie in Ihrem Astralzustand treiben kann.

Luzide Träume

Wie ich bereits erwähnt habe, bietet Ihnen das Herbeiführen eines Zustandes des luziden Träumens eine weitere Möglichkeit, in Ihre Astralform zu gelangen und die Astralebene zu bereisen. Für das luzide Träumen gibt es viele eigene Strategien, die zu diesem Zweck eingesetzt werden können. Einige wurden dazu entwickelt, um Sie darauf zu konditionieren, während eines luziden Traumes im Geiste aufzuwachen. Andere helfen dem Geist dabei, gleich luzide zu werden, während der Körper in den Schlafzustand übergeht.

In dem Moment, in dem Sie den Traumzustand erreichen, erlangen Sie Luzidität. Sie können sich das luzide Träumen durch Wiederholungen antrainieren. Eine mögliche Methode besteht darin, dass Sie sich wochenlang mehrmals am Tag zu fragen: „Bin ich in einem Traum?" oder „Ist dies ein Traum?" Diese Frage wird immer wieder gestellt, so dass sie sich in dem Teil Ihres Gehirns festsetzt, in dem Sie Lieder und Mantras speichern. Sie wird zu einer Gewohnheit, die sich zu wiederholen beginnt. Schließlich wird Ihr Verstand Ihnen diese Frage auch während eines tatsächlichen Traums stellen. Wenn Sie antworten: „Ja, dies ist ein Traum", erlangen Sie dadurch automatisch Luzidität.

Der REM-Schlaf (Rapid Eye Movement oder „schnelle Augenbewegung") bietet Ihnen die beste Chance, luzide zu werden, während Sie sich bereits in einem Traumzustand befinden. Die REM-Phase tritt in den ersten zwei Stunden nach dem Einschlafen ein. Sie findet auch in den letzten zwei Stunden vor dem Aufwachen statt. Das Aufwachen und Wiedereinschlafen während der Nacht ist eine Möglichkeit, die Zeitspanne des REM-Schlafs zu verlängern. Mit dieser

Schlaf-Wach-Technik können Sie den Wecker so einstellen, dass er Sie in bestimmten Abständen während der Nacht aufweckt. Dann kehren Sie in den Schlaf zurück, mit der Absicht, Ihren Geist wach zu halten. Wenn Sie während eines Traums aufwachen, schlafen Sie sofort wieder ein - versuchen Sie, mit einem luziden Geist in den Traum zurückzukehren.

Sobald Sie Vertrauen in Ihre Fähigkeit zur Astralprojektion gewonnen haben, können Sie damit beginnen, sich durch die Astralebene zu bewegen. Mit jedem erfolgreichen Versuch wird der astrale Zustand für Sie dadurch leichter zugänglich.

Wann immer Sie die Astralebene besuchen, werden Sie verschiedenen Energiewesen begegnen. Nicht alle diese Wesen sind Ihnen freundlich gesinnt. Einige sind vielleicht dazu da, Ihnen Energie abzusaugen. Um dies zu vermeiden, setzen Sie sich am besten eine Absicht, bevor Sie die Astralebene betreten. Sie sollten ein bestimmtes Ziel vor Augen haben. Sie können sich zum Beispiel vornehmen, einen geliebten Menschen zu sehen, der kürzlich verstorben ist. Sie können sich alternativ auch vornehmen, Ihre Geistführer zu sehen, eine Erinnerung aus der Vergangenheit wiederzubeleben, in die Zukunft zu sehen oder Antworten auf Fragen zu Ihrer spirituellen Entwicklung zu finden. Die genaue Absicht kann vor oder nach Ihrer Astralreise festgelegt werden. Sobald Sie sich mit Ihrem astralen Selbst verbunden haben, können Sie sich bewusst an einen bestimmten Ort in der astralen Dimension entsenden.

Wenden Sie nach jeder erfolgreichen Projektion und Reise die Energiereinigungsmethoden aus dem vorigen Kapitel an, um unerwünschte Energie, die Sie auf der Astralebene aufgenommen haben, loszulassen

Als jemand, für den Astralreisen neu sind, werden Sie vielleicht feststellen, dass Sie nicht so leicht in die Astralwelt eintreten können, wie hier beschrieben. Das ist normal. Es kann auch sein, dass Sie Ihr Ziel nicht schon bei den ersten paar Versuchen erreichen. Aber keine Sorge - je mehr Sie üben, desto besser werden Ihre Fähigkeiten.

Gibt es außer den Astralreisen noch eine weitere übersinnliche Fähigkeit, an deren Entwicklung Sie arbeiten können? Finden Sie es im nächsten Kapitel heraus.

Kapitel Sechs: Beginnen Sie Ihre Übungen zur Medialität

Die Medialität ist die psychische Praxis, bei der es darum geht, Informationen aus der Geisterwelt in die physische Welt zu bringen. Ein Medium ist jeder, der dazu in der Lage ist. Diese übersinnliche Fähigkeit wird Medialität genannt, weil das Medium im Wesentlichen als Vermittler fungiert, als ein Gefäß, durch das die Geister Botschaften an die Menschen hier auf der Erde übermitteln können. Obwohl Sie in Filmen vielleicht gesehen haben, dass Medien Menschen sind, die mächtige Magie anwenden, ist das nicht richtig.

Jeder Mensch, auch Sie, wird mit der Fähigkeit geboren, ein Medium zu sein. Solange Sie eine Seele mit übersinnlichen Sinnen haben, verfügen Sie über diese angeborene Gabe. Es kommt darauf an, ob Sie diese Fähigkeit schlummern lassen oder ob Sie daran arbeiten, sie zu verfeinern, damit sie Ihnen und den Menschen um Sie herum zugutekommt. Jede übersinnliche Fähigkeit kann durch Übung gestärkt werden.

Stellen Sie sich Ihre psychischen Fähigkeiten wie die Muskeln Ihres Körpers vor. Wenn Sie ins Fitnessstudio gehen, um Ihre Muskeln zu trainieren, wölbt sich der Bizeps und kommt zum Vorschein. Das macht Sie stärker. Genauso verhält es sich mit dem übersinnlichen Sinn, der mit Ihren übersinnlichen Fähigkeiten verbunden ist. Sie sind sich dessen vielleicht nicht bewusst, aber diese Fähigkeiten sind in Ihnen. Wenn Sie daran arbeiten, werden auch sie zum Vorschein kommen.

Vielleicht haben Sie schon in jungen Jahren eine oder mehrere Erfahrungen mit Geistern gemacht. Ich erinnere mich, dass ich meinen ersten Geist gesehen habe, als ich erst zarte 6 Jahre alt war. Manchmal kann sich Ihre Fähigkeit, Geister zu sehen, zu hören und mit ihnen zu interagieren, von selbst manifestieren. Manchmal wird sie durch ein traumatisches Erlebnis, wie den Verlust eines geliebten Menschen ausgelöst, der als Schlüssel gilt, um den Weg zu dieser Fähigkeit zu öffnen. Dies geschieht in der Regel, weil der verstorbene geliebte Mensch Ihnen oder jemandem, den er zu Lebzeiten kannte, eine wichtige Botschaft zu übermitteln hat. Wenn Ihr primärer übersinnlicher Sinn die Hellfühligkeit ist, fällt Ihnen die Medialität leichter.

Wenn Sie das Gefühl haben, dass Sie Zeichen von jemandem auf der anderen Seite erhalten, erkennen Sie diese an und lassen Sie sie wissen, dass Sie ihre Zeichen erhalten haben. Wenn Sie die Botschaften anerkennen, ist die Wahrscheinlichkeit größer, dass Sie weitere Zeichen erhalten. Dann können Sie sich weiter mit den Wesen unterhalten. Manchmal besuchen die Geister Sie auch, anstatt Ihnen Zeichen zu senden.

Der Beginn Ihrer Medialität ist eines der bemerkenswertesten Dinge, die Sie als Hellseher erleben können. Das erste Mal, wenn Sie sich mit der Geisterwelt verbinden, wird sich surreal und magisch anfühlen. Sie werden von einem Gefühl des Friedens und der Ruhe erfüllt sein, dass Sie so möglicherweise noch nie zuvor verspürt haben. Das Gefühl geht über den Eindruck des inneren Friedens hinaus. Es spiegelt sich körperlich als ein Gefühl von reiner Liebe, von Frieden und Akzeptanz wider.

Aufgrund von Filmen, die wir in unserer Kindheit gesehen haben, sind wir darauf konditioniert worden zu glauben, dass Geister im Allgemeinen bösartige Wesen sind, die uns schaden wollen. In Wirklichkeit sind sie die Geister von Menschen, die wir zu Lebzeiten kannten. Wie könnten sie uns also etwas antun wollen? Sie haben absolut keinen Grund, sich vor Geistern zu fürchten. Sie können Ihnen physisch nichts antun. Das Einzige, was sie tun können, ist, seltsame Energieschwingungen und Gefühle in Ihnen zu wecken. Ansonsten sind sie harmlos, und das ist auch gut so.

Wie sind Sie in der Lage, mit Geistern zu kommunizieren?

Geister sind Wesen, die nach ihrem Tod noch nicht auf die andere Seite übergehen konnten. Daher bewegen sie sich immer noch im

Bereich desselben Elements wie Sie, dem Element der Erde. Aus diesem Grund können Sie mit ihnen kommunizieren. Selbst nach dem Tod leben unsere Geister oder Seelen weiter. Der Körper mag sterben, aber die Seele nicht, weshalb viele Menschen frühere Leben haben. Wenn manche Menschen sterben, bleibt ihr Geist aufgrund von etwas Sinnvollem, einer Aufgabe an die Erde gefesselt. Dadurch bleiben sie auf der Astralebene gefangen, von wo aus sie leicht auf die Erde herunterkommen können. Manche brauchen Medien, um die Kraft zu kontrollieren, die sie im Erdelement festhält.

Wenn Sie sich fragen, warum Sie überhaupt mit Geistern kommunizieren sollten, müssen Sie wissen, dass es dafür verschiedene Gründe gibt. Eines der grundlegenden Dinge, die Sie als Medium verstehen müssen, ist, dass die Geisterwelt voll von Geistführern ist, die Ihnen immens nützen können, wenn Sie auf ihre Zeichen achten. Geister sind nicht die einzigen Geistwesen. Die Medialität geht über die Kommunikation mit Geistern hinaus. Ein Medium zu sein bedeutet, dass Sie mit so gut wie jedem Geistwesen kommunizieren können, auch mit den am höchsten schwingenden Geistern. Aus Ihrer Verbindung zu Geistern und der Geisterwelt können Sie eine Menge lernen. Diese besondere Verbindung kann Ihnen in verschiedenen Phasen Ihres Lebens weiterhelfen.

Das Gute an der Medialität ist, dass Sie sie ganz allein erlernen können. Es gibt jedoch ein paar Dinge, die ich Menschen, die gerade erst mit dem Erlernen der Medialität beginnen, immer rate.

Erstens: Beginnen Sie Ihre Entwicklung der Medialität nicht mit Hilfsmitteln wie einem Pendel oder einem Ouija-Brett. Wenn Sie nicht zuerst trainieren, wie Sie sich ohne Hilfsmittel verbinden können, könnten Ihre Fähigkeiten von den Hilfsmitteln abhängig werden. Ein solcher Präzedenzfall ist gefährlich für Ihre weitere Entwicklung in der spirituellen Praxis. Aber was die Situation noch gefährlicher macht, ist, dass diese Hilfsmittel ein Portal zu den Geistern öffnen. Das bedeutet, dass jeder Geist, nicht nur derjenige, mit dem Sie kommunizieren wollen, durch dieses Portal kommen kann.

Ja, natürlich können Ihnen die Geister keinen körperlichen Schaden zufügen oder Sie verletzen. Das Problem ist aber, dass Sie eine Menge Geister um sich herumhaben werden, die mit ihrer Energie verbunden sind.

Zweitens: Achten Sie darauf, dass Sie Ihren Fokus nicht verlieren. Die Fähigkeit, konzentriert zu bleiben ist ein wichtiges Werkzeug für jedes Medium. Sie müssen genau und konzentriert sein, wenn Sie mit einem Geist kommunizieren. Der Prozess erfordert eine Menge Konzentration, denn das Öffnen eines Portals zur Geisterwelt kostet Sie viel Energie. Es ist eine ganze Menge Arbeit. Wenn Sie sich nicht auf den Geist konzentrieren, mit dem Sie sich verbinden wollen, kann es passieren, dass Sie versehentlich einen anderen Geist „channeln", der Ihnen nicht weiterhilft. Nachdem Sie viel Energie verbraucht haben, kann es Ihnen schwerfallen, sich erneut zu konzentrieren und den eigentlich gewünschten Geist anzurufen.

Drittens: Hören Sie auf Ihr Bauchgefühl. Ein Versuch, auf die eigene Intuition zu hören, scheitert bei den meisten Medien selten. Manchmal kommunizieren die Geister mit Ihnen durch Ihr Bauchgefühl. Wenn Ihr Geistführer Ihnen etwas Dringendes mitteilen möchte, spüren Sie vielleicht ein starkes Gefühl in Ihrem Bauch. Das ist so, als ob Sie eine neue Person kennenlernen und den starken Drang verspüren, ihr Ihre Kontaktdaten mitzuteilen, obwohl Sie das normalerweise nicht tun würden. Das ist Ihr Geistführer, der Sie durch Ihr Bauchgefühl zum Kontakt auffordert.

Um richtig wahrzunehmen, was Ihr Inneres zu sagen hat, müssen Sie Ihren Geist beruhigen. Daher lautet mein vierter Ratschlag, dass Sie Ihren Geist immer erst zur Ruhe bringen sollten. Sie können die Geister nicht hören, wenn es in Ihrem Kopf zu viel Lärm und Geplapper gibt. Es gibt verschiedene Möglichkeiten, um Ihren Geist zu beruhigen. Finden Sie heraus, was für Sie am besten funktioniert. Sie können zum Beispiel in der Natur spazieren gehen, tief durchatmen, Ihr Telefon ausschalten und natürlich meditieren. Sobald Sie einen ruhigen Geisteszustand erreicht haben, können Ihre Geistführer Sie treffen und Ihnen Hilfe und Führung anbieten.

Achten Sie auf Ihre Träume, denn manchmal senden die Geister Botschaften durch das Traumportal. Die Kommunikation mit Geistern durch Träume ist eine reale Sache. Das gilt insbesondere für Geister, die sich noch in der frühen Phase ihres Übergangs befinden. Wenn sie erfolgreich auf die andere Seite hinübergegangen sind, können sie Sie nur durch Träume kontaktieren. Meistens erscheinen sie in Ihrem Traum, um Sie wissen zu lassen, dass sie an einem sicheren Ort sind. Oder sie erscheinen, um Sie vor etwas zu warnen, das in der Zukunft passieren wird.

Schließlich rate ich Ihnen auch, dass Sie das Tagebuchschreiben zu einem wichtigen Teil Ihrer medialen Reise machen. Schreibmeditationsübungen können Ihnen helfen, mit Geistern zu kommunizieren. Es ist ganz einfach.

- Zünden Sie eine weiße Kerze an. Setzen Sie sich bequem hin. Schließen Sie die Augen und atmen Sie tief ein. Atmen Sie dann aus. Machen Sie dies einige Sekunden lang weiter.
- Sagen Sie laut, dass Sie sich mit den höher schwingenden Wesen verbinden möchten, die Ihnen als Weggefährten zur Verfügung stehen.
- Atmen Sie als Nächstes tief durch und lassen Sie Ihre Hände dabei locker und entspannt. Schreiben Sie dann alles auf, was die Geister zu Ihnen sagen. Sie sprechen oft schnell, also seien Sie nicht beunruhigt, wenn Sie genauso schnell schreiben müssen.

Wenn Sie all diese Tipps befolgen, werden Sie keine Probleme damit haben, sich mit der Geisterwelt in Verbindung zu setzen. Dennoch kann es sein, dass Sie Schwierigkeiten dabei haben, eine Verbindung herzustellen. Machen Sie sich deswegen keinen Stress. Denken Sie daran, dass das Ganze ein langer Prozess ist und dass Sie nicht unbedingt bei den ersten Versuchen Fortschritte machen werden. Nur weil Sie sofort eine Verbindung herstellen wollen, heißt das noch lange nicht, dass Sie es auch schaffen. Es kann Jahre dauern, bis Sie dieses Verfahren perfektioniert haben.

Wie man sich auf die Geisterwelt einstimmt

Die Einstimmung auf die Geisterwelt ist relativ einfach. Es hängt alles davon ab, wie lange Sie sich schon mit übersinnlichen Aktivitäten befassen. Nehmen wir einmal an, Sie haben Ihre übersinnlichen Sinne trainiert und Ihre Intuition geschärft. In diesem Fall wird es Ihnen nicht so schwerfallen wie jemanden, der dies zum ersten Mal versucht.

Der Versuch, eine Verbindung mit der geistigen Welt herzustellen ist wie die Einstimmung auf eine bestimmte Radiofrequenz. Wenn Sie sich auf den Geist einstimmen, erhöhen Sie Ihre Schwingungsenergie. Aber die Geister senken ihre Schwingungsfrequenz, damit Sie sich mit ihnen verbinden können. Sie beide treffen sich dann in der Mitte wieder.

Es gibt drei wichtige Regeln, die Sie nie vergessen dürfen, wenn Sie sich auf die Geisterwelt einstimmen wollen.
1. Ihre Reise in die Geisterwelt ist einzigartig für Sie. Sie müssen dies respektieren und ehren.
2. Sagen Sie immer genau, was Ihnen begegnet. Sie haben keinen Grund, sich vor dem zu verstecken, was Sie sehen, wenn Sie sich mit der Geisterwelt verbinden wollen. Wenn Sie sich verstecken, werden Sie wahrscheinlich wertvolle Informationen verlieren, die Ihrer Reise einen Sinn geben könnten.
3. Vertrauen Sie dem, was Ihnen als Erstes erscheint, nachdem Sie das Portal zur Geisterwelt öffnen. Das Erste, was Sie sehen, gibt Ihnen wahrscheinlich die genauesten Informationen.

Im Folgenden finden Sie fünf Schritte, mithilfe derer Sie sich auf die geistige Welt einstimmen können.

- **Setzen Sie sich eine feste Absicht:** Sagen Sie laut, dass Sie das Geisterportal öffnen möchten, um mit einem bestimmten Geist in der spirituellen Welt zu kommunizieren und Botschaften von ihm zu empfangen. Kommunizieren Sie, ob Sie die Verbindung für einen persönlichen Zweck oder im Namen einer anderen Person herstellen wollen. Das Universum hört, wenn Sie Ihre Absicht laut aussprechen, und die Geister in der spirituellen Welt hören Sie ebenfalls.

- **Meditieren Sie:** Eine einfache Meditations- oder Atemübung, um Ihren Geist zu beruhigen, ist bei den Vorbereitungen ein notwendiger Schritt. Bringen Sie mit Ihrer täglichen Meditationstechnik Ihr logisch denkendes Gehirn dazu, sich zunächst zu beruhigen. Dies ist entscheidend für eine schnelle und klare Verbindung mit den Geistern.

- **Hören Sie zu:** Achten Sie aufmerksam auf Zeichen, Symbole oder Botschaften aus der Geisterwelt. Die Botschaft kann in Form von Liedern, Bildern, Geräuschen oder etwas anderem zu Ihnen kommen. Manchmal erhalten Sie die Botschaft nicht einmal sofort. Achten Sie also auf die Geschehnisse, die sich im Laufe Ihres Tages ereignen. Jeder Zufall, der sich ereignet, ist vielleicht gar kein Zufall.

- **Zeichnen Sie sich einen Lesebildschirm auf:** Wenn Sie hellsichtig sind, benötigen Sie einen sogenannten

Lesebildschirm, um die Botschaften des Geistes zu empfangen. Auf dem Bildschirm finden Sie dabei alle Informationen, die der Geist in Form von Bildern und Symbolen für Sie bereithält. Stellen Sie sich mit Hilfe Ihres dritten Auges eine riesige Filmleinwand vor, die sich vor Ihnen befindet. Befestigen Sie ein Erdungskabel an der Leinwand und verankern Sie es im Kern der Erde. Stellen Sie nun eine Frage oder bitten Sie darum, eine Botschaft von dem Geist zu erhalten. Achten Sie darauf, dass Sie keinen fordernden Tonfall anschlagen. Seien Sie nicht ungeduldig - lassen Sie die Antwort in Ruhe zu Ihnen kommen.

Je mehr Sie üben, desto leichter fällt es Ihnen, sich mit dem Geistportal zu verbinden. Um Ihnen bei dem Erreichen einer starken Verbindung zu helfen, finden Sie hier einige Tipps.

- Benutzen sie nicht das sogenannte „smudging", das Räuchern mit Salbei, kurz bevor Sie sich mit einem Geist verbinden wollen. Salbei ist ein altes Kraut, das oft verwendet wird, um Geister zu vertreiben. Wenn Sie Salbei verwenden, bevor Sie einen Geist „channeln", verwirrt das den Geist, weil er das so versteht, als würden Sie ihm sagen, er solle Ihr Zimmer verlassen.

- Richten Sie mehrere Energieleitungen ein. Geister brauchen manchmal Leitungen, um ihre Botschaften richtig übermitteln zu können. Bevor Sie versuchen, mit einem Geist in Kontakt zu treten, sollten Sie verschiedene Energieleitungen einrichten, die für die Kommunikation genutzt werden können. Zünden Sie eine Kerze an, geben Sie etwas Wasser in ein Glas und verwenden Sie Weihrauch, um den Raum zu beduften. Sie können auch Audio- und Videoaufnahmegeräte im Zimmer installieren. Beides sind effektive Energieleiter, die bei der Übertragung von der Geisterwelt in die menschliche Welt helfen könnten.

Die Verbindung mit der Geisterwelt bietet Ihnen eine Gelegenheit, die Unterschiede zwischen der physischen Ebene und dem Reich der Toten zu erkunden. Nutzen Sie diese Gelegenheit weise. Wenn Sie auf Ihrer medialen Reise weiter vorankommen, können Sie endlich das Ouija-Brett und das Pendel in Ihre Praxis als Medium miteinführen.

Kapitel Sieben: Telepathie entfalten

Nehmen wir einmal an, jemand fragt Sie, was Ihnen als erstes einfällt, wenn das Wort „Kommunikation" erwähnt wird. In diesem Fall würden Sie vermutlich an Dinge wie Sprechen, Schreiben und sogar im Internet „Chatten" nennen, bevor Sie die Telepathie erwähnen. Dabei ist die Telepathie eine der besten Arten der Kommunikation.

Telepathie bedeutet einfach so viel wie Kommunikation durch den Geist. Ihr Geist ist viel mächtiger, als Sie es sich vorstellen können. Ja, die Wissenschaft sagt uns, dass der Geist ein mächtiges Wesen ist. Doch selbst die Wissenschaft hat das Ausmaß der Macht des Geistes noch nicht ganz entschlüsselt. Die meisten von uns verstehen nicht einmal, wie groß dessen Macht ist.

F. W. H. Myers prägte den Begriff „Telepathie" im Jahr 1882. Myers war ein britischer Forscher, der sich für übersinnliche Praktiken interessierte. Als er diesen Begriff einführte, beschäftigte er sich mit der Forschung zu Möglichkeiten der „Gedankenübertragung". Einfach ausgedrückt, wurde Gedankenübertragung dabei zunächst als ein Phänomen definiert, bei dem die Gedanken zweier Menschen übereinstimmen, was eine kausale Erklärung erfordert. Später wurde sie als „eine Übertragung von Gedanken, die unabhängig von den anerkannten Sinneskanälen funktionierte" definiert.

Sie können dieser Definition alles entnehmen, was die Telepathie beinhaltet. Telepathie ist eine übersinnliche Fähigkeit, die es Ihnen ermöglicht, mit Menschen zu kommunizieren, ohne dabei Ihnen bekannte Kommunikationskanäle zu benutzen. Die Kommunikation findet über Ihren Geist statt. Wenn Sie ein Fan von mystischen Superheldenfilmen sind, haben Sie wahrscheinlich schon einmal eine filmische Darstellung von Telepathie gesehen. In der Regel sprechen dabei zwei oder mehr Personen in ihren Köpfen miteinander. Aber die filmische Darstellung der Telepathie ist, wie alles Übersinnliche, etwas übertrieben. Lesen Sie dieses Kapitel also nicht in der Hoffnung, dass Sie am Ende des Buches zu Dr. Strange werden.

Die Telepathie ist keine neue übersinnliche Fähigkeit. Sie ist seit Hunderten von Jahren in verschiedenen Kulturen rund um den Globus bekannt. Einige Quellen behaupten sogar, dass es sie schon seit fünftausend Jahren gibt. Andere sagen, dass es sie noch viel länger gibt.

Sie haben vielleicht das Gefühl, dass es sich um eine übersinnliche Fähigkeit handelt, die für Sie unwahrscheinlich schwer erreichbar ist, dabei haben Sie diese Fähigkeit bereits. Solange Sie über übersinnliche Sinne und Portale verfügen, die Ihnen den Zugang zu anderen übersinnlichen Fähigkeiten ermöglichen, ist die Telepathie nur eine weitere Fähigkeit, die darauf wartet, von Ihnen genutzt zu werden. Jeder Mensch hat die natürliche, angeborene Fähigkeit, mit Hilfe seines Bewusstseins zu kommunizieren.

Es gibt vier Möglichkeiten, um die Telepathie zu nutzen. Die erste ist das Lesen. Das Lesen bedeutet, dass Sie die Gedanken hören, die einer anderen Person durch den Kopf gehen. Die zweite Möglichkeit ist die Kommunikation, bei der Sie mit einer anderen Person interagieren, ohne dabei Worte zu benutzen. Die dritte Möglichkeit ist das Eindruck hinterlassen. Dabei pflanzen Sie einen Gedanken, ein Wort oder ein Bild in den Geist einer anderen Person. Schließlich können Sie Telepathie auch zu Kontrollzwecken einsetzen, wenn Sie damit die Handlungen einer anderen Person beeinflussen wollen.

Da Ihr Bewusstsein bei der Ausübung der Telepathie eine zentrale Rolle spielt, ist die Angleichung Ihres Bewusstseins an das einer anderen Person der Schlüssel zur telepathischen Kommunikation. Aber das ist nicht der einzige Weg. Auch die spirituelle Energie ist für die telepathische Kommunikation entscheidend. Jeder Mensch hat eine angeborene Fähigkeit, die es ihm erlaubt, Frequenzen durch seine vibrierende spirituelle Energie auf andere zu übertragen. Wenn Sie Ihre Schwingungsfrequenz, auf die einer anderen Person abstimmen können, müssen Sie nicht mehr über die bekannten Kanäle oder üblichen Sinne mit ihr kommunizieren. Die Angleichung Ihrer Schwingungsfrequenzen stellt eine direkte Verbindung zum Senden und Empfangen telepathischer Botschaften zwischen Ihnen beiden her.

Die Zwillingstelepathie ist eine der häufigsten Formen der Telepathie. Es wird angenommen, dass Zwillinge die „besondere" Fähigkeit haben, miteinander zu kommunizieren, ohne dabei zu sprechen oder verbale Hinweise zu verwenden. Nehmen wir an, Sie waren schon einmal in der Nähe eines Zwillingspaares. In diesem Fall haben Sie vielleicht bemerkt, wie beide die Sätze des anderen förmlich zu Ende gesprochen haben oder wie sie negative Emotionen oder andere Empfindungen sofort beide gespürt haben. Viele Menschen glauben an Zwillingstelepathie, aber nicht an Telepathie zwischen anderen Menschen.

Es wurden mehrere wissenschaftliche Studien zum Thema Zwillingstelepathie durchgeführt. Aber die meisten dieser Studien beruhen auf persönlichen Berichten und Erfahrungen einiger weniger Menschen.

Die Telepathie fällt Zwillingen leicht, auch ohne dass sie sich mit esoterischen Praktiken beschäftigen, weil sie das gleiche Bewusstseinsmuster haben. Sie werden auf der gleichen Schwingungsfrequenz geboren, so dass sie sich nicht bemühen müssen, um sich telepathisch zu verbinden. Sie arbeiten bereits auf der gleichen Wellenlänge. Zusammen geboren zu werden bedeutet auch, dass die Vorlage für ihr Bewusstseinsmuster ähnlich ist, fast so ähnlich, dass man den einen nicht mehr von dem anderen unterscheiden kann, zumindest nicht, ohne genau hinzusehen.

Zwillingstelepathie ist der Beweis dafür, dass die Telepathie tatsächlich real und möglich ist. Aber auf welche Anzeichen sollten Sie achten, wenn Sie die Telepathie bei einer Person anwenden wollen?

Wahrscheinlich haben Sie während Ihres Heranwachsens bereits verschiedene unbewusste telepathische Erfahrungen gemacht. Sie haben Sie ursprünglich vielleicht als Zufälle abgetan, aber tatsächliche hat sich in diesen Fällen Ihre telepathische Fähigkeit offenbart. Wenn Sie jemals die Sätze eines anderen Menschen für ihn vervollständigt haben, hatten Sie ein telepathisches Erlebnis. Einige der telepathischen Erlebnisse mögen Ihnen zu diesem Zeitpunkt trivial erschienen sein. Vielleicht haben Sie zum Beispiel gespürt, dass es Ihrem besten Freund in einer anderen Stadt nicht gut ging, ihn angerufen und festgestellt, dass es ihm tatsächlich nicht gut ging. Viele Menschen haben mehrere solcher Erlebnisse in Ihrem Leben gehabt, aber man neigt dazu, derartige Momente als Zufälle abzutun. Manche Menschen denken, dass diese Erfahrungen mit Glück zu tun haben.

Eine starke Intuition geht immer mit ausgeprägten telepathischen Fähigkeiten einher. Die beiden schließen sich nicht gegenseitig aus. Wenn Sie telepathisch begabt sind, sind Sie ebenfalls intuitiv. Um diese Gabe freizusetzen, müssen Sie Ihre Intuition annehmen und ihr vertrauen. Wenn Sie Ihrem Bauchgefühl nicht vertrauen, können Sie sich nicht effizient mit den Schwingungen anderer Menschen verbinden. Das macht telepathische Kommunikation für Sie unerreichbar.

Ein weiteres Merkmal der Telepathie ist die Tatsache, dass sie oft in einem Traumzustand auftritt. Ihre Schlafenszeit ist die Zeit, in der Ihr Gehirn mit der höchsten Frequenz schwingt und eine Flut von Daten in Ihren Geist einströmen lässt. Sie glauben vielleicht, dass die Zeit linear verläuft, aber das tut sie nicht. Erinnern Sie sich daran, dass ich etwas über die Akasha-Aufzeichnungen gesagt habe? Die Aufzeichnung enthalten eine Sammlung aller Ereignisse, die Sie in Ihren vergangenen Leben erlebt haben. Jeder Gedanke, jedes Gefühl, jedes Wort und jede Absicht aus Ihrer Vergangenheit, Gegenwart und Zukunft ist in den Akasha-Aufzeichnungen gespeichert. Wenn Sie also von etwas träumen, dann deshalb, weil es in einer anderen Zeit und Dimension in Echtzeit geschieht.

Wenn Sie als Hellseher oft ein intensives Gefühl in der Mitte Ihrer Stirn verspüren, dann ist das Ihr drittes Auge, das sich danach sehnt, Ihre telepathische Tür zu öffnen. Natürlich könnte dies auch ein Zeichen für eine andere übersinnliche Fähigkeit sein. Oder es könnte ein Zeichen für all die übersinnlichen Fähigkeiten sein, die in Ihren übersinnlichen Portalen schlummern und geweckt werden wollen. Haben Sie keine Angst, wenn Sie diese Empfindungen häufiger haben, wenn Sie damit anfangen, telepathische Methoden zu üben. Sie werden später wieder abklingen.

Die Telepathie ist mit der Empathie verbunden. Wenn Sie hochgradig empathisch sind, dann verfügen Sie höchstwahrscheinlich über diese Fähigkeit. Wie Sie wissen, geht es bei der Empathie darum, die Gefühle anderer Menschen fast so real zu erleben, wie diese sie selbst erleben. Telepathie hingegen ist mit Gedanken verbunden. Sie können die Gedanken anderer Menschen in deren Kopf lesen. Wenn Sie hellfühlig sind, sind diese beiden Fähigkeiten für Sie miteinander verwoben. Einfühlsam und telepathisch zu sein bedeutet, dass Ihre Fähigkeit über den Austausch von Gedanken hinausgeht. Sie erstreckt sich auch auf Gefühle. Ich glaube, dass man ohne Einfühlungsvermögen kein echter Telepath sein kann.

Wenn Sie immer gleich wissen, wenn Sie von jemandem belogen werden, ist das ein weiterer Hinweis auf Telepathie. Telepathen können es spüren, wenn die Informationen, die sie erhalten, nicht korrekt sind. Normalerweise müssen Sie nicht einmal in den Kopf der Person schauen, um das zu erkennen. Sie merken einfach, dass Sie spüren, was in dem Kopf der Person vor sich geht.

Nachdem Sie Ihre latente Telepathiebegabung entwickelt haben, werden Sie beginnen, Gedanken aufzuschnappen. Das ist der Zeitpunkt, an dem Ihr Hellhörigkeitssinn ins Spiel kommt. Vielleicht stellen Sie fest, dass Sie die Gedanken anderer Menschen laut in Ihrem Kopf hören können. Manchmal ist die Hellsichtigkeit der übersinnliche Sinn, der in den Vordergrund rückt. Sie fangen an, die Gedanken anderer Menschen zu „kennen". Aber es kommt nicht nur darauf an, um welchen übersinnlichen Sinn es sich handelt. Entscheidend ist, dass Sie Zugang zu den unausgesprochenen Gedanken oder Gefühlen der Menschen haben.

Dabei bleibt es aber nicht. Je mehr Sie üben, desto mehr wird sich Ihre Fähigkeit verbessern. Sie werden so weit kommen, dass Sie gedankliche Nachrichten über große Entfernungen hinweg senden und empfangen können. Sie werden außerdem auch in der Lage sein, Gedanken, Ideen und Botschaften in die Köpfe anderer einzupflanzen. Um diesen Punkt zu erreichen, brauchen Sie natürlich Monate oder Jahre der Übung, je nachdem, wie sehr Sie mit Ihrer übersinnlichen Seite im Einklang sind.

Übungen zur Entwicklung telepathischer Fähigkeiten

Eine solide Meditationsroutine und -praxis ist, wenig überraschenderweise, das Erste, was Sie in die Praxis umsetzen müssen, wenn Sie Ihre telepathischen Fähigkeiten entwickeln wollen. Sie können Telepathie nicht erlernen, wenn Ihr Geist immer in einem ungeordneten Zustand ist. Die Meditation dient dazu, Unordnung in Ihrem Geist zu beseitigen, damit Sie übersinnliche Botschaften empfangen können. Ein klarer, freier und konzentrierter Geist ist Ihre beste Chance, eine

Verbindung zwischen Ihrem Bewusstsein und dem anderer Menschen herzustellen.

Wenn Sie mit dem Üben beginnen, beobachten Sie alles genau und versuchen Sie, Ihre Stärken zu ermitteln. Sind Sie ein besserer Absender oder Empfänger von Gedanken? Ich bin ein besserer Empfänger. Nicht, dass das eine besser wäre als das andere, aber so wie Sie eine stärkere Neigung zu einem übersinnlichen Sinn haben, sind Sie auch von Natur aus eher dazu geneigt, Gedanken zu entsenden oder zu empfangen. Es hilft, zunächst das zu üben, was Sie besser können. Dann können Sie zum Gegenteil übergehen, sobald Sie die bessere Fähigkeit auf ein angenehmes Niveau gebracht haben.

Eine noch einfachere Möglichkeit, um Ihre Präferenz zu bestimmen, ist, über die folgende Frage nachzudenken.

Ist es wahrscheinlicher, dass Sie einen Freund anrufen und er Ihnen sagt, dass er gerade an Sie gedacht hat? Oder ist es wahrscheinlicher, dass Sie an einen Freund denken und unerwartet einen Anruf von ihm erhalten?

Wenn Sie die erste Frage mit „Ja" beantworten, bedeutet dies, dass Sie ein besserer Empfänger sein könnten. Aber wenn Sie die zweite Frage mit „Ja" beantworten, sind Sie eher ein Absender.

Wenn Sie das herausgefunden haben, können Sie je nach Ihren Stärken weiter üben. Wenn Sie von Natur aus zum Empfangen neigen, beginnen Sie damit zu üben, wie Sie telepathische Botschaften empfangen können. Bemühen Sie sich in Ihren Interaktionen und Gesprächen mit anderen bewusst darum, das aufzufangen, was sie nicht laut aussprechen. Beachten Sie, dass dies nicht immer in Form von Worten geschieht, sondern vielleicht auch in Form von Gefühlen. Versuchen Sie, mit jemandem zu üben, in dessen Gegenwart Sie sich wohl fühlen. Sagen Sie der Person, dass sie an etwas denken soll, und versuchen Sie herauszufinden, woran die Person denkt. Achten Sie darauf, dass Sie dies nicht mit einem Skeptiker geübt werden sollte, da dies eine Schwingungsblockade verursachen kann.

Wenn Sie eher zum Senden neigen, üben Sie, anderen Menschen Botschaften über die außersinnliche Wahrnehmung zu senden. Eine ausgezeichnete Möglichkeit zum Üben ist es, jemanden auf der Straße zu treffen und ihm ganz normal „Hallo" zu sagen. Aber denken Sie stattdessen an „Auf Wiedersehen". Beobachten Sie den Gesichtsausdruck der Person, während Sie zwei völlig unterschiedliche

Dinge sagen und denken. Wenn er Anzeichen von Überraschung oder Verwirrung zeigt, bedeutet dies, dass er Ihre Nachricht erhalten hat. Sie werden Ihnen wahrscheinlich aber nichts darüber sagen, es sei denn, sie sind mit esoterischen Praktiken vertraut. Dennoch kann Ihnen die nonverbale Reaktion als Anhaltspunkt dienen.

Nachfolgend finden Sie zwei effektive Übungen, um das Senden und Empfangen von telepathischen Botschaften zu üben.

Übung 1: Tarotkarten-Methode

Um diese Methode anzuwenden, brauchen Sie einen willigen Partner und ein Deck Tarotkarten. Sie können auch ein normales Spieldeck oder ein Orakeldeck verwenden, wenn Sie keine Tarotkarten zur Hand haben.

- Sagen Sie Ihrem Partner, dass er sich an einen bestimmten Ort setzen soll, der weit von Ihnen entfernt ist. Es sollte in einer Position sein, in der Sie sich nicht gegenseitig sehen können.
- Ziehen Sie als Absender oder Sender vier Karten vom Stapel und legen Sie sie auf eine ebene Fläche. Achten Sie darauf, dass sie nach unten zeigen.
- Drehen Sie nun eine Karte um. Entspannen Sie Ihren Geist und konzentrieren Sie sich auf das Bild auf der Karte, wobei Sie Ihren Fokus ausschließlich auf das Bild richten sollten. Senden Sie das geistige Bild an Ihren Partner, der der Empfänger ist. Legen Sie die Absicht dazu entschieden fest.
- Die Aufgabe Ihres Übungspartners besteht darin, zu versuchen, das von Ihnen gesendete Bild zu empfangen und anzunehmen und es dann an Sie zurückzuschicken.
- Wenn Sie möchten, können Sie die Positionen wechseln und statt des Senders anschließend den Empfänger spielen.

Vertrauen Sie auf Ihr Bauchgefühl und zweifeln Sie nicht an sich selbst.

Übung 2: Gefühlsgesteuerte Methode

Üben Sie diese Übung mit jemandem, zu dem Sie bereits eine emotionale Beziehung aufgebaut haben. Das Senden und Empfangen von telepathischen Botschaften ist viel einfacher, wenn es sich bei der anderen Partei um jemanden handelt, zu dem Sie eine intime Beziehung haben. Das liegt daran, dass die Schwingungsfrequenzen auf diese Weise stärker sind. Je nachdem, wie stark Ihre emotionale Verbindung ist, können Sie diese Übung auch über große Entfernungen hinweg praktizieren. Je stärker die Verbindung ist, desto wahrscheinlicher ist es, dass Ihr Gegenüber Ihre Botschaft unabhängig von der Entfernung zwischen Ihnen empfängt.

- Meditieren Sie, um sich in einen entspannten und aufnahmefähigen Geisteszustand zu versetzen. Sie sollten dabei nicht das Gefühl haben, dass Sie den entspannten Zustand erzwingen. Es sollte sich so natürlich anfühlen, wie es sich anfühlt, wenn Sie Ihre Freizeit miteinander verbringen.
- Vergewissern Sie sich, dass auch Ihr Empfänger in einem entspannten Geisteszustand ist. Andernfalls kann er die Nachricht, die Sie senden, nicht empfangen. Sie müssen beide in einen aufnahmefähigen und entspannten Geisteszustand sein, bevor Sie die Übung beginnen.
- Bestimmen Sie, was Sie senden möchten, und stellen Sie sich vor, wie die andere Person die Nachreicht empfängt. Stellen Sie sich die andere Person mit geschlossenen Augen so deutlich vor, wie Sie nur können. Stellen Sie sich genau vor, was sie in diesem Moment tut. Sie können sich vorstellen, dass sie vor Ihnen sitzt. Fügen Sie alle wichtigen Details hinzu, wie Hautton, Augenfarbe, Größe, Gewicht, Haarlänge und Sitzposition. Wenn Sie dies aus der Ferne tun, schauen Sie sich ein Bild der Person zur Erinnerung an, bevor Sie mit der Visualisierung beginnen.
- Erstellen Sie ein geistiges Bild, visualisieren Sie es und senden Sie es an den Empfänger.

Beginnen Sie diese Technik mit einem einfachen Wort oder Bild. Es hilft, wenn Sie anfangs bei etwas Einfachem bleiben. Sie können sich zum Beispiel eine Banane vorstellen. Stellen Sie sich eine Banane vor Ihrem geistigen Auge vor. Konzentrieren Sie all Ihre Gedanken auf die Banane und stellen Sie sich vor, wie sie schmeckt und sich anfühlt, wenn Sie hineinbeißen. Senden Sie die Nachricht erst dann ab, wenn Sie sich ein klares Bild von dem gemacht haben, was Sie entsenden möchten.

Unabhängig davon, welche Methode Sie verwenden, sollten Sie Ihren Übungspartner fragen, was er von Ihnen erhalten hat. So können Sie feststellen, ob er Ihre Nachricht bekommen hat. Wenn Sie anfangs keinen Erfolg haben, lassen Sie sich davon nicht entmutigen. Der Schlüssel zur Entfaltung telepathischer Fähigkeiten liegt darin, dass Sie so lange zu üben, bis Sie sie erreicht haben. Denken Sie daran, bei jeder

Übung ein anderes Wort, einen anderen Gedanken oder ein anderes Bild zu verwenden. Wenn Sie Fortschritte machen, können Sie die Telepathie einsetzen, um das Verhalten anderer zu kontrollieren oder zu beeinflussen.

Kapitel Acht: Kunst der Wahrsagerei

Die Wahrsagerei ist die vielleicht komplexeste und umfassendste übersinnliche Fähigkeit. Es ist die Kunst, „verborgenes" Wissen über die Zukunft zu ermitteln und es zu deuten. Dies wird durch Intuition, Wahrsagehilfsmittel und die Hilfe göttlicher Macht ermöglicht. Die Wahrsagerei wird als ein Zweig der Magie betrachtet, gilt aber auch als eine übersinnliche Fähigkeit. Sie wird dazu eingesetzt, um die Zukunft vorherzusagen und die Bedeutung eines Ereignisses, ob übernatürlich oder nicht, genau zu bestimmen. Man könnte sagen, dass das Wahrsagen Ihnen eine Möglichkeit bietet, das Schicksal zu enträtseln.

Die Kunst der Wahrsagerei beruht auf der Idee, dass alles im Universum durch Energie miteinander verbunden ist. Wir sind alle auf einer energetischen Ebene miteinander verbunden. Daher gleicht das gesamte Universum einem riesigen Energienetzwerk, das alle unsere Energieeindrücke miteinander verbindet. Wenn Sie das Konzept einmal verstanden haben, bedeutet das, dass Sie mit Energie auf Informationen zu so ziemlich allem zugreifen können. Sie müssen nur ein Verbindungsstück finden, das Sie in dem unendlichen Netzwerk mit dem Wissen verbindet. Dann können Sie unendlich viele Fragen stellen und nach Antworten suchen.

Viele Wahrsager greifen auf das unendliche Energienetz zu, indem sie Wahrsagegeräte verwenden, die von Runen, Steinen und Tarotkarten bis hin zu Muscheln, Stöcken und Blättern reichen. Als Wahrsager können

Sie sich mithilfe Ihrer Wahrsagehilfsmittel verbinden, um Informationen aus dem Netzwerk zu erhalten und diese über das Werkzeug an sich selbst oder an eine andere Person weiterzugeben. Wie klar die Informationen sind, die Sie erhalten, hängt von Ihrer Erfahrung ab, Ihrer Überzeugung und Ihrer Fähigkeit, Ihren Geist zu klären, um sicherzustellen, dass Sie Ihre Antworten klar und deutlich erhalten.

Jede Information, die aus dem universellen Energienetz kommt, ist hundertprozentig präzise. Die Informationen können jedoch verzerrt oder versehentlich falsch interpretiert werden.

Ganz gleich, ob Sie die Wahrsagerei nur für sich selbst nutzen wollen oder ob Sie anderen Menschen auf ihrem Weg helfen möchten, haben Sie die Möglichkeit, verschiedene Dinge zu lernen. Die Wahrsagerei kann Ihnen helfen, herauszufinden, was auf Sie zukommt und wann es kommt. Sie kann Ihnen auch helfen, eine Entscheidung zu treffen, die Ihr Leben beeinflussen könnte. Durch das Wahrsagen erhalten Sie eine symbolische Botschaft, die Sie nur sorgfältig interpretieren können. Normalerweise wird ein Rutengänger beispielsweise durch einen Gedanken, ein Gefühl, eine Idee oder eine Erinnerung inspiriert, die sich dann in eine Antwort verwandelt.

Antworten, die Sie durch Wahrsagerei erhalten, können subjektiv sein. Sie brauchen bestimmte Fähigkeiten, um bei der Interpretation der Informationen, die Sie erhalten, objektiv zu bleiben. Andernfalls könnten Sie zulassen, dass Ihre Gedanken, Gefühle oder Überzeugungen Ihnen in die Quere kommen. Ein Wahrsager muss lernen, objektiv zu sein, nicht zu urteilen und keine tieferen Absichten zu haben. Nur so können Sie den unterschiedlichen und verwirrenden Energiehinweisen, die Ihnen aus dem kosmischen Netz übermittelt werden, aus dem Weg gehen.

Es ist ganz natürlich, dass Sie zu Beginn Ihrer Wahrsagepraxis einen gewissen Grad an Zweifeln haben. Schließlich ist die Wahrsagerei viel komplizierter als andere übersinnliche Praktiken wie zum Beispiel Telepathie, Medialität, Astralreisen usw. Aber Sie müssen lernen, die Zweifel loszulassen. Andernfalls werden die Zweifel die Klarheit der Informationen, die Sie erhalten, stören. Wenn Sie schon einmal an einem Wünschelrutenkreis teilgenommen haben, haben Sie wahrscheinlich gehört, wie jemand gesagt hat: „Geben Sie die Botschaft genau so weiter, wie Sie sie erhalten." Dadurch soll das Verzerren der Botschaft vermieden werden.

Akzeptieren Sie immer gleich das Erste, was Ihnen in den Sinn kommt, wenn Sie durch Wahrsagerei Zugang zum kosmischen Energienetz erhalten. Lassen Sie sich nicht dazu verleiten, die Nuance oder die Art der Information, die Sie erhalten, zu ändern. Wenn Sie dies tun, werden Sie zwangsläufig die Bedeutung der Botschaft durch Ihre Überzeugungen beeinflussen. Vermeiden Sie es, irrelevante oder unzusammenhängende Informationen oder Details in Ihre Überlegungen einzubringen.

Im Allgemeinen gibt es mehrere Methoden der Wahrsagerei. Sie können nicht alle diese Methoden gleichzeitig anwenden. Aber Sie können eine oder zwei finden, die Ihnen zusagen, und diese beherrschen lernen. Beachten Sie dabei, dass keine der Methoden unbedingt besser ist als die andere. Manche Menschen glauben, dass Menschen, die Tarotkarten zum Wahrsagen verwenden, weniger Talent haben als Menschen, die das nicht tun. Das ist nicht richtig.

Ein Grund dafür, dass es in der Wahrsagerei verschiedene Methoden gibt, ist die Notwendigkeit die auszuwählen, die ihnen am meisten zusagt. Wenn Sie sich mit der Tarot-Wahrsagung wohlfühlen, haben Sie keine Angst davor, sie zu beherrschen zu lernen. Die Wahrsagemethode, die Sie verwenden, mindert oder begrenzt keinesfalls die Qualität der Informationen, die Sie aus dem Energienetz erhalten können.

An dieser Stelle werde ich sechs verschiedene Methoden der Wahrsagerei genauer erklären. Da wir Tarots, Pendel, Runen und Kristalle bereits in einem früheren Kapitel besprochen haben, werde ich mich nicht auf diese Themenfelder konzentrieren. Alles, was in Kapitel drei über die Verwendung dieser übersinnlichen Werkzeuge bereits besprochen wurde, kann auf die Praxis der Wahrsagerei angewendet werden. Es gibt dabei kaum einen Unterschied, denn schließlich geht es auch hier darum, übersinnliche Botschaften aus einer höheren Quelle zu erhalten.

Die sechs Methoden der Wahrsagerei, die Sie in diesem Kapitel lernen werden, sind:

– Hellseherei

– Teeblätter lesen

– Sand Weissagung

– Pyromantie

– Osteomantie

– Numerologie

– Automatisches Schreiben

Lassen Sie die Details jeder einzelnen Wahrsagemethode in Ruhe erklären. In diesem Kapitel werde ich jede Methode kurz vorstellen, damit Sie mit den Grundlagen vertraut sind. Im nächsten Kapitel werden wir im Detail auf die Frage eingehen, wie Sie einige der Methoden richtig anwenden können.

Hellseherei

Die Hellseherei ist eine Wahrsagemethode, bei der in Wasser, Feuer oder Kristalle geblickt wird. Es gibt auch die Vollmonddeutung, bei der der Blick in den Vollmond gerichtet wird, wann immer er da ist. Sie ist eine der ältesten Methoden der Wahrsagerei und existiert schon seit Hunderten von Jahren. Manche Menschen nennen sie auch die Spiegelungswahrsagung. Im Laufe der Geschichte gab es immer wieder Geschichten über Menschen aus verschiedenen Kulturen, die in Spiegel, Wasser, Öl, Metalle und Kristalle blickten, um das Spiegelbild zu lesen. Die Praxis des Kristallkugel-Lesens hat ihren Ursprung ebenfalls in der Hellseherei.

Teeblätter lesen

Die Kunst, Teeblätter zu lesen, gibt es bereits seit dem 17. Jahrhundert. Der Fachbegriff lautet Tasseomantie. Es gibt die Tasseomantie schon seit Jahrhunderten, noch bevor die Holländer den chinesischen Tee nach Europa brachten. Tasseomantie ist eine Mischung aus Französischen und griechischen Wörtern. Tasseo basiert auf dem französischen, „Manteia" ist griechisch und steht für Prophezeiung. Die wörtliche Übersetzung von Tasseomantie ist also die Kunst, die Zukunft aus einer Tasse vorherzusagen. Tee ist nicht das Einzige, was man für die Tasseomantie verwenden könnte. Sie können auch Weinsediment oder Kaffeesatz benutzen. Sie können Ihre Tasseomantieübungen an Ihre eigenen Bedürfnisse und Ihren Geschmack anpassen.

Sand Weissagung

Die Sandwahrsagerei, auch Geomantie genannt, ist eine Wahrsagemethode, bei der die Formen von Steinen und Sand zu Wahrsagezwecken gelesen und interpretiert werden. Diese Praxis ist in muslimischen Gemeinschaften, insbesondere im Nahen Osten, weit verbreitet. Die Geomantie wird als eine der schönsten Kunstformen angesehen. Wie jede andere Form der Wahrsagerei glauben auch diejenigen, die Sandwahrsagerei praktizieren, an das Vorhandensein von Lebensenergie im Sand. Die „Lebensenergie" ist in diesem Zusammenhang die Aura.

Pyromantie

Viele Menschen glauben, dass die Pyromantie die älteste Form der Wahrsagerei ist. Viele Jahrhunderte lang war die Praxis der Pyromantie in Europa verboten, ebenso wie die Hydromantie und die Nekromantie. Aber das Feuer ist einfach zu faszinierend und beeindruckend, um es in Ruhe zu lassen. Pyromantie ist die Wahrsagekunst, bei der man in ein Feuer blickt, um übersinnliche Botschaften zu erhalten. Wenn Sie ein Fan der Fernsehserie Game of Thrones sind, dann sollten Sie wissen, dass die rote Dame Melissandre Pyromantie praktiziert hat. Der Tanz um ein Feuer kann Ihnen dabei helfen, einige der schwierigsten Fragen des Lebens zu beantworten.

Osteomantie

Osteomantie wird auch als Knochenwahrsagerei bezeichnet und beschreibt die Kunst, aus Knochen göttliche Informationen herauszulesen. Die Osteomantie ist seit Tausenden von Jahren in allen Kulturen verbreitet. Auch wenn es verschiedene anwendbare Methoden gibt, ist das Ziel dasselbe - das Lesen von Botschaften, die in den Knochen offenbart werden. Aufgrund der Seltenheit von Tierknochen können Sie diese Methode vielleicht nicht anwenden. Dennoch kann das Wissen darüber für Sie von Nutzen sein.

Numerologie

Die Grundlagen der Numerologie besagen, dass Zahlen eine erhebliche spirituelle Bedeutung haben. Es wird angenommen, dass einige Zahlen stärker sind als andere. Außerdem können Zahlen miteinander kombiniert werden, um die Zukunft vorherzusagen und Hilfe beim Treffen wichtiger Entscheidungen zu erhalten. Und Zahlen werden auch mit Planetenbewegungen und -verschiebungen in Verbindung gebracht.

Automatisches Schreiben

Das automatische Schreiben ist eine der bekanntesten Methoden, um Nachrichten aus der Geisterwelt zu erhalten. Es ist beliebt bei Medien, die mit Geistern und Gespenstern kommunizieren. Es handelt sich um denselben Vorgang, den ich in dem Kapitel über die Medialität beschrieben habe. Sie nehmen sich einfach einen Stift und ein Blatt Papier, entspannen Ihren Geist und lassen die göttlichen Botschaften ohne bewusste Anstrengung durch Sie hindurchfließen. Was auch immer Sie auf dem Papier niederschreiben, wurde von der Geisterwelt „gechannelt".

Im nächsten Kapitel erfahren Sie mehr darüber, wie Sie das Hellsehen, das Lesen von Teeblättern und weitere in diesem Kapitel besprochene Wahrsagemethoden praktizieren können.

Kapitel Neun: Wahrsagerei üben

In diesem Kapitel geht es um die Methoden, mit denen Sie die im vorangegangenen Kapitel erläuterten Wahrsageformen praktizieren können. Also, fangen wir an.

Hellseherei

Das Wahrsagen ist seit langem eine Methode, mit der die Ältesten ihre Weisheit und Intuition einsetzen. Jeder weiß, dass Wasser eine sehr starke Quelle der Lebensenergie ist. Es gibt eine Verbindung zum Wasser, die wir alle spüren. Es gibt einen Grund, warum wir uns nach einem warmen oder kalten Bad so energiegeladen fühlen. Ihr Geist und Ihr Körper sind eng mit dem Wasser verbunden.

Die Erde, der Mond und der Himmel sind allesamt Wasserquellen, was bedeutet, dass Wasser in den Mondzyklen eine Rolle spielt. Sie brauchen einen klaren Himmel, einen Vollmond und eine Schale, die mit Wasser gefüllt ist, um die Hellseherei zu praktizieren. Außerdem brauchen Sie eine ebene Fläche, einen Notizblock und meditative Musik. Der letzte Punkt ist nicht entscheidend.

Sie können sich aussuchen, ob Sie einen Kreis werfen wollen, oder nicht. Das hängt von Ihnen ab. Spielen Sie Ihre meditative Musik, um sich in einen entspannten Geisteszustand zu versetzen. Setzen Sie sich sanft vor die ebene Fläche, auf der Sie eine Schale mit Wasser gestellt haben. Schließen Sie die Augen und spüren Sie, wie Sie sich auf die Energie Ihrer Umgebung einstimmen. Alle Ihre Sinne sollten wach sein.

Hören Sie dabei zu, wie der Wind in den Bäumen raschelt. Riechen Sie den Duft der Blätter um Sie herum. Spüren Sie die Energie, die Sie umspült. Konzentrieren Sie sich darauf, die Energie zu sammeln, die Sie spüren. Sie kommt als ein Gefühl in Ihren Körper, das Sie spüren können, wenn Sie danach suchen. Spüren Sie Ihre Verbindung zu dieser Energie und ihrer göttlichen Energiequelle. Verharren Sie einige Minuten an dieser Stelle, bis Sie zum Hellsehen bereit sind.

Wenn Sie soweit sind, öffnen Sie sanft Ihre Augen. Beobachten Sie Ihre Umgebung. Sie sollten dabei ein außergewöhnliches Gefühl der Ruhe, des Bewusstseins und der Klarheit verspüren. Das liegt an der Energie, auf die Sie sich eingestimmt haben. Schauen Sie auf die Schale mit Wasser vor Ihnen. Stellen Sie sich Führungskraft und Weisheit vor, die im Wasser schwimmen. Sehen Sie zu, wie die Energie um das Wasser herumwirbelt, während Sie diesen Gedanken visualisieren. Erkennen Sie an, dass das Wasser Ihnen Geheimnisse offenbaren kann.

Schauen Sie ins Wasser und betrachten Sie Ihre Reflexion. Suchen Sie nach Mustern, Bildern und Symbolen. Wenden Sie Ihren Blick nicht vom Wasser ab. Nach einer Weile werden Sie beginnen, Bilder, Wörter oder Symbole zu sehen, die sich in der Spiegelung auf dem Wasser bilden. Zufällige Gedanken, die nicht sofort einen Sinn ergeben, können gleichzeitig in Ihrem Kopf auftauchen. Nehmen Sie Ihren Notizblock zur Hand und schreiben Sie alles genauso auf, wie sie es kommen sehen. Schreiben Sie alles auf.

Sie können so lange ins Wasser blicken, wie Sie möchten. Wenn Sie möchten, bis zu einer Stunde lang, aber ein paar Minuten reichen auch aus, um die gewünschten Informationen zu erhalten. Halten Sie inne, wenn Sie sich unruhig fühlen oder Ihnen alltägliche Gedanken durch den Kopf gehen.

Wenn Sie fertig sind, überprüfen Sie, ob Sie alles aufgeschrieben haben, was Ihnen beim Hellsehen eingefallen ist, einschließlich der Gedanken, Gefühle und Empfindungen in Ihrem Körper. Setzen Sie sich in den nächsten Tagen mit den Informationen auseinander und erlauben Sie Ihrem Unterbewusstsein, über die Bedeutung der Hinweise nachzudenken, bis sie einen Sinn ergeben. Irgendwann können Sie sich mit Sicherheit einen Reim auf alles machen.

Wenn die Nachricht, die Sie erhalten, nichts mit Ihnen zu tun zu haben scheint, denken Sie an Ihre Angehörigen und Freunde. Versuchen Sie herauszufinden, auf wen sie zutrifft.

Wenn Sie eine natürliche Wasserquelle in der Nähe Ihres Hauses haben, versuchen Sie, mit größeren Wasserschalen zu pendeln. So lassen sich Botschaften inmitten der ganzen Energie leichter erkennen.

Teeblätter lesen

Das Lesen von Teeblättern ist eine der kultigsten Möglichkeiten, mit der die Wahrsagerei betrieben wird. Diese Methode ist vielleicht nicht so populär wie einige andere, aber sie ist genauso effektiv. Außerdem ist sie relativ einfach. Vielleicht sollten Sie sich Becher besorgen, die speziell für diese Form der Wahrsagung entworfen wurden. In diese Becher sind Symbole und Muster eingraviert, so dass Sie die Botschaften, die Sie erhalten, einfacher interpretieren können. Wie genau kann man die Teeblätter also lesen?

Als Erstes benötigen Sie eine Tasse Tee, um mit der Übung zu beginnen. Der Tee muss die losen Blätter enthalten, also verwenden Sie beim Aufbrühen kein Sieb. Wenn Sie ein Sieb verwenden, werden alle Blätter entfernt und es gibt nichts mehr zu lesen. Ihre Teetasse sollte eine helle Farbe haben, damit Sie sehen können, was mit den Blättern in der Tasse geschieht.

Je größer die Blätter des Tees sind, desto genauer ist Ihre Messung. Beachten Sie dies also bei der Zubereitung des Tees. Verwenden Sie eine Mischung aus losen Teeblättern, damit die Blätter nicht zu klein werden. Entscheiden Sie sich für Mischungen wie Earl Grey, da diese in der Regel große Blätter haben. Nachdem Sie den Tee zubereitet haben, trinken Sie ihn in Ruhe in Ihrem bevorzugten Tempo.

Danach sind am Boden Ihrer Teetasse nur noch Blätter übrig. Schütteln Sie die Tasse kräftig, damit die Blätter ein Muster bilden können. Eine Möglichkeit, um dies zu verursachen, ist es, die Tasse ein paar Mal im Kreis zu schwenken. Machen Sie das dreimal, um verbleibende nasse Blätter zu vermeiden.

Beobachten Sie als Nächstes die Blätter und schauen Sie, ob Sie in den Mustern, die sie bilden, irgendwelche Bilder erkennen können. An dieser Stelle beginnen Sie mit der Wahrsagerei. Normalerweise interpretieren Wahrsager die Bilder auf zwei Arten. Die erste Möglichkeit besteht darin, einem Standardsatz von Symbolen zu folgen, der von Jahrhundert zu Jahrhundert weitergegeben wurde. Wenn Sie zum Beispiel ein Bild erhalten, das wie ein Hund aussieht, bedeutet das, dass Sie einen treuen Freund haben, der Ihnen zur Seite steht. Ein Apfel steht für Bildung oder Wissen. Sie können leicht Material mit Informationen über Teeblattsymbole und deren Deutung erhalten. Auch wenn die Interpretationen variieren können, sind die Bedeutungen ziemlich universell.

Die zweite Möglichkeit besteht darin, Ihre Intuition zu nutzen, um die Bilder zu interpretieren, die Ihnen erscheinen. Konzentrieren Sie sich darauf, welche emotionalen und gedanklichen Reaktionen die Bilder bei Ihnen auslösen. Das Bild mag das eines Hundes sein, aber es mag Ihnen zum Beispiel kein positives Gefühl vermitteln, das für einen treuen Freund steht. Hier müssen Sie auf Ihre Intuition vertrauen. Bei der intuitiven Deutung müssen Sie auf Ihren Instinkt hören.

Es können Ihnen auch mehrere Bilder erscheinen. Wenn dies der Fall ist, lesen Sie die Bilder vom Henkel Ihrer Teetasse aus und gehen Sie sie im Uhrzeigersinn durch. Wenn die Tasse keinen Henkel hat, beginnen Sie ganz oben, an dem Punkt, der am weitesten von Ihnen entfernt ist.

Vergessen Sie nicht, Ihren Notizblock parat zu haben, wenn Sie die Blätter lesen. Während Sie üben, halten Sie den Notizblock immer griffbereit. So können Sie auf die Dinge zurückkommen, die Ihnen in der Teetasse erscheinen.

Numerologie

Die Grundlage der Numerologie ist der Glaube, dass Zahlen eine ausgeprägte spirituelle und magische Bedeutung haben. In einigen Varianten der Numerologie glaubt man, dass ungerade Zahlen weibliche Energiezahlen sind. Im Gegensatz dazu haben gerade Zahlen eine männliche Energie und Bedeutung. Generell hat jede Kultur eine andere Interpretation der Bedeutung von Zahlen.

In einigen Traditionen haben die Zahlen eine bestimmte Bedeutung:

1: Steht in Verbindung mit der kosmischen Lebenskraft, die alle Menschen im Universum miteinander verbindet. Sie gilt als Quelle und als erdende Zahl. In Tarotkarten symbolisiert 1 eine Person, die die Kontrolle über ihr Umfeld übernimmt und persönliche Macht erlangt, indem sie die Menschen um sich herum ausnutzt.

2: Dies symbolisiert Dualität und Polarität. Sie ist die Zahl des Gleichgewichts. Wenn Sie an die Zahl 2 denken, denken Sie an Yin und Yang, hell und dunkel und andere Gegensätze. Diese Zahl steht für ein repräsentatives Exemplar von zwei verschiedenen Dingen,

3: In vielen Traditionen der Numerologie gilt die 3 als die magischste aller Zahlen. Sie steht symbolisch für die Reiche des Himmels, des Meeres und des Landes. Sie steht auch für Ihre geistigen, körperlichen und spirituellen Bedürfnisse. Die Drei symbolisiert Aktion und Interaktion. In anderen Traditionen gilt sie als die Zahl für Neutralität und Passivität.

4: Steht für alle vier Elemente - Feuer, Erde, Wasser und Luft. Sie steht auch für die vier Jahreszeiten und die vier Himmelsrichtungen der Welt. Es handelt sich außerdem um ein Symbol für Kreativität.

5: Fünf ist die Zahl der Geister. Sie ist ein Symbol für Ihre fünf menschlichen Sinne. In einigen Traditionen wird sie als Symbol für Chaos, Kampf und Konflikt angesehen.

6: Steht für die Sonnenenergie. Sie ist eine lebenswichtige Quelle der männlichen Energie. Sie steht für Verantwortung und Sicherheit.

7: Steht für die Mondenergie. Sie ist mit dem Mond und der Weiblichkeit verbunden. Diese Zahl ist ein Symbol für Intuition und Weisheit und steht für Bewusstsein und Gedankenformen.

8: Die Acht wird mit den Planeten und mit Quecksilber assoziiert, wobei um Kommunikation und Botschaften geht. Sie zeigt ein Unendlichkeitssymbol, wenn sie auf die Seite gedreht wird.

9: Drei mal drei ist neun, was die Neun zu einer dreifach potenten Zahl macht. Sie ist mit der Energie einer Göttin verbunden. Die Neun steht für Wachstum und Veränderung. Die Verwendung des Tarots steht für die Vollendung und den Beginn eines neuen Prozesses.

0: Die Null steht für das Nichts. Sie steht für das Potenzial, das Sie haben, um etwas Neues aus dem Nichts zu schaffen. Die Null ist ein Zeichen für den Anfang.

Schauen Sie sich die Tarot-Wahrsagung, die Pendel-Wahrsagung, die Kristall-Wahrsagung und all die anderen Wahrsagungsformen an, die wir gerade besprochen haben, und wählen Sie diejenige aus, von der Sie glauben, dass sie am besten für Sie geeignet ist.

Kapitel Zehn: Die Macht des Hellsehens

Die Hellseherei ist bei den meisten Hellsehern der beliebteste übersinnliche Sinn. Bei einigen von uns ist die Hellseherei der vorherrschende übersinnliche Sinn, gepaart mit einem anderen übersinnlichen Sinn. Wie Sie sich erinnern, haben wir in Kapitel zwei kurz die Grundlagen der Hellseherei besprochen. Sie haben bereits gelernt, dass Hellsichtigkeit so viel wie „klares Sehen" bedeutet. Es handelt sich um die übersinnliche Fähigkeit, Energien zu sehen und zu lesen. Da wir bereits über diese Bedeutung gesprochen haben und darüber, was sie mit sich bringt, wird sich dieses Kapitel ganz auf die Frage konzentrieren, wie Sie Ihren sechsten Sinn verfeinern und entwickeln können, um Ihren Hellsehsinn zu schärfen.

Hellsichtigkeit ist der eine übersinnliche Sinn, der allen übersinnlichen Fähigkeiten, die wir bisher in diesem Buch besprochen haben, gemeinsam ist. Wenn Sie diesen Sinn erfolgreich verfeinern, werden Sie feststellen, dass jede übersinnliche Fähigkeit, die Sie später erlernen möchten, für Sie einfacher wird, wenn Ihre Hellsichtigkeit erweckt wurde. Der Schlüssel zur Entwicklung Ihrer Hellsichtigkeit liegt darin, dass Sie Ihr drittes Auge erwecken. Im Folgenden finden Sie daher sechs Übungen, mit denen Sie Ihr drittes Auge erwecken und sich den Weg zur Hellsichtigkeit öffnen können.

1. Visualisierung

Dies ist eine der besten Methoden, um Ihr drittes Auge und Ihre Intuition zu stärken. Es gibt so viele Möglichkeiten, die Visualisierung zu praktizieren. Eine davon ist die Visualisierung von Blumen. Der Einstieg ist dabei ganz einfach. Kaufen Sie sich eine Blume, die schön aussieht und gut riecht. Stellen Sie die Blume vor sich hin und betrachten Sie sie einige Minuten lang. Schließen Sie dann die Augen und stellen Sie sich die Blume mit so vielen Details wie möglich vor. Stellen Sie sich Ihre Form, Größe, Farbe und alle ihre anderen Details vor.

Eine weitere Visualisierungsübung besteht darin, sich die Zahl Eins vor Ihrem geistigen Auge vorzustellen. Stellen Sie sich vor, dass Sie die Zahl Eins sehen. Machen Sie sie so groß, wie Sie wollen, mit den Farben, die Sie wollen. Sie können sich sogar ein wenig Glitzer vorstellen. Halten Sie dieses Bild mindestens 10 Sekunden lang in Ihrem dritten Auge fest. Öffnen Sie dann Ihre Augen und machen Sie eine kurze Atemübung. Wiederholen Sie diese Schritte von Nummer eins zu zwei, drei usw., bis Sie bei 10 angelangt sind.

2. Sprechen Sie mit Ihren Geistführern

Das Gespräch mit Ihren Geistführern bietet eine weitere Möglichkeit, die Ihnen dabei helfen kann, wie Sie Ihre Hellsichtigkeit entwickeln. Nehmen wir beispielsweise an, Sie sprechen regelmäßig mit Ihren Geistführern. In diesem Fall können Sie sie bitten, Ihnen Botschaften in Form von schönen Bildern zu schicken. Wenn Sie Ihren Geistführern noch nie begegnet sind, machen Sie sich keine Sorgen. Wenden Sie die besprochene Meditationstechnik an und rufen Sie Ihren Geistführer, damit er mit Ihnen spricht. Warten Sie dann darauf, dass Ihnen seine Botschaft erscheint. Vergessen Sie nicht, dass die Botschaft verschiedene Formen annehmen kann. Sie kann in Form von Bildern, Worten, Gedanken, Gefühlen oder körperlichen Empfindungen zu Ihnen kommen.

3. Spielen Sie hellseherische Spiele

Es gibt ein Spiel, das wir gespielt haben, als wir jünger waren. Das Spiel heißt Memory. Wenn Sie das Spiel auch gespielt haben, als Sie jünger waren, erinnern Sie sich vielleicht daran, dass Sie die Karten verdeckt hingelegt haben, eine nach der anderen umdrehten und versuchten, eine Paar zu finden. Dieses Spiel kann Ihr drittes Auge schärfen und Ihre Hellsichtigkeit erhöhen. Bevor Sie jede Karte umdrehen, versuchen Sie mit Ihrem geistigen Auge zu „sehen", welche

Karte welche ist.

Ein weiteres lustiges Spiel zum Üben der Hellseherei lässt sich spielen, wenn Sie jemanden bitten, zehn zufällige Gegenstände auf Ihren Tisch zu legen. Bleiben Sie nicht im Raum, während die Person die Gegenstände aufstellt. Schließen Sie nun Ihre Augen und stellen Sie sich jedes Objekt vor. Versuchen Sie, mit Ihrem dritten Auge zu „sehen", wo sich jeder Gegenstand befindet und welche Farbe und Größe die Gegenstände haben. Schreiben Sie sich Details zu jedem Gegenstand auf. Seien Sie so spezifisch wie möglich bei den Beschreibungen. Wenn Sie mit dem Schreiben fertig sind, öffnen Sie Ihre Augen. Gehen Sie dorthin zurück, wo sich die Gegenstände befinden, und überprüfen Sie, wie genau Ihre Beschreibungen waren.

Sie können diese Übung auch alleine durchführen. Gehen Sie dazu in den nächstgelegenen Studienbereich, studieren Sie die Umgebung, schließen Sie dann die Augen und visualisieren Sie so viele Details wie möglich in Ihrer Umgebung.

4. Üben Sie das Aura-Lesen

Die Aura ist Ihr menschliches Energiefeld, wie ich bereits erklärt habe. Es erscheint in Form von Lichtern und Farben. Jeder kann sich darin üben, diese Energie um alle lebenden Dinge herum zu sehen. Das macht das Aura-Lesen zu einer ausgezeichneten Übungsmöglichkeit, um Ihre Hellsichtigkeit zu entwickeln. Um das Sehen von Auren zu üben, brauchen Sie einen Übungspartner. Bitten Sie die Person, sich vor eine weiße Wand oder eine andere einfarbige Wand zu stellen. Gehen Sie ein paar Schritte zurück, bis Sie einen Punkt erreichen, an dem Sie den Kopf und die Schuhe des Partners sehen können, ohne dabei nach oben oder unten zu schauen. Konzentrieren Sie sich und schauen Sie durch die Person hindurch auf die Wand hinter ihr. Konzentrieren Sie sich weiter und die Umrisse der Aura werden um den Kopf der Person herum erscheinen.

5. Tagebücher

Tagebücher sind ein wichtiger Bestandteil jeder psychischen Entwicklungsreise. Bevor Sie Ihre Reise beginnen, sollten Sie sich ein Tagebuch zulegen, um alle Ihre spirituellen und übersinnlichen Erfahrungen festzuhalten. Jedes Mal, wenn Sie sich mit dem Spirituellen und Ihrem Höheren Selbst verbinden oder sogar nur einen bedeutungsvollen Traum haben, schreiben Sie alles auf. Auf diese Weise können Sie sich besser mit Ihrer Intuition und Ihrem hellseherischen

Gespür verbinden, um die Botschaften, die Sie erhalten, besser zu verstehen.

6. Erwecken Sie Ihr drittes Auge

Öffnen Sie Ihr drittes Auge durch die Meditation für das dritte Augenchakra. Der Zweck der Meditation des dritten Auges ist es, Ihnen dabei zu helfen, Ihre geistige Klarheit zu verbessern, Ihren Geist zu fokussieren und Ihre Konzentration zu steigern. Die Meditationsübung ist kurz und einfach.

Setzen Sie sich bequem auf einen Stuhl. Halten Sie Ihre Wirbelsäule dabei aufrecht und Ihre Schultern entspannt. Ihr Brustkorb sollte offen sein. Legen Sie Ihre Hände auf die Knie, wobei die Handflächen nach oben zeigen sollten. Berühren Sie sanft Ihren Zeigefinger mit Ihrem Daumen. Entspannen Sie Ihren Körper vom Gesicht über den Kiefer bis hin zum Bauch. Ihre Zunge sollte hinter Ihren Vorderzähnen ruhen und Ihre Augen sollten leicht geschlossen bleiben.

Atmen Sie durch Ihre Nase ein und aus. Tun Sie dies tief und gleichmäßig. Schauen Sie mit geschlossenen Augen nach oben auf den mittleren Bereich Ihrer Stirn. Dort befindet sich Ihr drittes Augenchakra. Konzentrieren Sie Ihren Blick ganz genau auf diesen Punkt. Warten Sie, bis dort eine helle violette oder indigoblaue Farbe erscheint. Lenken Sie Ihren Geist sanft von den Gedanken in Ihrem Kopf ab und konzentrieren Sie sich weiterhin auf das dritte Auge.

Bleiben Sie mindestens 10 Minuten lang in dieser Position und atmen Sie dabei sanft und tief ein und aus. Wenn die zehn Minuten um sind, atmen Sie sanft ein und aus, führen Sie Ihre Handflächen zusammen und bringen Sie sie beide vor Ihr Herz. Beenden Sie die Meditation mit den folgenden Worten: „Möge das Göttliche mir die Fähigkeit verleihen, die Wahrheit auf jeder Ebene klar zu sehen und wahrzunehmen." Richten Sie sich auf und öffnen Sie sanft Ihre Augen, bevor Sie sich wieder Ihrem Tagesgeschäft zuwenden.

Sie können die Meditation des dritten Auges jeden Tag durchführen, wenn Sie wollen, dass sich Ihr drittes Auge schneller öffnet. Wenn Sie jedoch an der Stelle, an der sich Ihr drittes Auge befindet, unangenehme Empfindungen verspüren, sollten Sie die Meditation beenden, sonst öffnet sich Ihr drittes Auge vollständig und wird überaktiv. Ein überaktives drittes Auge schadet den Hellsehern mehr als es ihnen nützt.

Wenn das dritte Auge überaktiv wird, haben Sie keine Kontrolle mehr über Ihre Gedanken und Gefühle. Sie könnten für einen Zustrom von übersinnlichen Botschaften empfänglich werden, die Sie überfordern würden. Seien Sie also vorsichtig, wenn Sie Ihr drittes Auge zu öffnen versuchen.

Kapitel Elf: Spirituelles Heilen: Die Arbeit mit Energie

Energieheilung ist die psychische und ganzheitliche Methode zur Aktivierung Ihrer subtilen Energiekörper, um Blockaden zu beseitigen und einen Durchgang zu schaffen, durch den die Energie frei fließen kann. Durch die Beseitigung der Energieblockade wird die körpereigene Fähigkeit zur Selbstheilung von körperlichen, geistigen und emotionalen Zuständen aktiviert. In einem früheren Kapitel habe ich darüber gesprochen, wie Blockaden in den feinstofflichen Körpern den Energiefluss durch das Körpersystem stören können, was zu einem Ungleichgewicht führt. Dies führt wiederum zu Krankheiten und Beschwerden in Körper und Geist.

Bei der Energieheilung geht es um einen ganzheitlichen Ansatz zur Wiederherstellung des Gleichgewichts im Energiefluss durch Ihren Körper, Ihren Geist und Ihre Seele. Energieheilung wirkt sich direkt auf die physischen, mentalen, emotionalen und spirituellen Aspekte Ihres Wohlbefindens aus. Energieheiler beherrschen die Kunst, Energie zur Behandlung verschiedener Erkrankungen einzusetzen, insbesondere solcher, die Ihre geistige Gesundheit betreffen.

Sie tun dies, indem sie die Lebensenergie nutzen, um die Wurzel der Störung im Energiesystem zu ermitteln. Sobald sie die Stelle der Blockade lokalisiert haben, wird der Energiefluss wiederhergestellt. Die kranke Person wird automatisch geheilt, wenn die Flussstörung behoben ist. Um mit Energie zu heilen, müssen Sie zunächst Ihren Energiekörper beherrschen. Lesen Sie dazu bitte Kapitel Vier. Sobald Sie Ihr Energiefeld und Ihre Astralform kontrollieren können, sind Sie in der Lage, Ihre Energie zu nutzen, um die Energiesysteme anderer Menschen zu heilen.

Energiestörungen werden oft durch eine Ansammlung von körperlichem, geistigem und emotionalem Stress verursacht. Sie kann auch durch Umweltstress, Traumata und negative Glaubenssysteme verursacht werden. Dies sind Faktoren, die Ihr spirituelles und persönliches Wachstum blockieren. Sie sammeln sich oft an und lagern sich in Ihrem Energiefeld ab, was zu einer verminderten Funktionsfähigkeit führt.

Mit Hilfe von Energieheilungstechniken können Sie den Heilungsprozess unterstützen, um Blockaden in Ihrem Energiefeld zu beseitigen, das Gleichgewicht der Chakren zu reparieren und wiederherzustellen und, was noch wichtiger ist, die Energie in Ihrem Körper neu zu verteilen, damit er wieder optimal funktionieren kann. Von dort aus kann der Körper seine Fähigkeit zur Selbstheilung zurückgewinnen.

Darüber hinaus können Ihnen Energieheiltechniken auch dabei helfen, Probleme zu erkennen und diese zu identifizieren, bevor sie sich körperlich als Schmerz oder Störung manifestieren. Das Erlernen von Energieheilung öffnet Ihr Bewusstsein für jeden Teil Ihres Körpers, der Heilung benötigt. Dies hilft Ihnen dabei, ein Gefühl von Harmonie, Gesundheit und Vitalität in Ihr Leben zu bringen.

Es gibt verschiedene Energieheiltechniken. Um Energieheiler zu werden, müssen Sie einige dieser Methoden beherrschen. Einige der beliebtesten Techniken, die explizit zur Energieheilung eingesetzt werden können, sind Reiki und Akupunktur. Daneben gibt es auch weniger bekannte Techniken wie den Chakraausgleich, das spirituelle Heilen und die Kristallheilung. Das folgende Kapitel befasst sich mit der Methode der Kristallheilung, so dass ich hier nicht näher darauf eingehen werde. Denken Sie daran, dass ich in einem früheren Kapitel auch den Chakraausgleich erklärt habe. Daher werden wir an dieser Stelle nicht ausführlicher darüber sprechen.

Reiki-Heilung

Reiki wurde vor über hundert Jahren von Mikao Usui, einem japanischen Buddhisten, entwickelt. Es handelt sich um eine Heiltherapie, die auf dem Prinzip beruht, dass wir alle von einer unsichtbaren Lebenskraft (Energie) geleitet werden, die unser körperliches, emotionales und geistiges Wohlbefinden steuert. Wenn diese Lebenskraft frei und uneingeschränkt fließt, können wir auf unbekannte Kraftreserven im gesamten Universum zugreifen. Wenn die Lebenskraft einer Blockade ausgesetzt ist, die oft durch eine Überlastung mit Stress, Traumata oder negativen Gedanken verursacht wird, beeinträchtigt dies die Funktionalität unseres Systems. Das ist dasselbe, was ich in dem Kapitel erklärt habe, in dem Sie Details zu Ihrem Energiekörper erfahren haben.

Jemand, der sich mit spirituellen Praktiken nicht gut auskennt, könnte dies leicht als Magie oder Voodoo abtun. Dennoch haben viele nicht-spirituelle Menschen die Wirksamkeit von Reiki zur Behandlung körperlicher und geistiger Beschwerden bestätigt. Die meisten Menschen, die sich von der Heilkraft von Reiki überzeugen konnten, berichteten, dass sich ihre Sichtweise, ihr Denken und ihre allgemeine Stimmung zum Positiven verändert haben. Reiki ist eine Mischung aus Energieausstreichungen und leichten Berührungen am ganzen Körper. Für manche Menschen mag es sich wie eine Erdung anfühlen, während es für andere eine emotionale Neuausrichtung bedeutet.

Der erste Schritt bei jeder Reiki-Heilung besteht darin, Energie zu empfangen. Beginnen Sie damit, Ihre Energiequelle in Ihrem System zu aktivieren. Schließen Sie die Augen und atmen Sie ein paar Mal kräftig und tief durch. Stellen Sie sich vor, wie sich Ihr Kronenchakra öffnet und ein Strom weißen Lichts herausfließt. Das weiße Licht ist heilend. Stellen Sie sich vor, wie das Licht von Ihrem Kopf in Ihr Chakra, zu Ihren Armen und Händen wandert. Bitten Sie darum, dass das Licht den Teil Ihres Körpers ausfüllt, der am meisten Heilung benötigt.

Während die Energie von einem Teil Ihres Körpers zum nächsten fließt, atmen Sie weiter. Tun Sie dies, bis die Energie jeden Teil Ihres Körpers berührt hat, an dem Sie Heilung benötigen. Es kann sein, dass Ihr Geist währenddessen beschäftigt ist. Konzentrieren Sie sich einfach wieder auf das Gefühl Ihrer Atmung, während Sie fortfahren. Stellen Sie sich vor, dass Sie ein Medium für die Heilung sind. Beten Sie zum Göttlichen, damit Sie Heilung von höchster Qualität empfangen können. Wenn Sie Reiki-Heilung anwenden, um einem geliebten Menschen zu helfen, müssen Sie zuerst sicherstellen, dass Sie mit positiver Energie gefüllt sind.

Mit Reiki können Sie einer anderen Person dabei helfen, ihren Schlaf zu verbessern. Folgen Sie dazu den folgenden Schritten.

- Bitten Sie den geliebten Menschen oder den Empfänger, sich flach auf das Bett zu legen, während Sie sich um seinen Kopf herumbewegen. Stellen Sie sich einen hellen Lichtstrahl vor, der von Ihrer Hand durch den Hinterkopf in den Körper eindringt. Setzen Sie sich die Absicht, dass das Licht den Geist des Betroffenen von allen aufkommenden Beschwerden befreien soll.
- Sagen Sie dem Empfänger, dass er mehrere Mal lang ein- und ausatmen soll. Bitten Sie sie die Person, ihre gesamte Erinnerung an den Tag auf einmal zu visualisieren und sich für die Erinnerung zu bedanken. Bitten Sie sie dann, die Erinnerung mit ihrem Atem loszulassen.
- Fahren Sie damit fort, das heilende Licht aus Ihren Händen in das Energiefeld der Person zu kanalisieren. Bitten Sie sie, sich vorzustellen, wie ihr Körper geheilt wird, sich entspannt und schwer wird, um eine angenehme Nachtruhe zu genießen.

Fünfzehn bis dreißig Minuten reichen aus, um Reiki für den Schlaf an Ihrem Angehörigen oder einer anderen Person, an der Sie es ausprobieren möchten, anzuwenden. Wenn Sie fertig sind, sollte die Person entspannt und ruhig genug sein, um sanft in den Schlaf zu gleiten.

Reiki kann auch Stress und Ängste lindern, die zu Energieblockaden im System führen können. Stress und Angst stören die Atmung eines Menschen, was zu Kurzatmigkeit führt. Dies führt wiederum zu mehr Stress.

Der Zweck von Reiki bei Stress ist es, Energie in den Körper des Empfängers zu leiten, um Spannungen zu beseitigen und die verknoteten Nerven zu lösen.

- Legen Sie Ihre Handflächen für bis zu 15 Minuten auf die Schultern der Person.
- Schicken Sie die reine Energie aus Ihrer Hand in den Körper der Person.
- Atmen Sie tief durch und bitten Sie sie, mit Ihnen zu ein und auszuatmen. Erlauben Sie es Ihrer gegenseitigen Atmung, sich zu synchronisieren. Dies wird auf natürliche Weise einen Teil der angespannten mentalen Energie in ihren Körper entlassen.

– Wenn die Person flach daliegt, legen Sie Ihre Hand hinter ihren Kopf, um ihr dabei zu helfen, sich weiter zu beruhigen und zu entspannen.

Um so viel Entspannung wie möglich zu erreichen, halten Sie dieses Verfahren etwa 15 bis 20 Minuten lang durch.

Zum Abschluss müssen Sie die Energie aus Ihrer Krone versiegeln. Bringen Sie Ihre Dankbarkeit für den erfolgreichen Heilungsprozess zum Ausdruck. Reinigen Sie sich mit der Energie aus Ihrer Hand. Schließen Sie dann die Energiequelle, um die Heilungssitzung zu beenden. Sie können etwas so Einfaches wie das Abwischen Ihrer Hände von überschüssiger Energie tun und die verbleibende Energie im Gebet loslassen. Beenden Sie die Sitzung, indem Sie beide Hände zum Gebet erheben.

Qigong

Qigong ist eine spirituelle Heiltherapie, die dazu dient, das verlorene Gleichgewicht des Körpers wiederherzustellen. Diese Methode gibt es bereits seit 4000 Jahren. Sie besteht aus einer Reihe von koordinierten Körperbewegungen, zu denen auch Atmung und Meditation gehören. Das Ziel von Qigong ist es, Gesundheit, Vitalität und Spiritualität in Ihrem Körper, Ihrem Geist und Ihrer Seele zu fördern. Der Name verrät bereits, dass diese Heiltherapie mit Energie arbeitet. Qi ist das chinesische Wort für Energie.

Bei diesem Heilverfahren geht es darum, die Energie durch die Kanäle und Zentren zu bewegen und dabei den Fluss der Energie zu fixieren, zu stärken und über die verschiedenen Energiepunkte im ganzen Körper auszugleichen. Die Übungen können Krankheiten vorbeugen, sie heilen, eine gute Gesundheit erhalten und die Chancen auf ein langes Leben erhöhen. Das Besondere an dieser Energieheilung ist, dass Sie sie für jeden und in jedem Alter anwenden können. Ihre körperliche Verfassung spielt dabei keine Rolle. Qigong kann die Qualität Ihrer allgemeinen Gesundheit erheblich verbessern.

Es gibt einige grundlegende Qigong-Übungstechniken.

Die erste ist die Konzentration. Dies ist eine Methode, die darauf abzielt, das Energiebewusstsein zu erhöhen. Es geht darum zu lernen, wie man sich konzentriert und gleichzeitig loslässt. Mit anderen Worten, die Qigong-Konzentration hilft Ihnen, die Funktionen Ihres Geistes, Körpers und Ihrer Seele in Einklang zu bringen, während Sie sich konzentrieren und sich nicht von äußeren Faktoren ablenken lassen. Auf diese Weise lassen Sie die Sorgen des Alltags von sich abfallen.

Die Atmung ist ebenfalls eine Qigong-Übungstechnik. Diese Methode zielt darauf ab, die Lebensenergie mit Ihren Atemzügen zu stimulieren. Die beiden gebräuchlichsten Atemmethoden, um Ihren Körper mit Energie zu füllen, sind der Atem des Buddha und der Atem des Daoisten.

Buddhas Atem verlangt von Ihnen, dass Sie einatmen und Ihren Bauch mit Luft ausdehnen. Wenn Sie schließlich ausatmen, ziehen Sie Ihren Bauch zusammen und lassen den Atem los. Beginnen Sie dabei im unteren Bereich Ihrer Lunge und drücken Sie ihn nach außen, bis die Luft aus Ihrem Bauch und Ihrer Brust entweicht. Während Sie ein- und ausatmen, stellen Sie sich vor, wie Ihr Qi durch die Energiekanäle fließt. Lassen Sie es mit Ihrem Geist in geordneter Weise fließen. Ziehen oder drücken Sie nicht an der Energie.

Der daoistische Atem ist das direkte Gegenteil des buddhistischen Atems. Sie können die oben genannten Schritte wiederholen, aber machen Sie es genau umgekehrt. Atmen Sie ein und spannen Sie Ihre Bauchmuskeln an. Atmen Sie dann aus und erlauben Sie es Ihrem Oberkörper und Ihrer Lungen, sich zu entspannen.

Während Sie diese Schritte durchlaufen, sollten Sie nie vergessen, dass Qigong eine fortlaufende Möglichkeit ist, das Bewusstsein auf höchstem Niveau zu steigern. Üben Sie sie dennoch nur, wenn Sie sich wohlfühlen. Machen Sie die Übungen, die Sie als angenehm empfinden.

Nachfolgend finden Sie eine schnelle Qigong-Bewusstseinsübung:

- Schließen Sie die Augen zur Hälfte. Befreien Sie Ihren Geist und konzentrieren sich auf Ihre Handflächen.
- Atmen Sie langsam und sanft, ohne Kraft. Sie sollten das Gefühl haben, dabei in Trance zu sein.
- Führen Sie Ihre Hände zusammen, wobei sich die Handflächen berühren und die Finger nach oben zeigen. Achten Sie darauf, dass die Mittelpunkte Ihrer Handflächen einander berühren. Auf diese Weise können Sie spüren, wenn Energie aus Ihrem Körper auszustrahlen beginnt.
- Bewegen Sie Ihre Hände langsam auseinander, bis sie etwa 12 Zentimeter voneinander entfernt sind. Es sollte sich so anfühlen, als ob Sie Luft zwischen Ihren Händen komprimiert würde.

– Sie werden an der Stelle, an der sich die Handflächen berühren, ein Kribbeln spüren.
– Beginnen Sie mit einer Hin- und Herbewegung Ihrer Hände. Variieren Sie die Reichweite der Energiemanipulation.

Diese Übung kann Ihnen dabei helfen, Energie zu kanalisieren, Ihr Bewusstsein zu entwickeln und sich selbst zu erleuchten. Bereiten Sie sich auf einen Bewusstseinswandel vor, wenn Sie die Kräfte der Qi-Energie zum ersten Mal erfahren.

Prana-Heilung

Das indische Wort für Energie ist Prana. Daher ist Prana-Heilung nur eine andere Möglichkeit, um Energieheilung zu sagen. Es handelt sich um eine Form der Heilmethode, bei der Prana, auch bekannt als die universelle Lebenskraft, erhöht, kontrolliert und für bestimmte Heilungszwecke und -leistungen eingesetzt wird. Prana-Heilung kann für Sie selbst oder für die Menschen in Ihrer Umgebung angewandt werden. Der Prozess beinhaltet die Projektion von Prana aus einer reinen Quelle in das System von Menschen, die Heilung benötigen. Es gibt verschiedene Stufen der Prana-Heilung.

Zunächst gibt es die grundlegende Prana-Heilung. Das ist die grundlegendste Heilebene, bei der Sie Ihre Prana-Energie in den Körper einer Person projizieren. Dazu gehört es auch, dass Sie den Körper der Person einschätzen, reinigen, ausgleichen und die projizierte Energie schließlich loslassen. Der Heiler, der in diesem Fall Sie sind, muss außerdem die Energieleitung zwischen dem Energieempfänger und sich selbst durchtrennen. Dies dient dazu, eine Kontamination zu verhindern und den Heilungsprozess zu beschleunigen.

Zweitens gibt es die fortgeschrittene Prana-Heilung, die Sie nur dann beherrschen, wenn Sie die Prana-Energie nutzen, um den Körper eines Menschen zu entschlacken und zu reinigen, um ihn zu beleben und zu revitalisieren.

Drittens geht es bei der sogenannten Prana-Psychotherapie um die Beherrschung der Fähigkeit, farbige Prana-Energie zur Heilung von Geisteskrankheiten und psychischen Störungen einzusetzen.

Die vierte und letzte Version ist die Prana-Kristallheilung, bei der es darum geht, mit Hilfe von Heilkristallen die Energie auf einer intensiveren Ebene gezielt auf jemanden zu konzentrieren.

Natürlich müssen Sie zunächst mit der Grundstufe beginnen. Wenn Sie mehr üben, können Sie zu anderen Stufen der Prana-Heilung übergehen.

Ich habe die Vorgehensweise bei der Durchführung der grundlegenden Prana-Heilmeditation unten aufgeführt. Sie umfasst sieben Schritte, die alle der Reihe nach befolgt werden müssen.

- Schritt 1: Die Reinigung ist der erste Schritt der Prana-Heilung. Sie beginnen mit ein paar einfachen Übungen zur Reinigung des Energiekörpers. Der Zweck der Reinigung ist es, die angesammelten Energiestaus im aurischen Feld loszuwerden.

- Schritt 2: Die Invokation ist der zweite Schritt der Prana-Heilung. Sie ist bei dieser Art der Meditation von großer Bedeutung. Sie müssen dabei einfach den göttlichen Segen und die göttliche Führung in Ihrer Meditation erbitten. So stellen Sie sicher, dass Sie während des Verfahrens absoluten Schutz und angemessene Hilfe erhalten.

- Schritt 3: Der dritte Schritt ist die Aktivierung des dritten Chakras. Drücken Sie dazu zwei Finger auf die Stelle, an der sich Ihr Herz befindet. Visualisieren Sie das Chakra und konzentrieren Sie sich auf Ihr Herz. Stellen Sie sich die Erde als einen kleinen glühenden Ball mit leuchtendem bläulich-rosa Licht vor und segnen Sie damit alle Menschen im Universum. Stellen Sie sich vor, dass jeder auf der Erde, einschließlich Sie selbst, von wunderbaren Gefühlen des Friedens, der Freude, der Hoffnung und der Hingabe erfüllt wird.

- Schritt 4: Der nächste Schritt ist die Aktivierung des Kronenchakras. Genau wie in Schritt 3 drücken Sie zwei Finger auf den Scheitel Ihres Kopfes, wo sich Ihre Krone befindet. Warten Sie ein paar Sekunden lang, während Sie sich auf das Kronenchakra konzentrieren. Senden Sie Segenswünsche an alle Menschen auf diesem Planeten und bitten Sie darum, dass sie mit Liebe, Licht und Freundlichkeit erfüllt werden. Spüren Sie den positiven Energiefluss, der durch Ihren eigenen Körper und Geist fließt.

- Schritt 5: Stellen Sie sich ein strahlend weißes Licht vor, das aus Ihrem Kronenchakra austritt. Stellen Sie sich vor, dass das Licht den gesamten Planeten überflutet. Das bedeutet, dass Sie die ganze Erde mit dem weißen Licht aus Ihrem Kronenchakra und dem goldenen Licht aus Ihrem Herzchakra segnen. Dadurch wird Ihr Segen noch reichhaltiger und stärker. Spüren Sie wieder den positiven Energiefluss, der durch Ihren Geist und Körper fließt.

– Schritt 6: Der sechste Schritt ist die Phase, in der Sie Erleuchtung erreichen, im Grunde eine Erweiterung Ihres Bewusstseins. Stellen Sie sich das strahlend weiße Licht auf Ihrem Kronenchakra vor und sagen Sie gemeinsam „OM" und „Amen". Tun Sie dies bis zu 15 Minuten lang. Wiederholen Sie das Mantra und konzentrieren Sie sich gleichzeitig auf das Licht. Sobald Sie einen Staupunkt erreicht haben, werden Sie spüren, wie das Licht in Ihnen explodiert.

– Schritt 7: Der letzte Schritt besteht darin, die verbleibende Energie in Ihrem Inneren loszulassen. Das ermöglicht Ihnen den perfekten Abschluss Ihrer Meditation. Nehmen Sie sich noch ein paar Minuten Zeit, um die Erde zu segnen, während Sie die Energie durch Ihre Hand in die Erde entweichen lassen.

Bevor Sie Ihre Sitzung beenden, sollten Sie Ihrem Körper erlauben, zu seinem normalen, stabilen Selbst zurückzukehren. Andernfalls können Sie Beschwerden wie akute Brustschmerzen und Migräne erleben.

Quantenheilung

Bei der Quantenheilung wird eine Kombination aus Atem- und Visualisierungsübungen eingesetzt, um das Energieniveau in Ihrem System zu erhöhen. Die Quantenheilung hat nicht nur spirituelle Vorteile, sondern auch eine direkte medizinische Wirkung auf Ihr Immunsystem. Im Grunde genommen verbindet die Quantenheilung Meditation und östliche Medizin mit Geist-Körper-Medizin und Quantenphysik. Indem Sie die vitale Lebenskraft auf der Quantenebene verschieben, können Sie Quantenheilungsmethoden anwenden, um Ihren Geist, Ihren Körper und Ihre Seele zu heilen.

Ich rate Anfängern nicht dazu, die Quantenheilung auf eigene Faust auszuprobieren, es sei denn, sie haben zur Vorbereitung einen umfassenden Kurs besucht. Damit will ich Ihnen nicht sagen, dass Sie die Quantenheilung unbedingt selbst ausprobieren sollen. Dennoch gibt es Übungen zur Körperwahrnehmung, die mit dieser Methode zusammenhängen. Sie sind kurz und einfach, so dass Sie sie ruhig selbst ausprobieren können.

Das Kernprinzip der Quantenheilung besteht darin, Ihre Schwingungsebenen durch Resonanz und sogenanntes „Entrainment" zu erhöhen. Daher sind Körperbewusstsein und Atemtechniken ein guter Anfang für jeden, der sich für Quantenheilung interessiert.

Hier sind einige Übungen zum Ausprobieren:

- **Strecken Sie Ihren Finger:** Strecken Sie Ihren Mittelfinger. Bleiben Sie aufmerksam und nehmen Sie den Finger wahr. Lenken Sie Ihre Aufmerksamkeit nicht von ihm ab. In den nächsten Minuten werden Sie ein Kribbeln, Summen, Wärme, Schwere und Vibration in diesem Finger spüren. Ihr Bewusstsein für den Finger wird geschärft dadurch.

- **1-4 Atmen:** Atmen Sie tief und vollständig bis zur Eins ein und bis zur Vier aus. Tun Sie dies, bis Ihnen schwindlig wird. Hören Sie dann auf.

- **4-4 Atmen:** Führen Sie im Geiste eine Körperbewegung von den Füßen bis zum Scheitel durch, während Sie bis zum vierten Atemzug einatmen. Nehmen Sie sich für jede Zahl eine Sekunde lang Zeit. Sie sollten langsam Wellen von Empfindungen wahrnehmen, während Sie Ihr Bewusstsein von einem Körperteil zum nächsten verlagern. Atmen Sie vier Atemzüge lang aus und lassen Sie alle dadurch erzeugten Empfindungen in Ihren Händen zusammenlaufen.

Wie bei allen übersinnlichen Fähigkeiten, die wir bisher besprochen haben, müssen Sie sich in der Praxis üben, wenn Sie all diese Energieheiltechniken meistern wollen.

Kapitel Zwölf: Kristalle zur Heilung und für die persönliche Kraft

Wenn Sie auf Ihrer hellseherischen Reise Fortschritte machen wollen, gibt es bestimmte Dinge, die Sie regelmäßig machen müssen. Kristalle gehören zu den Dingen, die Ihre übersinnlichen Fähigkeiten steigern und Ihre Heilkraft verbessern können. Sie sind nicht nur schön. Sie haben auch eine Reihe von Eigenschaften, die sie zu einem absoluten Muss machen. Kristalle stecken voller Energie und schenken ihren Besitzern Klarheit, Schutz und Weisung. Darüber hinaus können Sie sie auch benutzen, um Ihre übersinnlichen Fähigkeiten zu verstärken.

Seit Jahrhunderten werden Kristalle aufgrund ihrer kraftvollen Eigenschaften auf vielfältige Weise eingesetzt. Dank ihrer Energie können sie leicht auf Körper und Geist einwirken. Aufgrund ihrer Verbindung mit dem Kosmos und zu Ihnen selbst sind sie die besten Hilfsmittel für Ihre psychische Entwicklungsreise. Manche Menschen denken, dass Kristalle eine veraltete Art der Verbindung mit der geistigen Welt sind. Diese Menschen haben keine Ahnung, was sie sich entgehen lassen. Vergessen Sie alles, was Sie in Hollywood-Filmen über Kristalle und deren Verwendung gelernt haben und konzentrieren Sie sich auf die Realität.

Kristalle sind natürliche Mineralien aus dem Boden der Erde. Ihre Verbindung mit der Erde ist wahrscheinlich der Grund dafür, warum sie so starke energetische Eigenschaften haben.

Die Wahl der Kristalle für Ihren persönlichen Gebrauch hängt ganz davon ab, wofür Sie sie verwenden möchten. Aber das Tollste an ihnen ist, dass Sie sie nicht auswählen müssen. Die Kristalle wählen Sie. Die kraftvolle Energie eines Kristalls kann sich mit Ihrer eigenen verbinden und Sie zu ihm hinziehen. Wenn Sie Kristalle einkaufen gehen, werden Sie sich einfach gezwungen sehen, einen bestimmten Kristall zu kaufen. Wenn das auf Sie zutrifft, sollten Sie sich unbedingt für diesen bestimmten Kristall entscheiden. Vergessen Sie nie, dass Ihre Intuition stärker ist, als Sie es sich vorstellen können.

Im Folgenden werde ich die Kristalle auflisten, die Sie am besten verwenden können, um Ihre übersinnlichen Sinne zu verbessern. Aber vorher sollten Sie noch ein paar andere Dinge beachten. Wenn Sie die Liste der Kristalle durchgehen, sollten Sie zunächst die Kristalle betrachten, die Ihnen am interessantesten erscheinen. Analysieren Sie diese nicht zu viel, sondern achten Sie einfach darauf, welche Kristalle Sie anziehen. Es gibt keine endgültige Anleitung für die Auswahl des richtigen Kristalls. Erlauben Sie sich einfach, Spaß bei der Suche zu haben.

Wenn Sie die Kristalle persönlich aussuchen, halten Sie sie in Ihren Händen und achten Sie darauf, wie Sie sich anfühlen. Sie werden feststellen, dass die einzelnen Kristalle unterschiedliche Gefühle bei Ihnen auslösen. Wenn Sie die Kristalle online kaufen, atmen Sie tief durch und konzentrieren Sie sich. Fragen Sie sich beim Durchsuchen der Bilder im Internet, wie Sie sich beim Anblick der Kristalle fühlen.

Mit diesem Gedanken im Hinterkopf können Sie Ihre Kristalle auswählen. Alle Kristalle sind energetische Gegenstände. Sie alle haben die Macht, Ihren Körper und Ihren Geist für Ihre angeborenen übersinnlichen Fähigkeiten zu öffnen. Aber einige Kristalle haben stärkere Energien als andere. Hier sind einige der stärksten Kristalle, die zur Steigerung Ihrer übersinnlichen Fähigkeiten dienen können.

- **Amethyst:** Dies ist ein wunderschöner violetter Stein, der unglaublich kraftvoll, reinigend und heilend ist. Der Amethyst ist gut für die Entwicklung des dritten Auges. Er kann benutzt werden, um negative und giftige Energie loszuwerden. Er reinigt auch das Blut, kurbelt die Hormonproduktion an und baut Stress und Ängste ab. Er soll die Nüchternheit fördern und den Schlaf verbessern.

- **Azurit:** Dies ist ein weiterer Favorit für das Öffnen des dritten Auges. Azurit schwingt auf der gleichen Ebene wie das dritte Auge und ist daher für alle geeignet, die ihre übersinnlichen Fähigkeiten, wie z.B. das Hellsehen, verbessern möchten.
- **Klarer Quarz:** Dies ist ein weißer Kristall, den viele Hellseher als Meisterheiler betrachten. Dem klaren Quarz wird nachgesagt, dass er Energie absorbieren, speichern, freisetzen und verstärken kann. Er hat auch die natürliche Fähigkeit, Fokus und Konzentration zu verbessern. Er kann außerdem das Immunsystem reinigen und ausgleichen, indem er es stimuliert. Sie können diesen Stein mit anderen Steinen kombinieren, um seine Energie und Fähigkeiten weiter zu verstärken. Er kann gut mit dem Rosenquarz kombiniert werden.
- **Rosenquarz:** Dieser rosafarbene Stein ist ein Symbol der Liebe. Er wird verwendet, um Harmonie und Vertrauen in einer Beziehung zu erhalten. Wenn Sie Ihre Beziehung und Ihre intimen Verbindungen zu anderen verbessern möchten, ist dieser Stein genau das Richtige für Sie. Er kann auch dabei helfen, Liebe, Vertrauen, Respekt und Wertschätzung aufzubauen.
- **Blutjaspis:** Hierbei handelt es sich um einen weiteren brillanten Stein für die Entwicklung Ihrer übersinnlichen Fähigkeiten. Die Möglichkeit, dass Sie sich geerdet fühlen, ist auf Ihrer Reise von entscheidender Bedeutung, und genau dabei kann Ihnen der Blutjaspis helfen. Dieser Stein eignet sich auch hervorragend, um das Wurzelchakra zu aktivieren. Vergessen Sie nicht, dass das Wurzelchakra Ihr Schlüssel dazu ist, um in Mutter Erde geerdet zu bleiben. Legen Sie sich einen solchen Kristall unter Ihr Bett, bevor Sie schlafen, und Sie werden den Unterschied bemerken.
- **Obsidian:** Dies ist ein sehr kraftvoller Stein, um sie vor körperlicher, geistiger und emotionaler Toxizität zu schützen. Sie können ihn verwenden, um emotionale Blockaden im Energiesystem zu beseitigen. Er hilft auch bei der Entgiftung des physischen Körpers.

Jeder Kristall hat unterschiedliche Schwingungen. Es spielt nicht einmal eine Rolle, ob es sich dabei um dieselbe Steinsorte handelt. Die Verwendung von Kristallen zur Heilung und zur Steigerung Ihrer übersinnlichen Fähigkeiten ist eine gute Möglichkeit, um gleich mehrere Vorteile auf einmal zu erhalten.

Die richtige Pflege Ihres Kristalls ist wichtig. Reinigen Sie Ihre Kristalle regelmäßig, um Negativität und Giftstoffe abzuwehren. Sie können sie mit warmem oder kaltem Wasser abspülen. Sie können die Reinigung auch mit Meersalz oder durch das Verbrennen von Salbei durchführen.

Das Wichtigste ist dabei, dass Sie akzeptieren und respektieren, was Ihre Kristalle für Sie tun können. Befolgen Sie achtsam alle Tipps damit Ihre psychische Entwicklung reibungslos verläuft.

Fazit

Die psychische Entwicklung kann eine faszinierende und aufschlussreiche Reise sein, wenn Sie sie auf die richtige Art und Weise angehen. Wie ich schon sagte, kann man übersinnliche Fähigkeiten nicht in einem Rutsch erlernen. Sie müssen Monate und Jahre investieren und konsequent üben, wenn Sie entscheidende Fortschritte machen wollen. Seien Sie auf Ihrer Reise durch die Welt der Medien und Hellseher vorsichtig. Wenn möglich, suchen Sie sich einen Mentor, der die ganze Reise für Sie viel nachhaltiger und unterhaltsamer gestalten kann. Wenn Sie sich nicht erlauben, auf dem Weg Spaß zu haben, kann es passieren, dass Sie das Lernen abrupt abbrechen. Finden Sie Möglichkeiten, um sicherzustellen, dass dies nicht passiert. Ein echter Hellseher zieht immer alles bis zum Ende durch, egal wie schwierig es ist.

Und was noch wichtiger ist: Vergessen Sie nicht, Ihre persönlichen Fortschritte niemals mit denen anderer in Ihrer Umgebung zu vergleichen. Viel Glück!

Teil 2: Wahrsagen

Ein essentieller Leitfaden zu Astrologie, Numerologie, Tarot-Lesen, Handlesen, Runenlesen und anderen Methoden der Wahrsagerei

Einführung

Wissen Sie, was Wahrsagerei bedeutet? Haben Sie sich jemals gefragt, wofür Sie bestimmt sind? Sind Sie neugierig darauf, etwas über Ihre Zukunft zu erfahren? Stellen Sie sich vor, Sie könnten kurz hinter den Vorhang blicken, um zu sehen, was Ihnen bevorsteht. Sind Sie auf der Suche nach Ihrer wahren Bestimmung im Leben? Wenn Sie mit Ja geantwortet haben, dann habe ich gute Nachrichten für Sie! Wenn Sie sich die Macht der Wahrsagerei zunutze machen, können Sie die Geheimnisse und Mysterien des Kosmos entschlüsseln. Alle Informationen, die Sie benötigen, um dieses Ziel zu erreichen, finden Sie in „Wahrsagerei: Ein essentieller Leitfaden zu Astrologie, Numerologie, Tarot-Lesen, Handlesen, Runenlesen und anderen Methoden der Wahrsagerei."

Wahrsagerei ist die Kunst oder Praxis der Suche nach Wissen über die Zukunft bzw. das Unbekannte. Das Konzept ist keine neue Erfindung. Es kann Ihnen helfen, die verborgene Bedeutung oder die grundlegende Ursache von Ereignissen in Ihrem Leben zu verstehen, und Sie können es nutzen, um die Zukunft vorherzusagen. Alle Kulturen auf der ganzen Welt haben ihre eigenen Traditionen und Praktiken, um das Göttliche oder das Unbekannte zu verstehen. Sie nutzen diese Informationen, um alltäglichen Ereignissen einen Sinn zu geben. Möchten Sie auch lernen, wie das geht? Nun, dieses Buch wird Sie bei jedem Schritt begleiten, während Sie die faszinierende Welt der Wahrsagerei und alles, was dazu gehört, erkunden.

Sie werden einfache und wirksame altehrwürdige Techniken kennenlernen, mit denen Sie Ihre Intuition stärken und die universelle Energie nutzen können. Wenn Sie auf Ihr Unterbewusstsein zugreifen und Wahrsagerei anwenden, können Sie den Schleier zwischen den Welten lüften und einen Blick in die Zukunft werfen.

Sie erfahren, was Wahrsagerei bedeutet, welche verschiedenen Instrumente es gibt und wie Sie damit einen Blick in die Zukunft erhaschen können. Darüber hinaus führt Sie dieses Buch in die Grundlagen der Astrologie ein und zeigt Ihnen, wie Sie ein Geburtshoroskop auf leicht verständliche Weise lesen. Es ist Ihr Einstieg in die Wahrsagerei mit Wahrsageinstrumenten wie Numerologie, Handlesen, Runenlegen und Tarotlesen. Dies zu lernen ist nicht nur interessant, sondern kann auch lehrreich sein. Wissen ist Macht, und wenn Sie erst einmal mit den in diesem Leitfaden enthaltenen Informationen ausgestattet sind, werden Sie viel leichter in der Lage sein, Ihren Lebenszweck zu bestimmen.

Wenn Sie also bereit sind, anzufangen, sollten Sie jetzt die Seite umblättern!

Kapitel Eins: Ist es wirklich möglich, in die Zukunft zu sehen?

Ja, Sie können jetzt in die Zukunft sehen! Sie wissen, wie Ihr Leben verlaufen wird und wo Sie in fünf Jahren sein werden. Ungeahnte Möglichkeiten liegen Ihnen zu Füßen. Klingt geradezu albern, oder? Nun ja, natürlich. Niemand kann die Zukunft eines Menschen vorhersagen. Kein Wahrsager kann mit Sicherheit sagen, was in fünf Jahren mit Ihnen geschehen wird. Moment, warum handelt dann das ganze Buch von Wahrsagerei?

Nun, weil Wahrsagerei nicht bedeutet, einfach in eine Kristallkugel zu schauen und irgendeinen Hokuspokus vorherzusagen. Es geht nicht darum, Teeblätter anzuschauen und Ihnen zu sagen, dass Sie ein großartiges Jahr vor sich haben werden. Wahrsagerei ist keine Wissenschaft, sondern das Ergebnis jahrelanger Studien und geduldigen Lernens über die menschliche Persönlichkeit und darüber, wie alle Aspekte und Faktoren zusammenspielen, die jeden Menschen einzigartig machen.

Was ist Wahrsagerei?

Bei der Wahrsagerei sitzen nicht einfach nur ein paar Leute um ein Ouija-Brett herum, sagen irgendwelche Dinge auf und versuchen, die Geister zu beschwören. Obwohl das Ouija-Brett ein wichtiger Bestandteil dieser Praxis ist, bedeutet Wahrsagerei im Grunde Wahrsagen oder der Versuch, die verborgenen Ursachen, die Bedeutung oder den Sinn hinter den Ereignissen im Leben eines Menschen herauszufinden. Diese Praxis wurde vor Jahrhunderten geboren. Heutzutage umfasst sie verschiedene Methoden - Astrologie, Geburtsgrafiken, Tarot, Runenlegen usw. Moderne Wahrsagerexperten arbeiten eher daran, die Ursachen und Auswirkungen vergangener und gegenwärtiger Ereignisse auf die Persönlichkeit eines Menschen zu ermitteln.

Historische Bedeutung der Wahrsagerei

Antike Kulturen wie Indien, Mesopotamien, Ägypten und China versuchten, Antworten auf alltägliche Fragen zu finden und die Umweltphänomene um sie herum zu verstehen, wie z.B. Donner und Blitz, Jahreszeiten, Migrationsaktivitäten usw. Jede Kultur hatte ihre eigene Art, mit dem Göttlichen oder dem Unbekannten umzugehen.

Die Chinesen verwendeten Schildkrötenpanzer, um deren Muster zu lesen und zu entziffern. Dies führte zur I Ging Bewegung und den damit verbundenen Hexagrammen. Die Wikinger bevorzugten Runensteine, während die Römer eine eher grausame Methode zur Betrachtung der Eingeweide von geschlachtetem Vieh hatten. Die australischen Aborigines wandten sich nach innen und studierten den inneren Kosmos. Andere, wie die mexikanischen Indigenen, nutzten Pflanzen, um Antworten zu finden und aufzuzeichnen. Im Alten Testament wird eine Reihe von göttlichen Steinen erwähnt, Urim und Thummim genannt, die dazu dienten, den Verlauf zukünftiger Ereignisse zu bestimmen.

Die weit verbreitete Kunst des Wahrsagens, die Sie heute kennen, ist eine neuere Entwicklung. In früheren Zeiten beschränkte sich diese Kunst meist auf mündliche Überlieferungen und Höhlenzeichnungen oder Einritzungen in Felsen durch Schamanen, Heiler, Priester, Propheten, usw. Erst nach der Erfindung des Buchdrucks verbreitete sich dieses Wissen um die Wahrsagerei von der antiken Welt bis in die Entwicklungsländer.

Nach der Erfindung des Papiers durch die Chinesen und einer primitiven mechanischen Schrift, die vor Tausenden von Jahren entwickelt wurde, war es möglich, die literarische Produktion zu steigern. Das I-Ging, eines der angesehensten Wahrsagerei-Systeme der Welt, erblickte das Licht der Welt, indem es in Druck gegeben wurde. Später brachte die Druckerpresse von Johann Gutenberg eine Vielzahl von Büchern, Kartendecks, Flugblättern usw. hervor. Als die Alphabetisierung zunahm und die Weltbevölkerung explosionsartig wuchs, kamen viele

Wahrsagerei-Systeme auf. Zu den populärsten und mit der Geschichte eng verbundenen Systemen gehören Astrologie, Tarot, Runen, Numerologie und I Ging. Sie werden auch als die klassischen Wahrsagerei-Systeme bezeichnet. Diese Wahrsagerei-Systeme waren nicht nur Instrumente zur Vorhersage alberner und unsinniger Fragen. Sie stellten die Weltanschauungen der Menschen in Frage, analysierten Persönlichkeiten und halfen jedem, das Universum und sich selbst besser zu verstehen.

Wie man Wahrsagerei interpretiert

Es gibt verschiedene Schulen der Wahrsagerei, die versuchen, Phänomene auf ihre eigene Weise zu erklären. Im Folgenden werden sie kurz erläutert.

Induktive Wahrsagerei

Die Wahrsagerei mit Hilfe des Himmels oder der Sterne ist heute weit verbreitet, reicht aber bis in die Antike zurück. Die Menschen der Antike blickten in den Himmel und entschlüsselten Phänomene auf der Erde, wie z.B. Wetterveränderungen oder Zugverhalten der Vögel. Blitze, Wolken und Donner wurden als Zorn der Götter auf die Menschen gedeutet. Wetterbedingte Katastrophen wie übermäßiger Regen, Stürme, Hagel, Dürre und Überschwemmungen deuteten auf die göttliche Kontrolle über diese Kräfte hin.

Es gibt ein Konzept, das als Weissagung bekannt ist und das die Menschen der Antike nutzten, um göttliche Ereignisse und die Hand Gottes in der Natur zu erkennen. Manchmal wurde diese Praxis auch für Rituale verwendet, die den Flug von Vögeln oder das Opfern eines Tieres beinhalteten. Das Studium der Leber, Haruspizie genannt, diente zum Beispiel dazu, die Geschichte des untersuchten Lebewesens zu erfahren. Dies ist vergleichbar mit der modernen Handlesekunst. Es gab eine Technik, die als Skapulimantie bekannt ist, d.h. Wahrsagerei aus einem durch Feuer gespaltenen Schulterblatt. Diese Technik wurde vor allem in Nordamerika angewandt. Wie bereits erwähnt, hat die Wahrsagerei mit Schildpatt ihren Ursprung in China. Die chinesischen Alten studierten die Wendungen und Muster auf dem Panzer einer Schildkröte und deuteten sie.

Interpretative Wahrsagerei

Bei dieser Technik werden Vorzeichen studiert, anstatt in den Himmel zu schauen oder Tiere und Vögel zu studieren. Dies beruht auf einem Ursache-Wirkung-Szenario. Natürlich gibt es auch zufällige Ereignisse, die sich nicht mit Logik erklären lassen, aber bis zu einem gewissen Grad steckt hinter jeder Wirkung eine Ursache. Die Wahrsagerei durch das Studium des Feuers und der damit verbundenen Aspekte, bekannt als Pyromantie, war eine solche Technik. Beschuldigte wurden vor einem Feuer befragt oder untersucht, und wenn das Feuer plötzlich auf sie übersprang, war ihre Schuld bewiesen. Das mag heute höchst unwissenschaftlich erscheinen, aber so war es in früheren Zeiten. Bei einer anderen Technik warf man Gegenstände ins Feuer und beobachtete, wie das Feuer darauf reagierte. Wahrsagerei durch das Studium von Wasser (Hydromantie) wurde ebenfalls praktiziert. Wasser wurde verwendet, um die Spiegelungen von Gegenständen darin zu untersuchen und zu deuten.

Andere verwandte Praktiken waren die Kleromantie und die Geomantie, Wahrsagerei durch Lose bzw. Karten. Diese Praktiken waren, ehrlich gesagt, seltsam. Bei der Wahrsagerei zum Beispiel wurden die Gegenstände, die bei der Person gefunden wurden, die die Wahrsagerei durchführte, dazu benutzt, den aktuellen Status und die Zukunft der Person zu beurteilen und vorherzusagen. Getrocknete Eingeweide, ein Zahn oder ein verrottetes Stück Haar hatten bei der Deutung unterschiedliche Bedeutungen. Zusammen mit diesen Gegenständen stellte der Wahrsager verschiedene Fragen, die dem Ratsuchenden eine Antwort entlocken sollten. Wenn die Antworten die Frage verrieten oder an irgendeiner Stelle vom Kurs abwichen, deutete der Wahrsager dies als Ursache des Problems.

In der Geomantie, vor allem in Afrika, wurden neben Karten, Zeichnungen und Losen auch okkulte Lesungen des Fragensteller durchgeführt. Der Wahrsager versuchte, die Körperzeichen der Person zu lesen und zu deuten (Phrenologie). Auch die Traumdeutung wurde angewandt und Oneiromantie genannt.

Intuitive Wahrsagerei

Dabei benutzt der Wahrsager oder Schamane Trancezustände, um die Probleme der Person zu heilen oder Lösungen für sie zu finden. Dies geschieht entweder durch die Verabreichung von Drogen an die betreffende Person oder durch die Anwendung ihrer eigenen Stammesmethoden. Die Trance kann auch Okkultismus, Geisterbesessenheit und das Sprechen in einer anderen Sprache mit sich bringen.

Manchmal wurde auch die Inkubation praktiziert. In Ägypten glaubten die Menschen, dass das Schlafen in einem heiligen Tempel den Segen Gottes bringen würde. In der alten Maya-Zivilisation wurden junge Mädchen in einen tiefen Brunnen geworfen. Diejenigen, die es schafften, herauszuklettern, mussten anderen von den Botschaften erzählen, die sie in dem Brunnen erhalten hatten. Trance und Besessenheit sind auch in der modernen Wahrsagerei anzutreffen. In den meisten Fällen wird der Geist des Wahrsagers durch denjenigen ersetzt, den er beschwört. Nachdem die notwendigen Fragen und Antworten abgehandelt worden sind, kehren sie zu ihrem ursprünglichen Geist zurück.

Ein unglückliches Nebenprodukt all dessen war die negative Konnotation, die der Wahrsagerei in Form von Hexerei anhaftete. Unschuldige Frauen wurden als Hexen beschuldigt und auf dem Scheiterhaufen verbrannt, ohne dass sie sich etwas hatten zuschulden kommen lassen, außer vielleicht, dass sie anders aussahen oder an einer Geisteskrankheit oder körperlichen Missbildung litten. Die Folterungen, die sie ertrugen, waren ebenfalls entsetzlich. Die Angeklagten wurden in Flüsse oder ins offene Meer geworfen. Wenn sie überlebten, ging man davon aus, dass sie unschuldig waren. Ähnlich erging es denjenigen, die ins Feuer oder von einer Bergkuppe geworfen wurden.

Heute gibt es zahlreiche Methoden der Wahrsagerei, nämlich Astrologie, Geburtsgrafiken, Horoskope, Tarotkarten, Runen, usw. Zu Beginn des 20. Jahrhunderts blühten Methoden wie Kristallsehen, Chiromantie, Nekromantie und Handlesen auf. Wie Sie vielleicht schon wissen, hat die Wahrsagerei mehr mit Intuition und einer Gesamtdeutung der Persönlichkeit, der Charakterzüge, der Macken und des Geisteszustands einer Person zu tun - alles, was sie einzigartig macht. In den folgenden Kapiteln geht es um beliebte Methoden der Wahrsagerei, die Sie studieren und erlernen werden.

Kapitel Zwei: Hilfsmittel zur Wahrsagerei

Manche Methoden der Wahrsagerei sind populärer, manche sind obskurer und wieder andere sind noch gänzlich unbekannt. Alles hängt von Ihrer Vorliebe, Ihren Mitteln und Ihrem Interesse ab! Sie können ein beliebiges Hilfsmittel wählen und es für sich arbeiten lassen. Es ist nicht so, dass Tarot besser ist als Astrologie oder Runen besser als eine Kristallkugel. Sie müssen nur etwas wählen, mit dem Sie sich wohl fühlen.

Hier sind ein paar beliebte Methoden und Instrumente für die Wahrsagerei. Sie werden diese in den folgenden Kapiteln genauer kennenlernen.

Runen oder Runenmagie

Diese werden seit der Antike als Methode der Kommunikation verwendet. Runen sind kleine Steine oder Symbole, die in Holz oder Stein geritzt und dann entziffert und interpretiert werden. Jede Rune hat eine bestimmte Bedeutung, z.B. Reichtum, Wohlstand, Reisen, negative Themen und Aspekte und so weiter. Sie können ein Set von Runen kaufen oder selbst eines aus Holz schnitzen. Bewahren Sie Ihre Runensteine oder Kristalle in einem Stoffbeutel auf, ziehen Sie die Runen wahllos heraus, legen Sie sie auf ein Tuch auf dem Boden und stellen Sie Ihre Fragen. Im Internet gibt es mehrere Bücher und Anleitungen, die Ihnen bei der Interpretation der Ergebnisse helfen.

Tarot-Karten

Tarot ist eine der am häufigsten verwendeten Methoden der Wahrsagerei und wird schon seit langer Zeit angewendet. Die meisten Menschen denken, dass Tarot dazu dient, die Zukunft vorherzusagen, aber genau wie andere Wahrsagerei-Methoden ist Tarot ein Werkzeug und ein Leitfaden, der Ihnen hilft, sich selbst besser zu verstehen. Das Tarot besteht aus zwei Arten von Karten: Die Großen Arkana und die Kleinen Arkana. Die Große Arkana besteht aus zweiundzwanzig Karten, die sich mit den wichtigsten Merkmalen und Situationen im Leben befassen. Die Kleine Arkana besteht aus 56 Karten, die alltägliche Themen und Gefühle darstellen. Es gibt verschiedene Anordnungen und Legesysteme zur Auswahl. Sobald Sie das Deck gemischt haben, können Sie eines der Legesysteme auswählen und daraus eine Lesung vornehmen.

Kristallkugel

Sie kennen das aus Filmen über das Übernatürliche, nicht wahr? Ein bärtiger, mysteriöser Seher sitzt vor einer Kristallkugel, blickt hinein und sagt etwas Unheilvolles für den Fragesteller voraus, was sich in der Regel bewahrheitet. In Wirklichkeit hat dies jedoch nichts mit der Vorhersage von irgendetwas zu tun. Wie bei den anderen Methoden müssen Sie sich mit den Feinheiten des Blicks in die Kristallkugel und der Deutung der Ergebnisse eingehend beschäftigen.

Engelskarten

Verwechseln Sie diese nicht mit Tarotkarten. Engelskarten werden verwendet, um den Segen der Engel für das eigene Leben zu erbitten. Diese Karten sind meist positiver und sonniger Natur und geben Aufschluss über persönliches Wachstum, Reichtum, Beziehungen, Liebe usw. Wenn Sie eine Engelkarte lesen, sollten Sie auf Ihr Herz hören und es mit dem Geist der Engel verbinden. Konzentrieren Sie Ihre Energie auf positive Ergebnisse.

Geisterbretter

Diese Bretter, die auch als Ouija Bretter bekannt sind, sind ein weiterer Bestandteil von Gruselfilmen. Ouija-Bretter zeigen die Buchstaben des Alphabets, die Zahlen eins bis neun und Wörter wie ja, nein, hier und auf Wiedersehen. Wenn Sie es ausprobieren möchten, legen Sie einen

Finger oder eine Hand auf eine Münze oder eine Planchette in der Mitte des Brettes und versuchen, mit der Person Kontakt aufzunehmen, die Sie wünschen. Dies ist allerdings ein sehr ungenauer Ansatz der Wahrsagerei. Seien Sie vorsichtig, bevor Sie es versuchen. Es könnte schnell schief gehen!

Pendel

Auch ein Pendel kann Ihnen bestimmte Fragen beantworten. Hierbei handelt es sich um eine Kette, an der ein kegelförmiger Kristall oder Stein befestigt ist. Lassen Sie diesen über einem Stück Papier oder Pergament mit den Aufschriften Ja und Nein baumeln. Schwingen Sie ihn und sehen Sie, wo er sich einpendelt. Sie können Ihr eigenes Pendel kaufen oder herstellen. Diese Methode ist übrigens auch sehr beliebt, wenn es darum geht, das Geschlecht eines ungeborenen Kindes zu erraten. Dazu verwenden Sie eine Schmuckkette, an der ein Ehering befestigt ist.

Teeblätter lesen

Eine Tasse wird zum Lesen von Teeblättern verwendet. Die Person, die die Frage stellt, muss heißen Tee (losen Tee) trinken und eine kleine Menge am Boden stehen lassen. Der Bodensatz enthält die Teeblätter, die dann herumgewirbelt und auf eine Untertasse geschüttet werden. Auf der Untertasse werden Muster und Strudel zu sehen sein, die der Wahrsager deutet.

Handlesen

Eine der ältesten Methoden der Wahrsagerei, die Handlesekunst, beinhaltet das Lesen der Handflächen. Die Handflächen enthalten zahlreiche Linien und Beulen, und jede dieser Linien und Beulen hat eine Bedeutung. In Verbindung miteinander und mit verschiedenen anderen Linien kann der Handleser für jede Person eine individuelle Deutung vornehmen. Dazu ist eine detaillierte und gründliche Analyse der Handfläche erforderlich.

Astrologie

Jeder ist mit seinen Sonnenzeichen vertraut, aber Astrologie ist nicht nur auf diese beschränkt. Sie umfasst viel mehr. Das aufsteigende Zeichen, das Mondzeichen und das Geburtshoroskop sowie die Positionen der Sterne und Planeten zum Zeitpunkt Ihrer Geburt - Grad, Winkel und Eckpunkte - fügen sich zu einem vollständigen Bild von Ihnen und Ihrem Wesen zusammen.

Numerologie

Zahlen haben eine tiefgreifende Wirkung auf Ihr Leben. Ihre Lebenswegnummer, Ihre Namenszahl, Ihre Schicksalszahl, Ihre Hausnummer, Ihre Ausdruckszahl - jede von ihnen erzählt eine Geschichte über Sie. Es ist einfach, praktisch und macht Spaß!

DIY-Tools für neue Wahrsagerinnen und Wahrsager

Wenn Sie glauben, dass die Wahrsagerei teuer ist und ein Loch in Ihre Tasche reißt, keine Sorge! Im Internet finden Sie zahlreiche Tricks und Tipps zum Selbermachen, die Ihnen weiterhelfen. Hier sind nur ein paar Werkzeuge, die Sie selbst herstellen können.

Stellen Sie Ihr eigenes Pendel her

1. Nehmen Sie eine Kette oder ein dünnes Seil. Das kann jede alte Kette sein, die Sie zu Hause haben.
2. Suchen Sie einen Ring oder ein ringförmiges Objekt. Er muss ein Loch haben, so dass er leicht auf die Kette oder das Seil aufgefädelt werden kann.
3. Schieben Sie den Ring auf die Kette und schließen Sie sie. Wenn es ein Seil ist, binden Sie die Enden fest zusammen. Der Ring darf nicht herunterfallen.
4. Testen Sie das Pendel aus. Schreiben Sie Ja und Nein auf ein Blatt Papier und halten Sie Ihren Arm so darüber, dass das Pendel senkrecht zum Blatt steht. Sie können selbst entscheiden, wie Sie die Bewegung interpretieren wollen; links steht für Ja, rechts für Nein und die Mitte für Unbekannt.
5. Denken Sie sich eine Frage aus. Sagen Sie: Ist der Regenbogen mehrfarbig? Schwingen Sie das Pendel über das Papier und schauen Sie, wo es landet. Es sollte bei der vorgegebenen Antwort landen. Wenn nicht, müssen Sie Ihre Interpretationen ändern. Machen Sie das noch ein paar Mal, bis das Pendel gleichmäßig schwingt. Jetzt können Sie jede beliebige Frage stellen.

Wie Sie Ihr eigenes Runen-Set erstellen

Das gebräuchlichste Runenalphabet ist das Ältere Futhark (auf das wir später noch ausführlicher eingehen werden). Es besteht aus vierundzwanzig Buchstaben. Einige Runen in einem Set sind leer - oder werden Wyrd-Runen genannt. Betrachten Sie diese Runensteine nicht als Werkzeuge zur Vorhersage der Zukunft, sondern als Wegweiser auf Ihrer Reise.

Materialien: Runen werden oft aus natürlich vorkommenden Materialien hergestellt, so dass sie in der Regel nicht teuer sind. Sie haben die Wahl zwischen Holz, Steinen, Kieselsteinen, alten Knochen von Tieren, die eines natürlichen Todes gestorben sind, Ton usw. In diese Materialien können Sie Ihre Runen leicht einritzen.

Sie benötigen vierundzwanzig Stücke des von Ihnen gewählten Materials, da das Ältere Futhark aus vierundzwanzig Zeichen besteht. Sie müssen von der Größe her ähnlich sein. Außerdem sollten sie nicht so groß sein, dass Sie sie nicht halten und damit arbeiten können. Sobald Sie Ihre Materialien gesammelt haben, ist es an der Zeit, die Runen darauf zu malen oder zu schnitzen!

Um mit dem Runenwerfen zu beginnen, müssen Sie einen ruhigen Ort und eine Zeit finden, in der Sie innerlich am stärksten energetisiert sind. Nehmen Sie eine Kerze und zünden Sie sie an. Suchen Sie sich eine Rune aus, denken Sie über ihre Bedeutung nach, meditieren Sie eine Weile und legen Sie sie neben die Kerzenflamme. Legen Sie sie rechts auf das Tuch, das Sie gerade benutzen. Machen Sie dasselbe mit den anderen Runen. Jetzt können Sie mit dem Lesen beginnen!

Machen Sie Ihre eigenen Tarotkarten

Ist das nicht wundervoll? Ein Set Ihrer eigenen Tarotkarten aus alten Pokerkarten!

- Dazu benötigen Sie ein altes Spielkartenset, weißes Papier, Kleber, Etiketten, einen Stift und vor allem die Tarotkartendetails.
- Ordnen Sie Ihre Karten nach Farben und legen Sie sie in aufsteigender Reihenfolge, beginnend mit Ass und endend mit König. Die Jokerkarten kommen auf einen separaten Stapel.
- Schneiden Sie das Papier so aus, dass es zu den Karten passt. Insgesamt 54 Stück.

- Jetzt müssen Sie schreiben! Schreiben Sie die Tarot-Informationen zu jeder Kartenfarbe auf. Schreiben Sie zum Beispiel für alle Herz-Karten Tarot-Farbe Kelche. Notieren Sie dann kurz, was das Symbol bedeutet. Im Fall der Kelche bedeutet es Emotionen, tiefere Gefühle, Liebe, Beziehungen. Bei Karo ist es die Farbe der Münzen, bei Pik die Farbe der Schwerter und bei Kreuz die Farbe der Stäbe. Die Bedeutung dieser Tarot-Farben finden Sie in den Büchern, die am Ende des Kapitels für Sie aufgeführt sind.
- Ordnen Sie jede Ihrer Farben in aufsteigender Reihenfolge, beginnend mit dem Ass und endend mit dem König. Jeder Zahl ist eine Bedeutung zugeordnet, die Sie in den später aufgeführten Büchern finden werden. Schreiben Sie die entsprechenden Eigenschaften auf die Karten. Die Drei steht zum Beispiel für Entwicklung, Selbstdarstellung und Wachstum, während die Vier für Stabilität, Solidität und ein Fundament steht.
- Herzlichen Glückwunsch! Ihr Deck ist fertig. Sie können jetzt versuchen, eine Lesung durchzuführen.

Buchempfehlungen, die Ihnen den Einstieg in Ihre Praxis erleichtern

- Runen für Anfänger: Ein heidnischer Leitfaden zum Lesen und Gießen der Runensteine des Alten Futhark für Weissagung, nordische Magie und moderne Hexerei (Melissa Gomes)
- Runen - die Magie der Germanen für Einsteiger: Wie Sie die Kraft der Runen im Alltag anwenden können, um mehr Bewusstsein und höhere Wahrnehmung zu erleben (Emonora Brevil)
- Numerologie und Engelszahlen für Anfänger: Die Sprache des Universums - Entdecke die verborgenen Botschaften der Zahlen sowie deren Bedeutung und Wirkung auf dein Leben (Martina Hutter)
- Wahrsagen: Die Kunst der Wahrsagerei (Lilian Ferner-Bonds)
- Wahrsagen für Einsteiger - Das Praxisbuch: Wie Sie anhand 12 anschaulicher Lektionen die Kunst der Divination entdecken und für sich nutzen (Miriam Engels)

- Tarot für absolute Einsteiger: Alles, was du über Karten, Legemethoden & Interpretationen wissen musst (Sophia Roth)

Kapitel Drei: Astrologie verstehen

Astrologie ist die Lehre über den Einfluss entfernter Planeten und Sterne auf das Leben auf der Erde. Es geht dabei nicht nur um unsinnige Vorhersagen, die auf den eigenen Launen und Fantasien basieren. Sie berücksichtigt die Position der Sonne, der Planeten und der Sterne, um ein vollständiges Bild einer Person, ihrer Persönlichkeit, ihrer Beziehungen, ihres beruflichen Werdegangs und anderer Aspekte zu zeichnen.

Die meisten Menschen wissen und fragen in der Regel nach ihrem Sonnenzeichen. Ihre täglichen Zeitungen und populären Kolumnen berücksichtigen in der Regel nur das Sonnenzeichen, weil es die einfachste Form der Astrologie ist. Für die Sonnenzeichen-Astrologie benötigen Sie nur Ihr Geburtsdatum - manchmal auch nur den Geburtsmonat. Um eine genauere und bessere Deutung zu erhalten, müssen Sie die Position der einzelnen Planeten und Sterne zum Zeitpunkt Ihrer Geburt studieren. Nicht nur das, auch die Position der Häuser, Winkel, Grade, Scheitelpunkte, Aspekte usw. ergeben zusammen ein detailliertes und genaues Bild von Ihnen, Ihrer Persönlichkeit, Ihrer Karriere, Ihren Beziehungen, Ihren Eigenschaften usw.

Alle alten Kulturen haben ihre eigene Version der Astrologie praktiziert. Zu den ältesten gehören die vedischen, chinesischen und tibetischen Praktiken der Astrologie. Es handelt sich dabei nicht um eine eindeutige Wissenschaft; selbst in der westlichen Astrologie finden Sie verschiedene Interpretationen und Philosophien.

Eine gängige Kategorisierung, die auf dem Endergebnis basiert, lautet wie folgt:

- Mundane Astrologie - Dieser Zweig befasst sich mit dem Weltgeschehen, aktuellen Angelegenheiten, Vorhersagen über die Wirtschaft und das allgemeine politische Klima usw.
- Befragungsastrologie - Dieser Zweig der Astrologie bezieht sich auf die bekanntere Methode, Vorhersagen und Analysen über Menschen zu machen.
- Natale Astrologie - Die Betrachtung eines Geburtshoroskops und die genaue Berechnung der Positionen, Winkel, Grade und Aspekte der Planeten und Sterne zum genauen Zeitpunkt der Geburt einer Person und die darauf basierenden Vorhersagen.

Bemerkenswerte Fakten über Astrologie

- Die Astrologie entstand bereits vor der kopernikanischen Revolution. Sie ging davon aus, dass sich die Sonne um die Erde bewegt.
- Der Begriff Tierkreiszeichen stammt von einem griechischen Begriff, der zur Kennzeichnung von Tierskulpturen verwendet wurde.
- Die alten Ägypter waren die Ersten, die die Sternbilder am Nachthimmel identifizierten und benannten.
- Die alten Griechen schufen das heutige moderne Tierkreiszeichen. Die Babylonier hatten ebenfalls zwölf Zeichen, ähnlich wie heute.
- Ein von Ptolemäus geschriebenes Buch, das Tetrabiblos, ermöglichte es dem griechischen Sternzeichen, sich in der antiken Welt durchzusetzen.
- Wissen Sie, was Horoskop bedeutet? Es bedeutet wörtlich Stundenuhr.
- Astrologie ist nicht nur ein Hokuspokus von Vorhersagen. Um ein genaues Geburtshoroskop und ein Horoskop zu erstellen, muss man die Winkel der Planeten nach geometrischen Prinzipien berechnen!
- Die alten Römer benutzten Mnemotechniken, um sich an die langen Listen von Wahrsagungen zu erinnern, die sie für ihre

Horoskope rezitieren mussten.
- Fast alle antiken Hochkulturen, wie Ägypten, Amerika, Griechenland und Rom, glaubten, dass die Sterne und Planeten das menschliche Leben beeinflussen.
- Der römische Kaiser Augustus ließ sein Steinbockprofil auf Münzen gravieren.
- Es gibt einen Studienzweig, der als meteorologische Astrologie bekannt ist und der versucht, das Wetter auf der Grundlage des Tierkreiszeichens vorherzusagen.
- Astrologen behaupten, dass fast alle mächtigen Reiche der antiken Welt, wie Großbritannien, Rom, Ägypten und Deutschland, unter dem Einfluss des Widders, dem Zeichen, das mit Kreativität und Geburt assoziiert wird, florierten.
- Die ehemalige First Lady der Vereinigten Staaten, Nancy Reagan, ließ sich regelmäßig ihr Horoskop erstellen!

Ihr Sonnenzeichen

Was ist mein Sonnenzeichen? Was bedeutet es? Das sind häufige Fragen, die sich die meisten Menschen stellen, wobei sie die Astrologie nur mit dem Sonnenzeichen in Verbindung bringen. Um dieses zu berechnen, brauchen Sie nur Ihren Monat und Ihr Geburtsdatum - ja, so einfach ist das! So erhalten Sie eine gute Vorstellung von Ihrer Persönlichkeit, ohne tiefer zu graben.

Die Sonne befindet sich im Zentrum des Sonnensystems, und in ähnlicher Weise stellt Ihr Sonnenzeichen Sie in den Mittelpunkt. Es gibt Ihnen nicht nur einen Überblick über Ihre Charaktereigenschaften und Ihren Lebensweg, sondern verrät Ihnen auch etwas über Ihren Kern, Ihre grundlegende Persönlichkeit und Ihre Leidenschaften. Dieses Zeichen ist Ihre Identität im Leben.

Ihr Sonnenzeichen als Luftzeichen (Waage, Der Zwilling, Wassermann)

Sie sind ein intelligentes Wesen, das gerne feiert, Spaß hat und sich allgemein gut amüsiert. Sie lieben Geselligkeit und sind oft bei großen Veranstaltungen anzutreffen. Die Menschen lieben es, in Ihrer Nähe zu sein.

Ihr Sonnenzeichen als Feuerzeichen (Widder, Löwe, Schütze)

Sie fühlen sich zu Macht und Ehrgeiz hingezogen. Sie beschützen Ihre Lieben und Freunde mit aller Kraft und werden alles tun, um sie vor Schaden zu bewahren. Außerdem lieben Sie körperliche Aktivitäten und Unternehmungen im Freien!

Ihr Sonnenzeichen als Erdzeichen (Stier, Steinbock, Jungfrau)

Sie sind praktisch veranlagt, engagiert und lieben die materiellen Annehmlichkeiten des Lebens. Sie lieben es, Schönheit und Ordnung um sich herum zu haben.

Ihr Sonnenzeichen als Wasserzeichen (Krebs, Skorpion, Fische)

Sie sind eine rätselhafte und geheimnisvolle Person, stur wie ein Maultier und tief wie ein See. Sie haben eine unheimliche Intuition und folgen Ihren Gefühlen und dunklen Sehnsüchten. Sie bevorzugen intime Beziehungen zu Menschen und keine großen Gruppen.

Mondzeichen

Der Mond wird mit dem kühlen, ruhigen und silbrigen Frieden der Nacht in Verbindung gebracht. Er bezieht sich mehr auf Ihr Inneres, Ihre privaten Wünsche, Träume, Gedanken usw. Um Ihr Mondzeichen zu berechnen, benötigen Sie ein vollständiges Geburtsdatum, die genaue Uhrzeit und das Jahr.

Der Mond ist der Herrscher über Schönheit und Gefühle. Er enthüllt Dinge, die Sie vor den meisten Menschen verborgen halten und nur sehr vertrauten Menschen in Ihrem Leben mitteilen, wie tiefe Gefühle, Empfindungen, Intimität usw. Während die Sonne Ihren äußeren Geist zum Vorschein bringt, gelangt der Mond in Ihr Unterbewusstsein.

Ihr Mond als Luftzeichen (Zwillinge, Waage, Wassermann)

Jede Veränderung oder jedes Lebensereignis wird durch Bewertung und nicht durch bloße Emotionalität bewältigt. Sie haben das Gefühl, die Dinge im Griff zu haben, wenn Sie sie rational durchdenken.

Ihr Mond ist ein Feuerzeichen (Widder, Löwe, Schütze)

Ihre innere Welt ist von Aktion und Aufregung geprägt. Sie fühlen sich am lebendigsten und offensten, wenn Sie Ihre Ideen und Gefühle selbstbewusst zum Ausdruck bringen können, ohne in Negativität zu verfallen.

Ihr Mond als Erdzeichen (Stier, Jungfrau, Steinbock)

Stabilität und Festigkeit sind die Eckpfeiler Ihres inneren Wesens. Jede Veränderung in diesem Muster führt zu Unruhe. Sie sind am glücklichsten, wenn Sie auf ein produktives Ziel hinarbeiten.

Ihr Mond als Wasserzeichen (Krebs, Skorpion, Fische)

Sie sind tiefgründig, sinnlich, geheimnisvoll und hoch emotional. Sie lieben es, wenn Ihre Gefühle mit etwas in Verbindung gebracht werden, und Sie lieben es auch, die Gefühle anderer Menschen zu ergründen!

Aufsteigende Zeichen

Diese werden auch als Ihre Aszendentenzeichen bezeichnet, weil sie das erste Haus Ihres Geburtshoroskops beherrschen. Dies ist der wichtigste Teil des Horoskops, den Astrologen suchen und studieren. Es repräsentiert Ihre physische Seite, Ihren Körper und wie Sie auf andere wirken. Es stellt auch ein feines Gleichgewicht zwischen Ihrer inneren und äußeren Seite dar. Das Aszendentzeichen bestimmt Ihre allgemeine Einstellung zum Leben.

Ihr Aszendent ist ein Luftzeichen (Zwilling, Waage, Wassermann)

Sie sind redselig, wissbegierig, geistig beweglich und sehr freundlich. Sie wissen genau, was Sie vom Leben wollen und gehen überlegt vor.

Ihr Aszendent ist ein Feuerzeichen (Widder, Löwe, Schütze)

Sie sind von Macht und Ehrgeiz getrieben, fokussiert, detailliert und unverblümt im Umgang mit Menschen. Ihre körperliche Energie verblüfft Ihre Mitmenschen und Sie strahlen vor Vitalität.

Ihr Aszendent ist ein Erdzeichen (Stier, Jungfrau, Steinbock)

Sie konzentrieren sich mehr auf die luxuriösen und materiellen Aspekte des Lebens. Sie sind zielstrebig, verlässlich und stabil. Andere suchen bei Ihnen nach Orientierung.

Ihr Aszendent ist ein Wasserzeichen (Krebs, Skorpion, Fische)

Sie sind sehr emotional, dunkel, sensibel und schlagen um sich, wenn Sie verletzt werden. Sie halten Geheimnisse so gut verborgen, dass es Ihnen manchmal schwerfällt, einer anderen Person zu vertrauen. Sie lassen sich auch leicht von Ihrer Umwelt beeinflussen.

Was die Planeten in der Astrologie bedeuten

Wir alle wissen, wie sich die Planeten am Himmel bewegen. Während sie sich durch die verschiedenen imaginären Tierkreiszonen bewegen, unterscheiden sich ihre Energien zu einem bestimmten Zeitpunkt von denen zu anderen Zeitpunkten. Ein Geburtshoroskop ist sehr hilfreich, da es die genaue Zeit, den Winkel und den Grad des Planeten und des Tierkreises zum exakten Zeitpunkt Ihrer Geburt angibt und Ihnen so eine einzigartige Deutung ermöglicht. Wenn Sie wissen, welche Planeten in Ihrem Geburtshoroskop stehen, können Sie deren Beziehungen zu den anderen Planeten, Aspekten und Zeichen untersuchen und Ihre Persönlichkeit und Zukunft bestimmen.

Wenden wir uns nun der Deutungen der Planeten in der Astrologie zu.

Sonne

Wie bereits erwähnt, befindet sich die Sonne im Zentrum des Sonnensystems. Sie gibt der Erde Leben, weshalb die Sonnenzeichen in der Astrologie so wichtig sind. Die Sonne steht für Kreativität, positive Schwingungen, Reinheit und Lebenskräfte und ist hauptsächlich die treibende Kraft hinter allem, was wir tun. Die Sonne regiert naturgemäß den Löwen.

Mond

Der Mond steht für die weibliche Seite - Fürsorge, Einfühlungsvermögen, Mitgefühl, Geborgenheit, Emotionen, Ausdrucksformen usw. Er bringt die mütterliche Seite zum Vorschein. Es gibt bestimmte Teile Ihrer Persönlichkeit, die Sie anderen nicht gerne zeigen. Der Mond bringt all das zum Vorschein. Er zeigt Ihnen Ihr Bedürfnis nach Sicherheit, Schutz, Komfort und emotionalem Wohlbefinden. Der Mond regiert naturgemäß den Krebs.

Merkur

Merkur ist, wie Sie bereits erraten haben, launisch! Er ist der Planet der Kommunikation, des Intellekts, des Multitaskings, des Denkens und der Ausdrucksfähigkeit. Gewöhnlich wird Merkur mit seinen turbulenten retrograden Perioden in Verbindung gebracht. Aber auch so beeinflusst er die Art und Weise, wie Sie Informationen aufnehmen und weitergeben, wie Sie kommunizieren und wie Ihr Reise- und Erkundungsstil ausfällt. Merkur regiert naturgemäß die Zeichen Zwillinge und Jungfrau.

Venus

Venus ist der Planet der Liebe, der Schönheit, der Romantik, der Sinnlichkeit und alles, was mit diesen Aspekten zu tun hat. Kein Wunder, dass Schriftsteller und Dichter sie vergöttern! Benannt nach der griechischen Göttin selbst, beschäftigt sich dieser Planet mit Ästhetik, Schönheit in jeder Form und überraschenderweise auch mit Geld. Er definiert Luxus in Form von teuren Dingen und Schmuck wie Schokolade, Reisen und Juwelen. Venus regiert naturgemäß Stier und Waage.

Mars

Mars wird normalerweise mit Aggression und Tatkraft assoziiert. Er wurde nach dem Gott des Krieges benannt, daher ist er natürlich voller Tatendrang, Energie, Temperament, Action und Kampfgeist. Mars zeigt Ihnen, wie Sie Probleme im Leben angehen und auf Ihre Ziele hinarbeiten können. Er wird auch seinem Beinamen Roter Planet gerecht, denn er wird mit sexueller Aggression und Intensität assoziiert. Mars regiert naturgemäß den Widder.

Jupiter

Jupiter ist der Planet des Optimismus, des Glücks und des Überflusses. Er ist der größte Planet im Sonnensystem und bringt eine Menge Positivität mit sich. Er steht für Positivität, Wachstum, Chancen und gute Schwingungen im Allgemeinen. Er steht auch für Philosophie, Lehre, Bildung, Geisteserweiterung usw. Jupiter lehrt Sie, weiter auf Ihre Ziele und Träume hinzuarbeiten und nicht aufzugeben. Jupiter regiert naturgemäß das Sternzeichen Schütze.

Saturn

Der harte alte Saturn steht für das Leben, Lektionen, Verhaltensregeln, Disziplin, Kritik und harte Entscheidungen. So wie der Mond für mütterliche Instinkte steht, steht Saturn für väterliche Instinkte. Er steht für Herausforderungen und Beschränkungen, Grenzen, Begrenzungen und Straßensperren. Diese können sich erdrückend anfühlen, aber denken Sie daran: Es gibt keinen einfachen Weg durch das Leben. Saturn regiert naturgemäß den Steinbock.

Uranus

Uranus steht für ein Erwachen in sich selbst. Das kann durch eine äußere oder innere Offenbarung geschehen, durch eine Steigerung im Leben oder einfach dadurch, dass Sie Ihr Unterbewusstsein seine Arbeit machen lassen. Er steht für Vorwärtsdenken, Kreativität und Veränderungen. Diese Veränderungen können abrupt sein und zu einer völlig anderen Lebensweise und Denkweise führen. Uranus wird auch als Blitz angesehen, der einen Menschen aus dem Schlummer wachrüttelt und ihm tiefe Einsichten vermittelt. Uranus regiert naturgemäß den Wassermann.

Neptun

Bei diesem Planeten dreht sich alles um Ihre Träume, die mystische Welt, Idealismus, Intuition, übersinnliches Handeln und astrale Aspekte. Neptun ist ein träumerischer Planet, ätherisch und voll von beruhigenden Farben. Er steht für künstlerischen Ausdruck, Spiritualität, Meditation, Eskapismus und arbeitet darauf hin, den Menschen von den Banalitäten des Lebens zu etwas Großartigem zu erheben! Neptun regiert naturgemäß die Fische.

Pluto

Auch wenn Pluto zu einem Zwergplaneten herabgestuft wurde, ist er in der Astrologie immer noch eine gewaltige Kraft. Er steht für einen grüblerischen, dunklen Geist, die Unterwelt, das Okkulte, Intensität und Launenhaftigkeit im Allgemeinen. Pluto ist intensiv und ruhig, tief und dunkel. Er steht für die Extreme - hell und dunkel, Tag und Nacht, Ende und Anfang. Pluto regiert naturgemäß den Skorpion.

Tierkreiszeichen

In der Astrologie gibt es vier Elemente, die jeweils drei Zeichen entsprechen, insgesamt also zwölf. Diese sind Feuer, Erde, Luft und Wasser. Diese Elemente wirken wie Bausteine des Lebens. Jetzt werden Sie sich mit den Elementen befassen und damit, wie die Zeichen mit ihnen verbunden sind.

Das Element Feuer

Widder, Löwe und Schütze fallen in diese Kategorie. Feuerzeichen stehen für Durchsetzungsvermögen, offenes Verhalten und Spontaneität. Feuer ist in der Regel impulsiv und überlegt nicht zuerst. Es steht auch für Leidenschaft, Mut, Kreativität und großen Stolz auf die eigene Arbeit. Höchstwahrscheinlich wird es von einem äußeren Geist geleitet. Feuerzeichen sind der Mittelpunkt einer jeden Party. Sie sind Idealisten und lieben es, die Führung zu übernehmen. Der Widder zum Beispiel ist innovativ, enthusiastisch und immer bereit, sich Herausforderungen zu stellen. Löwe ist ein fixiertes Feuerzeichen; er ist eher loyal, leidenschaftlich und kämpferisch. Solche Menschen eignen sich besonders gut als Manager und Lehrer. Schütze ist ein veränderliches Feuerzeichen, das heißt, es ist flexibler, aber auch feurig, wenn es in Erregung gerät. Solche Menschen eignen sich gut für spirituelle Unternehmungen. Feuerzeichen fallen unter den maskulinen Aspekt.

Das Element Erde

Stier, Jungfrau und Steinbock gehören zu dieser Kategorie. Erdzeichen sind für ihre Zuverlässigkeit, Solidität und Sachlichkeit bekannt. Sie bauen Dinge, sammeln Wertgegenstände, sind pragmatisch und vernünftig, materialistisch und umgeben sich gerne mit feinem Luxus. Sie brauchen das Gefühl, die Kontrolle über ihre unmittelbare physische Umgebung zu haben. Sie eignen sich auch hervorragend als Manager und Verwalter, denn das passt ausgezeichnet zu ihrer Fähigkeit, andere zu führen, selbst Ergebnisse zu erkennen und auch andere in einem gewissen Rahmen unter Kontrolle zu halten! Erdzeichen sind eher feminin.

Das Element Luft

Zwilling, Waage und Wassermann sind Luftzeichen. Diese Zeichen sind lustig, neugierig, intellektuell und, was am wichtigsten ist, fair eingestellt. Luftzeichen sind sozial aktiv, ausgezeichnete Kommunikatoren und von Natur aus humanitär. Waage ist ein kardinales Luftzeichen, Der Zwilling ist ein veränderliches Luftzeichen und Wassermann ist ein fixes Luftzeichen. Der Zwilling ist das anpassungsfähigste der drei Zeichen. Die Waage ist aktionsfreudig, vergleicht Ideen und Träume und ist im Allgemeinen voller Tatendrang. Wassermann ist das beständigste und loyalste dieser Zeichen. Er neigt eher dazu, über Dinge nachzudenken, als impulsiv und überstürzt zu handeln. Genau wie die Feuerzeichen gehören auch die Luftzeichen zur Kategorie der männlichen Zeichen.

Das Element Wasser

Krebs, Skorpion und Fische sind Wasserzeichen. Wie ihr Name schon sagt, sind diese Zeichen für ihre intuitiven Kräfte, ihre tiefe und emotionale Natur und ihre Fließfähigkeit bekannt. So wie stille Wasser tief sind, sind diese Zeichen emotional tief und dunkel. Sie verlassen sich auf ihre Intuition und ihr Bauchgefühl. Von den dreien ist der Krebs liebevoll, fürsorglich und konzentriert sich mehr auf die Gefühle anderer Menschen. Der Skorpion ist magnetisch, geheimnisvoll, übersinnlich und der Hüter aller Geheimnisse. Es gibt nicht viel, was dem scharfsinnigen

Skorpion entgeht. Fische sind träumerisch, spirituell und voller Träume, sehr mitfühlend und leicht beeinflussbar. Wasserzeichen sind weiblich und sehr tiefgründig, privat, stur und auch sehr geheimnisvoll. Sie sehen die Dinge nicht an der Oberfläche - sie ziehen es vor, tief zu graben und die wahre Bedeutung der Dinge und Gefühle herauszufinden.

Da Sie nun ein grundlegendes Verständnis der Wirkung von Planeten und Sternen auf die Menschen auf der Erde haben, nehmen Sie dieses Wissen mit ins nächste Kapitel und wenden Sie dort die Prinzipien und Interpretationen an.

Kapitel Vier: Wie man ein Geburtshoroskop liest

Die meisten Menschen mögen es, ihr Horoskop zu lesen, nicht wahr? Aber haben Sie sich jemals gefragt, wie die Sterne und Planeten Ihre Geschichte so treffend vorhersagen? Da muss doch etwas dahinterstecken. Um zu verstehen, wie ein Geburtshoroskop aufgebaut ist und wie Sie es lesen können, müssen Sie die grundlegenden Konzepte verstehen, die in diesem Kapitel erläutert werden.

Die Häuser

Gemeint ist damit der Himmel zum Zeitpunkt Ihrer Geburt. Die Häuser sind das Rückgrat des Geburtshoroskops. In einem typischen Geburtshoroskop wird die linke Ecke als Aszendent oder Aufgang bezeichnet. Von hier aus lesen Sie das Horoskop und bewegen sich dabei gegen den Uhrzeigersinn. Ein typisches Geburtshoroskop besteht in der Regel aus zwölf Häusern. Gegenüber dem Aszendenten befindet sich der Deszendent Teil des Horoskops.

Das erste Haus im Horoskop stellt die Bereiche Ihres täglichen Lebens dar: Ziele, Selbstwertgefühl, Aussehen, Verhalten, usw.

Die Sternbilder

Die Sternbilder stellen die Eigenschaften des Himmels zum Zeitpunkt der Geburt einer Person dar. Welches war das aufgehende Sternbild? Welches war das untergehende Sternbild? Welches war das neutrale

Sternbild? Hier werden auch die einzelnen Aspekte des Horoskops eines jeden Menschen lebendig.

Die Planeten

Sie sind nicht nur glühende Himmelskörper, die am Himmel kreisen und rotieren. Sie können die Erfahrungen und Eigenschaften der Menschen auf der Erde widerspiegeln. Die Planeten zeigen die Persönlichkeitsmerkmale, Stärken und Schwächen und den gesamten Lebensweg eines Menschen.

Wie können Sie also ein Geburtshoroskop lesen? Indem Sie die oben aufgeführten Hauptkomponenten und andere Elemente wie Aspekte, Scheitelpunkte, Grade, Aszendenten und Deszendenten lesen.

Jedes grundlegende Geburtshoroskop umfasst vier Elemente: die Sonne, den Mond, den Aszendenten und den Herrscher des Horoskops einer Person. Achten Sie also auf die Zeichen- und Häuserstellung dieser vier Elemente und versuchen Sie, das Geburtshoroskop genau zu lesen.

Die Elemente Sonne und Mond

Dies sind nicht nur die grundlegenden Horoskop Elemente, sondern sie sagen auch die grundlegenden Charaktereigenschaften einer Person voraus. Die Sonne befasst sich mit der ausdrucksstarken und männlichen Seite der Persönlichkeit, während der Mond mit dem angeborenen Selbst und der weiblichen Seite verbunden ist. Diese beiden, wie Yin und Yang, ergeben ein ganzheitliches Bild der Persönlichkeit. Identifizieren Sie Ihr Sonnenzeichen und Ihr Mondelement in Ihrem Horoskop mit dieser Symbolik. Die Bedeutungen der Häuser und Sternbilder geben Ihnen ein Bild von Ihrem inneren und äußeren Selbst.

Aszendent und Herrscherelemente

Diese beiden Elemente blicken auf die laufenden und kommenden Phasen in Ihrem Leben und formen Ihre gesamte Persönlichkeit in der Zukunft. Was Ihre Lebenserfahrungen Sie lehren, verrät Ihr Aszendent. Dieses besondere Element ist mit dem ersten Haus verbunden und hat daher nur ein Zeichen, aber keinen Aspekt oder Planeten.

Ihr Herrscher ist der Planet, von dem Sie regiert werden. Wenn Sie sich das Zeichen und die Hausposition Ihres Herrschers oder Planeten ansehen, erfahren Sie viel mehr darüber, wer Sie sind und was aus Ihnen werden könnte. Wenn Sie sich Ihr Geburtshoroskop ansehen, suchen Sie nach diesem Planeten und sehen Sie sich das Sternbild und die Hausstellung an.

Aspekte des Geburtshoroskops

Die Verbindungen, die sich zwischen den genannten Komponenten ergeben, werden Aspekte genannt. Für eine detaillierte Analyse des Geburtshoroskops müssen Sie sich mit den in diesem Kapitel beschriebenen Aspekten vertraut machen. Danach sollten Sie sich mit den Planetenwerten befassen. Denken Sie daran, dass die Planeten, die dem Kern Ihres Horoskops am nächsten sind, Ihre Persönlichkeit und Ihre Zukunft bestimmen. Die Planeten in der Peripherie sind nur schwache Schichten dessen, was Sie zu einem ganzen Menschen macht. Alles in allem sollten Sie darauf achten, was Sie im ersten Haus analysieren, denn das ist ein wesentlicher Bestandteil Ihres gesamten Wesens.

Die Zwölf Häuser der Astrologie

Ein typisches Geburtshoroskop ist kreisförmig und in Segmente unterteilt. Das erste Rad im Kreis steht für die zwölf Häuser des Sternzeichens und das zweite Rad für die zwölf Tierkreiszeichen. Dies ist bei jedem anders, je nachdem, wohin sein oder ihr Haus-Eckpunkt fällt. Die Häuser eins bis sechs sind Ihre persönlichen Häuser. Die Häuser sieben bis zwölf werden als zwischenmenschliche Häuser bezeichnet. Jedes dieser Häuser hat seinen eigenen planetarischen Herrscher und sein eigenes Zeichen - und das ist bei jedem Menschen anders. Ein allgemeiner Herrscher des Horoskops und Ihr eigener persönlicher Herrscher des Horoskops können völlig unterschiedlich sein. Schauen wir uns nun an, wofür jedes Haus steht.

Erstes Haus: Selbst
Beherrscht von: Widder und Mars

Deutung: Das erste Haus, auch als Aszendent bekannt, steht ganz im Zeichen Ihrer Person. Was Sie ausmacht - Ihr Selbstwertgefühl, Ihre Ziele, Ihre Führungsqualitäten, Ihre Initiativen und Ihr Aussehen. Es steht in engem Zusammenhang mit allen Anfängen und ersten Malen in unserem Leben.

Zweites Haus: Finanzen und Werte
Beherrscht von: Stier und Venus
Deutung: Dies ist das Haus für physische und greifbare Dinge wie die unmittelbare physische Umgebung, Sinneserfahrungen, Eigentum, Besitz und Reichtum. Es beschäftigt sich auch mit Ihrer Einstellung zu diesen Dingen und dem Wert, den Sie den Dingen und sich selbst beimessen.

Drittes Haus: Kommunikation
Beherrscht von: Zwilling und Merkur
Deutung: Hier geht es um Ihre Methode des Ausdrucks und der Kommunikation mit der Außenwelt. Die Art und Weise, wie Sie mit Menschen, Erfahrungen, Orten und Dingen umgehen, fällt in diesen Bereich. Es bestimmt auch, wie Sie die Logik zu Ihrem Vorteil nutzen, wie Sie Beziehungen innerhalb und außerhalb der Familie führen und wie gut oder schlecht Sie Ihre Argumente vortragen.

Viertes Haus: Zuhause
Beherrscht von: Krebs und dem Mond
Deutung: Dieses Haus ist im wahrsten Sinne des Wortes der Eckpfeiler im Leben eines jeden Menschen, denn in diesem Haus dreht sich alles um Ihr Fundament. Es steht für das Zuhause, die Familie, die Eltern, Stabilität, Fürsorge, Emotionalität, Komfortzonen und Nostalgie. Es steht auch für die Zeit in Ihrem Leben, in der Sie sich am glücklichsten und sichersten fühlten, für Ihre Erinnerungen und manchmal auch für Ihre Vorfahren.

Fünftes Haus: Kreativität und Vergnügen
Beherrscht von: Löwe und der Sonne
Deutung: In diesem Haus geht es um Spaß! Alle Ihre kreativen Beschäftigungen, Hobbys, Leidenschaften, Interessen, Romanzen, Dramen, Affären usw. fallen unter dieses Haus. Es steht auch für Kinder, Glück, Herz und Liebe.

Sechstes Haus: Gesundheit und Dienstleistung
Beherrscht von: Jungfrau und Merkur
Deutung: Ihre Arbeitsmoral, Ihr Dienst am Nächsten, Ihre alltäglichen Aufgaben, Ihre Organisation, Ihre Hingabe an die Arbeit usw. fallen unter dieses Haus. Es steht auch für Ihre Gesundheit, Ihren Lebensstil und Ihre Ernährung, Ihre Bewegung und Ihr persönliches Streben nach persönlicher Weiterentwicklung.

Siebtes Haus: Partnerschaften
Beherrscht von: Waage und Venus

Deutung: Dieses Haus steht dem ersten Haus (Selbst) gegenüber. Daraus folgt natürlich, dass es in diesem Haus um den Dienst und die Beziehungen zu anderen Menschen geht und nicht um das eigene Ich. Es steht für Beziehungen, Heirat, Handelspartnerschaften, Verträge usw. Umgekehrt kann es auch für negative Partnerschaften wie Feinde, Rechtsstreitigkeiten oder Scheidungen stehen.

Achtes Haus: Sex und Transformation
Beherrscht von: Skorpion und Pluto

Deutung: Dieses Haus hat eine geheimnisvolle Aura, zweifelsohne, weil der stets rätselhafte Skorpion es regiert! Es steht für Tod, dunkle Seiten, Testamente, Investitionen, Erbschaften, Okkultes, Verluste, Opfer und vor allem für Transformation. Etwas Neues beginnt, wenn etwas anderes endet. Es ist ein unausweichlicher Kreislauf. Dies ist ein Haus der Transformation und des persönlichen Wachstums.

Neuntes Haus: Große Ideen
Beherrscht von: Schütze und Jupiter

Deutung: Das dritte Haus offenbart grundlegende Denkprozesse. Im neunten Haus, das ihm gegenübersteht, dreht sich alles um höheres Denken und Philosophie. Es steht für Abenteuer, Reisen, Erkundungen und die ständige Suche nach einem tieferen Sinn des Lebens und fordert sich selbst zum Wachstum heraus.

Zehntes Haus: Öffentliches Ansehen
Beherrscht von: Steinbock und Saturn

Deutung: Dieses Haus wird in der Astrologie auch als Himmelsmitte bezeichnet. Wie Sie Ihr Image in der Öffentlichkeit, Ihren Ruf und Ihren Lebensweg pflegen, wird durch dieses Haus bestimmt und offenbart. Es steht in Verbindung mit Ruhm, Tradition, Ehre, Leistung, Autorität und Einflüssen auf Ihren Lebens- und Karriereweg.

Elftes Haus: Gemeinschaft und Freunde
Beherrscht von: Wassermann und Uranus

Deutung: In diesem Haus geht es um Gruppen, Gemeinschaft, Netzwerke, Freundschaften, Teamarbeit, humanitäre Anliegen, Originalität, Astronomie, Erfindungen usw. Es regiert das Bedürfnis nach sozialer Gerechtigkeit und einem kollektiven Ziel, etwas Besseres im

Leben zu erreichen und einen Beitrag zur Gesellschaft zu leisten.

Zwölftes Haus: Unterbewusstes und Geheimnisse
Beherrscht von: Fische und Neptun

Deutung: Dieses Haus steht für die Entwicklung der Seele. Es steht für Geheimnisse, Fantasien, Wünsche, Abschlüsse, Karma, Traumata, Trennung von der Gesellschaft (Gefängnis, Heimeinweisung), paranormale und okkulte Energien, das Alter, das Leben nach dem Tod, unterbewusste Wünsche, usw.

Schwesternzeichen des Tierkreises

Jedes Tierkreiszeichen korrespondiert mit einem anderen Zeichen, und sie können Gegensätze oder Gemeinsamkeiten aufweisen. Diese Zeichen haben auch gemeinsame Modalitäten und verwandte Elemente, wie Sie im folgenden Abschnitt sehen werden.

Modalitäten

Im Tierkreis sind Stier, Löwe, Wassermann und Skorpion als die fixen Zeichen bekannt. Sie sind die stabilsten, stursten und bedächtigsten Zeichen.

Der Zwilling, Schütze, Jungfrau und Fische werden als veränderliche Zeichen bezeichnet. Sie sind bemerkenswert leichtlebig, flexibel und neigen dazu, mit dem Strom zu schwimmen.

Widder, Steinbock, Waage und Krebs sind als kardinale Zeichen bekannt. Diese Zeichen sind für ihr herrisches Wesen bekannt und ergreifen in der Regel viel schneller die Initiative als die anderen Zeichen.

Elemente des Tierkreises

Aktive Elemente

Die Luftzeichen (Zwilling, Waage und Wassermann) und die Feuerzeichen (Widder, Löwe und Schütze) sind die aktiven Elemente.

Passive Elemente

Die Erdzeichen (Stier, Steinbock und Jungfrau) und die Wasserzeichen (Skorpion, Krebs und Fische) fallen in diese Kategorie.

Auch wenn sie polare Gegensätze sind, ergänzen die Schwesterzeichen die Schwächen des jeweils anderen. Sehen Sie sich nun die Schwesterzeichen-Paare im Tierkreis an und verstehen Sie ihre Interpretationen.

Widder (Erster, Kardinal, Feuer) und Waage (Siebter, Kardinal, Luft)

Ein Widder ist fast immer spontan und der Mittelpunkt der Party. Sie können sprunghaft und schwer zu handhaben sein. Sie sind auch voller Begeisterung für neue Dinge im Leben. Die Waage ist das genaue Gegenteil. Sie ist sanft, geduldig, warmherzig und hält sich gerne aus dem Chaos heraus. Diese beiden Zeichen gleichen sich gegenseitig aus und bilden zusammen ein starkes Team.

Stier (Zweites, Fix, Erde) und Skorpion (Achtes, Fix, Wasser)

Der Stier ist ein Bulle, stur und unnachgiebig. Genau wie der Skorpion. Der Stier liebt Schönheit, Geschmack und Stil in seinem Leben. Das tut der Skorpion auch. Stier und Skorpion sind beide sehr intensive Zeichen. Der Unterschied liegt in der Art und Weise, wie sie mit diesen Persönlichkeitsmerkmalen umgehen. Der Stier ist offen und gibt sie auf transparente Weise zurück. Der Skorpion lässt sich Zeit und plant seine Rache sorgfältig. Beide Zeichen sind völlig unempfindlich gegenüber äußeren Einflüssen, wenn es um ihr Leben und ihre Karriere geht.

Der Zwilling (Drittes, veränderliches Zeichen, Luft) und Schütze (Neuntes, veränderliches Zeichen, Feuer)

Bei dem Zwilling dreht sich alles um Geselligkeit und darum, so viel wie möglich über die Welt zu wissen. Diese Menschen sind in der Regel neugierig auf alle Aspekte des Lebens und auf das, was andere von ihnen hören. Der Schütze versucht, der Welt einen Sinn zu geben. Sie sind die Art von Menschen, die einen Sinn und ein größeres Ziel im Leben suchen. Beide Zeichen sind ein gutes Paar, weil sie sich gegenseitig beflügeln können, um eine neue Perspektive zu gewinnen.

Krebs (Vierter, Kardinal, Wasser) und Steinbock (Zehnter, Kardinal, Erde)

Beim Krebs geht es vor allem um Pflege und Fürsorge. Dieser Pflege- und Mutterinstinkt ist in diesem Zeichen sehr stark ausgeprägt. Sie sind außerdem sehr intuitiv und introspektiv, so dass sie in der Regel erkennen können, wenn sich jemand niedergeschlagen oder depriniert fühlt. Sie werden immer für Sie da sein und Ihnen den Rücken stärken. Der Steinbock hingegen glaubt an die harte Liebe. Wenn sie eine Beziehung haben oder starke Gefühle für jemanden entwickeln, fühlen sie sich für diese Person verantwortlich. In ihrem fehlgeleiteten Eifer könnten sie versuchen, die andere Person in die Richtung zu lenken, die sie für am besten geeignet halten. Das funktioniert gut mit dem Krebs, denn beide sind zwar fürsorgliche Typen, aber der Krebs wird den Steinbock intuitiv aus der Klemme helfen.

Löwe (Fünfter, Fix, Feuer) und Wassermann (Elfter, Fix, Luft)

Der Löwe ist ein leidenschaftlicher Beschützer und verbindet sich mit Menschen auf einer sehr grundlegenden Ebene. Ihre Emotionen und Handlungen werden immer zu der beschützenden Natur tendieren, die sie besitzen. Auf der anderen Seite glaubt der Wassermann auch an Liebe und Schutz, allerdings auf einer emotionalen und mentalen Ebene. Ein Löwe ist mehr mit dem körperlichen Aspekt verbunden, ein Wassermann mit dem Geist.

Jungfrau (Sechste, veränderlich, Erde) und Fische (Zwölfte, veränderlich, Wasser)

Eine Jungfrau ist sensibel, ehrlich und legt Wert auf Authentizität in allen Aspekten des Lebens. Sie legen Wert auf Wahrheit und Transparenz. Eine Jungfrau ist außerdem intelligent und stabil. Im Gegensatz dazu sind Fische verträumte Menschen, denen eine Menge Pläne und Aktivitäten im Kopf herumschwirren. Sie leben die meiste Zeit in Luftschlössern. Aber auch so macht es Spaß, mit ihnen zusammen zu sein, denn sie sind fantasievoll und kreativ. Die beiden Sternzeichen ergänzen sich hervorragend.

Nachdem Sie nun die Grundlagen der Häuser, Zeichen und Schwesterzeichen im Tierkreis kennengelernt haben, ist es an der Zeit, etwas tiefer in das Lesen eines Geburtshoroskops einzutauchen. Sie werden sich mit anderen Faktoren wie Aspekten, Winkeln und Scheitelpunkten beschäftigen.

Planeten-Aspekte

Der Abstand zwischen zwei beliebigen Planeten und Tierkreiszeichen wird als Aspekt bezeichnet. Aspekte werden mit Hilfe der Geometrie (Grad und Winkel) gemessen. Es gibt sieben Hauptaspekte, die als weich und hart klassifiziert werden. Zu den weichen Aspekten gehören Konjunktion, Trigon und Sextil. Zu den harten Aspekten gehören Halbsextil, Quadrat, Quinkunx und Opposition.

Die sieben Hauptaspekte

- Konjunktion
- Halbsextil

- Sextil
- Quadrat
- Trigon
- Quinkunx
- Opposition

Wie funktioniert das nun bei einem Geburtshoroskop? Wenn Sie zum Beispiel feststellen, dass Merkur und Venus in Ihrem Horoskop einen weichen Aspekt bilden, bedeutet dies, dass sich ihre Kräfte vermischen und Sie möglicherweise ein hervorragendes Liebesinteresse und eine gute Kommunikation mit dieser Person in ihrer nahen Zukunft haben. Wenn die beiden Planeten dagegen einen harten Aspekt bilden, könnten Sie in einem der beiden Bereiche Schwierigkeiten haben.

Schauen wir uns nun jeden der Aspekte kurz an.

Konjunktion: Zwei Planeten im gleichen Zeichen (null Grad voneinander entfernt)

Solche Planeten vereinen ihre Energien, bilden eine starke Allianz und stärken die Menschen in ihrem Umfeld. Wenn Sie zum Beispiel Neptun und Merkur in dieser Konstellation haben, kann das bedeuten, dass Sie ein äußerst kreativer Mensch sind, der manchmal geistesabwesend ist. Wenn drei oder mehr Planeten in Konjunktion stehen, wird dies als Stellium bezeichnet. Auch die Anordnung der Planeten ist wichtig. Wenn es sich um Uranus oder Mars handelt, kann dies für die betreffende Person Stress und Anspannung bedeuten.

Halbsextil: Ein Zeichen auseinander (dreißig Grad Abstand)

Diese Planeten haben möglicherweise keine Gemeinsamkeiten, was die Nähe etwas schwierig macht. Wenn zum Beispiel ein Planet in Schütze und der andere in Skorpion steht, sehen Sie, was passiert. Skorpion ist ein fixes Wasserzeichen und sehr emotional und introvertiert. Schütze ist ein veränderliches Feuerzeichen und extrovertiert. Solange diese beiden im Halbsextil zueinander stehen, wird das Unbehagen anhalten.

Sextil: Zwei Zeichen getrennt (60 Grad Trennung)

Dies ist eine sehr kompatible Situation. Obwohl sie individuell nicht stark sind, bringen sie Zusammenarbeit und freundliche Interaktionen mit sich. Eine solche Konstellation bedeutet eine Menge Kompatibilitätsfaktoren für den Einzelnen. Vergnügen, Gesellschaft und

Kameradschaft werden durch dieses Sextil gefördert. Wenn zwei Planeten in Ihrem Horoskop im Sextil stehen, wird dieser Teil Ihres Lebens stressfrei sein. Das kann alles sein - Ihre Karriere, Ihr Liebesleben, Ihre Ehe oder Ihre Kinder.

Quadrat: Drei Zeichen auseinander (90 Grad Trennung)

Dies ist ein klassisches Tauziehen, weshalb dies einer der harten Aspekte ist. Ein Machtkampf ist fast immer die Folge, denn keine der beiden Planeteneigenschaften ist bereit, sich zu bewegen. Wenn zum Beispiel Jupiter in Jungfrau steht und ein Quadrat mit Venus in Schütze bildet, könnte das bedeuten, dass Ihre Neigung zum Mikromanagement überbordet und Sie besessen davon sind, was jeder zu Ihnen sagt. Das würde aber auch bedeuten, dass Sie sich mit Venus in Schütze in impulsive romantische Handlungen stürzen, was vielleicht nicht immer die beste Lösung ist. Wenn Ihr Geburtshoroskop Quadrate enthält, offenbart dies Teile Ihres Wesens, über die Sie nachdenken und an denen Sie arbeiten müssen.

Trigon: Vier Zeichen auseinander (120 Grad Trennung)

Dies wird normalerweise als der beste Aspekt angesehen, da die beteiligten Planeten harmonieren, leicht miteinander interagieren und Glück haben. Wenn sie dieselben Elemente teilen, werden dieselben Ziele und Energien gefördert. Wenn Sie in Ihrem Geburtshoroskop ein Trigon entdecken, sollten Sie sich genau ansehen, was es aussagt. Ein Trigon in stabilen Erdelementen macht Sie zu einem soliden, zuverlässigen Menschen, der zudem ein harter Arbeiter ist.

Quincunx: Fünf Zeichen auseinander (150 Grad Trennung)

Dies ist sozusagen ein exzentrischer Winkel. Dieser Aspekt steht für viel Unbehagen und Zwietracht, denn die Zeichen haben nichts gemeinsam und fühlen sich wie Fremde auf einer Party. Wenn diese Zeichen gut zusammenarbeiten sollen, müssen umfangreiche kooperative Aktivitäten unternommen werden. Wenn Merkur zum Beispiel in der akribischen Jungfrau steht, bildet er ein Quincunx mit Mars im ungeduldigen Widder. Sie sehen bereits das Problem! Detailorientierung verträgt sich nicht gut mit mit dem Strom schwimmen. Solche Quincunxe können unterschiedlich interpretiert werden. Manche Planetenformationen bringen Sie dazu, Risiken einzugehen, andere machen Sie unabhängig, manche treiben Sie in den Wahnsinn, und wieder andere könnten Ihnen helfen, Ihre Ängste zu überwinden.

Gegensätzlich: Sechs Zeichen auseinander (180 Grad Trennung)

Diese Zeichen sind polare Gegensätze, das Aufeinandertreffen von zwei Extremen. Konflikte sind vorprogrammiert, aber auch der Ausgleich und die Spiegelung der Zeichen und Persönlichkeiten. Es gibt einen Grund, warum sich Gegensätze anziehen. Es liegt an dem enormen Lernpotenzial, das die beiden einander bieten. Die Stärken und Schwächen eines jeden Zeichens können genutzt werden, um die des anderen zu erfüllen.

Scheitelpunkte, Grade, Zeichen und Interzeptionen

Man kann nicht isoliert über diese drei Punkte sprechen; sie müssen als Einheit verstanden werden. Ein Scheitelpunkt ist nicht nur der Überschneidungspunkt zwischen zwei Sonnenzeichen. Zum Zeitpunkt Ihrer Geburt befand sich die Sonne in einem Zeichen. Da die Sonne jedes Jahr von Zeichen zu Zeichen wandert, bedeutet der Scheitelpunkt eigentlich, dass imaginäre Linien die Häuser im Horoskop trennen, nicht die Zeichen.

Vier der Scheitelpunkte, die manchmal auch als Winkel bezeichnet werden, haben unterschiedliche Namen.

- Scheitelpunkt des ersten Hauses: Aszendent
- Scheitelpunkt des vierten Hauses: Nadir
- Scheitelpunkt des siebten Hauses: Deszendent
- Scheitelpunkt des zehnten Hauses: Himmelsmitte

Wie Sie bereits wissen, stehen die Häuser für verschiedene Bereiche des Himmels. Das erste Haus steht für den Osten, das siebte für den westlichen Horizont, das zehnte für den höchsten Punkt des Horizonts an einem bestimmten Punkt und das vierte für den gegenüberliegenden Punkt.

Wenn zum Beispiel jemand mit zwanzig Grad Schütze im Aufgang geboren wird, würde das bedeuten, dass in der imaginären 360-Grad-Uhr oder dem Häuserkreis der Zeiger des ersten Hauses auf die Mitte des Zeichens zeigt, wenn jemand in der Nähe des Äquators geboren ist, und der Zeiger des zweiten Hauses auf die Mitte des Steinbocks.

Nehmen wir an, Schütze befindet sich auf dem Scheitelpunkt sowohl des ersten als auch des zweiten Hauses. Das bedeutet, dass der Steinbock bei der Deutung komplett weggelassen wird und das dritte Haus stattdessen den Wassermann erhält. Diese Art von Situation wird als Abfang bezeichnet. Das bedeutet natürlich nicht, dass der Steinbock verschwunden ist! Er ist lediglich im zweiten Haus versteckt.

Die Planeten werden in Ihrem Planetenhoroskop in zwei Kategorien eingeteilt: äußere und persönliche.

Die äußeren Planeten des Horoskops sind Jupiter, Saturn, Uranus, Neptun und Pluto.

- Jupiter steht für Ihr persönliches und höheres Wachstum.
- Saturn steht für Integrität, Regeln und Ambitionen.
- Uranus steht für Ihre Fantasie.
- Pluto steht dafür, wie bereit Sie für eine Veränderung in Ihrem Leben sind.

Ihre persönlichen Planeten sind die Sonne, der Mond, Merkur, Venus und Mars.

- Die Sonne sagt etwas über Ihre allgemeine Persönlichkeit aus.
- Der Mond verrät Ihnen, was Sie denken und fühlen.
- Merkur steht für Ihre Wahrnehmungen im Leben.
- Mars steht für Ihren Ehrgeiz und Ihre Willenskraft.

Finden Sie heraus, wo die Planeten in Ihrem Geburtshoroskop erscheinen und in welchem Zeichen. Wenn Sie zum Beispiel Uranus in Widder im vierten Haus sehen, bedeutet das Folgendes:

- Uranus = Wachstum, Potenzial, Phantasie
- Widder = feurig, leidenschaftlich, charmant
- Viertes Haus = Familie, Besitz, Beziehungen

Sie wissen jetzt, dass Planeten, Sterne und ihre genaue Ausrichtung zusammen ein ganzheitliches und vollständiges Bild von Ihnen ergeben. Die Antworten auf Fragen können manchmal tatsächlich in Ihrer Planetenstellung gefunden werden.

Kapitel Fünf: Numerologie - Wie sich das Schicksal durch Zahlen offenbart

Numerologie - Was bedeutet das?

Das Studium der Zahlen in Ihrem Leben wird Numerologie genannt. Jede Zahl hat eine tiefe Bedeutung. Das Gebiet der Numerologie ist universell, denn Zahlen sind von Natur aus universell. Die Numerologie ist kein eigenständiges Gebiet. Sie lässt sich gut mit der Astrologie und anderen ähnlichen Methoden der Wahrsagerei verbinden. Die Grundlage dieses Feldes liegt in der Tatsache, dass sich fast alles Greifbare im Universum auf die einfachste Form von Zahlen herunterbrechen lässt.

Die Geschichte der Numerologie

Einige der frühesten Aufzeichnungen zur Numerologie stammen aus Ägypten, Babylon, Rom, China und Japan. Es herrscht Einigkeit darüber, dass der große Mathematiker Pythagoras, ebenfalls ein griechischer Philosoph, als erster radikale Ideen zur Numerologie vorbrachte. Natürlich war sie vor Jahrhunderten noch nicht unter diesem Namen bekannt. Es war Dr. Julian Stenton, der die Nomenklatur erfand.

Positive und negative Zahlen

So wie es auf einer Zahlenskala positive und negative Zahlen gibt, bezieht sich die Numerologie auf das Gleichgewicht der positiven und negativen Energien, die die Zahlen auf Ihr Leben und andere damit verbundene Aspekte wie Karriere, Beziehungen und Gesundheit haben.

Meisterzahlen

11, 22 und 33 sind in der Numerologie als die Meisterzahlen bekannt. In Verbindung mit dem Gesamtkontext haben diese Zahlen eine tiefe Bedeutung. Wie bei jeder anderen Wahrsagerei müssen Sie das Gesamtbild betrachten, bevor Sie etwas interpretieren. Wenn Sie bei der Addition der Zahlen eine zweistellige Zahl, z.B. 52, übrig haben, wird aus 5+2 in der Regel 7. Damit haben Sie Ihre Hauptzahl 7. Aber wenn Ihre Gesamtzahl entweder 11 oder 22 oder 33 ist, addieren Sie diese nicht, um 2, 4 und 6 zu erhalten. Sie lassen die Meisterzahl einfach so stehen, wie sie ist.

Stärken und Schwächen anhand von Zahlen

Die Zahlen verraten viel über Sie, einschließlich dessen, was Sie gut können und woran Sie arbeiten müssen. Für viele Menschen ergibt sich aus der Numerologie der Sinn ihres Lebens!

Kombinationen von Zahlen

Wenn Sie sich das Zahlendiagramm und die mit jeder Zahl verbundenen Eigenschaften ansehen, erhalten Sie mehr Klarheit darüber, warum Ihnen bestimmte Dinge widerfahren. Wenn Sie sich z.B. ständig mit Ihrem besten Freund oder Ihren Geschwistern streiten, wenn Sie keine herzliche Beziehung zu Ihren Lieben haben oder wenn Sie sich von jemandem magnetisch angezogen fühlen, dann wird eine eingehende Betrachtung und Analyse der numerischen Beziehungen zwischen Ihnen und Ihren Freunden und Ihrer Familie eine Menge aufdecken!

Numerologie und Ihre Geburt

Manchmal ändern Menschen ihren Geburtsnamen und hoffen, damit Erfolg und Reichtum zu erlangen. So funktioniert das aber nicht. Sicher, das Hinzufügen oder Entfernen von Buchstaben zu Ihrem Namen verändert die Numerologie Ihrer Geburts- und Lebenszahl, aber der Zeitpunkt Ihrer Geburt, die Ausrichtung der Sterne und Planeten, die Winkel und Grade, die sie gebildet haben, und Ihr Geburtsname ergeben zusammen eine kraftvolle, einzigartige Zahl, die Sie ausmacht.

Numerologie - Was ist das?

Im Grunde sind es viele Berechnungen! Es handelt sich jedoch nicht nur um eine einfache Addition. Diese Berechnungen können mehrere Ebenen und Sequenzen umfassen. Selbst das einfache Lesen ist mit viel harter Arbeit verbunden. Nach einer detaillierten Analyse kann ein Numerologe Ihre Geburtszahl, Lebenswegzahl, Seelendrangzahl, Ausdruckszahl usw. ermitteln. Im Folgenden wird zunächst die Bedeutung der einzelnen Zahlen erklärt und dann auf die anderen Aspekte der Numerologie eingegangen.

Nummer 1: Diese Menschen sind in der Regel ganz vorne mit dabei. Führungsqualitäten, Charisma, Initiative und Unternehmergeist werden mit dieser Zahl in Verbindung gebracht. Allerdings haben diese Menschen auch wenig Geduld im Umgang mit anderen und können manchmal etwas forsch und arrogant wirken. Wenn es um Liebe und Romantik geht, versuchen diese Menschen mit der Zahl 1 lange Zeit allein zu sein, bevor sie jemanden finden!

Nummer 2: Sie schaffen ein feines Gleichgewicht zwischen allen Bereichen in ihrem Leben. Sie sehnen sich nach Harmonie. Aufgrund ihrer anziehenden und lockeren Persönlichkeit sind sie bei allen Menschen beliebt. Aber sie müssen auch ein Machtwort sprechen, wenn es nötig ist, denn ihre aufopferungsvolle Natur kommt ihnen immer wieder in die Quere! Im Geschäftsleben, bei der Lebenswegzahl und bei allen Vereinbarungen, die friedenserhaltende Fähigkeiten erfordern, ist die Zahl 2 eine sichere Erfolgsgarantie.

Nummer 3: Diese Zahl steht für Großzügigkeit, Teamwork und soziale Aspekte. Sie sind der Mittelpunkt jeder Party und die Menschen lieben ihre geistreichen Scherze. Sie neigen auch dazu, bei den banalen oder oberflächlichen Vergnügungen des Lebens zu bleiben, anstatt neue Dinge zu lernen und sich mit etwas Tiefgründigerem zu beschäftigen. Sie neigen dazu, mehr als eine romantische Beziehung zu haben. 3er sind dafür bekannt, dass sie Menschen zusammenbringen und das soziale Feuer am Brennen halten.

Nummer 4: 4er sind hervorragende Planer, Verwalter, Organisatoren und Manager. Sie haben eine exzellente Aufmerksamkeit für Details und können mit jedem auskommen. Sie sind auch sehr geschickt darin, anderen Arbeit abzunehmen. Wenn solche Menschen eine Beziehung eingehen wollen, müssen sie sicherstellen, dass die andere Person mit ihrem Geist mithalten kann. Andernfalls könnte es so aussehen, als würde die 4 überall das Kommando übernehmen.

Nummer 5: Wenn Ihre Lebenswegzahl 5 ist, bedeutet das, dass Sie sich nicht an eine Sache oder eine Person binden wollen. Sie sind ein Freigeist und wollen die Dinge auf Ihre Weise tun - sei es eine freiberufliche Karriere oder eine Vorliebe für Reisen. Sie sind flexibel und weltoffen. Sie brauchen jemanden, der ähnlich denkt oder das genaue Gegenteil, um das Yin und Yang auszugleichen.

Nummer 6: Aufrichtigkeit, Wärme und Zuneigung sind die Markenzeichen der 6er. Diese Menschen sprechen und tun Dinge von Herzen. Ihre natürliche Wärme und Liebe machen sie zu einer beliebten Wahl für Berufe wie Lehrer, Therapeut, Kinderarzt oder Sozialarbeiter. Wenn diese Menschen Beziehungen eingehen oder ein neues Projekt in Angriff nehmen, stürzen sie sich voll und ganz hinein. 6er müssen verstehen, dass zu viel von etwas nicht unbedingt gut ist. Sie müssen lernen, Maß zu halten.

Nummer 7: Diese Menschen verfügen über ausgezeichnete analytische Fähigkeiten und in Verbindung mit ihrem intellektuellen Streben eignen sie sich hervorragend für eine Karriere im Bildungswesen, in der Philosophie, als Detektiv oder bei der Polizei. Diese Menschen arbeiten eher mit dem Kopf, nicht mit dem Herzen. Emotionen und Gefühlsäußerungen sind für sie nicht selbstverständlich.

Nummer 8: Diese Zahl steht für harte Arbeit, Motivation, Aufrichtigkeit und Zielstrebigkeit. Diese Menschen haben fast immer ein gutes Gespür für Zahlen und machen sich gut in der Buchhaltung, im Finanzwesen und als Wirtschaftsberater. Sie sind methodisch und geduldig. Diesen Menschen fällt es leicht, Beziehungen zu knüpfen und aufrechtzuerhalten - auch wenn es ihnen schwerfallen mag, loszulassen.

Nummer 9: Bei 9ern dreht sich alles um Humanität und Führung. Sie neigen auch dazu, so lange zu geben, bis sie nichts mehr haben, allerdings müssen sie sich mehr um sich selbst kümmern und aufhören, andere an die erste Stelle zu setzen.

Die Meisterzahlen

11, 22 und 33 gelten in der Numerologie als die Meisterzahlen, weil 1, 2 und 3 ein Dreieck der Erleuchtung bilden. Die anderen Zahlen, 44, 55, 66, 77, 88 und 99, sind als Machtzahlen bekannt.

Meisterzahl 11: Die intuitivste und analytischste aller Zahlen, die 11, entspricht in vielen Aspekten der Zahl 2 - scharfsinnig, geheimnisvoll, tiefgründig, emotional, stur, aber mit mehr Führungs- und Charismaqualitäten.

Meisterzahl 22: Dies ist eine der erfolgreichsten Zahlen und wird auch als Baumeister bezeichnet. Die 22 spiegelt einige Qualitäten der Zahl 11 wider, aber sie ergänzt diese auch durch ihre angeborene Natur der 2 und 4, wodurch sie analytischer, praktischer und idealistischer wird. 22er müssen lernen, praktisch zu sein, sonst vergeuden sie ihr Potenzial.

Meisterzahl 33: Diese Zahl ist der Meisterlehrer und die spirituellste und ästhetischste Zahl. Sie enthält alle Qualitäten der 11 und der 22 sowie die der 3 und der 6 - das macht sie kraftvoll und magnetisch! Die 33 gilt als aktiv, wenn sie in Ihrer Lebenswegzahl, Ausdruckszahl oder Persönlichkeitszahl vorkommt. Dann ist sie am wirksamsten.

Die Sekundärzahlen

Nummer 10: Zeigt den Abschluss eines Teils Ihres Lebenszyklus oder Ihres karmischen Zyklus an. Wird normalerweise als gutes Omen angesehen.

Nummer 12: Abschluss von etwas, Belohnungen und Glück.

Nummer 13: Unglück, Krankheit, Tod, schlechte Omen und Einschränkungen.

Nummer 14: Geistige und körperliche Umwälzungen, Prüfungen, Einbruchsglück, Verzögerungen und Einschränkung der Freiheit.

Nummer 16: Intellektuelles Streben, emotionale Kühle, kalte Haltung gegenüber etwas oder jemandem.

Nummer 19: Egoistisches Verhalten, Faulheit, Wut, Aggression und Ohnmacht.

Nummer 40: Endgültigkeit in einer Sache, der Beginn eines neuen Projekts oder einer Beziehung.

Sehen Sie sich nun die verschiedenen Aspekte der Numerologie an:

1. Lebenswegzahl
2. Jahreszahl
3. Namenszahl
4. Schicksalszahl
5. Hausnummer

Lebenswegzahl

Dies ist die wichtigste Zahl, die die Grundlage für Ihr Leben und alles, was Sie darin tun, bildet. Sie spiegelt wider, wer Sie sind, welche Eigenschaften Sie haben, wo Sie stark sind und wo Sie sich verbessern können.

Um Ihre Lebenswegzahl zu berechnen, gehen Sie wie folgt vor:

Addieren Sie alle Ziffern Ihres vollständigen Geburtsdatums. Nehmen wir zum Beispiel an, Rachel Jones wurde am 6. April 1998 geboren.

Zerlegen Sie das Datum in:

6+4+1+9+9+8=37

Addieren Sie 3 und 7. Sie erhalten 10. Addieren Sie sie weiter. Sie erhalten eine einzelne Ziffer 1. Dies ist die Lebenswegzahl von Rachel Jones. Wenn Ihre Summe 11, 22 oder 33 ergibt, addieren Sie sie nicht weiter. Die Meisterzahlen haben unterschiedliche Bedeutungen.

Jahreszahl

Jedes Jahr hat eine andere Bedeutung für Ihr Leben. Um Ihre aktuelle Jahreszahl zu berechnen, gehen Sie wie folgt vor:

Addieren Sie das aktuelle Jahr zu Ihrem Geburtsdatum. Ein Beispiel: Das aktuelle Jahr ist 2020 und Ihr Geburtsdatum ist der 5. November:

5+1+1+2+0+2+0=11

Ihre Jahreszahl ist 11.

Namenszahl

Verwenden Sie die untenstehende Tabelle und wandeln Sie die Buchstaben Ihres Namens in Zahlen um. Addieren Sie diese dann, um Ihre Namenszahl zu erhalten. Dies offenbart Ihren Charakter und Ihre Eigenschaften.

Ihr Name ist zum Beispiel Rachel Jones.

R=9, A=1, C=3, H=8, E=5, L=3

J=1, O=6, N=5, E=5, S=1

Rachel Jones lässt sich also als Zahlen übersetzen in:

9+1+3+8+5+3+1+6+5+5+1=47

Außerdem: 7+4= 11

Rachel Jones erhält also die Namenszahl 11.

Innere Persönlichkeit: Addieren Sie die Vokale in Ihrem Namen.

R A C H E L J O N E S = A, E, O, E
A=1, E=5, O=6
1+5+6+5= 17
1+7= 8

Die innere Persönlichkeitszahl ist die 8. Sie beherrscht ihr inneres Selbst.

Äußere Persönlichkeit: Addieren Sie die Konsonanten im Namen.

R A C H E L J O N E S = R, C, H, L, J, N, S
R=9, C=3, H=8, L=3, J=1, N=5, S=1
9+3+8+3+1+5+1= 30
3+0=3

Die äußere Persönlichkeitszahl ist 3. Das ist ihre öffentliche Persona.

Schicksalszahl

Um Ihre Schicksalszahl zu berechnen, addieren Sie Ihre Geburtszahl und Ihre Namenszahl. Wenn Sie mit dem obigen Beispiel fortfahren, werden Sie sehen, dass Rachel Jones eine Lebenswegzahl (Geburtszahl) von 1 hat. Ihre Namenszahl ist 11.

11 +1= 12
1+2=3

Rachels Schicksalszahl ist also 3.

Hausnummer

Sie berechnen einfach die Zahlen Ihrer Adresse. Lassen Sie die Straßen- und Gebäudenamen weg. Reduzieren Sie sie auf eine einzige Ziffer. Hier sind die Interpretationen:

Hausnummer:

1. Steht für Eigenständigkeit, Streit mit Nachbarn, Unzufriedenheit.
2. Steht für Harmonie und den Aufbau guter Beziehungen zwischen den Bewohnern.
3. Steht für eine aufgeschlossene und offene Natur der Menschen.
4. Steht für Unternehmergeist, Heimgeschäfte, Lebensverbesserung.
5. Steht für Ruhe, Energie, Aktivitäten und den Entspannungsmodus der Bewohner.
6. Steht für Familie, Häuslichkeit und Harmonie zwischen den Menschen.

7. Steht für Studenten, introvertierte Natur, sture Haltung.
8. Steht für das Bedürfnis nach mehr Geld, Ausgeglichenheit, unerwartete Ankünfte, ein bisschen Streit.
9. Steht für intellektuelles Streben, Musik, Freude, Glück, neue Projekte.

Zahlen haben, genau wie andere Aspekte des Lebens, versteckte Bedeutungen. Sie können die Weisheit und das Wachstum kultivieren, das Sie brauchen, um sie zu verstehen und zu interpretieren!

Kapitel Sechs: Handlesen - Die Grundlagen des Handlesens

Das Lesen von Handflächen ist oft ein beliebter Zeitvertreib bei Treffen oder Zusammenkünften. Es macht vor allem Spaß, aber es gibt auch eine tiefere Bedeutung hinter all den verschnörkelten Linien und Beulen auf Ihrer Handfläche. Bei der Handlesekunst werden die Hände oder Handflächen gelesen, um die Persönlichkeit, die zukünftigen Aspekte, das Schicksal usw. einer Person zu beurteilen. Diese Praxis ist auch als Chiromantie bekannt. Handlesen bedeutet jedoch nicht nur das Lesen von Handflächen, sondern auch das Lesen Ihrer Finger, Fingernägel und Arme. Jeder einzelne Teil der Handfläche ergibt zusammen eine ganze Bedeutung für die Charaktereigenschaften und die Persönlichkeit einer Person.

Die Ursprünge der Handlesekunst

Diese alte Praxis hat ihre Wurzeln in Indien, Rom und China. Auch andere Länder wie Persien, Griechenland und Ägypten nutzen die alten Aufzeichnungen der Handlesekunst in ihrem täglichen Leben. Die chinesische Geschichte legt nahe, dass die Handlesekunst dort vor fast dreitausend Jahren begann. Eine umfassende Darstellung der Praxis entstand in China zwischen 202 v. Chr. und 9 n. Chr. während der Herrschaft der westlichen Han-Dynastie. Xu Fu schrieb diese Ausarbeitung.

Aristoteles, einer der Großen der Geschichte, beschrieb die Praxis des Handlesens in seinem Buch De Historia Animalium, was übersetzt so viel wie Geschichte der Tiere bedeutet. Er glaubte, dass die in die menschliche Hand gezeichneten Linien eine Bedeutung haben und nicht ohne Grund da sind. Erfahren Sie jetzt mehr über diese faszinierende uralte Praxis, die auch heute noch viele Anhänger findet.

Die großen Handlinien - Was sie sind und wie man sie liest

Wenn Sie sich Ihre Handflächen genau ansehen, werden Sie ein Kreuz aus zahlreichen Linien erkennen. Einige davon können parallel verlaufen, sich kreuzen, als Paar verlaufen und wieder andere können einzeln sein. Jede Linie auf Ihrer Hand sagt etwas aus. Es ist an der Zeit, herauszufinden, was:

Lebenslinie

Dies ist eine der drei Hauptlinien in Ihrer Handfläche. Sie beginnt am Rand der Handfläche zwischen Daumen und Zeigefinger und erstreckt sich bis zum Daumenansatz. Im Allgemeinen sagt sie etwas über die Lebensenergie der Person aus. Das Fehlen einer Lebenslinie ist kein gutes Zeichen. Es bedeutet, dass Sie an einer schlechten Gesundheit leiden und möglicherweise ein kurzes Leben haben werden. Auch häufige Unfälle werden für solche Menschen vorhergesagt. Eine tiefe und lange Lebenslinie deutet dagegen darauf hin, dass die Person sehr widerstandsfähig gegen Krankheiten ist und sich eines langen Lebens erfreuen kann.

Eine dicke Lebenslinie kann bedeuten, dass die Person eher für Jobs geeignet ist, die harte körperliche Arbeit erfordern, als für einen Schreibtischjob. Diese Menschen sind auch gut in körperlicher Aktivität und Sport. Eine dünne und schwache Linie deutet auf gynäkologische Probleme bei Frauen und unbefriedigende Karrierewege in den ersten Lebensabschnitten hin. Eine sekundäre Linie, die parallel zur Lebenslinie verläuft, bedeutet für den Betreffenden eine gute, starke Vitalität. Er oder sie kann sich auch sehr schnell von Krankheiten erholen.

Verzweigungen oder Abzweigungen in der Lebenslinie deuten auf viele Dinge hin: Aufwärts gerichtete Verzweigungen können mehr Möglichkeiten, Chancen, Ruhm und Prestige im Leben bedeuten. Abwärts gerichtete Zweige können weniger Energie bedeuten, so dass man von seinem Ziel abgelenkt wird und sich in späteren Jahren einsam fühlt.

Herzlinie

Diese Linie wird auch als Liebeslinie bezeichnet und ist für die meisten Menschen von großem Interesse! Diese Linie zeigt normalerweise an, wie eine Person auf Liebe und Zuneigung reagiert. Ihre persönlichen Beziehungen und wie Sie damit umgehen, werden durch die Herzlinie deutlich. Eine gute Linie gilt als tief, ungebrochen, gekrümmt und erstreckt sich über eine lange Strecke ohne Unterbrechung. Wenn sie an ihrem Ende zwei oder mehr Abzweigungen hat, ist das umso besser!

Länge der Herzlinie

Kurz: Eine kurze Herzlinie deutet auf Rücksichtslosigkeit und Engstirnigkeit hin. Solche Menschen handeln, ohne nachzudenken, und haben daher aufgrund ihrer impulsiven Natur Probleme.

Lang: Dies deutet auf eine gewisse Hartnäckigkeit im Umgang mit Menschen hin. Karrieremäßig sind sie erfolgreich, aber auf Kosten ihrer Persönlichkeit. In Herzensangelegenheiten scheinen Romantik und Herzschmerz miteinander einherzugehen. Größere Schwierigkeiten sind zu beobachten, die durch die Entschlossenheit der Person behoben werden.

Höhepunkt am Berg des Jupiter

Dies zeigt viele Träume, Liebe und große Erwartungen an sich selbst.

Kulmination zwischen dem Berg des Jupiter und Saturn.

Wenn die Linie unterhalb des Zeige- und Mittelfingers endet, deutet dies auf die Reinheit der Liebe hin.

Krümmung

Gerade: Dies deutet auf eine stabile, milde und zugängliche Persönlichkeit hin. Bei romantischen Annäherungsversuchen ist diese Person schüchtern und passiv. Sie deutet auch auf ein harmonisches und stabiles Familienleben hin.

Gekrümmt: Wenn die Kurve nach oben zeigt, deutet dies auf eine große Eloquenz der Person hin. Er oder sie kann sich hervorragend ausdrücken und eine günstige romantische Atmosphäre schaffen. Eine abwärts gerichtete Kurve deutet dagegen auf ein negatives Temperament hin. Andere könnten sich in Ihrer Nähe unwohl fühlen, weil Sie nicht in der Lage sind, Ihr wahres Ich und Ihre Gefühle zu zeigen. Für das

Liebesleben dieser Persönlichkeit werden einige Dramen und Wendungen vorhergesagt.

Inseln

Alle Inseln in der Herzlinie deuten auf Veränderungen in Ihrem Liebesleben hin, vor allem auf emotionale und romantische Probleme. Ihr Liebesleben könnte eine Art Störung erfahren, eine ablehnende Haltung und andere Gründe zur Sorge.

Unterbrochene Linien

Wenn die Lücke groß ist, gibt es Anzeichen für einen Bruch oder eine Notlage in der Beziehung.

Wenn die Linie unter dem kleinen Finger bricht, deutet dies auf Stress und Schwierigkeiten in Ihrem materiellen und romantischen Leben hin. Es deutet auch auf die Unfähigkeit hin, dem Partner treu zu bleiben, so dass die Beziehung in die Brüche geht.

Wenn die Linie dort endet, wo sich der Ringfinger und der kleine Finger treffen, deutet dies leider auf eine gescheiterte Beziehung oder Ehe hin. Aber es ist noch nicht alles verloren. Sie zeigt auch Freude und eine neue wahre Liebe nach der Tragödie an.

Wenn die beiden unterbrochenen Linien parallel verlaufen, leiden Sie höchstwahrscheinlich an einer schlechten Blutzirkulation und anderen damit verbundenen Beschwerden.

Wenn nichts von alledem zutrifft und die unterbrochene Linie sich in ihre eigene Richtung fortzusetzen scheint, bedeutet dies in der Regel, dass die Person ein wenig neurotisch, impulsiv und schwer zu lieben ist. Diese Person wird ihr Leben ganz sicher so genießen, wie sie es möchte.

Kopflinie

Diese Linie beginnt am Rand der Handfläche und verläuft quer über diese, zwischen der Lebenslinie und der Herzlinie. Die Kopflinie zeigt den Geisteszustand einer Person an, ihre Überzeugungen, ihre Denkweise, ihre Selbstbeherrschung, usw.

Eine lange Kopflinie zeigt, dass Sie einen klaren Verstand haben und rücksichtsvoll und reaktionsschnell sind. Sie würde auch auf übermäßiges Nachdenken hinweisen.

Eine mittellange Linie bedeutet, dass Sie klug sind. Sie haben ein Talent dafür, Dinge auf eine Weise zu tun, die andere nicht können.

Eine kurze Linie reicht nur bis zum Mittelfinger. Solche Menschen sind meist voreilig, impulsiv und unvorsichtig. Umgekehrt kann man sich aber auch darauf verlassen, dass solche Menschen Aufgaben schnell und kreativ erledigen.

Der Grad der Krümmung

Gerade: Dies zeigt in der Regel an, dass eine Person praktisch und engagiert ist. Er oder sie ist typischerweise ein Idealist und macht sich gut in Handel, Wissenschaft und Mathematik.

Gekrümmt: Solche Menschen sind gut in den Bereichen PR, Massenmedien, Psychologie und Soziologie. Sie sind realistisch veranlagt.

Abwärts: Sie haben eine sehr kreative und künstlerische Begabung. Berufe wie Malerei, Wandgestaltung, Poesie und kreatives Schreiben sind für solche Menschen am besten geeignet. Umgekehrt sind Menschen mit dieser Linie auch recht impulsiv, wenn es um den Umgang mit Geld geht.

Beziehung zur Lebenslinie

Verbunden: Wenn sie verbunden sind und sich zum Ende hin aufspalten, zeigt dies normalerweise die Stärke des Charakters an. Wenn sie sich überschneiden, bedeutet dies, dass die Person schüchtern und nachdenklich ist.

Getrennt: Eine solche Linie zeigt eine extrovertierte Persönlichkeit an, die sehr unabhängig ist.

Andere wichtige Linien und ihre Deutungen

Heiratslinie

Einer der Aspekte, der die Menschen normalerweise beunruhigt, ist ihr Eheleben und ihr Familienstand. Diese Linie zeigt Ihre eheliche Situation ganz klar an. Manche Menschen haben eine einzige Linie, andere haben vielleicht mehrere, und wieder andere haben vielleicht gekreuzte Linien oder gar keine Linien. Im Falle einer Ehe-Linie bestimmt die Länge in der Regel das Ergebnis. Abgesehen davon gibt es natürlich auch noch andere Aspekte bei der Deutung der Ehe-Linie. Also, lesen Sie weiter!

Länge

Lang und gerade

Dies ist die ideale Linie, die auf ein tiefes und starkes Band der Liebe hindeutet. Ein glückliches und stabiles Familienleben wird mit dieser Linie gedeutet. Wenn diese Linie Ihre Sonnenlinie berührt, ist das

Ergebnis nicht nur eine glückliche Ehe, sondern auch eine erfolgreiche Karriere.

Kurz

Eine kurze Linie bedeutet, dass Sie nicht so leidenschaftlich für das andere Geschlecht sind, wie Sie es sein sollten. Wenn die Linie nicht tief verläuft, bedeutet dies, dass Sie romantische Beziehungen nur zögerlich anstreben. Solche Menschen heiraten in der Regel auch spät im Leben.

Krümmung

Krümmung nach unten

Ominöserweise könnte dies den Tod eines Partners bedeuten, der früher als Sie gestorben ist. Ein plötzlicher Einbruch in der Linie könnte einen Unfalltod bedeuten. Eine nach unten gekrümmte Linie, die die Herzlinie berührt, bedeutet, dass Sie mit Ihrem Partner in Streit geraten und Konflikte haben werden. Dies ist auch die Linie, die auf eine Trennung oder Scheidung hinweist.

Nach oben gekrümmt

Für diese Linie wird ein heiteres Liebesleben angezeigt. Sie sind stabil und glücklich in Ihrer Beziehung und haben keine finanziellen Sorgen für die Zukunft. Diese Art von Linie deutet auf eine glückliche Ehe hin.

Unterbrochene Linie

Eine unterbrochene Linie deutet darauf hin, dass Sie Vorbehalte haben werden, wenn es um Ihr Eheleben geht. Streitigkeiten werden die Grundlage für diese Beziehung sein. Wenn sie einen bestimmten Punkt erreicht, steht fast immer die Scheidung an.

Kreuzungspunkt oder X-Zeichen

In der Handlesekunst gilt alles, was eine Kreuzung oder ein X-Zeichen aufweist, als ungünstig, weil es auf Ärger im Paradies hinweist. Bei solchen Menschen ist die Wahrscheinlichkeit größer, dass sie in ihrer Ehe unglücklich sind und sich streiten. Möglicherweise suchen sie auch Liebesaffären außerhalb ihrer Ehe, was die Situation weiter verschlimmert.

Sich überschneidende Linien

Solche Linien bedeuten in der Regel, dass Sie eine nicht ganz ideale Beziehung führen. Sie haben Vorstellungen und Träume von Ihrem Partner, die in der Realität nur schwer zu erfüllen sind. Wenn Sie unverheiratet sind, werden Sie für lange Zeit Single bleiben. Wenn Sie verheiratet sind, werden Sie sich nach anderen Vergnügungen und Interessen sehnen.

Schicksalslinie

Die Schicksalslinie ist eine weitere große Linie, die in der Nähe der Basis des Mittelfingers über die Handfläche verläuft. Sie kann von überall her beginnen. Sie wird auch als Karrierelinie bezeichnet, weil diese Linie anzeigt, wie gut Sie in Ihrem gewählten Beruf vorankommen werden. Diese Linie zeigt auch Veränderungen in Ihrem Arbeitsleben und Ihrem Karriereweg an. Wenn sie gut definiert und tief ist, können Sie davon ausgehen, dass Sie mit einem großartigen Karriereweg und Glück gesegnet sind. Diese Linie wird auch als Glückslinie bezeichnet.

Fehlen einer Schicksalslinie

Das bedeutet nicht, dass Sie keine fruchtbare Karriere haben werden. Es bedeutet lediglich, dass Sie aufgrund Ihrer Veranlagung zu ständigem Job-Hopping neigen und keine Dauerhaftigkeit in Ihrer Karriere anstreben.

Die Form der Schicksalslinie

Lang und tief

Diese Art von Linie zeigt normalerweise einen starken Unternehmergeist in der Person an. Er oder sie ist sehr gut in der Lage, ein eigenes Unternehmen zu führen.

Schmal und dünn

Wenn diese Linie vom mittleren Teil der Linie zum Ende hin verläuft, bedeutet dies, dass Sie in Ihrer Anfangszeit eine lohnende Karriere haben werden, die sich aber in späteren Jahren zunehmend verschlechtert.

Flache Linie

Harte Arbeit, wenn auch mit einigen Wendungen, zeugt diese Linie an. Wenn die Linie flach und breit ist, werden Sie hart arbeiten, aber die Früchte der harten Arbeit nicht ernten können.

Schräge Linie

Sie zeigt an, dass die Person einen einzigartigen Denkprozess hat und den allgemeinen Ideen und Ansichten bei der Arbeit eine sehr erfrischende Perspektive verleiht.

Die Schicksalslinie und die Herzlinie

Wenn die Herzlinie die Schicksalslinie stoppt, deutet dies in der Regel darauf hin, dass Ihre Gefühle Ihr Denken trüben. Sie regieren eher mit dem Herzen als mit dem Kopf. Dies kann Ihre Karrierechancen beeinträchtigen.

Eine Schicksalslinie, die vom Venusberg ausgeht (umgeben von der Lebenslinie an der Daumenwurzel) und in der Nähe der Herzlinie endet, deutet auf eine Ehe mit einer Person von Ruhm und Ansehen hin.

Die Schicksalslinie und die Kopflinie

Eine frühe Scheidung oder Trennung der Eltern könnte die Folge sein, wenn die Kopflinie die Schicksalslinie aufhält.

Wenn sie die Kopflinie nur streift und sie nicht durchdringt, deutet dies auf Ruhm und Reichtum hin. Es zeigt auch, dass die Person ein Projekt nicht zu Ende führt. Diese Menschen täten gut daran, schon in jungen Jahren Geld zu sparen.

Wenn eine Schicksalslinie an der Kopflinie gestoppt wird, hören Sie aus freien Stücken auf zu arbeiten. Auch wenn Sie das Talent dazu haben, wird eine falsche Einschätzung Ihrer Fähigkeiten Sie dazu bringen. Aber verlieren Sie nicht den Mut. Nach dem 35. Lebensjahr werden Sie eine Art Durchbruch in Ihrem Berufsleben erleben.

Sonnenlinie

Diese Linie beginnt am Mondberg, der sich an der Basis der Handfläche auf der Seite des kleinen Fingers befindet, und führt nach oben zum Sonnenberg, der sich unterhalb des Ringfingers befindet.

Die Sonnenlinie stellt die Art der Talente dar, die ein Mensch besitzt, seine Fähigkeiten und seine Verpflichtungen. Menschen mit einer langen Sonnenlinie stehen im Allgemeinen besser da als Menschen ohne diese Linie. Eine gute, starke Sonnenlinie stärkt die Schicksalslinie.

Einige Anhaltspunkte

Wenn die Linie deutlich ist, deutet dies darauf hin, dass die Person einen feinen Geschmack für Literatur und Kunst hat.

Wenn die Sonnenlinie kurz oder gar nicht vorhanden ist, deutet dies auf ein gewöhnliches und ruhiges Leben hin. Ein völliges Fehlen würde bedeuten, dass der Person der Erfolg fehlt.

Wenn die Linie dünn und schmal ist, deutet dies in der Regel auf ein Leben voller Frustration und möglicher Probleme im Eheleben hin.

Doppelte Linien

Dies zeigt, dass die Person vielseitig und offen für Vorschläge ist. Diese Person verfügt über vielseitige Fähigkeiten und hat einen guten Geschäftssinn.

Mehrere Linien

Wenn mehr als zwei Sonnenlinien vorhanden sind, bedeutet das, dass Sie keinen Kopf für Finanzen haben und möglicherweise Geld verlieren. Ihre Ausgaben sind höher als Ihre Einnahmen. Sie müssen früh mit dem Sparen beginnen und einige Finanzkonzepte lernen.

Sonnenlinie und Schicksalslinie

Wenn diese beiden Linien in Ihrer Handfläche parallel verlaufen, ist das ein besonders gutes Zeichen. Dies bedeutet Erfolg, Glück und einen guten Ruf für die Person während Ihres gesamten Lebens.

Geldlinie

Die Geldlinie finden Sie unter dem Ring- und dem kleinen Finger.

Wenn die Linie definitert und gerade ist, zeigt sie an, dass die Person ein kluger Investor ist und kluge Geldentscheidungen trifft. In Verbindung mit einer klaren Sonnenlinie könnte sie bedeuten, dass die Person später im Leben sowohl Geld als auch Ruhm erlangen wird.

Ist die Geldlinie gewellt, ist der Wohlstand der Person im Leben nicht stabil. Es kann zu Schwierigkeiten im Beruf oder in der Karriere kommen.

Jede andere Krümmung in der Linie deutet auf ein unbeständiges Vermögen hin. Wenn diese Art von Handfläche zu einer generell aufbrausenden Person gehört, bedeutet dies große Schwierigkeiten beim Erreichen von Reichtum und Prestige.

Geldlinie und Sonnenlinie

Manchmal verzweigt sich eine Sonnenlinie und erstreckt sich in Richtung des kleinen Fingers, der zugleich die Geldlinie ist. Diese Art von Linie deutet auf wirtschaftlichen Erfolg und ein großes Gespür für Geldangelegenheiten hin.

Wenn die Sonnenlinie und die Geldlinie miteinander verschlungen oder verbunden sind, kommt diese Person später im Leben in den Genuss eines unerwarteten Geldsegens.

Wenn eine kurze Linie die Geld- und die Sonnenlinie kreuzt, deutet dies auf Feinde in Ihrem Leben hin, die Sie sabotieren und Ihnen Ihren Reichtum rauben wollen.

M-Zeichen

Nach der chinesischen Handlesekunst ist das M-Zeichen in einer Handfläche von Bedeutung. Dies ist der Fall, wenn die Karrierelinie die Kopflinie in aufsteigender Formation durchläuft und ihr Endpunkt die Herzlinie berührt, wodurch eine M-Form entsteht. Menschen mit dieser Linie werden große Reichtümer vorhergesagt.

Geldlinie - Aufwärtsgerichtete Verzweigung

Diese Art von Linie bedeutet, dass die Person mit Geld umgehen kann und sich um geschäftliche oder handelsbezogene Aspekte kümmert. Diese Person wäre die erste Anlaufstelle für alle geldbezogenen Ratschläge.

Gesundheitslinie

Die wichtigste Linie für jeden Menschen! Sie befindet sich an der Basis des kleinen Fingers und kann fast überall in der Handfläche verlaufen. Sie kann mit anderen Linien verbunden sein, muss es aber nicht.

Es gibt einen kleinen Haken an dieser Linie. Obwohl sie als Gesundheitslinie bekannt ist, bedeutet ihr bloßes Erscheinen auf der Handfläche, dass etwas mit den Körpersystemen nicht in Ordnung ist. Natürlich sind nicht alle Gesundheitslinien schlecht. Wenn es sich um eine gerade Linie handelt, die die Lebenslinie nicht berührt, gilt sie als gut. Überraschenderweise ist das Fehlen einer Gesundheitslinie ein gutes Zeichen!

Die Form der Linien

- Gewellt: Dies warnt die Person vor Verdauungs-, Leber- oder Gallenblasenproblemen im Leben. Diese Person könnte auch an Magen-Darm-Problemen leiden.

- Gebrochen: Auch hier ist das Verdauungssystem im Spiel. Stufenförmige Linien oder solche mit einem scharfen Bruch bedeuten Unheil für den Verdauungstrakt der Person.

- Kurze Linien überkreuzen sich: Diese Art von Mensch ist anfällig für Unfälle und leidet über einen langen Zeitraum hinweg unter gesundheitlichen Problemen.

- Mehrere kurze Linien: Diese Person ist in der Regel körperlich geschwächt und war während eines großen Teils ihrer Kindheit und ihres Erwachsenenalters krank.

Länge der Gesundheitslinie

Überschreiten der Kopflinie

Eine lange Gesundheitslinie bedeutet nicht unbedingt eine gute und robuste Gesundheit. Wenn sie die Kopflinie kreuzt, könnte dies sogar bedeuten, dass die Gesundheit durch übermäßige geistige Belastung beeinträchtigt ist.

Ausdehnung bis zum Venusberg

Wenn die Gesundheitslinie bis zum Venusberg reicht, bedeutet dies, dass etwas mit dem Kreislaufsystem nicht in Ordnung ist. Solche Menschen sind anfälliger für Herz- und kardiale Beschwerden und Krankheiten.

Berührung der Lebenslinie

Dies wird in der Regel als ein ungünstiges Zeichen für die Gesundheit gedeutet, ganz im Gegensatz zur Konnotation. Es deutet auf ein schlechtes Kreislaufsystem und ein schwaches Herz hin.

Erhebungen der Handflächen

Nachdem Sie nun die Hauptlinien der Handfläche kennengelernt haben, ist es an der Zeit, sich mit den üblichen Erhebungen in der Handfläche zu befassen und zu verstehen, was sie bedeuten.

Handballenhöcker sind kleine Erhebungen auf der Handfläche. In der chinesischen Handlesekunst gibt es sieben Höcker, die jeweils nach einem anderen Planeten benannt sind und für verschiedene Eigenschaften der Person stehen. Diese Höcker finden Sie an den folgenden Stellen:

- Der Berg des Jupiter: An der Basis des Zeigefingers, über dem Berg des inneren Mars.
- Der Berg des Saturn: Unterseite des Mittelfingers.
- Der Berg des Apollo: Unterseite des Ringfingers.
- Der Berg des Merkur: Basis des kleinen Fingers, oberhalb des Berges des Äußeren Mars.
- Der Berg der Luna oder des Mondes: Basis der Handfläche, auf der Seite des kleinen Fingers.
- Der Berg der Venus: Auf der Basis des Daumens und umgeben von der Lebenslinie.

- Der Berg des Mars: Der innere Mars befindet sich zwischen den Bergen von Jupiter und Venus. Der äußere Mars befindet sich zwischen den Bergen von Merkur und Luna. Die Ebene des Mars, ein neutraler Boden, befindet sich in der Mitte der Handfläche.

Deutung der Handflächenerhebungen

Der Berg des Jupiter

Eine gut entwickelte und bedeutsame Erhebung hier zeigt an, dass die Person karriereorientiert, ehrgeizig und verantwortungsbewusst ist. Dieser Berg zeigt Autorität, Selbstachtung, Ehrlichkeit und Zuverlässigkeit in einer Person. Solche Menschen sind von Natur aus für eine Tätigkeit in der Regierung oder bei den Streitkräften prädestiniert. Wenn dieses Tierkreiszeichen unterentwickelt ist, deutet dies auf einen Mangel an Ehrlichkeit, Moral und Schüchternheit bei der betreffenden Person hin. Diese Art von Mensch scheut auch Ruhm und Ehre. Umgekehrt bedeutet eine besonders starke Ausprägung dieses Tierkreiszeichens, dass die betreffende Person überheblich, hochnäsig und übermäßig ehrgeizig ist.

Der Berg des Saturn

Dieser Berg entspricht der Perspektive und der Integrität. Ein gut ausgeprägter Berg an dieser Stelle zeigt, dass Sie aufrichtig, unabhängig und äußerst intelligent sind, mehr als der Durchschnitt. Solche Menschen sind gute Gelehrte und effiziente Organisatoren. Ist der Berg zu depressiv und oberflächlich, könnten Sie ein einsamer Mensch sein, der zu Aberglauben und religiösen Ansichten neigt. Ist die Erhebung hingegen zu hoch oder ausgeprägt, neigen Sie zu Angeberei und scheren sich möglicherweise nicht um die Meinung anderer. Wenn die Erhebung zu groß erscheint, sind Sie überdurchschnittlich pessimistisch.

Der Berg des Apollo

Apollo steht für Schönheit, Emotionen und Reichtum. Ein gut ausgeprägter Berg deutet auf eine starke Affinität zu Kunst und Kultur hin. Sie werden jemand sein, der die Schönheit um sich herum liebt. Solche Menschen sind auch mitfühlend und setzen sich gerne für andere ein. Eine niedrige Erhebung an dieser Stelle bedeutet einen Mangel an Interesse an den Künsten.

Der Berg des Merkur

Dieser Berg steht für Ihre Fähigkeit, zu denken und Entscheidungen im Leben zu treffen. Ein gut entwickelter Höcker bedeutet, dass die Person einfallsreich ist und sich an jede Lebenssituation anpassen kann. Solche Menschen eignen sich gut für Notfalldienste und Managementstudien. Der Fallstrick ist jedoch eine ausgeprägte Erhebung - sie führt zu Angeberei und Pomp, nicht zu Substanz. Wenn die Erhebung niedrig ist, deutet dies darauf hin, dass die Person eine negative Veranlagung hat und nicht an einem Strang ziehen wird.

Der Berg der Luna

Ähnlich wie der Mond steht dieses Tierkreiszeichen für Geheimnisse, Phantasie und viele Intrigen. Wenn dieser Höcker entwickelt ist, bedeutet das ein hohes Maß an Intuition und Vorstellungskraft und die Fähigkeit, weit und breit zu träumen. Solche Menschen neigen auch zu Depressionen, weil sie manchmal von ihren Gefühlen übermannt werden. Eine niedrige Erhöhung bedeutet, dass die Person nicht offen für neue Ideen ist. Ein höherer Höcker bedeutet, dass die Person sehr emotional und offen für Liebe und Romantik ist. Umgekehrt bedeutet ein niedriger Höcker, dass diese Menschen kein Interesse an Liebe oder Verpflichtungen zeigen. Ihr Leben ist eher eintönig.

Der Berg des Mars

Innerer Mars: Ein stark ausgeprägter Marsberg steht in Verbindung mit einer abenteuerlichen Ader und deutet auf Mut und Furchtlosigkeit hin. Ein überdurchschnittlich stark ausgeprägter Marsberg kann auch auf Aggression und Kampftrieb hinweisen. Eine unterdurchschnittliche Erhebung deutet normalerweise auf Unentschlossenheit der Person hin.

Äußerer Mars: Manchmal auch als negativer Mars bezeichnet, steht dieser Höcker für Selbstbeherrschung. Ein starker Mars bedeutet, dass Sie durch das Leben segeln, ohne dass größere Ängste oder Gefahren Sie aufhalten. Sie halten Rückschläge aus. Sie sind jemand, der nicht gerne finanzielle Risiken eingeht.

Mars-Ebene: Sie wird als Ebene bezeichnet, da sie weder zu hoch noch zu niedrig ist. Wenn sie keine Kreuze oder Schnörkel aufweist, ist das ein gutes Zeichen. Es bedeutet, dass Sie im Leben gut vorankommen. Alle anderen Linien zeigen an, dass Sie sich gegen Hindernisse wehren müssen, um ein gutes Leben zu führen.

Der Berg der Venus

Ähnlich wie die griechische Göttin steht diese Erhebung im Zusammenhang mit Liebe und Zuneigung. Wenn sie prominent ist, zeigt sie, dass die Person Geselligkeit genießt und sehr sentimental ist. Ist er zu niedrig, bedeutet dies, dass es der Person an Energie fehlt und sie kaltherzig ist. Ist er zu hoch, wird die Person übermäßig energisch, was zu Komplikationen in ihrem Liebesleben führen kann.

Linke und Rechte Hand

Nachdem Sie so viel über die Praxis und das Studium der Handlesekunst gelesen haben, sehen Sie sich nun den Unterschied zwischen der linken und der rechten Hand an.

In der Handlesekunst gilt die linke Hand als passiv und die rechte Hand als dominant. Dies gilt für den Großteil der Bevölkerung. Wenn Ihre dominante Hand die rechte ist, sollten Sie idealerweise diese für die Deutung verwenden. Wenn Sie Linkshänder sind, sollten Sie diese Hand zum Lesen vorlegen. In der Regel lesen die meisten Therapeuten jedoch beide Handflächen, um Sie besser verstehen zu können.

Die linke Hand enthüllt: Ihre Vermögensposition, Ihre Familie, Ihre Möglichkeiten, Ihr Potenzial, Ihre Persönlichkeitsmerkmale, Ihre Macken und Ihre Ängste.

Die rechte Hand offenbart: Ihr Handlungspotenzial, Ihren Antrieb, Ihr Schicksal und Ihre zukünftigen Ziele.

Das Lesen beider Hände ist wichtig, denn beide Hälften machen ein vollständiges Ich aus. Sie können nicht eine Hand lesen und die andere weglassen, denn das würde nur eine halbe Deutung bedeuten. Hüten Sie sich vor billigen und anmaßenden Hellsehern, die nur eine Handfläche lesen und Vorhersagen herunterleiern. So funktioniert die Handlesekunst nicht.

Nachdem Sie nun ein grundlegendes Verständnis der Handlinien und Erhebungen haben, lesen Sie weiter, um eine weitere reizvolle und interessante Methode der Wahrsagerei zu entdecken: die Runen.

Kapitel Sieben: Runenwerfen I: Wie man die Runen wirft

Was ist Runenwerfen?

Runenwerfen ist eine weitere Methode der Wahrsagerei, die es schon seit langer Zeit gibt. Die Runen werden auf eine bestimmte Art und Weise geworfen, ausgebreitet und dann gedeutet. Genau wie andere Formen der Wahrsagerei geben Ihnen die Runen nicht die genaue und wörtliche Bedeutung der Ereignisse in Ihrem Leben. Nichts wie „Wen werde ich heiraten?" oder „Wann werde ich befördert?". Wie alles andere auch, ist das Runenwerfen lediglich ein Hilfsmittel. Sie werden hier Antworten finden, aber nehmen Sie diese nicht für bare Münze. Diese Methode schlägt Ihnen verschiedene Optionen und Variablen für Ihre Fragen und Probleme vor und bietet sie Ihnen an. Sie müssen in sich selbst schauen und die Antworten finden.

Ursprung des Runenwerfens

Nach der nordischen Legende wird dem nordischen Gott Odin die Entdeckung des Runenalphabets zugeschrieben. Seine Ursprünge sind so tief und alt wie die nordischen Götter selbst. Runen sind Alphabete, die als das Futhark bekannt sind. Es war in den skandinavischen und deutschen Ländern populär, bevor es sich in der ganzen Welt verbreitete. Das Wort Rune bedeutet ein Mysterium oder Geheimnis. Sie sind meist aus Stein gefertigt. Die Runenalphabete sind eine vielfältige Sammlung von Symbolen, die für verschiedene Bedeutungen stehen. Diese Runenschnitzereien sind überall in den skandinavischen Ländern zu finden. Diese Schnitzereien gehen auf die frühe Bronzezeit zurück!

Die ältesten Alphabete sind als das Ältere Futhark bekannt, das vierundzwanzig Runen enthält. Im Laufe der Zeit wurde dieses Alphabet verändert und in das angelsächsische Englisch umgewandelt. Eine neuere Version des Runenalphabets ist als das Jüngere Futhark bekannt. Aufgrund der Variationen des Alphabets kann man davon ausgehen, dass die Methode des Runenwerfens durch die Migration und Auswanderung der Menschen überall auf der Welt verbreitet wurde.

Die ersten sechs Buchstaben des Älteren Futhark buchstabieren wörtlich FUTHARK.

- F für Fehu - Reichtum, Hausvieh, Wohlstand oder Gewinn
- U für Uruz - wilder Ochse, Entschlossenheit oder Lebenskraft
- T für Thurisaz - Riese, Dorn, Problem, Kraft oder unerwartete Veränderung
- H für Hagalaz - Hagel
- A für Ansuz - Vorfahren, der eigene Gott, Kommunikation oder Wissen
- R für Raidho - Streitwagen, Wagen, Fahrzeug, Reise oder Bewegung
- K für Kenaz - Fackel, Leuchtfeuer, Führungslicht, Feuer oder Energie

Wie bereits erwähnt, hat sich aus dem Runenalphabet das englische Sprachalphabet entwickelt. Wie Sie vielleicht wissen, leitet sich das Wort Alphabet von zwei griechischen Wörtern ab, Alpha und Beta. Das Ältere Futhark ist das älteste und bekannteste Alphabetsystem, denn es ist auch die älteste Form der Schrift, ein vollständiges symbolisches System, das um 400 v. Chr. in Schweden auftauchte. Es gibt Hinweise darauf, dass mehr als fünfzig Runensteine in der Wikingerzeit (950-1100 n. Chr.) entdeckt wurden. Diese Steine verbreiteten sich in Dänemark, Schweden, Grönland, Kopenhagen und Deutschland.

Runen

Sie können entweder ein Set Runen kaufen oder Ihre eigenen herstellen. In der Antike wurden die Runen aus einem bestimmten Holz hergestellt, heutzutage gibt es jedoch verschiedene Holzarten wie Eiche, Zeder oder Kiefer. Runensymbole können in Holz oder Stein geschnitzt oder sogar gemalt werden. Andere Materialien zur Herstellung von Runen sind Metall, Knochen, Kieselsteine oder Kristalle. Wenn Sie gerade erst anfangen, empfehlen wir Ihnen ein einfaches Set von Runen.

Nach einer Weile des Übens können Sie zu einem speziellen Runen-Set übergehen. Schauen Sie, wohin Ihr inneres Licht Sie führt, und wählen Sie ein bestimmtes Runen-Set, das Sie auf Ihrer Reise begleitet! Wie bei jeder anderen Methode der Wahrsagerei ist die Wahl Ihres Runensets und das Werfen damit eine sehr persönliche Entscheidung und sollte von niemandem und nichts beeinflusst werden. Es kommt darauf an, was Sie damit tun, nicht auf das Material selbst. Wenn Sie sich ein Runenset zulegen, wird es höchstwahrscheinlich von einer klaren und präzisen Anleitung begleitet sein. Darin erfahren Sie, was jede Rune darstellt, was das Alphabet bedeutet, wofür die Symbole stehen und wie Sie die Bedeutung interpretieren sollten, indem Sie das Gesamtbild betrachten, anstatt sich nur auf ein Symbol oder eine Idee zu konzentrieren.

Das Runentuch

Dies ist ein Stück Stoff, auf das Sie die Runen legen, während Sie eine Deutung vornehmen. Normalerweise ist ein Runentuch weiß und nicht zu groß. Machen Sie sich keine Sorgen, Sie brauchen kein exquisites und teures Tuch für das Runenwerfen, nur weil Sie irgendwo gelesen haben, dass Runenwerfen eine magische und exotische Idee ist. Das Tuch soll nur verhindern, dass Ihre Runensteine oder Kristalle schmutzig werden. Staub beeinträchtigt das Runenwerfen und jede andere Art des Lesens, daher hilft das Tuch, die Runen sauber zu halten.

Wie man Runen wirft

Es gibt keine festgelegte Methode dafür. Es gibt jedoch einige bewährte Muster und Legesysteme, die Sie ausprobieren können.

Sie brauchen einen ruhigen Ort und eine günstige Zeit, um mit dem Lesen zu beginnen. Jede Störung von außen wirft einen Schatten auf Ihr Inneres und verstärkt den Aufruhr, was zu einer ungenauen Deutung führt. Sie brauchen einen klaren Geist, um sich auf das vorliegende Thema zu konzentrieren. Atmen Sie tief durch und beruhigen Sie Ihren gesamten Körper und Geist. Denken Sie über jedes Problem oder jede

Frage nach, die Ihnen auf der Seele brennt. Wenn Sie möchten, können Sie ein stilles Gebet zu einem Gott oder einer Gottheit Ihrer Wahl sprechen. Legen Sie Ihr Runentuch vor sich aus und legen Sie die Runen darauf.

Wie beim Tarot gibt es auch beim Runenwerfen verschiedene Legesysteme und Anordnungen. Wenn Sie dies jedoch zum ersten Mal versuchen, gehen Sie einfach vor. Suchen Sie sich eine Rune aus und analysieren Sie sie vollständig. Wenn Sie sich mit einem einfachen Legesystem vertraut gemacht haben, können Sie die anderen Varianten ausprobieren.

Bevor Sie die Runen auf das Tuch legen, bewegen Sie Ihre Hand in dem Beutel und schütteln Sie die Runen. Das ist ähnlich wie das Mischen der Karten in einem Tarotdeck. Wie bei anderen Wahrsagerei-Methoden werden auch beim Runenwerfen alle Einflüsse - Vergangenheit, Gegenwart und Persönlichkeit - berücksichtigt, um einen Leitfaden für die Person zu finden. Bei einem Runenwurf müssen Sie drei Runen aus dem Beutel ziehen, eine nach der anderen, und sie auf das Tuch legen. Die erste von ihnen zeigt eine allgemeine Zusammenfassung Ihrer Situation oder Ihres Problems an, die zweite befasst sich mit den Problemen, auf die Sie im Laufe Ihres Handelns stoßen könnten, und die dritte stellt dar, was Sie tun sollten, um diese Hindernisse zu überwinden und Ihr Ziel zu erreichen. Eine andere Art von Legesystem ist die Neun-Runen-Anordnung.

In der nordischen Mythologie gilt die Neun als eine magische Zahl! Für diese Legung mischen Sie Ihre Runen und nehmen neun davon heraus, eine nach der anderen, und verstreuen sie einfach auf dem Tuch. Es gibt kein bestimmtes Muster, wohin die Runen fallen sollen. Öffnen Sie nun die Augen und sehen Sie, welches Muster sich durch die Runen gebildet hat. Welche sind nach oben und unten gerichtet? Befinden sich einige in der Nähe der Mitte des Tuches? Einige könnten sich am äußersten Ende befinden. Schauen Sie, wohin jede Rune gefallen ist und in welche Richtung. Deuten Sie sie dann und denken Sie dabei an Ihre vergangenen und gegenwärtigen Einflussfaktoren.

So interpretieren Sie das Runenwerfen

Wie im Runenalphabet üblich, hat jedes Symbol mehr als eine Bedeutung. Daher betonen Experten, dass Sie sich nie einfach an die angegebene Bedeutung halten sollten, sondern sich ein Gesamtbild verschaffen und dann eine Interpretation vornehmen sollten. Ein Beispiel: Ehwaz bedeutet Pferd. Es bedeutet auch Rad oder Glück. Bedeutet das also, dass Sie ein Pferd bekommen? Oder einen neuen Satz Räder? Oder haben Sie vielleicht einfach nur Glück? Könnte sein. Aber fügen Sie das zu den anderen Runen hinzu und betrachten Sie die vergangenen und gegenwärtigen Einflüsse sowie die Persönlichkeit der Person. Es könnte alles Mögliche bedeuten. Vielleicht hat die Person Glück auf ihren Reisen. Vielleicht können sie wie das Pferd im Wind galoppieren und ihren Stall, d.h. ihr wahres Ziel, finden. Manchmal können diese drei Bedeutungen auch auf etwas noch Besseres hinweisen - vielleicht einen unerwarteten Bonus oder eine Beförderung bei der Arbeit!

Machen Sie sich keine Sorgen, wenn Sie nicht sofort zufriedenstellende Ergebnisse erzielen. Es braucht Zeit, Geduld und jahrelanges Studium, bevor Sie die Runen und ihre Bedeutungen wirklich verstehen können. Es gibt mehrere Bücher und Online-Ressourcen, die Sie bei Ihrer Recherche unterstützen können. Schauen Sie sich diese an und versuchen Sie Ihre eigenen Lesungen. Natürlich müssen Sie sich, wie bei jeder anderen Methode der Wahrsagerei auch, auf Ihre Intuition und Ihre Schlussfolgerungen verlassen, um eine umfassende Analyse zu erhalten. Genau wie bei den Tarotkarten kann eine auf dem Kopf stehende oder seitlich liegende Rune eine völlig andere Bedeutung haben als eine aufrecht stehende Rune. Konsultieren Sie unbedingt Ihren Ratgeber, um die richtige Bedeutung herauszufinden.

Wie Sie Ihre Runen pflegen

In der Regel werden Runensteine oder -kristalle in einem kleinen Beutel aufbewahrt, der mit einer Schnur zusammengebunden ist. Das Säckchen ist weich und hält die Runen sicher an einem Ort. Alternativ können Sie auch eine Runenbox oder eine Runentruhe verwenden, in der Sie Ihre Stoffe und Runen zusammen aufbewahren können. Achten Sie nur darauf, dass Sie sie nach jedem Lesen reinigen.

Manchmal werden leere Runen in einem Runenset geliefert. Das könnte viel Raum für Interpretationen lassen, aber traditionelle Praktiker des Handwerks haben gesagt, dass sie noch nie so etwas wie eine leere Rune in ihren Würfen gesehen haben. Wenn Sie sie aus Ihrer Sammlung entfernen möchten, ist das auch in Ordnung!

Da Sie nun wissen, was Runen sind und wie man sie wirft, sollten Sie sich im nächsten Kapitel einige Layouts und Legesysteme für das Runenwerfen ansehen.

Kapitel Acht: Runenwerfen II: Layouts und Legesysteme für die Wahrsagerei

Hier finden Sie einige beliebte Legesysteme und ihre Interpretationen.

Ein-Runen-Layout

Der Klassiker und die einfachste Variante. Sie nehmen eine Rune aus dem Beutel und legen sie auf Ihr Tuch. Diese repräsentiert Ihre allgemeine Einstellung und Ihre Gefühle in Bezug auf Ihre Frage.

Zwei-Runen-Layout

Sie wählen zwei Runen aus und legen sie auf das Tuch. Sie repräsentieren die Vorstellung von dem, was war und was sein könnte. Die erste könnte für Aspekte Ihres Lebens stehen, die sich jetzt gerade entfalten, und die zweite könnte auf Ereignisse in der Zukunft hinweisen und darauf, wie Sie sich diesbezüglich fühlen.

Drei-Runen-Layout

Dies bezieht sich auf das Layout der Vergangenheit, der Gegenwart und der Zukunft. Die erste ist die Vergangenheit - Dinge oder Ereignisse, die bereits stattgefunden haben und unter deren Einfluss Sie jetzt handeln. Die zweite ist die Gegenwart, in der es um Ereignisse geht, die gerade stattfinden. In der dritten geht es um das Ergebnis dessen, was Sie sich erbeten oder gewünscht haben.

Vier Richtungen Layout

Die vier Himmelsrichtungen stehen für verschiedene Aspekte Ihres Lebens. Der Norden (Nordri) steht für die Vergangenheit, der Westen (Vestri) für die Gegenwart, der Osten (Austri) für die Zukunft und der Süden (Sudri) für alle möglichen Ergebnisse dieser Legung.

Interpretieren Sie dies jedoch nicht so, dass Ihre Zukunft vorhergesagt ist oder dass Sie einen klaren Blick auf das haben, was passieren wird. Je nachdem, wie Sie die Antworten interpretieren, wird es für Sie mehrere Möglichkeiten und Ergebnisse geben.

Fünf-Kreuz-Layout

Die erste Rune steht für die Frage, die Sie gestellt haben. Die zweite Rune steht für alle Aspekte, die mit der Frage zusammenhängen, also auch für die Vergangenheit. Die dritte Rune steht für etwas, das in der Frage, die Sie gestellt haben, verborgen oder übersehen wurde. Die vierte Rune informiert Sie über die Lebensenergie, die mit der Frage verbunden ist. Die fünfte Rune liefert Antworten oder mehrere Optionen für die Frage.

Layout der Midgardschlange

In der Mythologie glaubte man, dass dieses extrem lange Ungeheuer im Meer lebte. Sie müssen Ihre Runen nicht unbedingt in der gleichen Formation, in einer fließenden Kurve, anordnen, wie es die Figur vorschlägt. Die Figur symbolisiert lediglich eine Schlange. Sie beginnen mit dem Schwanz und arbeiten sich langsam zum Kopf vor. Auf dieser Reise werden Sie metaphorische Hügel erklimmen, in Schluchten fallen und stolpern. Es wird Zeiten und Muster von Belohnungen und Ruhepausen geben. Dies ist im Grunde die Reise des Lebens.

Die erste Rune steht für Ihre Vergangenheit und die Gefühle, die Sie mit ihr verbinden. Bei der zweiten Rune geht es um das, was Sie in Bezug auf bestimmte schmerzhafte Ereignisse in der Vergangenheit durchgemacht haben. Sie hat auch mit Hindernissen und Blockaden zu tun. Die dritte Rune steht für Ihre Gegenwart - Ihren Geisteszustand und Ihre Einstellung, sich der Vergangenheit und ihren Herausforderungen zu stellen und gegenwärtige Hindernisse zu überwinden. Die vierte Rune fordert Sie auf, Ihre Reise zu beginnen. Hier gibt es einen höheren

Buckel, der auf noch mehr Probleme hinweist. Die fünfte Rune gibt Ihnen einen Einblick in Ihre Reise. Sie sehen Ihr Ziel und sind beschwingt! Die sechste sagt Ihnen, dass Sie hart arbeiten und sich mehr anstrengen müssen, um Ihr Ziel zu erreichen. Das letzte Symbol stellt den Kopf der Schlange dar. Symbolisch gesehen, ist dies Ihr Ziel.

Seien Sie sich darüber im Klaren, dass dies nicht nur eine Zeitlinie von Ereignissen darstellt, die Sie zum Erreichen Ihres Ziels benötigen, sondern auch einen Zyklus. Sobald Sie die Reise beendet haben, wartet eine weitere auf Sie. Das lehrt Sie, nicht selbstzufrieden und gleichmütig zu sein.

Bifrost Layout

Nach der nordischen Mythologie bezeichnet Bifrost eine Brücke, die die Welt der Menschen mit der Welt der Götter verbindet. Mit dieser Art von Layout stellen die Runen eine tiefe Verbindung zwischen der materiellen und der astralen Welt her.

Die Anordnung ist wie ein Regenbogen, mit den Farben VIBGGOR (violett, indigo, blau, grün, gelb, orange und rot). Jede Farbe hat eine Bedeutung.

- Rot - vergangene Haltungen und Gefühle
- Orange - was Sie in der Gegenwart sehen und wahrnehmen
- Gelb - Ihre gegenwärtige Einstellung
- Grün - die Auswirkungen Ihrer geistigen Verfassung auf Ihr gegenwärtiges Handeln
- Blau - welche Einstellung Sie für die Zukunft haben werden
- Indigo - die Auswirkungen Ihrer gegenwärtigen Einstellung auf Ihre Zukunft
- Violett - die Summe Ihrer Ergebnisse

Gitter der Neun Layout

Nehmen Sie die Runen heraus und legen Sie sie in ein Raster. Die erste Rune, die Sie herausnehmen, kommt in die Mitte der dritten Reihe, die zweite Rune in die rechte Ecke der ersten Reihe und so weiter. Wenn Sie die Zahlen aus einer der Spalten oder Reihen addieren, erhalten Sie fünfzehn.

Lesen Sie zuerst die dritte Reihe - hier geht es um Ihre vergangenen Erfahrungen und Gefühle gegenüber Dingen und Menschen.

Die dritte Reihe enthält drei Runen in der Reihenfolge 8, 1 und 6.

- 8 - entspricht den verborgenen Bedeutungen und Einflüssen der Vergangenheit
- 1 - entspricht den grundlegenden Instinkten der Vergangenheit
- 6 - entspricht der gegenwärtigen Einstellung und Geisteshaltung

Die zweite Reihe enthält die Runen in der Reihenfolge 3, 5 und 7.

- 3 - entspricht den Einflüssen der Gegenwart, die teilweise verborgen sind
- 5 - entspricht den Ereignissen, die derzeit stattfinden und Ihr Leben prägen
- 7 - entspricht Ihrer Einstellung und Ihren Gefühlen gegenüber diesen Ereignissen

Die oberste Reihe ist die letzte, die zu lesen ist. Sie enthält die Runen in der Reihenfolge 4, 9 und 2.

- 4 - steht für die Ergebnisse der Zukunft, Verzögerungen oder Hindernisse
- 9 - entspricht der Frage, um die es geht, und ihren Auswirkungen
- 2 - entspricht dem, was Sie wirklich über das Problem oder die Frage, die Sie gestellt haben, fühlen und denken

Odins Neuner-Layout

Historisch gesehen stellt dieses Layout den Körper von Odin dar, wie er an einem Baum hing. Um dieses Layout zu lesen, gehen Sie folgendermaßen vor:

Stellen Sie sich das Layout als vier Spalten vor.

In der ersten stehen die Zahlen 1 und 2.

- 1 - verborgene Einflüsse aus Ihrer Vergangenheit
- 2 - Ihre gegenwärtige Einstellung zu vergangenen Ereignissen

In der zweiten Spalte stehen die Zahlen 3 und 4.
- 3 - die Wirkung der verborgenen Einflüsse in der Gegenwart
- 4 - Ihre Einstellung und Ihr geistiger Zustand zu den gegenwärtigen Ereignissen

In der dritten Spalte stehen die Zahlen 5 und 6.
- 5 - alle Hindernisse, die Sie daran hindern könnten, das Ergebnis zu sehen
- 6 - Ihre Reaktion auf das Ergebnis

Die letzte Spalte enthält die Zahlen 7, 8 und 9.
- 7 - steht für die Kräfte, die Sie bereits haben oder für die erste Spalte brauchen werden
- 8 - steht für die Kräfte, die Sie bereits haben oder die Sie für die zweite Spalte benötigen werden
- 9 - steht für die Kräfte, die Sie bereits haben oder die Sie für die dritte Spalte benötigen

Die letzte Spalte, die Odins Speer zeigt, steht für die Kräfte, die Sie für jede der drei vorangegangenen Spalten haben oder benötigen.

Keltische Kreuz Legung

Dieses Legesystem ähnelt dem eines Tarots. Konzentrieren Sie sich bei diesem Legesystem auf die Platzierung der ersten beiden Runen. Im Idealfall können Sie die Person, die die Runen wirft, eine bestimmte Rune auswählen lassen, die mit ihrer Frage zu tun hat - Liebe, Karriere, Beziehungen, Gesundheit, Leben, usw. Wenn Sie können, malen Sie ein Bild, das diese Rune darstellt, und bitten Sie die Person, sich während des Lesens darauf zu konzentrieren und zu fokussieren. Eine andere Methode besteht darin, eine zufällige Rune aus dem Beutel zu nehmen und sie auf das Papier zu zeichnen. Es handelt sich dabei um eine zufällige Rune, die nicht unbedingt etwas mit der Frage zu tun hat, die die Person stellen möchte. Die zweite Rune sollte über der ersten platziert werden. Wenn dies jedoch nicht möglich ist, legen Sie sie neben die erste Rune.

- 1 - das Problem oder die Frage, um die es geht
- 2 - die äußeren Einflüsse, die ein Hindernis darstellen könnten
- 3 - die verborgenen Einflüsse, die das Problem beeinflussen

- 4 - die persönlichen Einflüsse der Person, die die Frage stellt
- 5 - alle Ängste oder Bedenken, die die Person in Bezug auf ihre Frage hat
- 6 - Einflüsse von Familie und Freunden
- 7 - die Träume und Hoffnungen der Person, die die Frage stellt
- 8 - Ängste oder negative Gefühle in Bezug auf die Zukunft
- 9 - der Umgang der Person mit ihren vergangenen und gegenwärtigen Einflüssen
- 10 - das Ergebnis der gesamten Lesung

Egils Walknochen-Layout

Dieses Layout basiert auf einer mythologischen Geschichte aus Island, die von einem Dichter, Egil, erzählt, der Helga heilt, die aufgrund von falsch eingeritzten Runen krank wurde. Egil kratzte diese ab und ritzte heilende Runen in den Stein, wodurch sie wieder gesundwurde. In dieser Lesung werden die Runen nicht einzeln gelesen, sondern in vier Dreiergruppen aufgeteilt. Die Deutung ist wie folgt:

Gruppe 1: Runen-Nummern 1, 2 und 3

In diesem Märchen wusste der ursprüngliche Schnitzer genau, was er tat. Das bedeutet, dass Sie, wenn Sie sich die erste Gruppe von Runen ansehen, wissen, was Sie vom Leben wollen. Sie kennen Ihre Absichten, Ziele, Wünsche und Gefühle. Diese müssen Sie im Hinterkopf behalten, wenn Sie fortfahren.

Gruppe 2: Runen Nr. 4, 5 und 6

Helga, das Mädchen in dem Märchen, wird krank, weil der Schnitzer die falschen Runen in die Steine geritzt hat. Diese Gruppe weist darauf hin, dass Sie in die Irre geführt werden können, wenn Ihre Absichten falsch oder bösartig sind - wenn Sie nur das Ziel sehen und nicht den Weg dorthin.

Gruppe 3: Die Runen-Nummern 7, 8 und 9

Helgas Vater ist Thorfinn, und natürlich war er besorgt, dass seine Tochter krank werden könnte. Diese Gruppe von Runen deutet darauf hin, dass sich Ihnen Hindernisse und Dornen in den Weg stellen werden. Das können direkte Blockaden sein, aber auch solche, die sich versteckt halten. Nehmen wir an, Sie brauchen finanzielle Hilfe.

Vielleicht erhalten Sie plötzlich finanzielle Unterstützung von jemandem, von dem Sie nie gedacht hätten, dass er Ihnen helfen würde. Oder wenn es Ihr Ziel ist, für die Zukunft zu sparen, lassen Ihre Ausgabengewohnheiten dies vielleicht nicht zu, was zu Problemen und Frustration führt. Der Schlüssel dazu ist, dass Sie ein Auge darauf haben, was Sie tun.

Gruppe 4: Runen 10, 11, und 12

Egil, Helgas Retter, entfernt die falschen Runen und schnitzt die heilenden ein. Diese Runengruppe sagt Ihnen, dass Sie alle Selbstzweifel überwinden und auf Ihr Ziel zusteuern sollen. Behalten Sie alle Kommentare im Kopf, aber nehmen Sie sie sich nicht zu Herzen.

Da Sie nun ein grundlegendes Verständnis der Runen und ihrer Bedeutungen haben, ist es an der Zeit, sich mit einer anderen beliebten Methode der Wahrsagerei zu befassen: Tarot.

Kapitel Neun: Tarot-Lesen I: Die Große Arkana

Tarotkarten wurden im fünfzehnten Jahrhundert zunächst für unterhaltsame Spiele verwendet, erst zu Beginn des achtzehnten Jahrhunderts begann man, sie ernster zu nehmen und in Verbindung mit Wahrsagerei zu verwenden. Antoine Court und Jean-Baptiste Alliette leisteten einen wichtigen Beitrag zur Popularisierung des Tarots in Paris, von wo aus alles seinen Anfang nahm.

Was brauchen Sie für eine Lesung?

Zunächst einmal brauchen Sie ein Kartenspiel. Es gibt viele verschiedene zur Auswahl, das beliebteste ist Rider-Waite. Jedes Tarot-Kartendeck enthält 78 Karten, die in zwei Kategorien unterteilt sind, die Große Arkana und die Kleine Arkana. Die zweiundzwanzig Karten des Großen Arkana beziehen sich auf die wichtigsten Aspekte und Einflüsse im Leben eines Menschen. Das Kleine Arkana befasst sich mit alltäglichen Dingen. Die 56 Karten des Decks sind in Stäbe, Schwerter, Münzen und Kelche unterteilt. In der Regel sind Stäbe Symbole für Kreativität, Schwerter für intellektuelle Tätigkeiten, Münzen für Geldangelegenheiten und Kelche für emotionale Angelegenheiten. Mehr über das Kleine Arkana erfahren Sie im nächsten Kapitel.

Kartenlegen - Grundlagen

Es gibt verschiedene Legesysteme für die Karten. Die gängigsten sind das Drei-Karten-Legen, das Keltische Kreuz und das Sieben-Tage-Legen. Bei einem Legesystem mit drei Karten mischen Sie die Karten und der Kartenleger zieht drei Karten aus dem Deck. Die erste Karte steht für die Vergangenheit, die zweite für die Gegenwart und die dritte für die Zukunft. Eine weitere gängige Lesung ist die tägliche Kartenlesung. Dabei wird eine einzelne Karte aus dem Deck gezogen und ihre Bedeutung für den jeweiligen Tag gedeutet.

Bemerkenswerte Fakten über Tarot

- Jeder Mensch hat eine Tarot-Geburtskarte. Möchten Sie wissen, wie? Rechnen Sie Ihren Geburtstag zusammen! Zum Beispiel: 10. Februar 1980. Das wäre dann 1+0+2+1+9+8+0, was 21 ergibt. 2 und 1 ergeben 3. Das bedeutet, dass Ihr Geburts-Tarot die Kaiserin ist!
- Der Mythos, dass man sich kein eigenes Tarotkartendeck kaufen kann und es geschenkt bekommen muss, ist völlig unwahr. Sie können durchaus Ihr eigenes Deck kaufen und eine Lesung durchführen.
- Jeder kann das Tarot lesen; Spiritualität ist nur ein Aspekt davon, jedoch benötigen Sie für das Lesen Intuition.
- Es gibt grundlegende Elemente, die mit dem Tarot verbunden sind. In dem Kleinen Arkana wird Wasser mit Kelchen, Erde mit Münzen, Luft mit Schwertern und Feuer mit Stäben assoziiert.

Die zweiundzwanzig Karten des Großen Arkana stellen alltägliche Situationen dar, mit spezifischen Bedeutungen und Botschaften. Sie sind nicht einfach nur Karten, sie sind ein Mittel der Erzählung. Die folgenden zweiundzwanzig Karten stehen für Ihren Lebensweg und die Lektionen, die Sie lernen. Es ist an der Zeit, sich ohne Umschweife darauf einzulassen!

0. Der Narr

Aufrechte Position

Die erste Karte im Tarotdeck, der Narr, gilt als gutes Omen, denn er ist ein kindliches Wesen, unverdorben und sich der Herausforderungen des Lebens, die vor ihm liegen, nicht bewusst (genau wie ein Kind). Er ist unschuldig und voller Freude und Wunder. Diese Karte in Ihrer Legung ermutigt Sie, sich der Welt und ihren Herausforderungen offen zu stellen. Erkennen Sie Ihr Potenzial und setzen Sie es um.

Umgedrehte Position

Wenn diese Karte auf dem Kopf liegt, entdecken Sie vielleicht eine andere Seite an sich, die Sie bisher noch nicht erforscht haben. Dieser Teil könnte im Schatten des Egos und der Unwissenheit verborgen sein, oder Sie hegen vielleicht böse Gefühle gegenüber jemandem oder haben psychologische Blockaden, die gelöst werden müssen.

1. Der Magier

Aufrechte Position

Bei dieser Karte dreht sich alles um Sie - Ihr einzigartiges Wesen und Ihre Fähigkeiten, die Sie von anderen unterscheiden. Wenn diese Karte in Ihrer Lesung auftaucht, bedeutet das, dass Sie bereits über alle Fähigkeiten und Tricks verfügen, die Sie brauchen, um Ihre Träume und Ziele zu erreichen. Nichts kann Sie jetzt noch aufhalten.

Umgedrehte Position

Umgekehrt würde eine umgedrehte Karte bedeuten, dass Sie Ihr eigener schlimmster Feind sind! Vielleicht sabotieren Sie unbewusst Ihre Bemühungen. Vielleicht haben Sie das Gefühl, dass Ihre Gedanken und Ideen zu fortschrittlich und schockierend sind, um sie in die Tat umzusetzen, oder vielleicht sind Sie sich einfach nicht bewusst, welche Qualitäten Sie besitzen, oder es fehlt Ihnen der Mut, dies herauszufinden.

2. Die Hohepriesterin

Aufrechte Position

Dies ist vielleicht die intuitivste Karte des Decks. Sie befasst sich mit Ihrem bewussten Geist, Ihrem Bewusstsein und auch mit dem Unterbewusstsein. Wenn Sie diese Karte ziehen, sagt sie Ihnen, dass Sie nach innen schauen und auf Ihre innere Stimme hören sollen. Ihr Bauchgefühl weiß bereits, was richtig und falsch ist. Sie müssen ihm nur vertrauen und darauf hören. Im Tarot erscheint diese Karte, wenn der Narr beschließt, zu sehen, welche Kräfte und Fähigkeiten er entwickeln kann.

Umgedrehte Position

Diese Karte zeigt Ihnen an, dass Sie so sehr in Ihr Leben, Ihre Gedanken und Ideen vertieft sind, dass es zu einer ungesunden Besessenheit geworden ist. Es gibt eine andere Welt da draußen, die ebenso erforscht werden muss. Diese Karte versucht, Ihnen etwas über das Gleichgewicht beizubringen.

3. Die Herrscherin

Aufrechte Position

Diese Karte ist die weiblichste Karte des Decks und steht in einer Lesung für Liebe, Schönheit und Zärtlichkeit. Sie steht auch für Fruchtbarkeit und Mutter Natur. Die Herrscherin wird auch die große Recyclerin genannt, denn sie kann alle Verwüstungen und Umwälzungen, die Ihren Frieden stören und zerstören, wiederbeleben und wiederherstellen.

Umgedrehte Position

Umgekehrt betrachtet steht diese Karte symbolisch für Stürme, Tsunamis und Wirbelstürme, die die Natur entfesseln. Sie deutet auf einen Anstieg verdrängter Emotionen hin, die unsägliches Elend auslösen können, wenn sie nicht frühzeitig unter Kontrolle gebracht werden.

4. Der Herrscher

Aufrechte Position

Diese Karte steht für Macht, Ehrgeiz und Führung. Der Herrscher ist eine Macht, mit der man rechnen muss, denn er hat schon viele Schlachten überstanden. Er steht auch für Autorität, Struktur und Festigkeit in seinem Wesen.

Umgedrehte Position

Wenn Sie eine umgedrehte Karte des Herrschers erhalten, bedeutet dies in der Regel, dass Sie dazu neigen, herrisch und streitsüchtig zu sein und sich wie ein Tyrann zu verhalten. Vielleicht lieben Sie es, geschmeichelt zu werden und viel Lob für Ihre gute Arbeit zu bekommen. Das ist auf lange Sicht kein gutes Zeichen. Sie könnten

Freunde verlieren und am Ende nur noch Schmeichler als Gesellschaft haben.

5. Der Hierophant

Aufrechte Position

Er ist ein himmlischer Bote. Seine Aufgabe ist es, den Menschen auf der Erde Spiritualität und mystische Lektionen zu vermitteln. Diese besondere Karte bedeutet in einer Lesung, dass Sie die Regeln verstehen und befolgen müssen. Sie werden auch ermutigt, eine spirituelle Perspektive zu finden.

Umgedrehte Position

Dies deutet auf eine Rebellion Ihrerseits hin. Seien Sie sich jedoch bewusst, dass gerade die Tradition, gegen die Sie rebellieren, manchmal auch einen beruhigenden Einfluss hat.

6. Die Liebenden

Aufrechte Position

Wenn diese Karte in Ihrer Lesung auftaucht, bedeutet das in der Regel, dass die Beziehungen in Ihrem Leben und Ihr Liebesleben etwas Aufmerksamkeit brauchen. Abgesehen von der Liebe kann diese Karte auch für einen Scheideweg in Ihrem Leben stehen, an dem Sie alle Möglichkeiten abwägen müssen, bevor Sie eine Entscheidung treffen.

Umgedrehte Position

Dies bedeutet, dass Sie auf Widerstand stoßen oder dass sich vielleicht jemand gegen Ihre Beziehungen stellt. Möglicherweise haben Sie auch ein persönliches Interesse an der Opposition. Sie müssen mit sich selbst ins Reine kommen, wenn Sie aus dieser Situation herauskommen wollen.

7. Der Wagen

Aufrechte Position

Diese Karte steht für Entschlossenheit und den Willen zum Erfolg. Sie lässt die Person wissen, dass neben der Entschlossenheit auch ein starker Verstand und ein kraftvoller Denkprozess sie erfolgreich und glücklich machen können.

Umgedrehte Position

Wenn der Wagen umgedreht ist, könnte das bedeuten, dass Sie bestimmte Aspekte Ihres Lebens in die Hand nehmen müssen, um sie mit dem Rest Ihrer Persönlichkeit oder Ihren Lebensereignissen in Einklang zu bringen. Vielleicht müssen Sie sich auch mit Ihrem inneren Widerstand gegen Veränderungen auseinandersetzen und ihn überwinden.

8. Die Gerechtigkeit

Aufrechte Position

Auf jedes Karma, das Sie im Leben machen, gibt es eine gleiche und entgegengesetzte Reaktion. Das Leben gibt Ihnen jetzt das, was Sie in der Vergangenheit getan haben - ob es nun eine Strafe oder eine Belohnung ist. Mit anderen Worten: Alles was passiert, kommt zurück. Wenn diese Karte in Ihrer Lesung auftaucht, sollten Sie eine Bestandsaufnahme Ihrer Handlungen machen und überprüfen, ob Sie die Dinge richtig machen oder nicht.

Umgedrehte Position

Eine umgekehrte Karte wird Ihnen nicht sofort klar sein, denn manchmal gibt es Gründe, die Sie nicht verstehen können. Sie müssen Geduld haben und darauf warten, dass Ihnen die Wahrheit offenbart wird.

9. Der Eremit

Aufrechte Position

Der Eremit möchte allein sein. Diese Karte bedeutet, dass Sie sich vom Lärm und Chaos der Außenwelt zurückziehen und nach einem inneren Sinn suchen wollen. Die einzige Herausforderung besteht darin, einen Lehrer zu erkennen, wenn Sie einen sehen, denn der Lehrer ist vielleicht stumm, unsichtbar oder spricht in einer anderen Sprache.

Umgedrehte Position

Dies könnte bedeuten, dass Sie Angst haben, allein zu sein, oder dass Sie sich sträuben, den Weg der Weisheit zu beschreiten, weil Sie sich vor der ungeheuren Macht Ihres Intellekts fürchten.

10. Das Schicksalsrad

Aufrechte Position

Dieses Rad dreht sich wie ein echtes Rad. Das Erscheinen dieser Karte bedeutet, dass nichts im Leben von Dauer ist. Alles ist zyklisch - gut, schlecht, Liebe, Hass, Reichtum und Armut. Jeder muss durch diese Phasen gehen. Das einzig Beständige ist der Wandel.

Umgedrehte Position

In dieser Karte wird normalerweise die Umkehrung des Schicksals dargestellt. Das bedeutet, dass Sie zurückgehen und noch einmal von vorne anfangen müssen. Denken Sie daran, dass dies gut ist, denn der einzige Weg vom Tiefpunkt führt nach oben!

11. Die Kraft

Aufrechte Position

Bei dieser Karte geht es nicht nur um körperliche Stärke, sondern auch um Ihre geistige Stärke und Begabung, den Mut Ihres Herzens und Ihre Fähigkeit, das Leben zu seinen eigenen Bedingungen zu gestalten. Wenn diese Karte in Ihrer Lesung auftaucht, bedeutet das, dass Sie bereit sind, das Leben zu Ihren Bedingungen zu meistern und auf alles gefasst sind.

Umgedrehte Position

Im Umkehrschluss kann diese Karte bedeuten, dass Sie keine Überzeugungskraft haben. Sie werden hart daran arbeiten müssen, Ihre unkontrollierten und wilden mentalen Tendenzen zu überwinden, um erfolgreich zu sein.

12. Der Gehängte

Aufrechte Position

Diese Karte offenbart eine Schwebeposition, in der Sie sich befinden könnten. Sie sind verwirrt und können sich nicht entscheiden, wohin Sie sich bewegen sollen. Sie könnte auch auf einen Mangel an Stabilität in Ihrer Persönlichkeit und weniger Energie hinweisen.

Umgedrehte Position

Dies könnte bedeuten, dass Sie Ihre Freude opfern möchten und etwas für das größere Wohl eines anderen wollen. Ohne dass Sie einen offensichtlichen Nutzen daraus ziehen, ist dies fast ein selbstloser Akt des Altruismus!

13. Der Tod

Aufrechte Position

Vielleicht die am meisten missverstandene Karte überhaupt, aber der Tod ist keineswegs eine ungünstige Karte. Er bedeutet einen neuen Anfang! Sie steht für das Ende eines Projekts, eines Plans oder einer Beziehung und deutet auf ein neues Projekt hin.

Umgedrehte Position

Umgekehrt könnte dies bedeuten, dass Sie lange an etwas festgehalten haben und Angst haben, es loszulassen. Sie fürchten die Konsequenzen oder die Zukunft und wollen Ihre gewohnten Muster nicht ändern.

14. Die Mäßigkeit

Aufrechte Position

Eine Karte wie diese steht für Mäßigung, Geduld und Frieden. Wenn diese Karte in Ihrer Lesung auftaucht, bedeutet das, dass Sie sich in diesem bestimmten Aspekt Ihres Lebens auf dem richtigen Weg befinden und Sie sollten unbedingt mit dem Strom schwimmen.

Umgedrehte Position

Aber Vorsicht! Wenn diese Karte umgedreht ist, könnte das bedeuten, dass Sie Ihrer selbst überdrüssig sind und aufgeben wollen. Es gibt auch viel Apathie und Selbstverleugnung. Sie sehen nur die Negativität und das Chaos in Ihrem Leben und haben Schwierigkeiten, die sonnigen Seiten Ihres Lebens zu genießen.

15. Der Teufel

Aufrechte Haltung

Wenn man vom Teufel spricht, dann erscheint er auch! Diese Karte deutet auf gewisse übermächtige Gefühle der Machtlosigkeit in Ihrem Wesen hin. Sie haben das Gefühl, dass Sie in einer bestimmten Situation Ihres Lebens feststecken und es keine Hoffnung gibt. Ihr innerer Kompass schwingt sich auf die Negativität der Situation ein.

Umgedrehte Position

Wenn diese Karte in der umgedrehten Position erscheint, könnten Sie allerdings ein Unruhestifter sein! Normalerweise sind Sie gerne mittendrin im Geschehen und könnten sogar die Ursache für das Chaos sein. Diese Karte mahnt Sie, Ihr Verhalten zu überwachen.

16. Der Turm

Aufrechte Position

Diese Karte ist aus gutem Grund gefürchtet, denn sie steht für die Zerstörung von etwas, das Sie lieben. Denken Sie jedoch daran, dass eine schwache Struktur den Kräften des Lebens nicht standhalten kann. Etwas muss zerfallen, damit etwas anderes an seiner Stelle entstehen kann.

Umgedrehte Position

Atmen Sie erleichtert auf! Das Schlimmste ist vorbei. Diese Karte zeigt an, dass sich der Umbruch in Ihrem Leben dem Ende zuneigt und ein Neuanfang vor der Tür steht.

17. Der Stern

Aufrechte Position

Genau wie die Sterne am Nachthimmel steht diese Karte für Hoffnung, Ruhe und Heilung. Dies ist ein sicheres Zeichen dafür, dass das Universum mit Ihnen zusammenarbeitet und will, dass Sie Erfolg haben.

Umgedrehte Position

Es könnte bedeuten, dass Sie von Ihrem eigenen Wesen, Ihren Zielen und Fähigkeiten abgelenkt sind. Vielleicht fühlen Sie sich zeitweise von sich selbst entfremdet. Jetzt ist es an der Zeit, sich wieder auf Ihre Talente und Begabungen zu besinnen und sie gut zu nutzen.

18. Der Mond

Aufrechte Position

Diese Karte erscheint, wenn Sie sich ängstlich fühlen, sich vor etwas fürchten, angespannt sind und ungewöhnlich unglücklich. Sie ist auch mit Ihrer Seele und Ihrem Unterbewusstsein verbunden. Sie versucht, Ihnen den Zustand Ihres inneren Wesens mitzuteilen.

Umgedrehte Position

Diese Karte zeigt an, dass Sie sich vielleicht selbst belügen oder versuchen, sich etwas vorzumachen, was Ihr Ego nicht verletzt und es in Sicherheit bringt. Die Versuchung, sich mitreißen zu lassen, ist groß, aber Sie müssen sich beherrschen, bevor sie Sie überwältigt.

19. Die Sonne

Aufrechte Position

Genau wie die helle und fröhliche Sonne am Himmel verkörpert diese Karte Freude, Vitalität und pure Freiheit. Wenn diese Karte aufgedeckt wird, können Sie sicher sein, dass die Dinge gut für Sie laufen.

Umgedrehte Position

Dies bedeutet, dass Sie bescheiden und dankbar für all die Segnungen und Erfolge sein sollten, die sich Ihnen bieten.

20. Das Gericht

Aufrechte Position

Eine entscheidende Karte; hier werden Vergangenheit, Gegenwart und Zukunft miteinander verknüpft. Wie bei einem echten Gericht werden Sie hier daran erinnert, dass Ihre gegenwärtigen Handlungen Ihre Zukunft bestimmen werden. Sie ist auch als Karte der Auferstandenen bekannt.

Umgedrehte Position

Dies bedeutet in der Regel, dass es etwas Äußeres gibt, das Ihren Erfolg immer wieder blockiert. Sie müssen sich diesen Einschränkungen stellen, wenn Sie eine Chance auf Freude haben wollen.

21. Die Welt

Aufrechte Position

Wenn diese Karte in der Lesung auftaucht, bedeutet das, dass Sie genau dort sind, wo Sie im Leben sein sollen. Ob es sich um Ihre Karriere, Ihr Leben, Ihre Ehe, Ihre Liebe oder Ihre Gesundheit handelt - Sie sind an diesem bestimmten Punkt angekommen. Dies ist sozusagen Ihre endgültige Verwirklichung.

Umgedrehte Position

Dies ist ein kleines Hindernis auf Ihrem Weg, nichts Ernstes. Sie müssen diesen kleinen Hindernissen nur mit einem Lächeln begegnen und mit Ihrem Leben weitermachen.

Hatten Sie Spaß mit den Großen Arkana? Dann ist es jetzt an der Zeit, in den noch größeren Pool der Karten der Kleinen Arkana einzutauchen!

Kapitel Zehn: Tarot-Lesung II: Das Kleine Arkana

Im vorigen Kapitel haben Sie gelernt, was die Karten des Großen Arkanas bedeuten. Im Folgenden erfahren Sie, was die Karten des Kleinen Arkana bedeuten, was soviel wie kleine Geheimnisse bedeutet. Dieser Aspekt befasst sich also mit Dingen und Ideen, die in den Bereich des Alltäglichen fallen, mit kleinen Projekten, unbedeutenden Angelegenheiten usw. Nur weil sich diese Karten nicht mit der Persönlichkeit im Ganzen befassen, bedeutet das jedoch nicht, dass sie weniger wichtig sind als die Karten des Großen Arkanas. Kleine Details machen ein ganzes Wesen aus, und daher sind diese Karten für uns Menschen genauso wichtig.

Das Kleine Arkana besteht aus 56 Karten, die sich wie folgt kategorisieren lassen:

- Farbe der Stäbe (vierzehn Karten)
- Farbe der Münzen (vierzehn Karten)
- Farbe der Kelche (vierzehn Karten)
- Farbe der Schwerter (vierzehn Karten)

Jede dieser Karten ist ähnlich wie ein normales Kartenspiel, beginnend mit dem Ass, weiter bis zur 10 und dann die vier Sonderkarten: Bube, Ritter, Königin und König. Nun ist es an der Zeit, in das Studium und die Deutung der Karten des Kleinen Arkanas einzutauchen.

Farbe der Stäbe

Diese Karten werden hauptsächlich mit dem Element Feuer und dem Solarplexus-Chakra in Verbindung gebracht. Es steht in engem Zusammenhang mit Ihren Leidenschaften und Träumen, die Sie mit großem Eifer und Intensität verwirklichen wollen. Ob Sie Pläne schmieden und daran festhalten oder angesichts von Hindernissen leicht aufgeben, zeigt Ihnen diese Kartenfarbe. Die Stabkarten zeigen, woran es Ihnen mangelt: an Ausgeglichenheit im Leben, an Selbstvertrauen, um Probleme anzugehen, an Führungsqualitäten und an innerer Kraft. Jede der Karten hat die Macht, die Lesung sofort zu verändern - von positiv zu negativ und umgekehrt.

As der Stäbe

Aufrechte Position

Dies bedeutet in der Regel ein Schritt mit unmittelbaren Konsequenzen, der Sie auf Ihr Ziel zu- oder von ihm wegführen könnte. Es deutet auf einen Neuanfang im Leben oder bei einer Unternehmung hin und auch darauf, ob Sie den nötigen Elan besitzen, um das Projekt abzuschließen. Es zeigt, dass Sie jetzt bereit sind, einen neuen Schritt nach vorne zu machen - sei es in Ihrer Karriere, Ihrer Beziehung oder in einem anderen wichtigen Aspekt Ihres Lebens.

Umgedrehte Position

Dies kann bedeuten, dass Sie Veränderungen nicht mögen und sich ihnen aktiv widersetzen. Aber es bringt Sie auch dazu, dieses Szenario zu verstehen und gibt Ihnen den Mut, die Widrigkeiten zu überwinden.

Zwei der Stäbe

Aufrechte Position

Dies ist der zweite Schritt auf Ihrem Lebensweg. Diese Karte bedeutet, dass Sie aus Ihrer Komfortzone heraustreten und sich auf etwas Neues einlassen müssen. Es muss auch eine Entscheidung getroffen werden. Manchmal zeigt sie auch an, dass Sie sich in Ihrem Leben an einem Scheideweg oder in einer Sackgasse befinden. Wenn dies in Ihrer Lesung auftaucht, bedeutet das, dass Sie alle Ihre Optionen sorgfältig abwägen müssen, bevor Sie weitermachen. Wenn Sie das nicht tun, könnten Sie es später sehr bereuen. Sie müssen alle Auswirkungen Ihrer Entscheidung oder Handlung verstehen, bevor Sie einen Schritt nach vorne machen.

Umgedrehte Position

Dies deutet darauf hin, dass Sie im Moment bei einer Entscheidung feststecken und einen kleinen Schubs in die richtige Richtung brauchen, um Ihr Ziel zu erreichen.

Drei der Stäbe

Aufrechte Position

Diese Karte zeigt an, dass Sie bereits über ein inneres Gleichgewicht verfügen, das es Ihnen erlaubt, die Gewässer zu testen, bevor Sie ins kalte Wasser springen. Dies bedeutet auch, dass Sie in der Lage sind, kalkulierte Risiken einzugehen und hochgesteckte Ziele zu erreichen. In einer Lesung fordert diese Karte Sie auf, sich umzuschauen und die Augen für Möglichkeiten und Chancen offen zu halten, die Sie normalerweise übersehen würden.

Umgedrehte Position

Andererseits zeigt diese Karte bei manchen Menschen auch einen vorübergehenden Mangel an Willenskraft an. Vielleicht haben Sie bereits das Stadium des Burnouts erreicht.

Vier der Stäbe

Aufrechte Position

Diese Karte steht normalerweise für Teamarbeit. Sie deutet auf das Legen eines Grundsteins hin, in Harmonie und gemeinsam mit anderen Menschen. Sie steht für eine Hausrenovierung, eine Ehe, eine Beziehung, ein großes Projekt usw. Wenn diese Karte in Ihrer Lesung aufgedeckt wird, werden Existenzgründungen und unternehmerische Unternehmungen empfohlen.

Umgedrehte Position

Eine umgedrehte Position in dieser Karte bedeutet, dass Sie Ihre zwischenmenschlichen Fähigkeiten, Ihre Teamfähigkeit und Ihre Problemlösungskompetenz verbessern müssen. Sie müssen aktiv daran arbeiten, denn wenn Sie das nicht tun, wird es zu Problemen in Ihren Projekten und in Ihrem Leben kommen.

Fünf der Stäbe

Aufrechte Position

Diese Karte steht für Ehrgeiz, Wettbewerb und bis zu einem gewissen Grad sogar für Aggression. Wenn diese Karte in Ihrer Lesung auftaucht, bedeutet das, dass Sie sich einige schwierige Fragen stellen sollten:

Warum kämpfen Sie gerade diesen Kampf? Gegen wen? Was versprechen Sie sich davon? Wenn Ihre Antwort lautet: Persönlicher Gewinn und die Erniedrigung anderer, sollten Sie Ihre Prioritäten überdenken. Gewinnen ist nicht alles im Leben.

Umgedrehte Position

Umgekehrt zeigt diese Karte, dass Sie egoistisch sind und keine freundschaftlichen Bindungen zu anderen aufbauen können. Sie haben große Schwierigkeiten, ein Teamplayer zu sein. Wenn das passiert, müssen Sie sich fragen: Was kann ich tun, um diese Situation zu verbessern? Wie kann ich dafür sorgen, dass sich andere in meiner Nähe wohl fühlen?

Sechs der Stäbe

Aufrechte Position

Dies steht für Anerkennung und Bestätigung für Ihre ernsthaften Bemühungen. Wenn Sie an eine Siegesparade oder eine freudige Feier denken, dann ist das das Bild, das diese Karte zeichnet! Es ist eine Botschaft von oben, die Sie ermutigt, an sich selbst zu glauben, nicht aufzugeben, mit Anmut und Würde zu handeln und das Lob anzunehmen, das Ihnen zuteilwird. Dies ist auch eine Karte, die für Feiern und Entspannung steht.

Umgedrehte Position

Vielleicht ist es Ihnen unangenehm, eine Führungsrolle in der Gemeinschaft zu übernehmen, aber diese Karte zeigt an, dass Sie es tun sollten - wegen der großen Lernerfahrung!

Sieben der Stäbe

Aufrechte Position

Wenn diese Karte in Ihrer Lesung auftaucht, bedeutet das, dass Sie höchstwahrscheinlich in allen Ihren Unternehmungen erfolgreich sein werden. Sie erhalten Anerkennung für Ihre Talente und Errungenschaften. Allerdings müssen Sie sich auch vor den Fallstricken des Ruhmes hüten. Sie können es sich nicht leisten, selbstgefällig und stolz zu sein. Genießen Sie auf jeden Fall Ihren Erfolg, aber lassen Sie sich nicht von der hässlichen Überheblichkeit vereinnahmen.

Umgedrehte Position

Diese Karte zeigt einen Mangel an Motivation, Selbstwertgefühl und Druck an. Vielleicht müssen Sie herausfinden, warum Sie sich gerade gegen die Faktoren wehren, die Sie erfolgreich machen werden. Seien Sie ehrlich zu sich selbst, das wird Ihnen helfen. Finden Sie heraus, was Sie zurückhält und bekämpfen Sie es.

Acht der Stäbe
Aufrechte Position

Die Ereignisse und Dinge in Ihrem Leben bewegen sich jetzt in rasantem Tempo. Diese Karte deutet auf Veränderungen hin und darauf, dass Veränderungen für die Entwicklung der Menschen notwendig sind. Die Dinge scheinen außer Kontrolle geraten zu sein, aber verschwenden Sie nicht Ihre Zeit und Energie damit, zu versuchen, sie festzulegen. Lassen Sie sich auf die Veränderung ein, und Sie werden überrascht sein, welche neue Wendung Ihr Leben nimmt!

Umgedrehte Position

Wenn diese Karte in Ihrer Lesung auftaucht, bedeutet das in der Regel, dass in Ihrem Leben eine Menge Veränderungen bevorstehen. Sie können nicht davon ausgehen, dass alles in Ordnung ist und so weitergeht wie bisher. Sie müssen diese Veränderungen akzeptieren und anerkennen, wenn Sie Ihre Ziele erreichen wollen. Andernfalls werden Sie in einem Trott feststecken.

Neun der Stäbe
Aufrechte Position

Dies zeigt, dass Sie sich ausruhen, erholen und Ihre Energie wiederherstellen müssen. Treten Sie zurück und lassen Sie zur Abwechslung einmal andere den Helden spielen. Sie sind genauso fähig wie Sie, Herausforderungen zu meistern und sich der Situation zu stellen. Überlassen Sie es ihnen, eine Weile im Rampenlicht zu stehen. Helfen Sie anderen, die Sie gerade jetzt brauchen. Wenn Sie diese Karte sehen, stellt sie jemanden dar, der zu erschöpft ist, um zu arbeiten, aber gleichzeitig zu stolz, um andere um Hilfe zu bitten. Seien Sie nicht diese Person, sondern lassen Sie sich zur Abwechslung einmal von anderen helfen.

Umgedrehte Position

Sie müssen eine neue Perspektive für etwas suchen, das Sie beschäftigt, oder für etwas, an dem Sie gearbeitet haben, oder sogar für eine völlig andere Sichtweise des Lebens. Seien Sie sich selbst treu.

Zehn der Stäbe
Aufrechte Position

Im Gegensatz dazu geht es bei dieser Karte um Energie und Aktion. Es gibt keine Zeit zum Ausruhen! Sie müssen weitermachen und das Projekt oder Ereignis bis zum Ende durchziehen. Selbst wenn das bedeutet, dass Sie das, was Sie gerne tun, aufgeben müssen, müssen Sie Ihre Aufgabe zu Ende bringen. In weiser Voraussicht erinnert Sie diese Karte daran, sich immer nur einer Sache zu widmen - Multitasking ist hier nicht angezeigt, denn diese Karte steht für totales und unermüdliches Engagement.

Umgedrehte Position

Dies zeigt an, dass Sie vielleicht Ihren Sinn für Orientierung und Perspektive im Leben verloren haben. Sie sind nicht objektiv genug, um zu erkennen, was Sie falsch machen. Wenn diese Karte erscheint, müssen Sie einen Schritt zurücktreten und Ihr Leben neu bewerten. Erinnern Sie sich daran, warum Sie tun, was Sie tun. Das könnte Ihnen eine klarere Perspektive geben.

Bube der Stäbe
Aufrechte Position

Dies deutet auf jemanden hin, der von Natur aus ein Nonkonformist und ein unabhängiger und einsamer Mensch ist. Er oder sie ist ein Erneuerer oder ein Rebell. Diese Karte steht für Freiheit, Macht, Leidenschaft und Entwicklung. Dies ist eine aufregende Karte, denn sie zeigt die Interessen und Leidenschaften der betreffenden Person an. Auch wenn die Person einfach zu sein scheint, besitzt sie die Qualitäten einer großen Führungspersönlichkeit.

Umgedrehte Position

Sie machen sich vielleicht Gedanken darüber, wie Ihr Image in der Gesellschaft ist. In der Öffentlichkeit zeigen Sie sich immer von Ihrer besten Seite und machen sich privat Gedanken darüber.

Ritter der Stäbe
Aufrechte Position

Sie sind eine temperamentvolle Person, die sich leicht provozieren lässt. Diese Karte in Ihrer Lesung erinnert Sie daran, dass Sie Ihr Temperament und Ihre Einstellung im Zaum halten müssen. Sicher, Sie können heftig sein, aber achten Sie darauf, dass diese Heftigkeit nicht die Oberhand gewinnt!

Umgedrehte Position

Diese Karte zeigt an, dass die Person eine Veränderung und einen Wandel in sich selbst oder in der Situation um sie herum anstrebt. Andere mögen das vielleicht nicht so gerne sehen, aber anstatt wütend loszuziehen, wäre es besser, auch deren Standpunkt zu verstehen.

Königin der Stäbe

Aufrechte Position

Diese Person ist eine geborene Führungspersönlichkeit, die gut mit Menschen zusammenarbeitet und dafür sorgt, dass alle zusammenhalten und zusammenarbeiten. Ihre Energie ist ansteckend und mitreißend! Diese Person bringt die Dinge zum Laufen, indem sie die Magie der harmonischen Zusammenarbeit von Menschen nutzt. Solche Menschen sind ausgezeichnete Manager, weil sie genau wissen, wozu ihre Teammitglieder fähig sind, und sie beflügeln sie. Eine andere Seite dieser Person ist, dass Sie bei ihr keine Sympathie gewinnen können. Wenn er feststellt, dass Ihre Rolle vorbei ist und Sie in diesem Umfeld nicht mehr produktiv sein können, wird er Sie ohne Zögern entlassen.

Umgedrehte Position

Wenn diese Karte in einer Lesung auftaucht, bedeutet dies, dass die Person herrisch und kontrollierend sein könnte. Andere in ihrem Umfeld mögen diese Art von Persönlichkeit nicht und rebellieren vielleicht, was noch mehr Schaden anrichtet. Die Lehre daraus ist, anderen Mitspielern zu vertrauen und ihnen Selbstvertrauen zu geben.

König der Stäbe

Aufrechte Position

Diese Karte zeigt an, dass Sie führen wollen, sehr ehrgeizig und praktisch veranlagt sind. Sie stehen im Mittelpunkt der Aufmerksamkeit und lieben es, sich mit Ihren Lieben zu umgeben und sie mit Liebe zu überschütten.

Umgedrehte Position

Diese Karte zeigt eine drohende Gefahr an, wenn Sie hochmütig werden. Sie könnten die Autorität anderer untergraben und versuchen, in jeder Hinsicht Anspruch zu erheben. Nicht jeder mag diese Art der Dominanz. Sie sollten lernen, solche Tendenzen zu zügeln und sie im Keim zu ersticken.

Farbe der Kelche

Diese Karten zeigen an, wie es um Ihre Gefühle und Beziehungen bestellt ist und wie intuitiv Sie mit Ihren Mitmenschen umgehen. Sie befassen sich mit der Führung in Liebe und Romantik, Freundschaft und anderen Partnerschaften.

Ass der Kelche

Aufrechte Position

Dies zeigt eine Hand mit einem Becher, der einen endlosen Vorrat an Flüssigkeit enthält. Es steht für Ihr offenes Herz, das vor Liebe und Fürsorge für andere überquillt. Dies deutet auf die heilenden und lindernden Bereiche Ihres Lebens hin.

Umgedrehte Position

Umgekehrt könnte dies bedeuten, dass Sie Ihren Optimismus verloren haben oder dass es Ihnen an Selbstwertgefühl mangelt. Denken Sie in diesem Fall darüber nach, was Sie zu diesem Gefühl veranlasst. Es könnte sich um äußere oder innere Faktoren handeln. Versuchen Sie, hier weniger zu unternehmen, bis Sie sich sicher sind, was Sie tun.

Zwei der Kelche

Aufrechte Position

Dies bedeutet normalerweise Bindung, Vereinigung, Seelenverwandtschaft, Partnerschaft, Romantik usw. Diese Karte zeigt eine karmische Verbindung zwischen Menschen an, ein tiefes Verständnis. Sie müssen sich auf Ihre Beziehungen konzentrieren und sie zum Funktionieren bringen.

Umgedrehte Position

Dies bedeutet, dass Sie vielleicht zu viel Zeit und Mühe in Ihre Beziehungen stecken. Ihr Gefühl von Identität und Bedeutung kommt von äußeren Faktoren. Sie sollten damit aufhören und stattdessen an Ihrer inneren Bestätigung arbeiten.

Drei der Kelche

Aufrechte Position

Die Drei der Kelche steht für eine Art Übereinkunft, Teamarbeit und Verbundenheit mit anderen in Ihrem Leben. Sie zeigt an, dass Sie von gleichgesinnten Menschen umgeben sind, die auf ein gemeinsames Ziel hinarbeiten. Sie müssen diese Menschen in Ihrem Leben anerkennen und schätzen. Stellen Sie die Verbindung zu ihnen wieder her und stabilisieren Sie sie.

Umgedrehte Position

Dies könnte bedeuten, dass es Ihnen an Vertrauen und Verständnis für die Menschen in Ihrem Leben mangelt. Sie fühlen sich vielleicht ausgegrenzt und fehl am Platz oder nicht mehr synchron. Versuchen Sie, mit ihnen zu kommunizieren und alle Missverständnisse auszuräumen.

Vier der Kelche

Aufrechte Position

Dies ist eine ziemlich entmutigte und unruhige Zeit in Ihrem Leben. Vielleicht sind Sie mit etwas unzufrieden, wollen eine Veränderung oder fühlen sich festgefahren. Diese Karte sagt Ihnen aber auch, dass Sie sich bewusst sein sollten, dass Sie in Ihrer Sorglosigkeit die einfachen Freuden des Lebens, die sich direkt vor Ihnen befinden, verlieren könnten. Sie müssen offen sein und bereit, neue Dinge und Ereignisse in Ihr Leben zu lassen.

Umgedrehte Position

Dies kann sich als passive Aggression Ihrerseits manifestieren. Sie müssen die Symptome erkennen und versuchen, sich von ihnen zu lösen.

Fünf der Kelche

Aufrechte Position

Emotionale Störungen, Trauer, Umwälzungen, Unordnung, Erwartungen usw. werden von dieser Karte angezeigt. Vielleicht sind Sie enttäuscht über ein Ergebnis oder traurig über den Verlust von etwas. Der einzige Weg nach vorne ist, zu vergeben, zu vergessen und von innen heraus zu heilen.

Umgedrehte Position

In einer interessanten Kombination von Faktoren zeigt diese Karte an, dass das, was Sie als das Schlimmste empfinden, was Ihnen passieren könnte, ein Segen sein könnte! Wenn Sie Phobien, Ängste, negative Erfahrungen, Erwartungen usw. haben, hilft Ihnen diese Karte, diese zu verstehen und damit umzugehen.

Sechs der Kelche

Aufrechte Position

Diese Karte steht für Offenheit, Unschuld, Lernen und Optimismus. Sie führt Sie direkt zurück in Ihre Kindheit. Diese Karte sagt Ihnen, dass

Sie offen und sorglos wie ein Kind sein und neue Erfahrungen mit einem frischen Geist genießen sollen.

Umgedrehte Position

Sie haben eine wunderbare Chance, vergangene Dinge, Ereignisse und Verletzungen loszulassen und sich auf ein neues Kapitel im Leben zu freuen. Das Wiederaufgreifen alter Wunden wird Ihnen leichter fallen, weil Sie jetzt wissen, wie Sie damit umgehen können.

Sieben der Kelche

Aufrechte Position

Diese Karte hat mit Fantasie zu tun. Sie mögen Ihr jetziges Leben nicht und stellen sich ein anderes Leben vor, in dem alle Ihre Träume wahr geworden sind. Obwohl diese Karte anzeigt, dass Sie Ihr Schicksal ändern können, warnt sie Sie auch davor, die Realität nicht aus den Augen zu verlieren.

Umgedrehte Position

Ihre Ziellosigkeit im Leben hat zu Problemen wie mangelnder Neugierde, Freude, der Fähigkeit zu träumen usw. geführt. Diese Karte ermutigt Sie, sich das alles zurückzuholen. Halten Sie sich nicht mit Ihrem derzeitigen Gemütszustand auf, sondern arbeiten Sie daran, Ihr Mojo zurückzubekommen!

Acht der Kelche

Aufrechte Position

Diese Karte zeigt Verrat, Herzschmerz und emotionale Enttäuschung an. Diese Karte in einer Lesung ist eine Aufforderung an Sie, sich von allem zu trennen, was nicht zu funktionieren scheint, selbst nach vielen Versuchen.

Umgedrehte Position

Ein Ereignis hat Sie vielleicht zurückgeworfen oder verletzt, aber Sie weigern sich, Ihr Leben davon beeinflussen zu lassen. Ihre Unverwüstlichkeit und Ihre gelassene Haltung werden Ihnen auf jeden Fall aus dieser Situation heraushelfen.

Neun der Kelche

Aufrechte Position

Die Karte der Freude steht für Erfüllung und Genugtuung. Sie ist auch als Wunschkarte bekannt. Sie wissen, dass die Dinge besser werden, wenn Sie diese Karte in einer Lesung erhalten.

Umgedrehte Position

Überraschenderweise bedeutet dies, dass Sie das bekommen, von dem Sie dachten, dass es das Richtige für Sie ist, aber letztendlich ist das überhaupt nicht der Fall. Normalerweise bedeutet dies, dass Ihr Traum Sie nicht so glücklich macht, wie er sollte, und dass es vielleicht an der Zeit ist, sich ein neues Ziel zu setzen.

Zehn der Kelche

Aufrechte Position

Dies ist eine der fröhlichsten Karten, die Sie je bekommen können, denn sie steht für Zusammengehörigkeit, Familie und Feste!

Umgedrehte Position

Umgekehrt zeigt diese Karte an, dass Harmonie und Zusammengehörigkeit in einer Gruppe oder Familie langsam abnehmen. Es gibt Urteile und Kritik. Der einzige Ausweg ist Kommunikation und Meditation.

Bube der Kelche

Aufrechte Position

Dies deutet auf eine sehr phantasievolle, idealistische, offene, junge, mystische und sensible Person hin. Wenn dies in Ihrer Lesung auftaucht, stehen Sie vielleicht am Anfang einer Beziehung oder einer neuen beruflichen Tätigkeit.

Umgedrehte Position

Dies deutet darauf hin, dass die Menschen in Ihrer Umgebung Sie schon seit einiger Zeit verwöhnen, obwohl sie das nicht müssen. Versuchen Sie, sich ihnen nicht aufzudrängen, sondern kontaktieren Sie sie, kommunizieren Sie mit ihnen und nehmen Sie Rücksicht auf ihre Bedürfnisse.

Ritter der Kelche

Aufrechte Position

Die Person ist sehr gebildet, charmant und ein gewandter Redner. Sie lernen hier, Ihre innere und äußere Welt, Ihre Träume und Realitäten sowie praktische Aspekte und Gedanken in Einklang zu bringen. Große emotionale Erfüllung ist hier angezeigt.

Umgedrehte Position

Diese Person sucht ständig nach Ausreden und gibt anderen die Schuld für die Dinge, die in ihrem Leben schieflaufen. Es ist eine

Aufforderung, die Verantwortung für Ihr Handeln zu übernehmen. Diese Karte bietet Ihnen auf diese Weise auch eine wichtige Lebenslektion.

Königin der Kelche

Aufrechte Position

Diese Person ist sehr ausgeglichen, intuitiv und stabil. Er oder sie steht in einer tiefen Beziehung zu anderen. Diese Karte erinnert Sie daran, Ihrem inneren Selbst zu vertrauen.

Umgedrehte Position

Diese Karte zeigt an, dass Sie Ihren Schmerz blockieren, indem Sie sich nicht mit ihm auseinandersetzen. Das ist nicht die Lösung. Sie müssen ehrlich zu sich selbst sein und sich mit dem Schmerz auseinandersetzen. Das ist der einzige Weg zur Heilung.

König der Kelche

Aufrechte Position

Diese Person ist ausgeglichen, intensiv und intuitiv. Diese Karte legt Ihnen nahe, tief in sich zu gehen, um das Wie und Warum Ihrer Beziehungen zu anderen Menschen herauszufinden.

Umgedrehte Position

Diese Karte zeigt an, dass Sie vielleicht auf jemanden wütend sind oder einen Groll hegen. Lernen Sie, das Unrecht und den Schmerz, den die Person verursacht hat, einzugestehen und ihr zu vergeben.

Die Farbe der Schwerter

Diese Karten stehen für Herausforderungen, Konflikte und wie Sie diese überwinden. Sie korrespondieren mit dem Element Luft. Sie haben eine tiefe Verbindung zu Wahrheit und Vernunft und werden daher mit Fairness und Gerechtigkeit in Verbindung gebracht.

As der Schwerter

Aufrechte Position

Es steht für Ihre Vision im Leben, Ihren Optimismus, Ihr Führungslicht und Ihre Hoffnung. Wenn es auftaucht, bedeutet das, dass Sie etwas Neues beginnen. Sie brauchen etwas Klarheit, um mit der Aufgabe fortzufahren.

Umgedrehte Position

Es könnte bedeuten, dass Sie Ihre Sicht vernebeln und die Sache, um die es geht, nicht klar sehen. Das könnte auf Ihre Illusionen oder

Vorurteile zurückzuführen sein. Sie müssen Ihre Sichtweise überdenken, bevor Sie weitermachen.

Zwei der Schwerter

Aufrechte Position

Dies zeigt an, dass Sie zwei widersprüchliche Ideen haben, die Sie prüfen müssen, bevor Sie sich für eine Sache entscheiden. Sie sind unsicher, welchen Weg Sie einschlagen sollen.

Umgedrehte Position

Diese Karte könnte bedeuten, dass Sie zwar durchaus vorankommen können, es aber manchmal besser ist, sich mit anderen Menschen zu besprechen, bevor Sie sich für etwas entscheiden. Nehmen Sie mehr Input und Feedback an.

Drei der Schwerter

Aufrechte Position

Sie kennen diese Karte vielleicht sehr gut. Sie steht für Kummer, Unglück oder Trennung. Sie zeigt in der Regel an, dass traurige Zeiten bevorstehen oder dass Sie bereits über etwas trauern. Obwohl diese Karte schmerzhaft und traurig ist, lehrt sie Sie auch, Schmerz zu erfahren, ihn zu überwinden und gestärkt daraus hervorzugehen.

Umgedrehte Position

Dies deutet darauf hin, dass sich ein Teil der Traurigkeit in Ihrem Leben auflösen könnte und dass Besserung in Sicht ist. Die Lösung von Konflikten scheint das Hauptthema dieser Karte zu sein.

Vier der Schwerter

Aufrechte Position

Wenn diese Karte in Ihrer Lesung auftaucht, bedeutet das, dass Sie sich eine Auszeit gönnen müssen, sich vielleicht für eine Weile an einen sicheren und entspannten Ort zurückziehen. Wenn Sie das nicht tun, werden Sie ausbrennen. Sie brauchen diese Ruhe.

Umgedrehte Position

Wenn Sie lange Zeit Single, einsam und zurückgezogen waren, ist es jetzt an der Zeit, in die soziale Welt einzutreten. Sie sollten ein Gleichgewicht zwischen Einsamkeit und zwischenmenschlichen Beziehungen finden. Diese Karte lehrt Sie, sozial und emotional ausgeglichen zu sein.

Fünf der Schwerter

Aufrechte Position

Diese Karte steht für Spannung, Konflikt, Aggression, Angst und Verlust. Sie müssen abwägen, welche Art von Kämpfen Sie in Ihrem Leben führen, gegen wen und wie klug oder unklug diese sind. Sie müssen auf jeden Fall erst einmal nachdenken, bevor Sie in Aktion treten.

Umgedrehte Position

Sie beginnen, Erfolg und Misserfolg zu akzeptieren. Sie gewinnen eine gewisse Kontrolle über Ihre Aggressionen und haben auch gelernt, Kritik mit Vorsicht zu genießen.

Sechs der Schwerter

Aufrechte Position

Dies ist eine heikle Karte. Wenn Sie diese Karte in einer Lesung erhalten, könnte das bedeuten, dass Sie versuchen, sich aus einer schwierigen Situation zu befreien, die sich einerseits belastend anfühlt, vor der Sie andererseits aber auch Angst haben, sie hinter sich zu lassen. Vielleicht haben Sie Angst vor dem, was vor Ihnen liegt, aber Sie vertrauen sich selbst und gehen trotzdem. Sie werden später die Früchte dafür ernten.

Umgedrehte Position

Diese Karte fordert Sie auf, Ihr Gehirn voll einzusetzen - Logik, Denken, Argumentation und Analyse; alles muss von Ihnen genutzt werden. Irgendwie tun Sie das nicht, was zu Apathie und Einschränkungen Ihrer Fähigkeiten führt.

Sieben der Schwerter

Aufrechte Position

Diese Karte zeigt Verrat und Täuschung an. Vielleicht gibt es jemanden in Ihrem Leben, der nicht der ist, der er zu sein scheint. Hüten Sie sich vor solchen Menschen. Diese Karte sagt Ihnen auch, dass es besser ist, clever zu arbeiten als hart zu arbeiten. Sie werden nicht nur Zeit sparen, sondern auch neue Fähigkeiten erlernen.

Umgedrehte Position

Diese Karte deutet darauf hin, dass es in Ihrem Leben Rückschläge geben wird, trotz Ihrer engagierten Bemühungen. Die Lektion ist, sich davon nicht beirren zu lassen und sich nicht die Schuld zu geben.

Acht der Schwerter
Aufrechte Position

Wenn Sie diese Karte in Ihrer Lesung sehen, bedeutet das, dass Sie irgendwo feststecken, vielleicht an etwas gebunden sind. Vielleicht haben Sie sich auch in Ihren Begrenzungen und Annahmen gefangen. Sie müssen sich befreien, indem Sie Ihren Geist und sich selbst für neue Möglichkeiten öffnen.

Umgedrehte Position

Sie neigen dazu, anderen die Schuld für Ihre Probleme zu geben, oder Sie rationalisieren Ihre Niederlage auf irgendeine Weise, anstatt für sich selbst die Verantwortung zu übernehmen. Sie müssen sich Ihrem Inneren stellen und ehrlich sein, wenn Sie Fortschritte machen wollen.

Neun der Schwerter
Aufrechte Position

Diese Karte steht für Kontrollverlust, Ängste und Befürchtungen. Aber sehen Sie es sich genau an, denn all dieser Stress ist selbstverschuldet. Sie müssen die Sorgen und den Stress abbauen, indem Sie negative Gedanken ausschalten.

Umgedrehte Position

Dies bedeutet in der Regel eine Chance, Negativität und Depression aus Ihrem Leben zu verbannen. Sie sind jetzt bereit, das Licht anzunehmen und die Dunkelheit hinter sich zu lassen.

Zehn der Schwerter
Aufrechte Position

Bei dieser Karte dreht sich alles um Endgültigkeit und Grenzen. Wenn diese Karte in einer Lesung auftaucht, bedeutet dies, dass das, woran Sie gearbeitet haben, oder eine Beziehung, an der Sie festgehalten haben, nun ihr natürliches Ende erreicht hat und es Zeit ist, loszulassen.

Umgedrehte Position

Sie brauchen jetzt einen Realitätscheck. Vielleicht haben Sie begonnen, Ihre Probleme und Irrtümer zu rechtfertigen und zu dramatisieren, um Sympathien zu gewinnen. Sie müssen aus dem Traumzustand erwachen und die Verantwortung für Ihr Handeln übernehmen.

Bube der Schwerter

Aufrechte Position

Diese Karte in Ihrer Lesung mahnt Sie, einen Gang zurückzuschalten und sich die Fakten anzusehen, bevor Sie Ihre Pläne überstürzt in die Tat umsetzen. Enthusiasmus ist großartig, aber falsch verstandener Enthusiasmus wird Ihnen Schwierigkeiten bereiten. Sie sollten sich auch vor Menschen mit Hintergedanken in Acht nehmen.

Umgedrehte Position

Sie neigen dazu, andere über ihre Fehler zu belehren, oder Sie sind vielleicht sehr voreingenommen. Sie müssen einige Ihrer kritischen Tendenzen zügeln, wenn Sie mit anderen zusammenarbeiten wollen.

Ritter der Schwerter

Aufrechte Position

Diese Karte zeigt an, dass Sie vor Tatendrang platzen. Sie müssen sich jedoch fragen, wohin genau Sie gehen, welche Absichten Sie haben und wie Sie mit Erfolg und Misserfolg umgehen werden. Es besteht die Gefahr, dass Sie voreilige Schlüsse ziehen und nicht nachdenken, bevor Sie handeln.

Umgedrehte Position

Diese etwas unglückliche Karte deutet darauf hin, dass Sie Konflikte vermeiden könnten, indem Sie sich aus schwierigen Situationen herausreden. Sie könnten auch zu viele Zusagen machen und zu wenig liefern und Versprechungen machen, die Sie nicht halten können. Überwinden Sie diese Situationen, indem Sie ehrlich zu sich selbst sind.

Königin der Schwerter

Aufrechte Position

Diese Person ist ehrlich, weise, unabhängig und allgemein selbstbewusst. Es ist eine Botschaft, für sich selbst und Ihre Rechte einzustehen und zu kämpfen. Lassen Sie sich von nichts und niemandem zu irgendetwas überreden, was Sie nicht sind.

Umgedrehte Position

Es kann sein, dass Sie Ihre tiefsten Gefühle für etwas oder jemanden nicht anerkennen. Aber Sie müssen sie akzeptieren, wenn Sie eine Isolation vermeiden wollen. Bringen Sie Ihr natürliches Mitgefühl zum Vorschein, indem Sie offen sind und geliebten Menschen helfen.

König der Schwerter

Aufrechte Position

Diese Karte steht für Wahrheit, Freude, Intelligenz, Offenheit und Weisheit. Möglicherweise befinden Sie sich in einer Position im Leben, in der andere zu Ihnen aufschauen, wenn es um Führung und Wahrheit geht. Sie sind stark und äußerst zufrieden mit sich selbst.

Umgedrehte Position

Leider deutet diese Karte darauf hin, dass Sie für Gewissen und Integrität unempfänglich sind. Etwas weniger Edles hat dessen Platz eingenommen. Fordern Sie sich selbst auf, Ihre innere Güte zu erwecken, bevor es zu spät ist.

Die Farbe der Münzen

Diese Karten stehen im Zusammenhang mit Arbeit, Karriere, Geld, Gesundheit und Familie. Sie werden hauptsächlich verwendet, um Fragen zu diesen Aspekten zu beantworten und mehr über Ihre Persönlichkeit und Ihre Verbindungen zu jedem dieser Bereiche zu erfahren.

As der Münzen

Aufrechte Position

Es steht für den ersten Schritt, den Sie in Richtung Ihres Ziels machen, für die Unterstützung, die Sie erhalten, und für die Erfüllung. Es hat eine tiefe Verbindung zur Erde. Es sagt Ihnen, dass Sie exponentiell wachsen können, wenn Sie Ihre Talente und Ihr Handwerk verfeinern und verbessern. Die Karte suggeriert, dass Sie gewinnen und Ihre Gefühle kontrollieren können.

Umgedrehte Position

Sie müssen sich wieder mit sich selbst und den Werten, die Sie schätzen, verbinden. Sie müssen in sich selbst schauen, um zu verstehen, was Sie antreibt. Wenn Sie das nicht tun, wird Ihnen der Erfolg nicht leichtfallen.

Zwei der Münzen

Aufrechte Position

Dies wird normalerweise durch die Figur eines Jongleurs dargestellt, bei der zwei Münzen um die Figur herumschwirren und nicht wissen, wohin sie gehen müssen. Wenn diese Karte in Ihrer Lesung auftaucht, bedeutet das, dass in Ihrem Leben einige Veränderungen anstehen, und

Sie müssen die Geduld haben, diese zu erkennen und zu verstehen. Solange Sie das nicht tun, werden Sie immer in Aufruhr sein.

Umgedrehte Position

Vielleicht müssen Sie sich von bestimmten Denkmustern trennen. Zum Beispiel könnten Sie bei einem Thema, bei dem Sie eigentlich von einer neutralen Haltung profitieren könnten, zu voreingenommen sein. Wenn es darum geht, anderen zu helfen, müssen Sie jedoch die Verantwortung übernehmen und proaktiv handeln.

Drei der Münzen

Aufrechte Position

Diese Karte kann als die Karte des Genies bezeichnet werden. Meistens deutet sie auf einen Meister der Arbeit, der Kreativität und der Erfüllung hin. Konzentrieren Sie sich auf Ihre Aufgabe und bringen Sie sie zu Ende. Sie deutet auch auf Zusammenarbeit und Verbesserung der Aufgabe hin.

Umgedrehte Position

Vielleicht haben Sie Angst davor, Ihre Gaben und Talente mit der Außenwelt zu teilen, weil Sie sich vor den Kommentaren und Reaktionen anderer fürchten. Vielleicht denken Sie, dass es sich nicht lohnt, das alles zu tun. Bitte bedenken Sie, dass nur wenige Menschen die Gabe haben, ein Genie zu sein. Versuchen Sie, die göttliche Inspiration zu verbreiten.

Vier der Münzen

Aufrechte Position

Dies ist die Karte des klassischen Zwiespalts. Sie haben materielle Annehmlichkeiten und sind völlig abgesichert, aber damit einhergeht die gefürchtete Verantwortung. In Ihrer Lesung ist diese Karte eine Botschaft an Sie, eine rationale Entscheidung zu treffen und Ihren Reichtum nicht zu verschwenden - weder geistig noch materiell. Vielleicht halten Sie sich an etwas fest. Vielleicht ist es an der Zeit, es loszulassen und zu entdecken, was Zufriedenheit wirklich bedeutet.

Umgedrehte Position

Diese Karte zeigt an, dass Sie sich durch Groll und eine anmaßende Haltung daran hindern lassen, Ihre Ziele zu erreichen. Vielleicht machen Sie sich über etwas Sorgen, oder eine Aufgabe läuft nicht nach Ihren Vorstellungen. Aber das liegt hauptsächlich an Ihrer Einstellung. Ändern Sie diese, und die Welt verändert sich!

Fünf der Münzen

Aufrechte Position

Diese Karte deutet darauf hin, dass Sie nachdenken sollten, bevor Sie sich Ziele setzen, insbesondere wenn es um kurzfristige oder vorübergehende Gewinne geht. Sie werden mit Sicherheit Groll und Ärger empfinden, wenn Ihre kurzfristigen Ziele nicht erreicht werden. Diese Karte erinnert Sie daran, dass es außer Geld noch andere ungeahnte Reichtümer um Sie herum gibt. Lassen Sie Ihr Leben nicht vom Geld bestimmen. Es steckt mehr dahinter, als Sie ahnen.

Umgedrehte Position

Dies zeigt an, dass Sie vielleicht ehrlicher zu sich selbst sein müssen. Sie machen sich selbst etwas vor oder versuchen, die Augen vor Ihrer Wahrheit zu verschließen. Anstatt von möglichen Gewinnen und Reichtümern zu träumen, sollten Sie sich mit sich selbst auseinandersetzen und herausfinden, was Sie wollen.

Die Sechs der Münzen

Aufrechte Position

Bei dieser Karte dreht sich alles um das Geben und Empfangen von Großzügigkeit, Wissen und Unterstützung für andere. Wenn diese Karte in Ihrer Lesung auftaucht, ist es an der Zeit, dass Sie eher geben als nehmen. Sie müssen die Freundlichkeit und Großzügigkeit zurückzahlen und jemand anderem helfen. Dadurch wird der karmische Kreislauf von Kontrolle und Gleichgewicht aufrechterhalten.

Umgedrehte Position

Umgekehrt könnte es bedeuten, dass Sie sich auf die Idee konzentrieren, etwas zurückzubekommen - sowohl im wörtlichen als auch im übertragenen Sinne. Ihre Vorstellung von Rache ist jetzt alles verzehrend. Das ist Ihnen wichtiger geworden als das tatsächliche Geben, was sich auch auf Ihr Karma auswirken kann.

Sieben der Münzen

Aufrechte Position

Traditionell bedeutet diese Karte etwas kultivieren. Wenn diese Karte in Ihrer Lesung auftaucht, sagt sie Ihnen, dass Sie in Ihrem Leben besonders wachsam sein müssen - in Bezug auf Ihre Projekte, Ihre Karriere, Ihr Zuhause, Ihre Beziehungen oder Ihre Familie - um Ihr Ziel zu erreichen. Sie dürfen sich keine Ausreden erlauben. Konzentrieren Sie sich und steuern Sie auf die Ziellinie zu.

Umgedrehte Position

Dies deutet darauf hin, dass Sie gerne Risiken eingehen und Ihr Leben aufs Spiel setzen. Sie haben irgendwie die Orientierung und den Weg in der Welt verloren und sind bereit, alles zu riskieren, was Sie haben, um eine neue Chance zu bekommen. Hüten Sie sich vor solchen Aktionen. Versuchen Sie zu diesem Zeitpunkt nichts Unüberlegtes.

Acht der Münzen

Aufrechte Position

Diese Karte ermutigt Sie dazu, mehr Energie zu investieren, das Leben aus einer neuen Perspektive zu betrachten und ein Gleichgewicht zu schaffen. Bei dieser Karte geht es darum, hart zu arbeiten und neue Wege auszuprobieren, um sich selbst zu verbessern. Ja, es besteht die Versuchung, ein Workaholic zu werden, der Sie Einhalt gebieten müssen. Sie fangen an, sich für unentbehrlich zu halten, während die Realität ganz anders aussieht. Schaffen Sie ein Gleichgewicht.

Umgedrehte Position

Ihre Arbeit beginnt, einen großen Teil Ihrer Identität einzunehmen und greift auf jeden anderen Aspekt Ihres Lebens über. Das ist nicht gesund, und Sie müssen sich auch für andere Aspekte Zeit nehmen. Arbeit ist Arbeit, nicht Leben.

Neun der Münzen

Aufrechte Position

Diese Karte zeigt Ihnen an, dass Sie einen Gang zurückschalten und prüfen sollten, ob Sie zu viel arbeiten und dies nicht mit anderen Aspekten Ihres Lebens in Einklang bringen. Diese Karte steht für Geld, finanzielle Stabilität und Unabhängigkeit. Es ist wichtig, dass Sie Ihre finanziellen Bedürfnisse mit anderen Lebenswünschen in Einklang bringen.

Umgedrehte Position

Sie sind möglicherweise im Verwöhnmodus. Sie fühlen sich lethargisch und apathisch gegenüber Ihrer Lebenssituation und den Ereignissen. Diese Karte deutet darauf hin, dass ein Schub an äußerer Energie auf Sie zukommt, der Sie in die richtige Richtung anspornt!

Zehn der Münzen

Aufrechte Position

Diese Karte steht für die Bündelung vieler Anstrengungen, um Ihre Ziele zu erreichen - sei es ein Haus, ein Auto, eine neue Beförderung oder mehr Geld. Diese Karte steht auch für glückliche und enge Familien, Wissen, Annehmlichkeiten und langfristiges Denken.

Umgedrehte Position

Vielleicht müssen Sie noch einmal ganz von vorne anfangen, nachdem Sie in bestimmten Lebensbereichen Verluste erlitten haben. Das mag zwar mühsam erscheinen, aber ein Neuanfang kann auch ein Segen sein!

Bube der Münzen

Aufrechte Position

Diese Karte zeigt jemanden an, der lernen, experimentieren, forschen, aus seinen Fehlern lernen, an seinen Erfahrungen wachsen und lernen will, mit Misserfolgen umzugehen. Eine sehr wichtige Karte!

Umgedrehte Position

Dies deutet darauf hin, dass Sie vielleicht an Ihren Fähigkeiten und Talenten zweifeln. Sie sind unsicher, ob Sie der Gesellschaft einen Dienst erweisen können. Es kann auch bedeuten, dass Sie nicht gerne in diesem Ausmaß gesellig sind - aber versuchen Sie es trotzdem, es schadet ja nichts. Auf diese Weise können Sie mehr Disziplin kultivieren.

Ritter der Münzen

Aufrechte Position

Diese Karte vermittelt Ihnen die Botschaft, dass Sie geduldig, methodisch, engagiert und beharrlich in Ihren Bemühungen sein müssen. Dies ist die friedlichste Karte im ganzen Deck. Sie müssen das große Ganze sehen und die kleinen Irrtümer auf Ihrem Weg ignorieren. Sicherlich wird die Arbeit nicht immer Ihren Ansprüchen genügen, aber in jeder Art von Arbeit stecken Würde und Anmut. Die Belohnungen werden sicherlich folgen.

Umgedrehte Position

Im Leben werden Sie auf bestimmte Menschen treffen, die Sie oder Ihren Wert nicht zu schätzen wissen. Diese Karte rät Ihnen, diese Menschen einfach zu ignorieren. Konzentrieren Sie stattdessen Ihre Energie und Zeit auf diejenigen, die Sie lieben und schätzen.

Königin der Münzen

Aufrechte Position

Diese Karte steht für Heilung, Erziehung, Problemlösung, Ermutigung und Mitgefühl. Wenn diese Karte in einer Lesung auftaucht, bedeutet das, dass Sie sich um sich selbst kümmern und darauf hinarbeiten müssen, sich und Ihren Lieben ein angenehmes und nährendes Umfeld zu schaffen.

Umgedrehte Position

Dies ist eine Warnung davor, sich zu sehr an etwas oder jemanden zu binden. Vielleicht waren Sie in Ihrem Leben schon einmal von etwas oder jemandem abhängig, mit negativem Ausgang. Diese Karte fordert Sie auf, sich von dieser Gewohnheit zu befreien.

König der Münzen

Aufrechte Position

Bei dieser Karte dreht sich alles um Errungenschaften, finanzielle Macht, Respekt und Kraft. Diese Karte steht auch für die Verwirklichung Ihrer langfristigen Ziele. Wenn diese Karte in Ihrer Lesung auftaucht, lautet die Botschaft, dass Sie noch methodischer arbeiten sollten, damit Ihre Gewinne höher ausfallen. Nicht nur in materieller Hinsicht, sondern auch in geistiger.

Umgedrehte Position

Dies deutet darauf hin, dass Sie im Laufe der Zeit vielleicht etwas egozentrisch geworden sind. Jetzt ist es an der Zeit, zur Selbstdisziplin zurückzukehren und Ihre Wünsche zu kontrollieren und Ihre Fähigkeiten zu formen. Nehmen Sie sich nicht mehr vor, als Sie schaffen können.

In diesem und dem vorangegangenen Kapitel haben Sie alle Karten des Großen und Kleinen Arkanas aus dem Tarot kennengelernt. Im nächsten Kapitel werden Sie sich mit den Arten von Legesystemen befassen und erfahren, wie Sie diese lesen und interpretieren können.

Kapitel Elf: Tarot-Lesung III: Legesysteme und Deutungen

Jetzt, da Sie die Karten des Großen und des Kleinen Arkanas einigermaßen verstanden haben, können Sie mit Ihrer eigenen Lesung beginnen. Sie können ein Kartenset kaufen oder es sich von jemandem schenken lassen!

Bevor Sie sich in eine Lesung stürzen, sollten Sie sich fragen: Warum stelle ich dem Tarot diese Frage? Sie müssen zuerst Ihre wahren Absichten herausfinden, denn das Universum weiß alles. Sie können es nicht täuschen. Ein einfaches Ja und Nein als Antwort mag für Anfänger nützlich sein, aber es wird nicht die tiefsten Anliegen Ihres Herzens beantworten. Bei Ja/Nein-Fragen sind Sie vielleicht mit einem Pendel besser dran.

Tarot-Karten sind speziell entwickelt worden. Jede Karte enthält ihre eigene Interpretation, und wenn sie mit anderen Karten kombiniert werden, offenbaren sie eine Fülle von Informationen und Hinweisen, denen Sie folgen können. Nutzen Sie diese den Karten innewohnende Eigenschaft und stellen Sie tiefgründige und aufschlussreiche Fragen.

Hier sind einige der beliebtesten Tarot-Legesysteme und -Layouts, die Sie auswählen und ausprobieren können.

Das Legesystem mit einer Karte

Dieses Legesystem ist die einfachste Lesung von allen. Es ist genauso wichtig wie die anderen und wird normalerweise von Anfängern bevorzugt. Für diese Lesung müssen Sie Ihr Deck mischen und eine Karte auswählen. Diese Karte steht für eine Frage, die Sie schon seit langem im Kopf haben und auf die Sie eine Antwort suchen. Für mehr Klarheit empfiehlt es sich, dies jeden Tag zu tun und die Karten immer neu zu mischen.

Legung mit drei Karten

Die nächste Variante ist das Legen von drei Karten. Nachdem Sie das Deck gemischt haben, nehmen Sie nacheinander drei Karten heraus und legen sie vor sich hin. In einer einfachen Lesung würde dies Ihre Vergangenheit, Gegenwart und Zukunft bedeuten. Die erste Karte steht für alle Elemente und Einflüsse, die Ihre Vergangenheit auf Ihre Gegenwart gehabt hat. Die zweite Karte bezieht sich auf Ihre Gegenwart - Ihre aktuelle Situation und Stimmung. Die dritte Karte zeigt Ihnen nicht die Zukunft, sondern gibt Ihnen Hinweise darauf, was Sie tun müssen, um Negatives loszulassen und Ihre Lebensziele zu erreichen.

Dieses Legesystem kann auch auf folgende Weise interpretiert werden:

Anstelle von Vergangenheit, Gegenwart und Zukunft können die Variablen auch lauten:

- Set Eins - Körper, Geist, Seele
- Set Zwei - Unterbewusstsein, Bewusstsein, Überbewusstsein
- Set Drei - Inneres Wesen, Bedürfnisse, Methoden

Die keltische Kreuzlegung

Dieses Legesystem kann als das detaillierteste und analytischste der Tarot-Legesysteme angesehen werden. Da es in seiner Anordnung und Interpretation etwas komplex ist, kann dieses Legesystem für Anfänger einschüchternd wirken. Sobald Sie sich jedoch daran gewöhnt haben, werden Sie es lieben!

Nachdem Sie die Karten gemischt haben, legen Sie die erste Karte auf den Tisch. Sie repräsentiert Sie oder die Situation, um die es geht. Die zweite Karte wird gegenüber der ersten Karte abgelegt. Diese Karte zeigt das Problem oder Hindernis, vor dem Sie stehen. Die dritte, vierte, fünfte und sechste Karte werden um die ersten beiden herum angeordnet, wobei die drei und die fünf direkt darunter und darüber und die vier und die sechs links und rechts davon liegen.

Drei steht für die Situation selbst - ihre Grundlage und wie Sie in sie hineingeraten sind. Vier steht für die Ereignisse und den mentalen Zustand in der Vergangenheit, die zu der gegenwärtigen Situation geführt haben. Fünf steht für die Gegenwart. Sechs zeigt an, was in der nahen Zukunft passieren kann.

Die nächsten vier Karten sind in einer vertikalen Spalte angeordnet, wobei die siebte Karte unten und die zehnte oben liegt. Sieben steht für die Fähigkeiten, Talente und Fertigkeiten, die Sie besitzen, um mit Ihrer Situation umzugehen. Acht steht für die Menschen in Ihrem Leben und den Einfluss, den sie auf Ihre Entscheidungen und Gefühle haben. Neun steht für Ihre Ängste und Befürchtungen und zeigt Ihnen auch Ihre Hoffnungen und Wünsche. Zehn steht für das Gesamtergebnis Ihrer Lesung.

Das Legen von fünf Karten

Mischen Sie das Deck und wählen Sie fünf Karten aus. Es gibt viele Möglichkeiten für diese Art von Legesystem, aber lernen Sie zuerst, wie Sie die Kartennummer interpretieren können.

- Karte eins - Ihre Frage
- Karte zwei - was Sie bereits über die Frage oder Situation wissen
- Karte drei - versucht, Ihnen die Richtung für eine Lösung zu zeigen
- Karte vier - enthält Ratschläge oder Hinweise für die Frage
- Karte fünf - das Fazit der gestellten Frage

Wenn Sie etwas fragen möchten, das mit der Vergangenheit zu tun hat, oder etwas, das Sie an jemandem stört, versuchen Sie diese Methode der Interpretation:

- Karte eins - über Ihre Vergangenheit
- Karte zwei - über die jüngsten Ereignisse in der Vergangenheit
- Karte drei - vermittelt den gegenwärtigen Zustand
- Karte vier - führt Sie in den Bereich der Zukunft
- Karte fünf - Ergebnis oder ferne Zukunft

Hier sind zwei beliebte Legesysteme mit fünf Karten:

Legung Eins: Fünf-Karten-Kreuz

Legen Sie drei Karten in die Mitte und legen Sie eine Karte darüber und eine darunter. Sie können drei, fünf und vier in die Mitte legen und eine und zwei darüber und darunter. Oder Sie können zwei, eins und drei in die Mitte legen und vier und fünf darüber und darunter.

Layout Zwei: Partnerschaftliche Legung

Legen Sie die erste, vierte und zweite Karte in die mittlere Reihe und legen Sie die fünfte Karte oberhalb und die dritte Karte unterhalb der Linie aus.

- Karte eins - Ihre Perspektive und Ihre Gefühle in Bezug auf die Beziehung
- Karte zwei - die Sichtweise Ihres Partners über die Beziehung
- Karte drei - warum Sie beide überhaupt zusammengekommen sind; die Grundlage für Ihre Beziehung
- Karte vier - der gegenwärtige Stand Ihrer Beziehung
- Karte fünf - variable Ergebnisse für die Beziehung

Das Sieben-Karten-Legen (Hufeisen-Legung)

Die Karten sind in einer Hufeisenform angeordnet, beginnend mit Karte eins in der unteren linken Ecke und endend mit Karte sieben in der unteren rechten Ecke.

- Karte eins - die Ereignisse und Gefühle der Vergangenheit, die jetzt die Gegenwart beeinflussen.
- Karte zwei - die Gegenwart und die Ereignisse, Aktivitäten, Gefühle, Wünsche usw., die mit dem aktuellen Thema oder der aktuellen Frage verbunden sind.
- Karte drei - verborgene Einflüsse oder unter der Oberfläche liegende Kräfte, die Sie beeinflussen. Dies sind die nicht sichtbaren, aber stark empfundenen Gefühle.
- Karte vier - die Person, die die Frage stellt. Diese Karte offenbart Ihr gesamtes Wesen, Ihre Einstellung, Ihre Persönlichkeit, Ihre Macken, Ihre positiven und negativen Aspekte usw.

- Karte fünf - wie andere Sie beeinflussen. Haben sie eine positive oder negative Wirkung auf Sie? Warum reagieren Sie auf ihre Worte und Handlungen? Und wie wirkt sich das auf Ihre Gegenwart aus?
- Karte sechs - der Weg, den die Person einschlagen sollte. Sie bietet einige Möglichkeiten und Wege, die die Person in Betracht ziehen könnte, um ihr Ziel zu erreichen.
- Karte sieben - das Ergebnis all dessen, was die vorherigen Karten angedeutet haben. Sie ist die Quintessenz der Frage und das Erreichen einer Antwort.

Das astrologische Legesystem

Dies ist ein interessantes Legesystem, das die Tierkreiszeichen und das Tarot kombiniert. In diesem Legesystem steht jede Karte für ein Tierkreiszeichen und hat ihre eigene Bedeutung, die mit dem Tarot verbunden ist. Bei diesem Legesystem brauchen Sie keine Frage zu stellen, denn die Karten stehen für bestimmte Eigenschaften und Aspekte Ihres Lebens.

- Karte eins - Sie selbst
- Karte zwei (Widder) - Ihr derzeitiger Gemütszustand und wie sehr Sie sich selbst schätzen
- Karte drei (Stier) - Ihre derzeitige finanzielle Situation
- Karte vier (Zwilling) - Kommunikation und Reisen
- Karte fünf (Krebs) - Familie, Eltern, Fürsorge, Sorge
- Karte sechs (Löwe) - Produktivität, Vergnügen, Grimmigkeit, Wettbewerb
- Karte sieben (Jungfrau) - Ihre Gesundheit, Partnerschaften, Beziehungen
- Karte acht (Waage) - Ehe, Liebe, Romantik, Geld, Erbe
- Karte neun (Skorpion) - Tod, Geheimnis, Magnetismus, emotionale Tiefe, Geheimnisse, Philosophie
- Karte zehn (Schütze) - eine Haltung des Gebens, Bildung, Träume
- Karte elf (Steinbock) - Gemeinschaft, Karriere, Ehrgeiz

- Karte zwölf (Wassermann) - Freundschaft, Beziehungen, starke Verbundenheit mit dem inneren Selbst
- Karte dreizehn (Fische) - Ängste, rebellische Natur

In einigen Deutungen wird die mittlere Karte, die dreizehnte, als der Höhepunkt aller anderen Karten und ihrer Bedeutungen gesehen.

Das Legesystem der sieben Tage

Diese Lesung ist ganz einfach: Sie müssen nur das Deck mischen und acht Karten auf eine Fläche legen, beginnend mit der Eins und endend mit der Sieben. Die letzte Karte, die Acht, kann entweder nach oben oder nach unten gelegt werden. Dieses Legesystem sagt Ihnen, wie Ihre kommende Woche aussehen wird.

Es wird von links nach rechts gelesen. Jede Karte steht für einen Tag in der Woche. Den einzelnen Positionen kommt keine besondere Bedeutung zu. Egal, welche Karten Sie ziehen, sie werden entsprechend dieser Anordnung ausgelegt und gelesen. Die Eins steht für den aktuellen Tag, die Zwei für den nächsten Tag, die Drei für den übernächsten Tag und so weiter.

Das Legesystem für sechs Monate

In diesem Legesystem werden vier Karten verwendet, um einen Einblick in die nächsten sechs Monate Ihres Lebens zu erhalten.

Die erste Karte, die Sie wählen, ist die Karte für Ihr unmittelbares Umfeld. Diese Karte steht auch für Isolation, Sorgen, Unsicherheit, Verlust und Traurigkeit. Sie symbolisiert den Verlust der Fähigkeit, das Leben in vollen Zügen zu genießen und wie Sie darum kämpfen, von anderen verstanden zu werden.

Die zweite Karte steht für äußere Einflüsse. Dieser Teil des Legesystems deutet auf Kommunikation, Feste, Erfolg, Freude, Wiedersehen, Affären, Zusammenkünfte oder andere Einflüsse hin, die Sie in Ihrer Gegenwart haben könnten.

Die dritte Karte ist die Karte der vergangenen Lebensumstände. Sie steht für Illusionen, Phantasie, Träume, Entscheidungen, die Unfähigkeit, sich richtig zu entscheiden, Egoismus der Person oder andere vergangene Umstände, die ein fruchtbares Leben in der Gegenwart verhindert haben.

Die vierte Karte ist die Zukunftsmotivation. Sie enthüllt Aspekte, die Sie dazu bringen, Ihr Ziel zu erreichen. Ihre Persönlichkeitsmerkmale,

Vorurteile, positiven Punkte, Probleme, Ihre Einstellung und Ihr geistiger Zustand - all das erfahren Sie in diesem Abschnitt.

Das Zwölf-Monats-Legesystem

Dies ist ein weiteres einfaches, aber interessantes Legesystem. Mischen Sie das Deck und wählen Sie zwölf Karten aus. Legen Sie sie kreisförmig auf das Tuch oder die Oberfläche und versuchen Sie, sich zu merken, welche Karte Sie an welche Stelle gelegt haben. Beginnen Sie mit Karte eins und gehen Sie im Uhrzeigersinn vor.

- Karte eins (Das Selbst) - Sie: Ihre Projektion, Ihre Wahrnehmung, Ihre Erscheinung, usw.
- Karte zwei (Geld) - Ihr materieller Reichtum, Ihre Finanzen, Ihr Glücksfall, Ihre Fähigkeiten, Ihr Wert und Ihr Potenzial
- Karte drei (Geistige Aktivitäten) - Ihr Intellekt, Ihr Auffassungsvermögen, Ihre Arbeit, Ihre Ausbildung und Ihre Karriere
- Karte vier (Emotionen und Gefühle) - Ihr emotionales Wohlbefinden, Sicherheit, Komfort, neue Aktivitäten, Ihr Zuhause und Ihre Beziehungen
- Karte fünf (Kreativität) - Ihre künstlerischen Fähigkeiten, Herzensangelegenheiten, Ihre Entspannungsaktivitäten, etc.
- Karte sechs (Tagesablauf) - was Sie an einem Tag tun, Ihre Routineaktivitäten, Beruf, Freizeit, Kollegen, Freunde und Familie
- Karte sieben (Arbeit) - geschäftliche Angelegenheiten, Arbeit, Karriere, Partner, Arbeitsmoral und Geschäftspraktiken
- Karte acht (Besitz) - Ihr Geld, Schmuck, Erbe, Testamente, Anleihen, Aktien und alle anderen wertvollen Güter
- Karte neun (Bildung) - Studium, höhere Ausbildung, Stipendien, Praktikum, Reisen und Fernreisen
- Karte zehn (Reputation) - Ihr Ruf in der Öffentlichkeit, wie die Leute Sie wahrnehmen, Ihr Beitrag zu anderen, weniger glücklichen Menschen und Menschen in Ihrer Familie
- Karte elf (Ziele) - Ihre Träume, Ziele, Wünsche und Visionen für die Zukunft

- Karte zwölf (Spiritualität) - Ihre angeborenen übersinnlichen Fähigkeiten, Ihre Träume, Ihr Fluchtmechanismus und Ihr spirituelles Wachstum

Fazit

Herzlichen Glückwunsch, dass Sie das Ende dieses Buches erreicht haben. Hoffentlich hatten Sie viel Spaß beim Studium der verschiedenen Facetten und Aspekte der Wahrsagerei.

Ein Hinweis: Die Wahrsagerei ist immer noch ein junges Feld. Sie ist zwar weit verbreitet und wird seit langer Zeit praktiziert, aber Sie müssen die Methoden der Wahrsagerei noch gründlich studieren und verstehen und jederzeit bereit sein zu lernen. Ihre Intuition ist alles, was Sie brauchen, um sich auf den richtigen Weg zu bringen. Verlieren Sie sie nicht aus den Augen und ignorieren Sie Ihr Bauchgefühl nicht, wenn es um jemanden oder etwas geht. Letztendlich sind es Ihre Gedanken, Gefühle und Ihre Intuition, die Sie auf dem richtigen Weg halten werden - kein Buch und kein Mensch kann das für Sie tun. Sie müssen Fragen stellen, die Antworten unter Berücksichtigung aller Aspekte interpretieren und dann selbst entscheiden, wie Sie vorgehen wollen. Sicher, es mag Bücher und Menschen geben, die Ihnen helfen, aber denken Sie daran, dass Sie Ihr eigener wahrer Freund sind.

Alle in diesem Buch vorgestellten Methoden laden zum Ausprobieren und Experimentieren ein, aber lassen Sie sich von den Antworten, die Sie erhalten, nicht mitreißen. Nehmen Sie nicht alles für bare Münze und versuchen Sie, sich weiter zu verbessern. Es ist nicht immer notwendig, dem Ergebnis, das die Karten, die Runen oder eine andere Methode vorhersagen, absolut zu glauben. Sie sind nur Orientierungshilfen, sie können die Zukunft nicht mit Sicherheit vorhersagen. Sie können Ihre Zukunft besser machen, indem Sie die Gegenwart nutzen. Das ist die

Lektion, die Sie aus diesem Buch mitnehmen müssen. Fallen Sie bitte nicht auf skrupellose Menschen herein, die Sie betrügen und Ihnen Ihren Seelenfrieden rauben wollen.

Vertrauen Sie sich selbst und genießen Sie das Leben in vollen Zügen! Wenn Ihre Absichten gut sind, wird das Universum Ihnen auf jeden Fall auf Ihrem Weg helfen.

Teil 3: Mediumismus

Der ultimative Leitfaden, um ein spirituelles Medium zu werden und übersinnliche Fähigkeiten wie Hellsehen, Hellfühlen und Hellhören zu entwickeln

Einleitung

„Wer ist ein Medium?"

Wenn jemand Sie das fragen würde, was würde Ihnen einfallen? Denken Sie nicht nur an Filme, Theaterstücke und fiktive Geschichten. Wie würden Sie ein Medium beschreiben? Wahrscheinlich haben Sie, dank der falschen Darstellung in den Medien, ein falsches Bild von Medien und Mediumismus. Das typische Bild eines Mediums ist das einer einsamen Seele, die in einem abgelegenen steinernen Herrenhaus lebt, umgeben von Geistern und Gespenstern. In den Filmen wirken sie blass und furchterregend und haben ein fast unheimliches Aussehen.

Ein Medium ist jedoch ein ganz normaler Mensch wie Sie und ich. Im Gegensatz zu dem, was viele Menschen aufgrund ihrer Konditionierung glauben, sind Medien respektable Menschen aus verschiedenen Bereichen des Lebens. Die Realität steht im Gegensatz zu dem, was wir alle in unserer Kindheit gelernt haben. Leider sind die Praxis und ihre Praktizierenden einer übermäßigen Dramatisierung zur Unterhaltung ausgesetzt.

Mediumismus bezeichnet die Fähigkeit, zwischen der geistigen und der menschlichen Welt zu vermitteln. Medien agieren als Vermittler zwischen Menschen und geistigen Wesen auf der „anderen Seite". Der Unterschied zwischen Ihnen und einem praktizierenden Medium besteht darin, dass es geschult ist, psychisch auf die physische und geistige Ebene eingestimmt zu sein.

Jeder Mensch hat von Geburt an die Gabe, über diese materielle Welt hinaus in andere Dimensionen zu sehen. Wir neigen dazu, unsere

Verbindung mit dieser natürlichen Gabe zu verlieren, wenn wir älter werden. Je weniger wir die Fähigkeit nutzen, desto mehr vergessen wir die Grundlagen. Wenn wir dann erwachsen sind, haben wir diese Kräfte völlig abgelegt. Medien können immer noch auf diese Fähigkeit zugreifen, und das unterscheidet sie von allen anderen.

Ein Medium ist eine ernsthafte Person mit spirituellem Wissen, Glauben, Wünschen und Geduld, die in dieser Welt etwas bewirken möchte, indem sie sich mit ätherischen Wesen in der metaphysischen Welt verbindet.

Viele Menschen stehen dem Paranormalen skeptisch gegenüber, weil es ihnen schwerfällt, Dinge zu verstehen, die nicht durch die Wissenschaft belegt sind. Es gibt jedoch mehrere bewährte Geschichten und Berichte über Menschen, die tatsächlich Kontakte mit Geistern und der Geisterwelt hatten. Fragen Sie diese Menschen, und Sie werden erkennen, dass die Wissenschaft nicht alle Antworten hat.

Dieses Buch zielt darauf ab, Ihre Wahrnehmung von Medien neu zu definieren und Ihnen zu helfen, Ihre inneren psychischen Gaben zu wecken. Die Fähigkeit, mit Geistern zu kommunizieren, ist nicht weit hergeholt, wenn man im Bereich der Realität und der Möglichkeiten bleibt. Dieses Buch gibt eine realistische Vorstellung davon, wie die Reise für neue Medien aussieht. Es ist als praktischer Leitfaden gedacht und verfolgt einen soliden Ansatz, um die Grundlagen des Mediumismus zu entschlüsseln. Dieser pragmatische und bodenständige Leitfaden ist das richtige Hilfsmittel, um Ihre Selbstentdeckungsreise zu beginnen.

Dieser Ratgeber richtet sich an Menschen, die praktische Tipps suchen, die sie in ihrem täglichen Leben anwenden können, um eine bemerkenswerte persönliche und spirituelle Entwicklung anzustoßen. Es ist für diejenigen gedacht, die ein Hilfsmittel brauchen, das ihr Leben verändern wird. Wenn Sie ein Buch suchen, das Ihnen beibringt, wie Sie Superkräfte erlangen können, ist dies nicht das Richtige für Sie.

Aber wollen Sie ein praktisches Handbuch, das Ihnen helfen kann, die natürliche Gabe des Mediumismus, die in Ihrer DNS verankert ist, zu kultivieren und zu verfeinern? Dann ist dies das richtige Buch für Sie. Bevor Sie beginnen, sollten Sie sich vergewissern, dass Sie bereit sind, anzuerkennen, dass es mehr Dimensionen und Reiche gibt als die, die Sie mit Ihren physischen Augen sehen. Wenn Sie dies akzeptieren, beginnen Sie mit der Einstimmung auf Ihre innere Psyche!

Kapitel Eins: Sind sie ein Medium?

„Wir sind alle mit dem Geist verbunden, in unserer physischen Manifestation und unserer Seele."

—Linda Masanimptewa

Sind Sie ein Medium? Woher wissen Sie, ob Sie mit Geistern und Gespenstern in Kontakt treten können? Gibt es Anzeichen, die Sie beobachten können? Dies sind die wichtigsten Fragen, die Sie beantworten müssen, bevor Sie mit Ihren medialen Fähigkeiten beginnen.

Menschen, die neu in diese Praxis einsteigen, wollen oft wissen, wie sie ihre Gaben stärken können. Was sie nicht erkennen, ist, dass dies nicht der Ausgangspunkt ist. Sie müssen sich zunächst vergewissern, dass Sie tatsächlich die Möglichkeiten haben, ein Medium zu sein. Bevor ich näher darauf eingehe, wie Sie dies herausfinden können, möchte ich klären, was Medien tun.

Wie bereits in der Einleitung erwähnt, können Medien auf psychische Weise mit Verstorbenen auf der anderen Seite kommunizieren. Der allgemeine Glaube, dass Medien mit den Toten sprechen, ist ein Irrglaube. Es gibt keinen „Tod". Die Toten existieren nicht. Wenn der Tod real wäre, würden alle Menschen in der Vergessenheit verschwinden, nachdem ihre Seelen in ein anderes Reich übergegangen sind. Was wir als Tod kennen, ist der Übergang der Menschen von physischen Wesenheiten zu einem spirituellen Zustand.

Medien sind Menschen, die intuitiv und sensibel genug sind, um mit ihren übersinnlichen Sinnen Zugang zu Informationen aus den Dimensionen zu erhalten, in die Geister reisen. Diese ermöglichen es ihnen, jeden Kommunikationsversuch aus den Geisterwelten zu sehen, zu fühlen und zu hören.

Nun ist es an der Zeit, festzustellen, ob Sie mit Geistern in Verbindung treten können oder nicht. Ich habe darauf hingewiesen, dass wir alle mit angeborenen übersinnlichen Fähigkeiten auf die Welt kommen. Aber man kann übersinnlich sein, ohne ein Medium zu sein. Eines der häufigsten Missverständnisse ist, dass Hellseher und Medien das Gleiche sind. Es gibt jedoch einen wesentlichen Unterschied zwischen ihnen. Dies zu verstehen ist die Grundlage dafür, ein authentisches Medium zu werden.

Ein Medium kann übersinnlich sein, aber ein Übersinnlicher ist nicht unbedingt ein Medium. Diese Unterscheidung wird oft ignoriert, sei es absichtlich oder aus anderen Gründen. Ich habe dieses Kapitel damit begonnen, diesen Unterschied hervorzuheben, weil es der richtige Ausgangspunkt dafür ist. Ich habe viele Menschen getroffen, die die beiden verwechseln, und das wirkt sich oft auf ihre psychische Entwicklungsreise aus.

Viele Menschen denken, dass der Mediumismus ihnen in die Wiege gelegt ist, weil sie die Gabe der Intuition besitzen. Tatsache ist, dass man, wenn man nicht von Natur aus ein Medium ist, eine Menge Arbeit in die Entwicklung dieser Fähigkeit stecken muss.

Manche Menschen haben die Gabe des Mediumismus und werden als übersinnliche Medien bezeichnet. Ein übersinnliches Medium hat die doppelte Fähigkeit, mit Verstorbenen zu sprechen und Informationen aus den höheren Ebenen zu erhalten.

Außerdem gibt es Medien, deren Fähigkeiten angeboren sind und Medien, deren Fähigkeiten latent sind. Ein Medium mit angeborenen Fähigkeiten war schon immer im Einklang mit seinen Fähigkeiten. Auch wenn sie sich dessen vielleicht nicht bewusst sind, neigen Medien mit angeborenen Fähigkeiten dazu, während ihrer gesamten Kindheit und bis ins Erwachsenenalter Zeichen zu sehen, die auf diese Gabe hinweisen.

Im Gegensatz dazu ist ein Medium mit latenten Fähigkeiten jemand, dessen Fähigkeiten schlummern, bis sie im späteren Leben entwickelt werden. Die meisten Menschen, die ich getroffen habe, sind Medien mit latenten Fähigkeiten. Typischerweise erhalten diese Menschen von

Kindheit an Zeichen und können ihre Fähigkeiten nutzen. Aber wenn sie älter werden, schlummern die Gaben und gehen ihnen verloren.

Jeder, der übersinnlich begabt ist, hat eine Neigung zum Channeling von Geistern. Wenn Sie übersinnliche Fähigkeiten haben, dann können Sie mit Geistern sprechen. Dass Sie von Geburt an hellseherisch veranlagt sind, spielt in diesem Zusammenhang keine Rolle. Was zählt, ist Ihre Bereitschaft zu lernen und Ihr Eifer, es zu versuchen.

Wie man erkennt, ob man ein Medium ist

Die Kommunikation mit Verstorbenen ist das Markenzeichen des Mediumismus. Eine Möglichkeit, dies zu erkennen, ist, wenn Sie in Ihrem Leben bereits Geister, Erscheinungen oder Gespenster gesehen haben.

Der erste Schritt ist ein Blick zurück in Ihre Kindheit. Als Kind müssen Sie bestimmte Ängste gehabt haben. Untersuchen Sie diese. Vielleicht stellen Sie fest, dass Ihre Kindheitsängste mit Ihrer Neigung zu übersinnlichen Fähigkeiten zusammenhängen. Sie könnten ein Medium sein, wenn:

- Sie als Kind Angst vor der Dunkelheit hatten. Normalerweise haben prädisponierte Kinder eine anhaltende Angst vor der Dunkelheit, die aus ihrer unterbewussten Wahrnehmung des Paranormalen resultiert.
- Sie aufgrund von Albträumen nicht gerne alleine in einem Zimmer schlafen.

Denken Sie dann an Ihr Spielverhalten als Kind. Was haben Sie gerne gemacht? Wenn Sie sich nicht erinnern können, fragen Sie Ihre Eltern. Ohne es zu merken, haben Sie vielleicht individuelle Erfahrungen gemacht, die ins Übernatürliche tendieren. Fragen Sie Ihre Eltern, ob Sie einen imaginären Freund hatten, als Sie aufwuchsen. Wenn die Antwort „Ja" lautet, könnte das bedeuten, dass Sie damals immer mit einem freundlichen Geist (oder Geistern) zu tun hatten. Oft sehen Erwachsene, dass ihre Kinder scheinbar allein interagieren, und schließen daraus, dass sie „imaginäre Freunde" haben.

Untersuchen Sie Ihre Interessen – Wenn Sie ein starkes Interesse daran hatten, Bedeutung und Religion zu verstehen, könnte dies ein weiteres Zeichen für Ihre übersinnliche Verbindung sein. Als Kind haben Sie vielleicht:

- Ihre Eltern oder Erziehungsberechtigten gebeten, Ihnen verschiedene religiöse Überzeugungen zu erklären.
- an Aktivitäten teilgenommen, bei denen mit übersinnlichen Hilfsmitteln wie Tarotkarten oder einem Ouija-Brett gespielt wurde.
- Bücher gelesen, die sich mit spirituellen oder übernatürlichen Themen befassen.

Je älter Sie werden, desto deutlicher werden die Zeichen. Denken Sie über Ihr mittleres Alter nach. Medien neigen dazu, Auren und Symbole um lebende Menschen und Gegenstände zu sehen. Eine Aura ist ein unsichtbares Energiefeld, das alles im Universum umgibt. Die meisten Menschen können die Aura nicht sehen, aber diejenigen, die in Kontakt mit ihrer übersinnlichen Seite sind, können es. Eine Aura zu sehen ist ein Zeichen von Hellsichtigkeit, einem der wichtigsten übersinnlichen Sinne, die Medien haben. Denken Sie also an die Dinge, die Sie um andere herum sehen.

Verstehen Sie das Gefühl, das Sie haben, wenn Sie mit anderen Menschen zusammen sind. Können Sie die Anwesenheit von Menschen in einem Raum spüren, noch bevor Sie sie sehen? Wenn Sie das können, ist das ein Zeichen dafür, dass Sie hellfühlig sind. Wie die Hellsichtigkeit ist auch die Hellfühligkeit ein dominanter übersinnlicher Sinn bei Medien. Es ist die Fähigkeit, die Energie und die Stimmungen der Menschen zu fühlen oder zu spüren. Als Hellsichtiger:

- haben Sie eine ausgeprägte Intuition für die Gefühle, Gedanken und Stimmungen der Menschen.
- fühlen Sie sich mit deren Gefühlen und Erfahrungen einer anderen Person verbunden, wenn Sie einen Gegenstand berühren oder in der Hand halten, der ihr gehört.

Die meisten Medien haben persönliche Erfahrungen im Zusammenhang mit dem Tod. Durch eine Nahtoderfahrung entdecken Menschen ihre Gabe. Wenn Ihnen das noch nie passiert ist, denken Sie an die geliebten Menschen, die Sie verloren haben. Wenn Sie mediale Kräfte haben, kann der Verlust eines geliebten Menschen seltsame Ereignisse auslösen.

Ein Beispiel dafür könnten seltsame Empfindungen und Gefühle sein oder etwas so Abweisendes wie plötzlich zugeschlagene Türen. Nehmen wir an, Sie haben schon einmal etwas Ähnliches erlebt. In diesem Fall könnte es der Geist Ihres verstorbenen geliebten Menschen gewesen sein, der versucht hat, mit Ihnen zu kommunizieren.

Die eigene Gabe zu erkennen, ist keine leichte Aufgabe. Es ist ein langer und komplizierter Prozess. Viele Menschen sind sich ihrer Fähigkeiten noch nicht bewusst. Manchen Menschen wird ihre Gabe vielleicht erst in einem bestimmten Alter bewusst. Die meisten haben Erfahrungen, von denen sie glauben, dass sie allen anderen bekannt sind.

Angenommen, Sie spüren und fühlen ständig Dinge, die Ihnen kaum etwas bedeuten. Dabei könnten sie im Leben der Menschen um Sie herum einen Unterschied machen. Die Botschaften, die Sie von Geistern erhalten, können etwas mit Ihnen zu tun haben, das ist aber nicht zwingend der Fall. Manchmal wählen die Seelen bestimmte Menschen aus, um ihnen Botschaften zu übermitteln, weil sie für sie zugänglich sind.

Vielleicht trifft keines der oben genannten Zeichen auf Sie zu - das ändert nichts an Ihrem Potenzial, begabt zu sein. Es bedeutet nicht, dass Sie die Fähigkeit nicht haben - es zeigt nur, dass Sie Ihr Unterbewusstsein anzapfen und diesen Teil von Ihnen erwecken müssen.

Jeder kann sich mit seinen verstorbenen Angehörigen verbinden. Der Geist ist immer bereit, mit jedem zu kommunizieren. Sie müssen sich selbst offener für die Verbindung machen. Dazu müssen Sie Ihr Bewusstsein stärken und den Dingen um Sie herum mehr Aufmerksamkeit schenken.

Bestimmte Dinge können Ihnen wie ein Zufall oder eine seltsame Begebenheit vorkommen, aber wenn Sie aufmerksam sind, werden Sie feststellen, dass sie Sie an jemanden erinnern, den Sie verloren haben. Dies sind oft Zeichen und Symbole. Wenn Sie nicht in Ihre Umgebung eintauchen, werden Sie diese Hinweise des Geistes nicht wahrnehmen.

Nicht alle Medien kennen ihre Fähigkeiten. Manche brauchen einen kleinen Anstoß, um ihr Potenzial zu wecken. Wenn Sie zu dieser Kategorie gehören, gibt es Dinge, die Sie tun können, um Ihre übersinnlichen Muskeln zu entdecken. Wissentlich oder unwissentlich haben Sie vielleicht sogar Dinge getan, um Ihre intuitiven Sinne zu aktivieren.

Das größte Hindernis, das einen Menschen davon abhält, seine Gaben zu entdecken, ist Angst. Angst hindert Sie daran, sich für Ihre angeborenen Fähigkeiten zu öffnen. Sobald sie übernatürliche Zeichen sehen, bekommen viele so viel Angst, dass sie es unbewusst ausblenden. Aber es ist wichtig zu verstehen, dass diese Erfahrungen nicht beängstigend sind. Sie sollten sich nicht vor dem fürchten, was Sie nicht begreifen. Versuchen Sie stattdessen aktiv, einen Sinn darin zu sehen.

Hellseherische Fähigkeiten sollten Ihnen keine Angst einjagen. Sie sind dazu da, Sie auf dem Weg zum Erwachen und zu einem höheren Bewusstsein zu unterstützen. Der erste Schritt zur Ausschöpfung Ihres Potenzials besteht also darin, sich den Möglichkeiten zu öffnen. Nehmen Sie Ihre jenseitigen Fähigkeiten an. Lassen Sie das Universum wissen, dass Sie bereit sind, Ihre Gaben zu erforschen. Lassen Sie nicht zu, dass Angst Ihre Reaktion auf das Wissen über das Ätherische bestimmt.

Das Zweite, was Sie tun können, ist, sich mehr auf die Energie einzustellen. Wenn man jemandem begegnet, der neu ist, bekommt man eine „Schwingung". Die „Schwingung" ist in diesem Zusammenhang die Energie. Jeder Mensch hat die intuitive Fähigkeit, die Energie eines anderen zu spüren. So können Sie feststellen, ob der Fremde, den Sie treffen, vertrauenswürdig ist oder nicht.

Die Schwingungen einer Person zu spüren, ist eine Manifestation Ihrer inneren psychischen Intuition. Es zeigt, dass Sie diese Fähigkeit tatsächlich haben und sie mehr trainieren müssen. Alles, was Sie tun müssen, ist, diese Fähigkeit zu stärken. Fordern Sie sich also selbst heraus, die Energie anderer Menschen gezielt zu lesen und zu interpretieren. Schauen Sie über das Äußere und die Veranlagung hinaus, um die wahre Person zu finden. Wenn Sie die Energie einer Person anzapfen, erhalten Sie mehr Informationen über sie, als Sie sonst irgendwo finden können.

Wie, werden Sie sich fragen? Seien Sie in ihrer Gegenwart und achten Sie darauf, wie Sie sich fühlen. Verstehen Sie, wie das auf die Person wirkt. Dazu müssen Sie die Person nicht einmal sehen oder mit ihr interagieren. Wenn Sie z. B. in einer Warteschlange vor einem Kino stehen, zapfen Sie bewusst die Energie der Menschen um Sie herum an und sehen Sie, was Sie finden. Beginnen Sie dann ein Gespräch, um die Ergebnisse Ihrer kleinen Energiesonde zu überprüfen.

Hellsichtigkeit ist eine der vorherrschenden übersinnlichen Fähigkeiten bei Medien. Das Üben des Hellsehens ist eine weitere Methode, um Ihre inneren Potenziale anzuzapfen. Eine der besten Möglichkeiten zum Üben ist die Übung des Fernblicks. Sie üben, Dinge aus der Ferne zu „sehen". Wann immer Sie einen neuen Ort besuchen müssen, versuchen Sie es mit einer Fernbetrachtung vor Ihrem Besuch. Schließen Sie die Augen und stellen Sie sich den Ort in Ihrem Kopf vor.

Versuchen Sie, diesen Ort zu „sehen", und notieren Sie dann, was vor Ihrem geistigen Auge erscheint.

Wenn Sie später an den Ort kommen, vergleichen Sie Ihre imaginäre Beschreibung des Gebiets mit dem tatsächlichen Aussehen. Seien Sie nicht überrascht, wenn Sie feststellen, dass Sie einige der Formen oder Merkmale richtig erkannt haben. Ihre Visualisierung kann sehr genau sein, denn bestimmte Dinge befinden sich genau an den Stellen, an denen Sie sie sich vorgestellt haben.

Um sich weiter auf Ihre Gaben einzustimmen, erleichtern Sie den Kontakt mit Geistführern. Geistführer sind höherdimensionale Wesen, die Ihnen auf einzigartige Weise zugewiesen sind. Sie sind da, um Sie bei allen Ihren Bemühungen zu unterstützen und zu leiten, und viele haben mehrere Leben auf dieser Ebene überlebt. Sie haben verschiedene Geistführer, von Engeln bis hin zu Geisttieren. Jeder Führer bietet eine besondere Mischung aus Wissen, Weisheit und Fähigkeiten.

Normalerweise bekommt man bis zu sechs Geistführer, die unterschiedlichen Zwecken dienen. Ein Geistführer kann für den Schutz zuständig sein, ein anderer für die Heilung und wieder ein anderer, um Ihnen zu helfen, ein Ziel zu erreichen. Sie sind auch da, um Ihnen bei der Entwicklung Ihrer übersinnlichen Gaben zu helfen. Das ist der Führer, den Sie anrufen müssen, wenn Sie Ihr verborgenes Medium freisetzen wollen. In einem späteren Kapitel werde ich näher erläutern, wie Sie mit Ihren Geistführern in Kontakt treten können.

Vielleicht fragen Sie sich jetzt, warum genau man eine Verbindung mit der Geisterwelt herstellen möchte. Was haben Sie davon, wenn Sie Kontakt zu jenseitigen Wesen aufnehmen? Die Antwort auf diese Frage ist der Kern des Mediumismus.

Als Medium können Sie den Schmerz und den Kummer der Hinterbliebenen lindern. Mit Ihrer Fähigkeit können Sie ihnen Trost spenden. Allein das Wissen, dass die Geister ihrer verstorbenen Angehörigen über sie wachen, kann die Schuldgefühle der trauernden Familien lindern.

Der Mediumismus ermöglicht es Ihnen, für eine verstorbene Seele zu beten oder ihr beim Übergang zu helfen. Manchmal sind Seelen auf der Erde verankert und können nicht auf die andere Seite übergehen. Das geschieht oft, weil etwas anderes sie hier gefangen hält. Durch die Kommunikation mit einem Medium können diese Seelen das Problem der Verankerung lösen und in den ewigen Frieden übergehen.

Die Tätigkeit als Vermittler zwischen dieser Welt und der Geisterwelt ist eine Möglichkeit, esoterisches Wissen zu erlangen und zu vertiefen. Um ein vollständiges spirituelles Erwachen und spirituelle Erleuchtung zu erlangen, ist das Gespräch mit Geistern, die in anderen Dimensionen gelebt haben, ein guter Anfang. Das *Channeln* von Energien ist auch eine Möglichkeit, einen Dialog mit der metaphysischen Welt herzustellen. Sie können eine Brücke zwischen dieser Welt und der spirituellen Welt schlagen.

In manchen Fällen kommen die Verstorbenen und suchen die Kommunikation mit den Lebenden. Sie tun dies aus verschiedenen Gründen, unter anderem:

- um ihren Angehörigen zu versichern, dass es ihnen gut geht. Dies geschieht meist, wenn die Verstorbenen ihre Seele durch einen Unfall oder andere ebenso traumatische Ereignisse verlieren.
- um den Lebenden Hilfe und Unterstützung zu leisten.
- aus Neugier und Interesse oder
- um ein unvollendetes Geschäft zu Ende zu bringen.

Es gibt noch weitere Gründe, warum Geister mit den Lebenden in Kontakt treten. Dies sind nur einige der häufigsten.

Lassen Sie sich nicht entmutigen, wenn Sie nichts erlebt oder gesehen haben, was im Entferntesten mit übersinnlichen Fähigkeiten zu tun haben könnte. Wahrscheinlich haben Sie schon die eine oder andere Erfahrung gemacht, ohne es zu wissen. Mit den oben genannten Tipps können Sie Ihre übersinnlichen Sinne anzapfen, um eine neue Erfahrung zu machen.

Das Wichtigste ist, sich zu vergewissern, dass der Mediumismus etwas ist, das man für sich selbst will. Suchen Sie in sich selbst nach der Antwort, denn das ist der einzige Ort, an dem Sie sie finden werden. Wenn Sie fortfahren, seien Sie bereit zu glauben und sich für alle Möglichkeiten zu öffnen. Glaube ist wesentlich. Ohne ein solides Glaubenssystem werden Ihr Herz und Ihr Verstand dem Geist verschlossen bleiben, was das *Channeln* unmöglich macht.

Zu guter Letzt sollten Sie sich darüber im Klaren sein, dass es ein langer Prozess ist, ein spirituelles Medium zu werden, der von Ihnen verlangt, zu lernen, zu üben und – was noch wichtiger ist – konsequent zu sein. Das Erlernen einer neuen Fähigkeit erfordert Beständigkeit. Betrachten Sie den Mediumismus als eine neue Fähigkeit, die Sie gerade erst erlernen. Ich garantiere Ihnen, dass Sie Ihre Wahrnehmung und Ihre Vorstellung von diesem Leben völlig neu definieren können, wenn Sie einen bestimmten Wissensstand auf diesem Gebiet erreicht haben.

Das nächste Kapitel befasst sich eingehend mit den verschiedenen Arten von Medien und damit, was jedes Medium einzigartig macht. Woher wissen Sie, welches Medium Sie sind? Finden wir es heraus!

Kapitel Zwei: Arten von Medien

„Mediumismus ist ein Wegweiser, der die Führung derer, die vor uns gegangen sind, nicht nur für die, die hier sind, sondern auch für die, die noch kommen werden, weitergibt."

−Anthon St. Marteen

Der Mediumismus ist weit entfernt von dem, für das ihn die meisten Menschen halten. Er manifestiert sich in den Menschen unterschiedlich. Daher gibt es auch verschiedene Arten von Medien. Obwohl das Ziel darin besteht, Informationen von der geistigen Ebene zu erhalten, sind alle Medien unterschiedlich. Es gibt vier Arten von Medien. Welche Art von Medium Sie werden, hängt von Ihrer dominanten psychischen Eigenschaft ab.

Der Mensch kann auf vier Arten intuitiv sein - durch Gedanken, Gefühle, Energie oder den physischen Körper. Ein Mensch, der durch Gefühle intuitiv ist, ist ein emotionaler Intuitiver. Ein mentaler Intuitiver nimmt Gedanken und mentale Energie auf. Eine spirituelle Intuition erfolgt über das menschliche Energiefeld und eine physische Intuition durch die Aufnahme von Energie in den materiellen Körper. Die meisten Menschen haben alle vier Arten von Intuition. Dennoch neigen sie tendenziell eher zu einer oder zwei als zu den anderen.

Als Medium verbinden und interagieren Sie mit der spirituellen Dimension durch diese intuitiven Kanäle. Ihr Medientyp hängt davon ab, welchen der vier intuitiven Kanäle Sie zur Kommunikation mit der anderen Seite nutzen. Mit anderen Worten: Ihr angeborener intuitiver Typ bestimmt, welche Art von Medium Sie sind. Dies zu wissen ist wichtig, denn es ist der Schlüssel zur weiteren Entwicklung Ihrer Gaben.

Es ist wahrscheinlich, dass Sie einen vorherrschenden Medientyp haben. Dennoch haben Sie wahrscheinlich die ausgeprägten Verbindungsphänomene aller vier Typen erlebt. Im Folgenden finden Sie einen detaillierten Einblick in die verschiedenen Medientypen auf der Grundlage der vier intuitiven Modalitäten.

Emotionales Medium

Ein emotionales Medium nimmt die emotionale Energie von Geistern auf, oft ohne sich dessen bewusst zu sein. Sie können die Bandbreite der Emotionen und Gefühle, die auf der anderen Seite ausgedrückt werden, besser spüren als jeder andere Medientyp. Nehmen wir an, Sie hatten jemals einen Zustrom gesunder, liebevoller Emotionen, ohne die Quelle zu kennen. Dann sind Sie vielleicht ein emotionales Medium.

Sind Sie jemals von einer höheren Liebe überwältigt worden, die von einem anderen Ort zu kommen scheint? Haben Sie ständig lebhafte Erinnerungen an einen verstorbenen geliebten Menschen, die eine starke emotionale Reaktion in Ihnen hervorrufen? Wenn Geister um Sie herum sind, rufen sie Gefühle der Wärme und des Glücks hervor, die Ihnen das Gefühl geben, dass jemand anderes mit Ihnen im Raum ist.

Auf diese Weise stimmen sich die emotionalen Medien auf die Geisterwelt ein. Ohne es zu wissen, stellen sie eine Verbindung zu denjenigen her, die auf die andere Seite übergegangen sind.

Emotionale Medien sind einfühlsam und mitfühlend und haben den starken Wunsch, im Leben anderer etwas zu bewirken. Sie sind im Einklang mit den höchsten Ebenen, wo die göttliche Liebe ihren Ursprung hat. Sie sind in der Regel geborene Empathen, was die Hellfühligkeit zu ihrem vorherrschenden intuitiven Sinn macht.

Als Empath fühlen sie die Emotionen anderer Menschen genauso intensiv wie ihre eigenen, oder das passiert manchmal, wenn sie denken, dass diese Gefühle ihre eigenen sind. Sie können sich nicht nur auf die emotionale Energie und die Gefühle der Wesen der physischen Dimensionen einstimmen, sondern auch auf die Auren der Menschen in den höheren spirituellen Reichen, um Zugang zu emotionalen Informationen zu erhalten.

Emotionale Medien empfangen Botschaften aus der Geisterwelt in erster Linie durch Gefühle und emotionale Empfindungen. Nehmen wir an, Sie sind ein emotionales Medium. In diesem Fall empfinden Sie vielleicht ein plötzliches Gefühl von Wärme in sich. Oder Sie fühlen sich auf unerklärliche Weise glücklich. Wenn dies häufig vorkommt, kann es bedeuten, dass ein fröhlicher Geist versucht, Ihnen oder einer anderen Person, die Sie kennen, eine positive Botschaft zu übermitteln.

Um festzustellen, ob Sie ein emotionales Medium sind, versuchen Sie die folgende Übung:

- Setzen Sie sich bequem auf einen Stuhl oder auf den Boden. Schließen Sie die Augen und atmen Sie ein paar Mal tief durch. Atmen Sie tief ein und aus, bis Sie sich entspannt fühlen.
- Denken Sie an einen geliebten Menschen, der nicht mehr da ist. Sprechen Sie den Namen des geliebten Menschen laut aus, so dass das Universum ihn hören kann. Sie können ihn auch im Stillen sagen. Es ist Ihre Entscheidung, die Sie treffen.
- Atmen Sie weiter, damit Sie entspannt und ruhig bleiben. Spüren Sie die Wärme Ihres Atems, wenn er in Ihren Bauch ein- und ausströmt.
- Öffnen Sie Ihr Herz und rufen Sie den Namen des geliebten Menschen erneut. Hören Sie leise durch Ihr Herz und warten Sie.
- Erlauben Sie Ihrem Herzen, die Liebe und Wärme zu empfangen, die die Seele Ihres geliebten Menschen sendet.
- Achten Sie auf andere Nachrichten, die er möglicherweise sendet.
- Senden Sie ihm ein warmes Gefühl der Liebe aus Ihrem Herzen.

Üben Sie dies jeden Tag, um Ihre Verbindung mit den Verstorbenen und der spirituellen Dimension zu vertiefen. Wann immer Sie ein unerwartetes Gefühl verspüren, nehmen Sie sich Zeit, dieses Gefühl zu beobachten. Versuchen Sie, die Botschaft zu entschlüsseln, die Sie empfangen. Wenn Sie diese Übung in Ihren Tagesablauf einbauen, wird sie Ihre emotionale Verbindung zur anderen Seite stärken. Unbeabsichtigt werden dadurch spirituelle Botschaften für Sie zugänglicher.

Mentales Medium

Obwohl die meisten Menschen immer noch nicht zwischen den einzelnen Medien unterscheiden können, sind Mentalmedien bekannter als alle anderen Medientypen. Als Mentalmedium unterhält man sich unwissentlich mit Geistern in seinem Kopf. Manchmal findet das „Gespräch" in Form einer Vision statt, die sich wie auf einer Filmleinwand abspielt.

Übersinnliche Botschaften über die Gedanken können jederzeit eintreffen. Sie können auftreten, während Sie zur Arbeit fahren oder zum Park laufen. Es spielt keine Rolle, was Sie in diesem Moment gerade tun. Da die Kommunikation über Ihre Gedanken erfolgt, kann nichts die Verbindung einschränken oder begrenzen.

Die Gedanken anderer zu empfangen, ist für einen mental intuitiven Menschen eine Selbstverständlichkeit. Deshalb merken Sie vielleicht nicht einmal, wenn Sie mit Geistern auf der anderen Seite kommunizieren. Sobald Sie erkennen und anerkennen, dass die Gespräche, die in Ihrem Geist stattfinden, mehr sind als ein innerer Monolog, entwickelt sich Ihre Fähigkeit schneller.

Von diesem Punkt aus können Sie Ihre Gedanken von denen eines anderen Wesens oder einer anderen Entität unterscheiden. Vielleicht hören Sie in Ihrem Kopf eine Stimme, die sich wie Ihre eigene anhört, aber das ist wahrscheinlich ein Geist, der versucht, sich mitzuteilen. Die Stimme mag Ihnen wie die eines verstorbenen Familienmitglieds oder eines geliebten Menschen vorkommen. Erinnern Sie sich an die Zeit, als Sie jemanden Ihren Namen rufen hörten, aber niemanden in Ihrer Nähe finden konnten. Das ist ein Beispiel dafür, dass ein Verstorbener seine Stimme in Ihre mentale Auraschicht projiziert.

Mentalmedien haben die Gabe der Präkognition. Diese übersinnliche Fähigkeit ermöglicht es Ihnen, Informationen und Wissen zu erkennen, ohne den Ursprung zu kennen. Die Präkognition als vorherrschende psychische Modalität bedeutet, dass Sie durch Ihre Gedanken mit ätherischen Wesen kommunizieren können. Sie kennen vielleicht die Gedanken, Ideen und Überzeugungen eines geliebten Menschen zu bestimmten Themen, ohne eine klare Vorstellung davon zu haben, woher Sie diese Informationen haben.

Probieren Sie die folgende Übung aus, um festzustellen, ob Sie ein mentales Medium sind.

- Schließen Sie Ihre Augen. Atmen Sie mehrmals tief, öffnen Sie dann Ihre Augen.
- Denken Sie an einen Aspekt Ihres Lebens, zu dem Sie die Meinung eines Wesens aus der spirituellen Dimension hören möchten.
- Schreiben Sie eine Frage oder ein Anliegen auf, worauf Sie Ihren verstorbenen Freund ansprechen möchten.
- Schreiben Sie dann die Lösungen und Möglichkeiten auf, die Sie im Kopf haben. Es geht darum, Ihren Geist zu klären und offen zu sein für die Gedankenenergie, die Sie von der anderen Seite empfangen werden.
- Schließen Sie nun wieder Ihre Augen. Atmen Sie ein paar Mal tief durch, um Ihren Geist zu entspannen.
- Rufen Sie den Namen des geliebten Menschen, mit dem Sie eine Verbindung suchen. Wiederholen Sie den Namen dreimal.
- Stellen Sie Ihre Fragen und wiederholen Sie sie dreimal. Die dreimalige Wiederholung der Frage stellt sicher, dass die Geister Sie richtig hören.
- Konzentrieren Sie sich auf Ihre Gedanken, während Sie sich weiter entspannen. Hören Sie auf jede Nachricht.

Schreiben Sie jeden Gedanken auf, der auftaucht, und achten Sie auf jede Stimme in Ihrem Kopf. Die Gedanken, die auftauchen, sind sehr wahrscheinlich von dem Geist, mit dem Sie kommunizieren.

Beachten Sie, dass sie sich von dem unterscheiden können, was Sie sich vorgestellt oder erwartet haben.

Spirituelles Medium

Spirituelle Medien sind in der Lage, Geister und verstorbene Seelen zu „sehen". Sie kommunizieren in der Regel durch Träume und Tagträume mit der Geisterwelt. Sie können dies tun, weil ihr vorherrschender psychischer Sinn die Hellsichtigkeit ist, was „klares Sehen" bedeutet. Hellsichtigkeit ermöglicht es spirituellen Medien, visuelle Botschaften von der anderen Seite zu empfangen. Spirituelle Medien erhalten in der Regel intuitive Tropfen auf eine Art und Weise, die ich als schwer fassbar beschreiben würde.

Ein spirituelles Medium zu sein bedeutet, dass sich Ihre Verbindung mit den Geisterebenen wie ein Traum anfühlen kann, fast so, als ob Sie sie sich einbilden würden. Mit Hellsichtigkeit als Ihrem wichtigsten übersinnlichen Kanal haben Sie vielleicht Gespenster, Geister und andere ätherische Wesen gesehen und es als eine optische Täuschung abgetan.

Spirituelle Medien verfügen über eine tiefe Weisheit, die es ihnen ermöglicht, Lebenslektionen und Lebensziele intuitiv zu erkennen. Als spirituelles Medium können Sie intuitiv den Sinn Ihres Lebens und das der Menschen in Ihrer Umgebung erkennen. Sie müssen keine Hellseher aufsuchen, um bestimmte Dinge über sich selbst zu erfahren.

Die Gabe des inneren Sehens ermöglicht es Ihnen, Energie zu sehen, sei es im übertragenen Sinne, symbolisch oder realistisch. Sie können verstorbene geliebte Menschen in ihrer geistigen Form sehen. Diese Fähigkeit tritt entweder durch Ihr inneres Sehen oder in Form von durchsichtigen Wesen auf. Manchmal können sie Ihnen auch als dreidimensionale Figuren in dieser Welt erscheinen.

Hier ist eine Übung speziell für die Entwicklung Ihrer Gabe des klaren Sehens und des spirituellen Mediumismus.

- Setzen Sie sich bequem hin.
- Schließen Sie Ihre Augen und atmen Sie tief ein. Dann atmen Sie ebenso tief aus. Wiederholen Sie die Atemübung ein paar Mal, um Ihren Geist zu beruhigen und zu klären.
- Visualisieren Sie eine weiße Energiekugel, die Sie umgibt. Stellen Sie sich vor, dass Sie in diesem weißen Licht verborgen sind.
- Während Sie tief einatmen, stellen Sie sich vor, wie sich die Kugel ausdehnt und sich mit lebendiger Energie füllt.
- Stellen Sie sich einen geliebten Menschen aus der Geisterwelt vor, der in die Kugel kommt. Rufen Sie den Namen der Person, die mit Ihnen im weißen Licht sein soll. Wiederholen Sie den Namen ein paar Mal.
- Atmen Sie weiterhin entspannt, während Sie den Namen des Geistes wiederholen.
- In diesem Moment spüren Sie vielleicht eine warme, kribbelnde Energie, die durch Ihre Nerven fließt. Oder Sie sehen ein Symbol oder ein Bild der Person. Manchmal kann der Geist auch als ein funkelnder Lichtstreifen erscheinen.

- Sie können versuchen, ein Gespräch mit dem Geist zu beginnen oder sich einfach für die Botschaft zu öffnen, die er oder sie für Sie hat.

Spiritueller Mediumismus ist dasselbe wie heilender Mediumismus. Sie können Ihre Schwingungsebene auf die Höhe des Bewusstseins anheben, wo Sie göttliche Energie aus den spirituellen Reichen *channeln* können. Darüber hinaus können Sie die Energie auf eine lebende Person übertragen, um eine Heilung einzuleiten. Die Standardmethode dafür ist, die göttliche Energie durch Ihren Körper in den Körper einer anderen Person zu leiten.

Viele Menschen glauben, dass Geistmedien die mächtigsten Medien sind, aber kein Medium ist mächtiger als die anderen. Das Ausmaß Ihrer Fähigkeiten hängt ausschließlich davon ab, wie Sie sich selbst schulen. Es hat nichts damit zu tun, wie Sie sich mit der spirituellen Dimension verbinden.

Physisches Medium

Das entscheidende Merkmal physischer Medien ist ihre Fähigkeit, mit Geistern über ihr Bauchgefühl zu kommunizieren. Spirituelle Botschaften werden ihnen in Form von körperlichen Empfindungen übermittelt. Ein hervorragendes Beispiel dafür ist, wenn sich die Härchen auf Ihren Armen aufstellen, wenn Sie an einen verstorbenen geliebten Menschen denken. Vielleicht haben Sie das Bauchgefühl, dass ein verstorbener Freund oder ein Familienmitglied anwesend ist. Vielleicht spüren Sie, dass er oder sie hinter Ihnen steht, oder Sie haben einfach das Gefühl, dass er oder sie eine warme Hand auf Ihrem Rücken hat. Dies sind nur einige Möglichkeiten, wie Geister mit physischen Medien in Verbindung treten.

Angenommen Sie sind ein physisches Medium. In diesem Fall können Sie wahrnehmbar mit Geistern und jenseitigen Wesenheiten interagieren. Verstorbene Seelen haben ein Händchen für Dinge wie blinkende Lichter, Gegenstände, die auf unseren Weg fallen, und grundloses Klingeln an der Tür. Obwohl diese Dinge vielen Medien passieren, treten sie normalerweise häufiger bei physischen Medien auf.

Physische Medien beherrschen die Psychometrie, d. h. die Fähigkeit, die Energie eines Objekts zu erahnen. Wenn man sich das Foto eines Verstorbenen ansieht, kann man als physisches Medium eine Menge Informationen über ihn erhalten. Wie ist das möglich? Physischer

Mediumismus stellt eine engere Verbindung zu den undurchlässigen physischen Schwingungen der Geisterwelt her. Diese Verbindung gibt physischen Medien einen psychischen Vorteil gegenüber allen anderen Arten von Medien.

Informationen, die durch physische Schwingungen intuitiv wahrgenommen werden, kommen als Bauchgefühl oder Wissen, als Gefühl der Anwesenheit eines Geistes oder durch die Gabe des inneren Sehens. Jede Botschaft, die von der anderen Seite gesendet wird, löst bestimmte physische Empfindungen in Ihrem Körper aus, die Sie dazu veranlassen, aufmerksam zu sein.

Im Folgenden finden Sie eine Übung für physische Medien. Probieren Sie sie aus, um das Ausmaß Ihrer physischen Einstimmung auf die unsichtbare Dimension zu überprüfen.

- Suchen Sie einen Gegenstand, der einem verstorbenen Familienmitglied oder Freund gehört. Dieser Gegenstand sollte natürlich etwas sein, das er oder sie zu Lebzeiten sehr schätzten. Es könnte ein Ring oder eine Halskette sein. Sie können auch ein Foto des Verstorbenen für diese Übung verwenden.
- Schließen Sie die Augen und machen Sie eine kurze Atemübung.
- Rufen Sie wie üblich den Namen des Geistes, mit dem Sie Kontakt aufnehmen möchten, oder murmeln Sie ihn leise.
- Öffnen Sie sanft die Augen und starren Sie das Foto oder den persönlichen Gegenstand bewusst an.
- Schärfen Sie Ihr Bewusstsein und achten Sie auf die Empfindungen in Ihrem Körper.
- Vielleicht spüren Sie ihre Anwesenheit oder fühlen, wie ein Energiestrom an Ihnen vorbeizieht. Vielleicht erblicken Sie die Silhouette Ihres geliebten Menschen als einen Streifen aus funkelndem Licht oder Farbe. Vielleicht hören Sie auch seine Stimme.

Auch wenn Sie bei Ihrem ersten Versuch keine Anzeichen für eine übersinnliche Botschaft erhalten, sollten Sie die Übung nicht abbrechen. Versuchen Sie es weiter, bis Sie den ersten Durchbruch haben. Denken Sie daran, dass die Fähigkeit irgendwo in Ihnen steckt. Es geht also nicht darum, sie zu haben - sondern darum, *sie anzuzapfen*.

Wissentlich oder unwissentlich haben Sie vielleicht diese Art von Interaktionen mit Wesenheiten der unsichtbaren Welt erlebt. Woher wissen Sie also genau, welcher Medientyp Sie sind?

Meiner Erfahrung nach lässt sich Ihr Medientyp am besten dadurch entschlüsseln, dass Sie beobachten, welche Erfahrungen Sie häufiger machen als andere. Wenn Sie immer Dinge zu wissen scheinen, die Sie nie im Kopf hatten, könnten Sie ein mentales Medium sein. Wenn nicht, gehören Sie vielleicht zu den anderen Medientypen.

Im Wesentlichen geht es darum, dass Sie durch Ihre Gedanken, Gefühle, Energie und Ihren physischen Körper intuitiv handeln können. Deshalb können Sie jedes Medium sein, das Sie wollen. Erinnern Sie sich daran, dass es in Ordnung ist, wenn Sie für einen Medientyp mehr als für andere prädisponiert sind. Das nimmt nichts von Ihren Fähigkeiten weg. Es bereichert Sie sehr.

In dem Maße, wie Sie sich Ihrer natürlichen Verbindung bewusster werden, werden Sie auch mehr Vertrauen in Ihre medialen Fähigkeiten gewinnen. Das macht es leichter, sie zu verfeinern. Eine wichtige Sache, die Sie nicht vergessen sollten, ist, dass Sie sich niemals mit anderen Medien vergleichen dürfen. Wenn Sie sich das antun, unterminieren Sie Ihr Potenzial.

Wie ich bereits erwähnt habe, ist der Mediumismus eine Fähigkeit wie andere auch. Jeder erlernt eine neue Fähigkeit in seinem eigenen Tempo. Lassen Sie sich also auf Ihrer Reise zur spirituellen Selbstentdeckung nicht ablenken, indem Sie Ihren Erfolg mit dem eines anderen Mediums vergleichen. Konzentrieren Sie sich auf Ihre Gaben und den Unterschied, den Sie damit in Ihrem Leben und im Leben anderer Menschen machen können.

Kapitel Drei: Der Beginn Ihrer psychischen Reise

„Wir erhalten bei einer übersinnlichen Lesung nur das, was für uns in diesem bestimmten Moment am notwendigsten und nützlichsten ist. Nicht mehr. Und nicht weniger."

−Anthon St. Marteen

Intuitive Führung und übersinnliche Fähigkeiten kommen von selbst. Dennoch ist die psychische Entwicklung eine Reise mit einem bestimmten Ziel vor Augen. Das bedeutet, dass es mehrere Wege gibt, die Sie auf Ihrem Weg einschlagen müssen. Es gibt Schritte, die Sie auf dem Weg zur übersinnlichen Entwicklung gehen müssen. Da Mediumismus eine Art von übersinnlicher Fähigkeit ist, ist dieses Kapitel aus einer allgemeinen psychischen Perspektive geschrieben.

Eine psychische Veranlagung zu haben ist ein Zustand des Seins. Es geht weniger um das Tun und mehr um das Sein. Aber die meisten Menschen machen die psychische Entwicklung komplizierter als sie ist. Das geschieht, weil sie als Anfänger keine angemessene Anleitung erhalten haben. Das Wissen über die übersinnliche Reise kann Ihren Weg geradliniger und weit weniger kompliziert machen als für diejenigen, die nicht über dieses Wissen verfügen.

Sie sollten wissen, dass es verschiedene Möglichkeiten gibt, die intuitive Entwicklung in Ihre täglichen Aktivitäten einzubeziehen. Das ist der beste Weg, Ihre Fähigkeiten zu meistern, denn die tägliche Anwendung stärkt Ihr Vertrauen in diese Aktivitäten. Es wäre hilfreich, wenn Sie ein paar Dinge tun würden, bevor Sie Ihre Entwicklungsreise beginnen – grundlegende Dinge, die Sie sonst vielleicht ignorieren. Ich habe sechs Dinge, die ich den Leuten immer empfehle, bevor sie anfangen.

Es mag Sie überraschen, aber als Erstes müssen Sie entrümpeln. Das ist richtig – Sie müssen Ihre physischen und mentalen Räume aufräumen. Ihren Wohn-/Arbeitsbereich und Ihren Geist von Dingen zu befreien, die Ihnen nicht mehr nützen, ist entscheidend für das spirituelle Erwachen. Unordnung fördert die Ablenkung. Erinnern Sie sich daran, dass Konzentration für die psychische Entwicklung wesentlich ist. Sie können nirgendwo Unordnung um sich herum haben. Während Sie Ihren physischen Raum entrümpeln, müssen Sie auch Ihren Geist entrümpeln. Der beste Weg, den Geist von unerwünschten Gedanken und Glaubenssätzen zu befreien, ist, jeden Tag zu meditieren.

Meditation ist Nahrung für die Seele. Es ist eine Praxis des Sitzens in Stille und Einsamkeit, um Achtsamkeit zu erreichen. Lassen Sie während der Meditation Ihre Gedanken frei fließen. Unterdrücken, verdrängen oder verurteilen Sie keinen Ihrer Gedanken. Lassen Sie sie passieren, ohne zu urteilen. Langsam wird Ihr Geist frei von geistigem Durcheinander werden.

Meditation ist ein Weg, sich zu erden, um im Augenblick präsent zu sein – der gegenwärtig und gültig ist – ohne sich um irgendetwas zu sorgen. Wenn Sie in die Gegenwart eintauchen, werden Sie erkennen, dass es keine Angst gibt, sondern nur Liebe. Diese Erkenntnis bietet Ihnen eine lebendigere Verbindung zu Ihrem intuitiven Selbst.

Die Überprüfung Ihrer Überzeugungen ist auch etwas, was Sie tun sollten, bevor Sie Ihre psychischen Praktiken beginnen. Gehen Sie bewusst auf die Reise, die Sie antreten wollen. Seien sie sich dessen gewiss, an das Sie glauben. Erkennen Sie an, dass Sie Ihre Welt und die Welt im Allgemeinen mit Ihrer Energie beeinflussen. Vergewissern Sie sich, dass Ihre Überzeugungen mit dem spirituellen Wachstum und dem Erwachen übereinstimmen, das Sie erleben wollen.

Oft erfordert die intuitive Entwicklung, dass man bestimmte Überzeugungen loslässt, die von Anfang an vorhanden waren. Glücklicherweise ist das die Sache mit dem übersinnlichen Erwachen – zuerst muss man erkennen, dass man die ganze Zeit geschlafen hat.

Erweitern Sie auch hier Ihren Geist für die Möglichkeiten des Weges, auf dem Sie sich befinden. Die Öffnung Ihres Bewusstseins ist der

Schlüssel zur Erreichung einer intuitiven Reise. Ein verschlossenes Bewusstsein kann nicht vom Geist besucht oder beeinflusst werden. Das Ziel eines übersinnlichen Erwachens ist es, Ihnen zu helfen, etwas Neues zu lernen. Das ist unerreichbar, wenn Sie Ihren Geist nicht für Ihr Potenzial und die Bereiche, die Sie erleben, öffnen und erweitern.

Energie umgibt Sie überall, aber Sie werden sie eher draußen finden. Bereiten Sie sich also darauf vor, mehr Zeit im Freien zu verbringen. Geist und Energie warten in der Natur auf Sie. Viele Menschen wollen übersinnliche Fähigkeiten erlangen, aber sie verbringen ihre ganze Zeit drinnen hinter einem MacBook. Wie können Sie sich mit der Welt verbinden, wenn Sie nie Zeit in ihr verbringen?

Die Verbindung mit der Natur ist ein sicherer Weg, um sich auf die Reise vorzubereiten. Bedenken Sie, dass Geister die Natur lieben. Wenn Sie also Zeit in der Natur verbringen, können Sie Ihre psychischen Portale zur Geisterebene verstärken. Legen Sie Ihre mobilen Geräte beiseite, wenn Sie sich mit der Natur verbinden, um Ablenkungen zu vermeiden. Genießen Sie die Stille und Einsamkeit. Sie werden sich selbst überraschen.

Das mag für viele seltsam klingen, aber eine gesunde Ernährung ist für die psychische Entwicklung von entscheidender Bedeutung. Man könnte ein ganzes Buch über die Bedeutung einer gesunden Ernährung für das psychische Erwachen und Wachstum schreiben. Die Lebensmittel, die Sie essen, können Ihre Energiezentren blockieren, was zu einem Ungleichgewicht in Ihrem spirituellen Körper führt. Blockierte Energiezentren machen den freien Fluss der Energie durch Seele, Körper und Geist unmöglich. Dies wiederum führt zu einer Einschränkung Ihrer übersinnlichen Fähigkeiten.

Gesunde Ernährung ermöglicht es Ihnen, mit der göttlichen Kraft und Ihrer inneren Führung in Einklang zu bleiben. Nehmen Sie also stark schwingende Lebensmittel in Ihre Ernährung auf. Nehmen Sie mehr Gemüse und frisches Obst zu sich. Sie halten Ihre Schwingungsenergie hoch und machen es leichter, sich mit dem Geist zu verbinden. Das bedeutet nicht, dass Sie Ihre gesamte Ernährung umstellen müssen, sondern nur, dass Sie mehr Lebensmittel mit hoher Schwingung zu sich nehmen. Beispiele dafür sind Obst, Grünzeug und dunkle Schokolade. Sie werden merken, wie sehr Sie mit Ihren übersinnlichen Fähigkeiten im Einklang sind.

Man kann ein übersinnliches Erwachen nicht erzwingen. Mit den richtigen Tipps und Anleitungen kann jeder ein solches durchlaufen. Aber es gibt keinen definitiven Weg zur Erleuchtung. Man kann seine Fähigkeiten nicht erzwingen, denn man tut nur das, was man tun kann.

Es kann sein, dass Sie zu sehr an der Idee hängen, ein Hellseher, ein Medium oder ein spirituelles Medium zu werden. In diesem Fall sinken Ihre Chancen, dahin zu gelangen, bis sie nicht mehr vorhanden sind.

Als Bonus können Sie Ihre Wartezeit für produktivere Dinge nutzen. „Wartezeit" ist die Zeit, die Sie im Wartezimmer des Arztes oder im Auto verbringen, während Sie darauf warten, dass Ihre Kinder mit der Schule fertig werden. Diese Zeit können Sie effizient nutzen, um Ihre spirituellen Sinne zu entwickeln, insbesondere die Hellhörigkeit. Hellhörigkeit ist die übersinnliche Gabe des „klaren Hörens". Dies zu tun ist besser, als nur herumzusitzen, bis die Kinder aus der Schule kommen oder bis Sie beim Arzt an der Reihe sind.

Wenn Sie all diese Dinge wissen und verstehen, ist es an der Zeit, Ihre spirituelle Reise zu beginnen. Auf Ihrem Weg zu spirituellem Wachstum und Fortschritt müssen drei Dinge immer Ihre Begleiter sein. Dazu gehören Meditation, Visualisierung und Tagebuchführung. Lassen Sie uns der Reihe nach herausfinden, warum sie für Ihre Reise so wichtig sind.

Meditation

Ich habe kurz auf die Bedeutung der Meditation hingewiesen, aber lassen Sie uns tiefer eintauchen. Es gibt viele Vorteile der Meditation für Hellsichtige. Es ist sicher, dass diese Vorteile endlos sind. Es gibt entscheidende Vorteile speziell für diejenigen, die sich auf einer psychischen und spirituellen Entwicklungsreise befinden.

1. Verbinden Sie sich mit Ihrem Höheren Selbst

Ihr Höheres Selbst weiß, wer Sie sind und warum Sie hier auf der Erde sind. Und was noch wichtiger ist, es kennt auch den Zweck Ihrer übersinnlichen Gaben. Meditation ist der beste Weg, um sich mit diesem allwissenden Teil von Ihnen zu verbinden. Wenn Sie meditieren, öffnen Sie Schichten in sich, von denen Sie nicht wussten, dass sie existieren. Es ist eine Möglichkeit, tief einzutauchen und sich auf Ihr inneres Selbst zu konzentrieren. Da Ihr Höheres Selbst der spirituelle Teil von Ihnen ist, bringt Sie die Meditation automatisch dorthin.

2. Entfernen Sie negative Energie

Menschen mit übersinnlichen Fähigkeiten müssen immer positive Energie anziehen. So wie Sie Ihr Haus reinigen, muss auch Ihr Energiefeld täglich gereinigt werden. Meditation ist der beste Weg, um sich von schädlicher und giftiger Energie zu befreien. Es ist ein Weg, innere Spinnweben und Staubwolken loszuwerden, damit Sie Ihren Geist wieder auf das konzentrieren können, was wirklich wichtig ist. Meditieren vertreibt nicht nur Negativität und Toxizität, sondern hebt auch Ihre Schwingungen an. Dies führt zu einem Gefühl der Ruhe und Erdung, das für spirituelle Wesen attraktiv ist.

3. Erzielen Sie emotionales Gleichgewicht

Emotionales Gleichgewicht ist entscheidend, wenn man sich auf einer spirituellen Reise befindet. Auch das ist ein Weg, die eigene Schwingung zu erhöhen. Meditation hilft, den Blick von der Vergangenheit abzuwenden und sich auf die Gegenwart zu konzentrieren, so wie sie ist. Diese neue Perspektive löst ein emotionales Gleichgewicht aus, das zu einer Angleichung Ihres logischen Selbst und Ihres spirituellen Selbst führt. Es ist der Beweis dafür, dass spirituelle Praktiken der Logik in keiner Weise widersprechen. Wenn überhaupt, dann fördern sie den Gebrauch der Vernunft.

4. Erhöhen Sie Ihre Intuition

Intuition ist der Kanal, durch den der nicht-physische Teil von Ihnen mit dem Geist kommuniziert. Tägliche Meditation kann helfen, Ihre Intuition zu verbessern, indem sie die Kluft zwischen Ihnen und Ihrem Höheren Selbst überbrückt.

Die Frage ist: Wie meditiert man?

Sie müssen meditieren, um die oben beschriebenen Vorteile zu erhalten. Wie meditiert man also richtig? Wenn Sie nicht richtig meditieren, können Sie keinen Nutzen daraus ziehen. Wenn Sie noch nie meditiert haben, können Sie mit einer geführten Meditation beginnen, um sicherzustellen, dass Sie es richtig machen. Auf diese Weise machen Sie es sich leicht.

Das Beste daran ist, dass Sie sich keine Gedanken machen müssen und sich um nichts kümmern müssen. Es ist alles für Sie vorgegeben. Befolgen Sie einfach die Anweisungen. Es gibt Apps für geführte Meditationen, die Sie leicht online finden können. Probieren Sie die verschiedenen Apps aus, bis Sie eine finden, die Ihnen zusagt.

Meditieren ist ganz einfach. Suchen Sie sich einen ruhigen und bequemen Ort, an den Sie sich zurückziehen können. Sie können einen bestimmten Bereich in Ihrer Wohnung für die tägliche Meditationspraxis wählen. Es geht vor allem darum, sich im Moment zu erden. Eine Möglichkeit, dies zu tun, besteht darin, sich auf Ihre Atmung zu konzentrieren und Ihre Gedanken ruhig vorbeiziehen zu lassen, ohne sich von Ihrem Atem ablenken zu lassen. Außerdem können Sie sich auch auf ein bestimmtes Mantra konzentrieren. Das Ziel ist es, vollständig in die Gegenwart einzutauchen, so dass Sie alles, was um Sie herum geschieht, wahrnehmen.

Während der Meditation kann es vorkommen, dass Ihre Gedanken zu anderen Dingen abschweifen. Das ist ganz normal. Lenken Sie Ihre Gedanken wieder auf das Objekt der Konzentration, wenn Sie sie abschweifen sehen. Die drei Tipps für die geführte Meditation sind:

- Setzen Sie sich an einen bequemen Platz und setzen Sie sich einen guten Kopfhörer auf.
- Konzentrieren Sie sich ganz auf die geführte Meditation.
- Bringen Sie Ihre Gedanken zurück zum Führer, wann immer sie abschweifen.

Wenn Sie lieber auf traditionelle Weise meditieren möchten, folgen Sie den nachstehenden Schritten.

- Setzen Sie sich ruhig auf einen Stuhl oder auf den Boden. Wählen Sie eine für Sie bequeme Position.
- Erlauben Sie Ihren Gedanken, Ihren Geist zu verlassen. Stellen Sie sich vor, dass sie auf kleinen Wolken von Ihrem Verstand wegschweben.
- Legen Sie die Handflächen auf den Bauch.
- Atmen Sie tief ein und aus. Konzentrieren Sie sich bei jedem Ein- und Ausatmen auf das Heben und Senken Ihres Bauches.
- Tun Sie dies, bis Ihr Geist klar und frei von Unordnung ist.

Wenn Sie dadurch anfällig für ständiges Umherschweifen der Gedanken werden, können Sie beim Einatmen von 100 bis 1 zählen. Sie können auch ein Mantra rezitieren, während Sie meditieren.

Zu den Instrumenten, die die Meditation verbessern können, gehören:
- Meditationsperlen (Malas)
- eine Salzlampe
- ätherische Öle wie Lavendel, Rose, Weihrauch, Patchouli und ein Öldiffusor
- eine Meditationsmatte

Mit den oben genannten Dingen kann die Meditation zu einer unterhaltsamen und erhellenden Erfahrung für Sie werden.

Visualisierung

Die meisten Menschen behaupten, dass Visualisierung nur eine weitere Art der Meditation ist, aber sie ist viel mehr als das. Ja, man kann sie in die tägliche Meditationsroutine integrieren, aber sie kann auch für sich allein stehen. Es geht darum, Bilder und Vorstellungen zu verwenden, um Achtsamkeit zu erreichen. Sie hat alle Vorteile der Meditation, ist aber für die Entwicklung Ihrer Hellsichtigkeit noch wichtiger. Um Ihr inneres Sehen zu erwecken, müssen Sie gezielte Übungen für Ihr geistiges Auge durchführen.

Es gibt verschiedene Visualisierungsübungen, die Sie anwenden können, um Ihre innere Sicht zu schärfen. Sie müssen nicht alle diese Techniken lernen. Wenn Sie sich nur eine oder zwei einprägen, kann das den gewünschten Unterschied ausmachen. Im Folgenden finden Sie zwei Übungen, mit denen Sie Ihr hellsichtiges Auge trainieren können.

Übung 1: Einfache Visualisierung

Bei dieser Übung geht es um die innere Visualisierung. Aber alle Visualisierungstechniken werden in gewisser Weise von innen heraus erzeugt. Der Name lässt vermuten, dass diese grundlegende Methode leicht zu erlernen ist. Aber das hängt von Ihrer Arbeitsmoral ab. Wenn Sie konsequent sind, ist sie leicht zu meistern. Wenn Sie nicht bestrebt sind, konsequent zu sein, kann das Erlernen der Methode eine Herausforderung sein. Übung ist der Schlüssel zum Fortschritt. Selbst wenn es nur fünf Minuten am Tag sind, sollten Sie diese Übung täglich durchführen.

- Suchen Sie sich einen ruhigen und freundlichen Platz, schließen Sie die Augen und beginnen Sie gleichmäßig zu atmen. Konzentrieren Sie sich auf Ihren Atem, wie er ein- und ausströmt. Tun Sie dies mindestens 2 Minuten lang.

- Stellen Sie sich einen Ort in Ihrem Kopf vor – das kann Ihr Lieblingslokal oder Ihre Schule sein. Stellen Sie sich einfach einen vertrauten Ort vor. Stellen Sie sich selbst an diesem Ort vor und sehen Sie sich um.
- Visualisieren Sie die Szene mit mehr Details. Stellen Sie sich Menschen vor, die vorbeigehen, eine Brise, die weht, oder Vögel, die in den nahen Bäumen zwitschern. Sie können sogar versuchen, mit jemandem zu kommunizieren, der bei Ihnen ist.
- Sobald Sie erfolgreich in dieser Szene interagiert haben, stellen Sie sich vor, wie Sie von diesem Ort in den Raum gehen, in dem Sie gerade Ihre Visualisierungsübung durchführen.
- Stellen Sie sich außerdem vor, dass Sie sich genau an die Stelle setzen, an der Sie jetzt sitzen. Es sollte sich so anfühlen, als hätten Sie gerade Ihr reales Selbst und Ihr imaginäres Selbst verschmolzen.

Verwenden Sie nicht die gleiche Szene für Ihre tägliche Praxis. Sonst gewöhnt sich Ihr Geist an diese Szene. Wenn das passiert, bedeutet das, dass sich Ihr Geist aufgrund der Vertrautheit nicht mehr aktiv an dem Prozess beteiligt. Damit ist der Zweck des Visualisierens verfehlt. Probieren Sie also jeden Tag andere Szenen aus. Je besser Sie in der Visualisierung werden, desto mehr Details können Sie in den Prozess einbeziehen. Das wird Ihr inneres Auge weiter stärken.

Übung 2: Visualisierung des dritten Auges

Diese Übung zielt darauf ab, den inneren Hellseher zu öffnen. Sie ist auch deshalb grundlegend, weil sie vor allem für neue Praktizierende gedacht ist. Achten Sie bei dieser Technik darauf, dass Sie sitzen oder liegen. Wenn Sie dazu neigen, leicht einzuschlafen, setzen Sie sich, anstatt sich hinzulegen.

- Entspannen Sie Ihren Körper, indem Sie Ihre wichtige Atemübung machen.
- Sobald Sie sich körperlich und geistig entspannt fühlen, richten Sie Ihre Aufmerksamkeit auf Ihre Atmung. Stellen Sie sich vor, dass Ihr Atem mit jedem Einatmen und Ausatmen leichter wird. Stellen Sie sich vor, dass beim Ausatmen alle Spannungen aus Ihrem Körper weichen.
- Nach ein paar Sekunden richten Sie Ihre Aufmerksamkeit auf die Stelle zwischen Ihren Augenbrauen. Das ist der Sitz Ihres

dritten Auges. Denken Sie daran, Ihre physischen Augen geschlossen zu halten. Benutzen Sie Ihr geistiges Auge, um sich auf diesen Punkt zu konzentrieren.

- Stellen Sie sich eine Kugel aus leuchtendem violettem Licht um Ihren Kopf herum vor. Stellen Sie sich vor, dass das violette Licht immer größer wird.
- Stellen Sie sich Ihre Zirbeldrüse als einen leuchtenden kleinen Raum in der Mitte Ihres Kopfes vor.
- Stellen Sie sich vor, dass ein funkelndes weißes Licht aus Ihrer Zirbeldrüse strömt. Sie sollten ein warmes, kribbelndes Gefühl im Bereich der Mitte Ihres Kopfes spüren. Das bedeutet, dass Ihr drittes Auge geweckt wird.
- Wenn Sie sich bereit fühlen, Ihre Meditation zu beenden, zucken oder wackeln Sie langsam mit den Zehen und Fingern. Öffnen Sie dann sanft Ihre Augen und atmen Sie ein paar Mal entspannt durch.

Bitte beachten Sie: Wenn sich der Bereich des dritten Auges plötzlich zu unangenehm oder überhitzt anfühlt, unterbrechen Sie die Übung sofort. Sie können auch ein feuchtes Tuch über diesen Bereich legen und Ihr bevorzugtes ätherisches Öl einatmen.

Tagebuchführung

Das Führen eines Tagebuchs ist eine Sache, die neue Intuitive ignorieren, weil sie ihre Bedeutung nicht verstehen. Dennoch ist es ein wesentlicher Bestandteil jeder übersinnlichen Reise. Das übersinnliche Erwachen eines Menschen ist ohne sie nicht vollständig. Es hilft Ihnen, Klarheit zu erlangen, Ihre Intuition zu verbessern und auf Ihrem Weg geistig zu entrümpeln. Dies sind nur einige der häufigsten Vorteile.

Bevor Sie sich mit eigentlichen Mediumismus-Aktivitäten wie dem *Channeln* von Geistern oder Gespenstern beschäftigen, sollten Sie sich ein Tagebuch und Stifte kaufen. Das mag wie ein unwichtiger Schritt klingen, aber ich versichere Ihnen, dass Sie ihn nicht auf die leichte Schulter nehmen sollten.

Kaufen Sie nicht einfach irgendein Tagebuch. Kaufen Sie eines, das Sie anspricht. Wenn Sie sich mit Ihrem Tagebuch verbinden, werden Sie es gerne öffnen und jeden Tag etwas aufschreiben. Ihr Tagebuch ist einzigartig für Sie und ein Mittel, um Ihre Erfahrungen mit der geistigen

Welt zu teilen, was bedeutet, dass es Ihren Geschmack und Ihre Persönlichkeit widerspiegeln sollte. Ich empfehle, sich ein himmlisches Tagebuch anzuschaffen.

Ich sollte anmerken, dass Sie sich kein physisches Tagebuch besorgen müssen. Sie können auch auf Ihrem Telefon oder Computer schreiben. Aber das Schreiben in einem spirituellen Tagebuch ist viel persönlicher. Und es bietet weniger Raum für Ablenkungen. Es sollte nichts geben, was Ihre Gedanken ablenkt, wenn Sie Ihre übersinnlichen Erfahrungen mit der geistigen Welt aufzeichnen.

Wichtig ist, dass das Führen von Tagebüchern ein natürlicher Prozess ist. Erzwingen Sie den Prozess nicht. Es ist in Ordnung, wenn Sie sich am Anfang festgefahren fühlen. Wenn Ihnen das passiert, sollten Sie sich nicht unter Druck setzen. Wenn wir aufwachsen, lernen wir, unsere Worte zu filtern, bevor wir sprechen oder schreiben. Aus diesem Grund fällt es uns schwer, uns mit ungefilterten Worten auszudrücken. Wenn es um spirituelles Tagebuchschreiben geht, ist es wichtig, dass Sie Ihre Filter loswerden. *Kein* Filter ist das, was Sie brauchen.

Sie müssen sich selbst erlauben, in einen Schreibfluss zu geraten. Wenn es nicht gelingt, machen Sie eine Schreibpause, bis Sie es können. Schütten Sie Ihre Gedanken genau so aus, wie sie auftauchen. Zensieren Sie nicht und unterbrechen Sie einen bestimmten Gedanken nicht, nur weil er nicht Ihren Erwartungen entspricht. Wenn Sie Anfänger sind, sollten Sie sich ein Tagebuch mit Schreibanregungen zulegen. So können Sie sicherstellen, dass Sie sich nicht jedes Mal, wenn Sie schreiben müssen, festgefahren fühlen.

Vielen Menschen hilft es, vor dem Schreiben zu meditieren. Ziehen Sie also in Erwägung, Ihr Tagebuch nach Ihren täglichen spirituellen Praktiken zu aktualisieren. Auf diese Weise können Sie auch sicherstellen, dass Sie relevante Informationen für das Tagebuch haben.

In einem Mediumismus-Tagebuch können Sie jeden Schritt (und Fehltritt) auf Ihrer Reise durch den Mediumismus festhalten. Indem Sie Ihre Erfahrungen aufschreiben, können Sie Ihre Fortschritte messen. Und was noch wichtiger ist: Es erleichtert die Analyse der empfangenen spirituellen Botschaften.

Zu Beginn Ihrer Reise in den Mediumismus benötigen Sie vielleicht zusätzliche Hilfe, um Ihre Fähigkeiten zu verbessern. In diesem Fall sollten Sie darüber nachdenken, Pendel, Kristalle, Tarotkarten, Edelsteine oder ein Ouija-Brett bei Ihren Übungen zu verwenden. Dies sind alles psychische Hilfsmittel, die Ihre übersinnlichen Fähigkeiten verstärken und Ihnen helfen können, sich schneller auf sie einzustimmen.

Kapitel Vier: Ihren spirituellen Körper verstehen

„Sie haben keine Seele. Sie sind eine Seele. Sie haben einen Körper."
—C. S. Lewis

In den letzten Kapiteln habe ich das sogenannte „Energiefeld" erwähnt. Nun, in diesem Kapitel geht es um dieses Feld und den spirituellen Körper. Im spirituellen Bereich wird ein Energiefeld Aura genannt.

Jedes Individuum und jedes Objekt im Universum strahlt Energie aus. Eine Aura ist ein elektromagnetisches Feld, durch das Sie spirituelle Energie *channeln* und das jedes lebende und nicht lebende Ding umgibt. Ihre Aura ist eine unsichtbare Projektion Ihrer Lebenskraft. Im Gegensatz zu dem, was viele Menschen denken, handelt es sich nicht um eine einzelne Einheit.

Die Aura besteht aus sieben verschiedenen Schichten, die alle miteinander verbunden sind. Zusammen bilden diese Schichten einen einigermaßen zusammenhängenden Körper. Daher kann es wie eine weniger verfeinerte Form des physischen Körpers aussehen, wenn man die Aura um jemanden herum sieht. Jede Schicht spiegelt einen Aspekt des Lebens einer Person wider.

Die Aura eines Menschen ist ein Zeichen für seine Energie. Sie hat einen großen Einfluss auf die Fähigkeit, sich mit anderen zu verbinden. Normalerweise reicht sie etwa einen halben Meter vom Körper weg, aber diejenigen, die eine Tragödie oder ein Trauma erlebt haben, haben oft eine viel breitere Aura, was bedeutet, dass ihre Aura mehr als einen Meter vom Körper weg reichen kann.

Das Energiefeld ist unsichtbar, so dass die meisten Menschen es bei anderen nicht sehen. Aber diejenigen mit der Gabe der Hellsichtigkeit können die Aura sehen, lesen und interpretieren. Hellsichtig zu sein bedeutet, dass man die Energiemuster, Szenen und Blockaden der Menschen sehen kann, wenn man ihre Aura betrachtet.

Wenn Sie eine Person treffen und ihre „Vibes" (Schwingungen) spüren, ist das die Ausstrahlung ihrer persönlichen Energie, die Sie wahrnehmen. Die Aura ist der Kanal, durch den Sie spezifische Informationen über Menschen erhalten, die Sie nicht kennen. Sie ist der Grund dafür, dass Sie erkennen können, ob jemand vertrauenswürdig ist oder nicht. Wie Sie auf jemanden reagieren, hängt von der Energie ab, die er um Sie herum ausstrahlt.

An diesem Punkt fragen Sie sich wahrscheinlich, was das mit Ihrer Reise zum Mediumismus zu tun hat. Wie ich schon sagte, ist eine Aura eine Projektion oder Manifestation der spirituellen Energie einer Person. Sie können den mentalen, emotionalen, spirituellen und sogar physischen Status einer Person erkennen, indem Sie die Farben ihrer Aura lesen. Von der Form über die Farbe bis hin zum Farbton sind alle Aspekte des Lebensenergiefeldes vorhanden, damit Sie eine Person besser verstehen können.

Wenn Sie als Medium hellsichtig einen Geist sehen, können Sie auch seine Aura sehen. Dadurch können Sie wertvolle Informationen über den Geist erkennen.

Eine der Schichten des aurischen Feldes ist die Astralschicht, die Sie auch als spirituelle Schicht bezeichnen können. Diese Schicht beherbergt Ihren himmlischen Körper oder, wenn Sie es vorziehen, Ihren geistigen Körper. In Ihrer physischen Form können Sie nicht in spirituelle Dimensionen gehen, da diese aus ganz anderen Elementen bestehen. Um nicht-physische Dimensionen zu besuchen, brauchen Sie Ihren Astralkörper. Manche Menschen bezeichnen die Astralform auch als *die Seele*.

Wenn Sie anfangen, Ihre Fähigkeiten als Medium zu entwickeln, wird es viele Situationen geben, in denen Sie sich selbst in eine spirituelle Dimension begeben müssen. Vielleicht, weil Sie mit einem Geist, Ihrem Geistführer oder einem anderen Wesen aus einer höheren Dimension sprechen müssen. Unabhängig vom Grund können Sie nur in Ihrer spirituellen Form astralreisen. Deshalb kann das Verständnis der Funktionsweise der Aura und des spirituellen Körpers für Sie den entscheidenden Unterschied ausmachen.

Zurück zu den Schichten der Aura. Es gibt sieben, wie ich schon sagte. Jede Schicht hat eine einheitliche Farbe, die viel Bedeutung hat, aber es geht noch weiter. Jede Schicht ist auch mit Ihren sieben Energiezentren verbunden, die auch als Chakren bekannt sind.

Die einzelnen Auraschichten variieren in ihrer Größe und Tiefe, und dies hängt von der Person und ihrem Lebensabschnitt ab. Bei einem gesunden Menschen hat die Aura normalerweise sehr helle Farben. Bei einer ungesunden und schwachen Aura hingegen sind die Farben eher trüb. Auch die Größe der Aura kann je nach Gesundheitszustand klein oder groß werden. Dies bedeutet, dass keine zwei Menschen die gleiche Aura haben.

Die sieben Schichten Ihrer Aura pulsieren von Ihrem Körper aus. Die erste Schicht ist diejenige, die Ihrer materiellen Form am nächsten ist, während die siebte die am weitesten entfernte ist. Im Nachhinein betrachtet ist die siebte Schicht diejenige, die Ihrem höheren Bewusstsein am nächsten ist. Sie hat die höchsten Schwingungen, denn je weiter eine Schicht vom physischen Körper entfernt ist, desto mehr nimmt die Schwingung zu.

Einige Schichten können ungerade Nummern haben, während andere geradzahlig sind. Die ungeraden Schichten haben eine bestimmte Struktur und tragen Yang-Energie. Im Gegensatz dazu sind die geradzahligen Schichten eher fließend und tragen Yin-Energie. Zusammen führen sie zu einer Ausgewogenheit und Harmonisierung Ihres Energiefeldes.

Die sieben Auraschichten

1. **Die ätherische Schicht:** Diese Schicht ist diejenige, die dem materiellen Körper am nächsten ist. Sie ist direkt mit dem Wurzelchakra verbunden. Mit einer bläulich-grauen Farbe können Sie die ätherische Schicht leicht mit Ihren physischen Augen sehen.

2. **Die emotionale Schicht:** Nach dem subtilen ätherischen Körper folgt die emotionale Schicht. Sie ist die Heimat der Emotionen und Gefühle. Sie ist direkt mit dem Sakralchakra verbunden. Bei den meisten Menschen hat diese Schicht alle Farben des

Regenbogens. Wenn man emotionalen Stress erlebt, werden die Farben trüb und dunkel. Man kann den emotionalen Zustand einer Person aus dieser Schicht ablesen. Sie kann auch Informationen über den Zustand der Chakren liefern.

3. **Die mentale Schicht**: Die mentale Schicht ist der dritte feine Energiekörper der Aura. Sie ist mit Ihrem Solarplexus-Chakra verbunden. Sie zeigt Ihre kognitiven Prozesse und Ihren mentalen Zustand an, was sie zum Sitz Ihrer Gedanken macht. Die Standardfarbe dieser Schicht ist hellgelb.

4. **Die Astralschicht**: Wenn man von einer spirituellen Schnur hört, die mit allem im Universum verbunden ist, ist die Astralschicht das Erste, was einem in den Sinn kommen sollte. Sie ist der Ort, an dem Sie den Faden bilden, der Sie mit jedem anderen Wesen verbindet. Dieser subtile Körper ist normalerweise hellrosa mit einem rosigen Farbton. Und er ist mit Ihrem Herzchakra verbunden. Sie können Informationen über zwischenmenschliche Beziehungen erhalten, indem Sie die Farben der Astralschicht lesen.

5. **Der Ätherleib**: Der Ätherleib ist eine nicht-physische Form Ihres Körpers. Sie enthält die Blaupause für Ihren materiellen Körper auf der physischen Ebene. Alles, was auf der physischen Ebene geschieht, wird in Ihrem Ätherleib aufgezeichnet. Die Farbe kann von Mensch zu Mensch variieren. Das Kehlkopfchakra ist mit dieser Schicht verbunden.

6. **Die himmlische Schicht**: Dies ist die sechste Schicht um Ihren physischen Körper. Sie ist mit dem dritte-Auge-Chakra verbunden. Die himmlische Ebene trägt kraftvolle Schwingungen, daher ist das dritte Auge der Sitz der Intuition. Es ist Ihre Verbindung zum Göttlichen und zu allen anderen höherdimensionalen Wesen. Diese Schicht hat normalerweise eine perlweiße Farbe.

7. **Die ketherische Schicht**: Die ketherische Schicht befindet sich etwa 90 Zentimeter vom Körper entfernt. Es ist die Schicht, in der Sie mit dem Universum eins werden können. Sie enthält alle Informationen über Ihre früheren Lebenszeiten. Von allen Auraschichten hat diese Schicht die stärksten und kraftvollsten Schwingungen. Sie ist mit dem Kronenchakra verbunden und hat eine goldene Farbe.

Ihre Aura kann sich je nach den Ereignissen in Ihrem Leben verändern. Dennoch haben die meisten Menschen immer zwei Grundfarben um sich herum. Manchmal kann sogar eine nicht authentische Farbe um die Aura einer Person erscheinen. Dies geschieht aufgrund von Umweltproblemen oder Programmierungen. Wenn Sie beispielsweise in einer stressigen Beziehung leben, kann Ihre Aura für die Dauer der Beziehung eine andere Farbe annehmen.

Auch Ihre emotionalen und körperlichen Erfahrungen beeinflussen die Farben in Ihrer Aura. Angenommen Sie haben einen schweren Fall von akutem Schmerz. Dann können sich die Farben in Ihrer Aura entsprechend verändern. Auch ein alkoholbedingter Kater kann Ihre Aurafarben verändern.

Trotz alledem sind einige Farben normalerweise Teil der Aura eines jeden Menschen. Diese Farben stehen bei verschiedenen Menschen für unterschiedliche Dinge, vor allem, wenn sie zusammen mit anderen Farben auftreten. Interessanterweise ändern sich ihre Bedeutungen auch je nach Ton und Schattierung. Ein helles Orange im aurischen Feld hat eine andere Bedeutung als ein dunkles Orange.

Sie müssen diese Informationen im Hinterkopf behalten, wenn Sie Ihre Aura oder die einer anderen Person lesen. Im Folgenden sind die häufigsten Farben in der Aura und ihre jeweiligen Bedeutungen aufgeführt. Beachten Sie, dass diese Farben nicht in einer bestimmten Reihenfolge auftreten und dass sie in jedem der sieben subtilen Energiekörper vorkommen können.

Gelb

Gelb steht für Kreativität, Freundlichkeit und Entspannung. Sie können dies in der Aura einer Person finden, die neugierig und hochinteressant ist. Eine gelbe Aura steht für einen geschäftigen Geist. Jemand mit dieser Aurafarbe hat immer etwas im Kopf. Um damit zurechtzukommen, beschäftigen sich diese Menschen mit Dingen wie Backen, Nähen, Innenarchitektur, Malen und anderen praktischen Formen der Kunst. Diese Farbe konzentriert sich stark auf Freude und ist typischerweise bei intelligenten Menschen zu finden.

Grün

Grün in der Aura einer Person zeigt Mitgefühl, Heilenergie, göttliche Weisheit und eine natürliche Verbindung zu Mutter Erde an. Es ist die Farbe, die man in der Aura von Energie-Heilern findet. Menschen mit dieser Farbe sind innovativ, logisch und visionär. Sie neigen dazu, in ihrer eigenen Realität zu leben. Als Einzelgänger haben sie eine Vorliebe für Einzelaktivitäten. Eine grüne Aura bedeutet, dass die Person fürsorglich, sozial und ein guter Kommunikator ist.

Rot

Rot in einer Aura symbolisiert den Materialismus. Es ist eine Farbe, die sich auf den materiellen Bereich konzentriert. Menschen mit einer roten Aura denken und handeln gerne. Sie sind stark und durchsetzungsfähig, was sie für Führungspositionen geeignet macht. Sie sind auch risikofreudig und intrinsisch motiviert im Leben. Sie lieben es zu gewinnen, weshalb diese Farbe häufig bei Profisportlern und CEOs zu finden ist. Menschen mit roter Aura lieben auch intensive Aktivitäten.

Violett

Umgekehrt steht Violett in der Aura für Intuition, Kreativität und Emotionen. Das erklärt, warum Violett die Farbe des dritten-Auge-Chakras ist, dem Sitz der Intuition im Energiesystem. Wenn Sie Violett in Ihrer Aura finden, bedeutet das, dass Sie die spirituelle Entwicklung ernst nehmen. Es zeigt auch an, dass Sie sanft und spirituell erleuchtet sind.

Blau

Eine blaue Aura kann als das komplette Gegenteil einer roten Aura bezeichnet werden. Genau wie Rot steht Blau für Mitgefühl. Aber es steht auch für eine Tendenz, das Rampenlicht zu meiden. Menschen mit dieser Farbe in ihrer Aura sind von Natur aus selbstlos, was erklärt, warum sie häufig unter Lehrern, Krankenschwestern, Pflegern usw. zu finden sind. Empathen haben typischerweise eine blaue Aura.

Die oben genannten Farben sind die häufigsten, die man in der Aura von Menschen finden kann. Manche Menschen haben mehr pfirsichfarbene Farben, wie rosa, orange, lachsfarben, in ihrem Feld. Farben wie diese symbolisieren eine ganz besondere Art von Kreativität. Sie sind auch sehr stark auf Beziehungen, Spaß und Geselligkeit ausgerichtet. Für Menschen mit einer pfirsichfarbenen Aura sind Familie und Freunde das Wichtigste.

Die Bedeutung der Aurafarben zu kennen, ist nicht ganz so wichtig wie das Sehen der Aura selbst. Um Ihre Aura zu lesen, müssen Sie zuerst lernen, sie zu sehen. Sie können die Aura entweder durch Ihre Hellsichtigkeit oder Intuition wahrnehmen.

Damit Sie oder jemand anderes die Aura spüren oder wahrnehmen kann, ist ein gewisses Maß an Selbsterkenntnis erforderlich. Sie müssen wahrnehmungsfähig genug sein, um das Ende des Selbst und den Anfang eines anderen zu verstehen. Andernfalls kann es sein, dass Ihre Wahrnehmung und Interpretation der Aura von jemandem Ihre Wahrnehmung von ihm ist.

Einfach ausgedrückt: Sie müssen die Fähigkeit entwickeln, durch sich selbst hindurchzusehen, um das Energiefeld eines anderen Menschen zu erkennen. Sie haben Ihr eigenes Energiefeld, was bedeutet, dass Sie zuerst Ihr eigenes wahrnehmen, bevor Sie das anderer Menschen sehen. Wenn Sie nicht lernen, diese Unterscheidung zu treffen, können Sie Ihre Aura als die einer anderen Person lesen.

Dies kann dazu führen, dass Sie sich ein falsches Bild von der besagten Person machen. Spirituelle Medien brauchen Zeit, um die Fähigkeit der Bilokation zu beherrschen (die Fähigkeit, den eigenen Körper zu verlassen und dabei in der Nähe zu bleiben, um die Umgebung zu beobachten oder wahrzunehmen). Mit dieser Fähigkeit können Sie genaue Auradeutungen vornehmen.

Wie man die Aura sieht

Um Ihre Aura (oder jede andere Aura) zu sehen, müssen Sie sich in der richtigen Umgebung befinden. Anfänger müssen die richtige Voraussetzung haben. Andernfalls üben Sie vielleicht weiter ... und erreichen nichts Greifbares. Ein geeigneter Hintergrund kann für Ihre Übung entscheidend sein.

Um die leuchtenden Farben Ihres Energiefeldes zu sehen, brauchen Sie einen einfarbigen Hintergrund. Versuchen Sie es also in einem Raum mit einer weißen Wand oder einem weißen Hintergrund. Sie können auch einen anderen Hintergrund verwenden. Wenn Sie versuchen, Ihre Aura zu sehen, brauchen Sie einen Spiegel. Falls Sie keinen haben, können Sie versuchen, die Aura um Ihre Hand herum zu sehen, indem Sie sie auf ein weißes Blatt Papier legen.

Die Umgebung, die Sie verwenden, sollte ruhig und angenehm sein. Es sollte ein Ort sein, an dem Sie sich auf die Aura konzentrieren können, ohne abgelenkt oder unterbrochen zu werden. Angenommen, Sie haben bereits einen Teil Ihres Hauses, der für spirituelle Übungen und Praktiken vorgesehen ist, dann wäre dieser Raum der perfekte Ort zum Üben.

Außerdem muss Ihr Standort gut beleuchtet sein. Eine schwache Beleuchtung kann Ihre Fähigkeit, das Energiefeld wahrzunehmen, beeinträchtigen. Das Licht in Ihrem Raum sollte weich sein, ohne zu dunkel oder zu hell zu sein. Es sollte die richtige Menge sein. Damit Sie nicht überanstrengt oder gestresst werden, sollten Ihre Augen mit der Lichtstärke zurechtkommen. Natürliches Licht ist ideal für die Aurapraxis, aber Sie können auch Lampen oder Kerzen verwenden. Achten Sie nur darauf, dass Sie die richtige Lichtkonzentration haben.

Sobald die Umgebung für die Übung eingerichtet ist, können Sie mit den folgenden Anweisungen fortfahren.

Die Aura einer anderen Person sehen

- Bitten Sie Ihre Testperson, sich vor eine weiße Wand zu stellen. Vergewissern Sie sich, dass die Person bereits weiß, was Sie tun werden. Die Versuchsperson sollte Kleidung ohne Muster tragen, da diese ablenkend wirken können.

- Schauen Sie direkt auf die Person. Entspannen Sie beim Betrachten Ihren Blick. Starren Sie etwa 30 bis 60 Sekunden lang auf einen bestimmten Punkt. Konzentrieren Sie sich auf die Punkte in Ihrem peripheren Blickfeld, aber achten Sie darauf, dass Ihr Fokus ein wenig unscharf ist. An den Rändern können Sie einen verschwommenen Umriss erkennen. Er sollte transparent sein oder wie weißes Licht aussehen. Nach ein paar Minuten kann sich diese Farbe in die Farbe der Aura verwandeln.

Am besten übt man, indem man sich auf einen kleinen Bereich konzentriert. Wenn Sie versuchen, die Aura einer anderen Person zu sehen, wählen Sie einen bestimmten Teil ihres Körpers, z. B. ihren Kopf, als Brennpunkt. Nehmen Sie an, dass Ihnen bei Ihrem ersten Versuch Farben erscheinen. Versuchen Sie nun, die Farben zu bestimmen, die Sie sehen. Denken Sie daran, dass die Farben klar und hell, dunkel, wolkig und trübe sein können.

Beachten Sie, dass Sie die gleichen Schritte durchführen können, um Ihre eigene Aura zu sehen. Stellen Sie sich aber vor den Spiegel und nicht vor eine weiße Wand. Sie können auch mit Ihrer Hand beginnen, wenn Sie versuchen, Ihre Aura zu sehen. Das macht den Prozess für Sie einfacher.

Die meisten Anfänger sehen beim ersten Versuch nicht mehr als eine Farbe. Aber in Ausnahmefällen sehen manche mehrere Farben auf einmal. Je mehr Sie sich darin üben, Auren zu sehen, desto mehr Farbvariationen können Sie erkennen. Das erfordert natürlich ständige Übung.

Sie müssen sich der Nachbilder bewusst sein, wenn Sie das Aura-Lesen ausprobieren. Nachbilder sind in der Regel das Ergebnis des langen Starrens auf einen Punkt. Sie sind die direkte Umkehrung des Objekts, auf das Sie starren, und sie sind keine Auren.

Der Unterschied liegt auf der Hand: Die Bilder erscheinen kurz vor Ihren Augen, unabhängig davon, wohin Sie schauen. Die Farben erscheinen auch in Paaren – schwarz und weiß, orange und blau, grün und rosa, gelb und violett.

Vergessen Sie nicht, alles, was Sie sehen, in Ihrem Tagebuch festzuhalten. Sie können auch zeichnen, anstatt etwas aufzuschreiben. Skizzieren Sie also einen Umriss und schattieren Sie mit den Farben, die Sie sehen, und verwenden Sie dies für eine spätere Analyse. Sie können die Zeichnung Ihrer Testperson zeigen, damit sie weiß, wie ihre Aura aussieht.

Die Aura zeigt manchmal Farben, die man sich nur schwer vorstellen oder künstlerisch nachbilden kann. Wenn Sie solche Farben sehen, versuchen Sie Ihr Bestes, um eine genaue Darstellung zu erhalten. Dann können Sie die Unterschiede zwischen Ihrer Zeichnung und dem, was Sie gesehen haben, verbal beschreiben.

Die Reinigung Ihrer Aura

Manchmal wird die Aura durch die Energie, die sie aufnimmt, giftig und trüb. Wenn dies geschieht, ist die Folge in der Regel eine Störung des reibungslosen Ablaufs des Energiefeldes. Sie müssen dafür sorgen, dass Ihr Energiefeld jederzeit in einem optimalen Zustand ist. Der beste Weg, dies sicherzustellen, ist eine regelmäßige Reinigung. Die Aura-Reinigung ist ein wichtiges Ritual, das Teil Ihrer täglichen oder wöchentlichen Routine sein sollte. Einige nützliche Techniken zur Reinigung der Aura sind:

- Meditation
- Visualisierung
- positive Bestärkung

- das Verbrennen von Salbei
- Energieheilung
- Kristallheilung

Die in Kapitel 3 besprochenen Übungen können Ihnen helfen, Ihre Aura zu reinigen und auszugleichen.

Ihr spiritueller Körper ist genauso wichtig wie Ihr physischer Körper. Wenn Sie sich um Ihre Aura kümmern, können Sie sicherstellen, dass Ihre spirituelle Reise in den Mediumismus ohne Probleme voranschreitet. Ihre Aura zu verstehen und ein Bewusstsein für die Auren anderer Menschen zu entwickeln, kann Zeit brauchen. Aber wenn Sie sich dem Prozess widmen, werden Sie mit der Zeit die Früchte ernten.

Das vielleicht Entscheidendste beim Lesen der Aura ist, dass Ihre Fähigkeit, eine Aura zu sehen, von Ihrem vorherrschenden psychischen Sinn abhängt. Wenn Sie hellseherisch veranlagt sind, werden Sie die Aura eher mit Ihren physischen Augen sehen. Andernfalls können Sie sie durch Intuition wahrnehmen. Wie Sie die Aura sehen, spielt keine Rolle. Was zählt, ist Ihre Interpretation dessen, was Sie sehen.

Kapitel Fünf: Vorbereitung, Schutz und Intention

„Der Geist kann mit uns nur auf der Ebene kommunizieren, auf der wir uns gerade befinden. Unsere geistigen Gewohnheiten bestimmen, was diese Ebene sein wird."

—Anthon St. Maarten

Eines der wichtigsten Dinge, an die man denken sollte, wenn man seine Reise in den Mediumismus beginnt, ist der Schutz. Vielleicht ist das wichtiger als alles andere. Sich auf eine spirituelle Reise zu begeben, ist keine leichte Aufgabe, besonders für Anfänger. Sie wissen nicht, was sie erwartet. Die spirituellen Dimensionen sind anders als die, die Sie bereits kennen.

Um sich mit dem Geist zu verbinden, müssen Sie die Kontrolle loslassen und sich Ihren Gefühlen in einem angemessenen Umfang hingeben. Das ist für viele schwierig. Und wenn man es nicht richtig macht, kann es auch nach hinten losgehen. Ganz gleich, ob Sie eine Geisterwelt besuchen oder einen Geist in die materielle Welt *channeln* wollen, Sie müssen sich auf diese Erfahrung vorbereiten.

Eine gute Vorbereitung ist nicht nur physisch, sondern auch spirituell. Meditieren ist eine Möglichkeit, sich auf die spirituelle Reise vorzubereiten, aber es ist nur ein grundlegendes Ritual. Sie müssen viel mehr tun, als nur zu meditieren. Egal, ob Sie alleine arbeiten oder von einem Geistführer oder einer anderen Person unterstützt werden, eine rituelle Reinigung ist das Erste, was Sie tun, um sich vorzubereiten.

Die rituelle Reinigung ist eine symbolische Art und Weise, alte und giftige Energie loszuwerden, um ein Ziel für Ihre spirituelle Reise zu setzen. Jeden Tag begegnen wir Negativität in Form von Klatsch, Arbeitsstress, Trennungen und anderen Dingen. All dies kann zu einer spirituellen Energieblockade führen, wenn Sie zulassen, dass sie an Kraft gewinnt. Wenn Sie sich mit so vielen Energieblockaden auf eine spirituelle Reise begeben, kann dies Sie daran hindern, Ihre Ziele zu erreichen.

Der Zweck der spirituellen Reinigung ist es, all die Negativität aus Ihrem spirituellen Körper zu entfernen, damit Sie in der höchstmöglichen Schwingung sein können. Es ist ein Weg, Ihre Kraft zurückzugewinnen und sich auf das vorzubereiten, was kommen wird.

Um sich auf die geistige Reinigung vorzubereiten, müssen Sie ein Bad nehmen. Ein Bad bezieht sich in diesem Zusammenhang nicht auf Ihre normale Reinigungsroutine. Sie müssen Badesalz in Ihr Badewasser geben. Salz gilt als ein traditionelles Reinigungsmittel. Es wird angenommen, dass man damit negative Geister und Energien loswerden kann. Ihr Badewasser sollte heiß und dampfend sein.

Während Sie im Wasser baden, denken Sie an bestimmte Bereiche in Ihrem Leben, die von Toxizität und Negativität befreit werden müssen. Meditieren Sie über die Dinge, die Ihre Energie zu blockieren scheinen. Denken Sie über alles nach, was losgelassen werden muss, damit Sie Ihren Geist reinigen können.

Erwägen Sie, alles aufzuschreiben, was Ihnen in den Sinn kommt. Tragen Sie alles in eine Liste ein. Stellen Sie sich dann vor, dass die Negativität in Form von Staubwolken, die sich mit dem Wind verziehen, aus Ihrem Leben verschwindet. Sagen Sie dabei ein Mantra, das für das steht, was Sie tun wollen. Ein Beispiel für ein gutes Mantra ist „Ich lasse negative Energie aus meinem Leben und meinem Körper los. Ich befreie mich von ihrem Einfluss auf mich. Ich gewinne meine Kraft zurück. Ich gewinne die Stärke meines Geistes zurück."

Danach verbrennen Sie das Papier mit der Liste. Sie können ein Streichholz, ein Feuerzeug oder eine Kerze verwenden, um das Feuer zu entfachen. Achten Sie darauf, dass Sie dies an einem Ort tun, an dem es unwahrscheinlich ist, dass Sie ein Feuer auslösen. Ein guter Platz ist im Badezimmer, über dem Waschbecken oder der Badewanne. Stellen Sie einen Teller darunter, damit Sie die Asche auffangen können. Verstreuen Sie sie dann draußen.

Rezitieren Sie „Ich bin gereinigt und befreit durch die Flamme. Mein Geist ist gereinigt", während das Papier verbrennt und Sie die Asche nach draußen streuen. Stellen Sie sich beim Rezitieren vor, wie die Negativität aus Ihrem Geist verdampft.

Wenn Sie das rituelle Bad durchgeführt und sich gereinigt haben, um sich auf die Verbindung mit der spirituellen Dimension vorzubereiten, müssen Sie als Nächstes Ihre Absicht festlegen.

Viele Menschen unterschätzen die Bedeutung der Absichtserklärung bei spirituellen Bemühungen. Sie verstehen nicht, dass sie den entscheidenden Unterschied auf ihrem Weg ausmachen kann. Vielleicht liegt es daran, dass die meisten Menschen Absicht und Ziel verwechseln. Das Setzen einer Absicht unterscheidet sich vom Setzen von Zielen für die spirituelle Verbindung, die man herstellen möchte.

Manche Leute denken, dass das Loslassen der Kontrolle gleichbedeutend damit ist, dass man kein festes Ziel für sein Handeln hat. Das ist falsch. Eine Absicht zu haben ist der Schlüssel, um geerdet zu bleiben, wenn man sich verwirrt fühlt. Sie ist wie ein Floß - etwas, an dem man sich festhalten kann, während man mit der spirituellen Dimension verbunden ist.

Es ist normal, dass man auf einer spirituellen Reise flüchtige Momente der Verwirrung erlebt. Man kann nicht immer alles geistig verarbeiten. Wenn man versucht, es intellektuell zu verarbeiten, kann einem der Kopf explodieren. Aber wenn Sie eine Absicht haben, haben Sie keinen Grund, sich Sorgen zu machen, denn Ihr Geist wird am richtigen Ort bleiben.

Die Frage ist, wie Sie sich eine klare Absicht setzen, die als Floß in der spirituellen Welt dienen kann. Denken Sie daran, dass die Absicht auch offen genug sein muss, um jede Art von Erfahrung, die Sie in der spirituellen Welt machen, mit einzubeziehen.

Zum einen müssen Sie zwischen Ihren Absichten und Zielen unterscheiden. Machen Sie sich klar, dass das zwei verschiedene Dinge sind. Aus persönlicher Erfahrung kann ich bestätigen, dass eine Absicht viel besser geeignet ist, geistiges Wachstum zu ermöglichen. Ziele sind auf bestimmte Ergebnisse fixiert, die Sie innerhalb eines bestimmten Zeitraums erreichen wollen. Sie sind in der Regel schwarz oder weiß - entweder dies oder das. Es gibt kein Dazwischen, aber wenn Sie bedenken, dass Sie sich in Gewässern bewegen, in denen Sie noch nie zuvor gewesen sind, werden Sie sehen, warum es sinnvoller ist, sich eine

Absicht zu setzen, anstatt sich Ziele zu setzen.

Die Absicht festlegen

Eine Absicht zu formulieren, mag einfach erscheinen, aber es erfordert Arbeit. Zunächst müssen Sie die Frage beantworten, was Sie wissen wollen. Welches Wissen suchen Sie von der geistigen Welt? Sie brauchen vielleicht etwas Zeit, um darüber nachzudenken und die bestmögliche Antwort zu finden. Sie müssen transparent sein, wenn Sie Ihre Absicht festlegen.

Sobald Sie Ihre Absicht kennen, müssen Sie daran arbeiten, Ihr bestes Selbst für die bevorstehende Reise zu sein. Eine Möglichkeit, die ich empfehle, ist, viele spirituelle Aktivitäten in Ihren Tagesablauf einzubauen. Beginnen und beenden Sie Ihren Tag mit einer Meditation. Versuchen Sie, durch Visualisierung glückliche Geister von der anderen Seite einzuladen. Machen Sie es zu einem Vorsatz, glückliche Geister einzuladen, wenn Sie Ihre Absicht äußern. Arbeiten Sie auch daran, Ihr Bewusstsein zu verbessern, indem Sie sich regelmäßig in der Gegenwart verankern.

Einige Tipps, die Ihnen helfen, eine gute Absicht zu formulieren, sind:

- Formulieren Sie sie als etwas, das Sie kontrollieren.
- Formulieren Sie sie in der Gegenwartsform.
- Konzentrieren Sie sich auf die Schwingung, die Sie von der Absicht erhalten. Sie sollte mitschwingen und sich inspirierend anfühlen.
- Überlegen Sie, ob Sie sie in Ihr Tagebuch schreiben sollen.
- Denken Sie daran, sie nur für sich zu behalten.

Während Sie Ihre Absicht festlegen, müssen Sie auch Ihre Schwingung erhöhen. Das ist ein wesentlicher Bestandteil Ihrer Vorbereitung. Natürlich wissen Sie bereits, dass Meditation der beste Weg ist, um Ihre Schwingung zu erhöhen. Aber das ist nicht der einzige Weg – Zeit in der Natur zu verbringen, Duftkerzen anzuzünden und zu entrümpeln sind weitere Möglichkeiten, die Sie nutzen können. Auch das Hören von hoch schwingender Musik ist hilfreich. Das Wichtigste ist, dass Sie Dinge tun, die Sie innerlich erhellen. Diese Dinge sind für jeden anders, also finden Sie heraus, was für Sie funktioniert.

Die Anhebung Ihrer Schwingung erfordert viel Energie. Aber es ist ein entscheidender Teil Ihrer Vorbereitung, so dass Sie nicht darauf verzichten können. Wie ich bereits erwähnt habe, müssen die Geister auf der anderen Seite ihre Schwingung senken, damit Sie mit ihnen kommunizieren können. Alles, was dem entgegensteht, führt zu einem Ungleichgewicht.

Schützen Sie sich selbst

Die spirituelle Welt ist unberechenbar, was bedeutet, dass einem Medium alles passieren kann, während es sich dort aufhält. Nicht alle Geister sind freundlich. Einige sind bösartig und giftig. Es ist ein Muss, sich zu schützen, bevor man eine Verbindung mit der geistigen Welt aufnimmt. Kein Schutz bedeutet, dass Sie sich unerwünschten Wesenheiten gegenüber verwundbar machen.

Sich selbst zu schützen, beginnt mit einem starken Vertrauen in sich selbst. Die Absicht, die Sie festlegen, entscheidet über die Wirksamkeit Ihres Schutzes. Die Zeit, die Sie für die Schaffung Ihres Schutzes verwenden, sollte Ihren Bedürfnissen oder Zielen entsprechen.

Im Folgenden habe ich eine Übung, die Sie einmal am Tag machen können, um Vertrauen aufzubauen und sich auf die spirituelle Dimension vorzubereiten. Bei der Übung geht es darum, eine Art Schutzschild um sich herum zu errichten. Damit soll verhindert werden, dass Sie von negativen Geistern oder Energien angegriffen werden.

Visualisierungsübung zum Schutz

- Stellen Sie sich vor, dass ein Strom reinen weißen Lichts von oben in Ihren Kopf eindringt. Lassen Sie ihn Ihren Körper ausfüllen, bis jeder Teil davon bedeckt ist. Stellen Sie sich vor, dass jede graue Kraft in Ihrem System in Weiß umgewandelt wird, wenn der Lichtstrom sie berührt.

- Sobald Ihr ganzer Körper mit weißem Licht gefüllt ist, lassen Sie es durch Ihren Körper und etwa 1 Meter von Ihrem Körper entfernt ausstrahlen. Wenn Sie es richtig machen, können andere die weiße Lichtkraft um Sie herum in Form eines Nebels sehen.

- Stellen Sie sich abschließend vor, dass sich eine schützende Sphäre um den Nebel bildet, die eine Art Schutzhülle um Ihr Energiefeld bildet.

Wenn Sie den Schutz sehen könnten, würde er ähnlich wie ein Ei aussehen. Sie können sogar spüren, dass er Sie physisch umgibt. Je mehr Sie ihn spüren können, desto stärker ist er, so dass die Chancen, ihn zu durchdringen, gering sind.

Ich empfehle Ihnen, diese Übung jeden Morgen und jeden Abend durchzuführen, um Ihre Kraft vollständig zu aktivieren.

Natürlich gibt es noch viele andere Dinge, die Ihnen helfen können, sich effektiv auf Ihre spirituelle Reise vorzubereiten. Zunächst einmal sollten Sie überlegen, ob Sie den Geist, den Sie *channeln*, mit geeigneten Auslösern ansprechen wollen. Das bedeutet, dass Sie vor dem D-Day einige Nachforschungen über den Geist anstellen müssen. Die Verwendung von Gegenständen, die mit Geistern zu deren Lebzeiten in Verbindung gebracht werden, ist geeignet, um Reaktionen und Interaktionen hervorzurufen. Wenn Sie etwas haben, das Sie mit dem Geist verbindet, sprechen Sie laut darüber. Das wird dazu beitragen, das Interesse des Geistes zu wecken, so dass er oder sie mit Ihnen interagieren kann.

Die Rolle eines Verbündeten oder eines fürsorglichen Beobachters kann Ihnen helfen, eine engere Verbindung zu den Geistern aufzubauen, was zu einer heilsamen Erfahrung führt. Aber dazu müssen Sie sich selbst schützen. Andernfalls könnten Sie eine unerwünschte Bindung eingehen. Einen Geist herbei zu rufen ist eine Sache, aber von Geistern heimgesucht oder verfolgt zu werden, ist eine ganz andere Sache. Sie müssen vorsichtig sein.

Sobald Sie einen Geist oder ein anderes Wesen aus einer anderen Welt spüren, hören oder sehen können, kommunizieren Sie mit Respekt und Einfühlungsvermögen. Es spielt keine Rolle, ob der Geist mit Ihnen oder durch Sie spricht. Gegenseitiger Respekt ist notwendig. Wenn Sie eine Botschaft nicht verstehen, haben Sie die Möglichkeit, um Klarheit zu bitten.

Tun Sie nichts, was sich für den Geist wie eine Bedrohung oder Provokation anfühlen könnte. Geisterjäger verwenden normalerweise provokative Methoden, aber als Medium sollten Sie das nicht tun. Sie könnten damit enden, dass ein verletzter oder wütender Geist Rache übt. Seien Sie in Ihren Interaktionen entschlossen und höflich.

Auch hier gilt: Vertrauen Sie auf Ihren Instinkt. Wenn Ihr Instinkt Ihnen sagt, dass Sie eine Situation nicht in den Griff bekommen oder eindämmen können, dann gehen Sie. Das ist ein weiterer Grund, warum

Schutz wichtig ist. Neben den bereits erwähnten Schutztechniken gibt es viele weitere Möglichkeiten. Sie können Schutzkristalle und Edelsteine bei sich tragen, ein Pentagramm oder ein Kruzifix tragen und ein Ritual durchführen, bevor Sie gehen.

Wie bereits erwähnt, sind manche Botschaften für Sie vielleicht nicht klar, aber vertrauen Sie immer auf das, was Sie hören. Wenn Sie nichts hören, dann bitten Sie den Geist um Klärung. Zweifel schreckt Geister ab, es ist gut, jede Manifestation von Zweifel fernzuhalten. Urteilen Sie richtig.

Bevor Sie versuchen, einen echten Geist zu *channeln*, sollten Sie sich zunächst selbst testen. Tun Sie dies allein oder mit Freunden. Besorgen Sie sich einen Spiegel, meditieren Sie vor dem Spiegel und versuchen Sie, sich in Trance zu versetzen. Glücklicherweise können Sie dies überall tun. Es ist eine ausgezeichnete Methode, um sich selbst zu lehren, für Geister offen zu sein.

Suchen Sie einen Ort auf, an dem Sie intensive spirituelle Energien spüren. Beobachten Sie alle Botschaften, Empfindungen oder Eindrücke. Recherchieren Sie anschließend und überprüfen Sie die Richtigkeit Ihrer Channeling- und Lesesitzung. Denken Sie daran, dass die Ergebnisse Ihres Tests von der tatsächlichen Sache abweichen können. Schließlich unterscheidet sich eine gelebte Erfahrung erheblich von einer imaginierten oder nachgeahmten Erfahrung.

Weitere Möglichkeiten zur Vorbereitung auf die spirituelle Trance sind:

- **Verbrennen Sie keinen Salbei:**
  Salbei ist eine alte Pflanze für Reinigungsrituale. Er ist normalerweise die Grundlage für Rituale und Zaubersprüche, aber er ist nicht für Geister bestimmt. Der Zweck von Salbei ist es, Geister und Gespenster fernzuhalten, ob böse oder gut. Die Verwendung von Salbei vor einer Sitzung ist Ihre Art, den Geistern zu sagen, dass sie sich von Ihnen fernhalten sollen. Wenn Sie Salbei vor dem Versuch der Kommunikation verbrennen, wird der Geist wahrscheinlich launisch und ungezogen sein.

- **Stellen Sie verschiedene Kommunikationskanäle bereit:**

Der Sinn von Kommunikationskanälen ist es, den Geistern zu helfen, Botschaften zu übermitteln. Geister brauchen manchmal Vermittler. Wenn Sie sich darauf vorbereiten, mit den Toten in Kontakt zu treten, stellen Sie verschiedene Kommunikationskanäle am Veranstaltungsort auf. Im Laufe der Geschichte wurde berichtet, dass Geister durch eine Flüssigkeit, Kerzenflammen und Gerüche kommunizieren. Sie können auch audiovisuelle Aufnahmegeräte aufstellen, da diese ebenfalls als nützlich gelten.

- **Nehmen Sie den Tod an:**

Den Tod anzunehmen ist eine Art, das Leben zu feiern. Erinnern Sie sich daran, dass ich gesagt habe, dass es nichts Vergleichbares zum Tod gibt. Dank der Horrorfilme, die wir gesehen haben, wachsen wir mit einer Angst vor Geistern auf. In Wirklichkeit werden Sie feststellen, dass Ihre Angst vor Geistern Ihre Beziehung zur Sterblichkeit widerspiegelt. Die Realität des Todes zu akzeptieren ist schwierig – die Erfahrung ist beängstigend, schmerzhaft und herzzerreißend. Die Verbindung mit der spirituellen Welt ist eine Gelegenheit für Sie, die Unverfrorenheit Ihrer eigenen physischen Welt zu erkunden. Am Ende werden Sie erkennen, dass aus dem „Tod" eine robuste und schöne Seele hervorgeht.

Zum Abschluss dieses Kapitels möchte ich betonen, dass Sie eine Brücke zwischen der physischen und der geistigen Welt schlagen müssen, indem Sie eine Sprache zwischen dem Geist und sich selbst entwickeln. Das wird Ihre Art sein, mit dem Geist zu „sprechen". Dazu müssen Sie auf die Zeichen um Sie herum achten.

Das bringt mich zu den drei für das Medium wichtigsten „Hells": Hellsehen, Hellfühlen und Hellhören. Diese ermöglichen es Ihnen, zu sehen, zu hören und zu fühlen, wenn Sie eine Verbindung mit der anderen Seite herstellen. Sie sind die häufigsten Kanäle, über die der Geist die Kommunikation mit den Menschen einleitet. Während Sie daran arbeiten, eine gemeinsame Sprache mit dem Geist zu entwickeln, werden Sie immer mehr Zeichen erfahren. Achten Sie auf sie alle!

In den nächsten drei Kapiteln geht es um die drei „Hells", wie oben beschrieben. Erfahren Sie mehr über ihre zentrale Bedeutung für die Entwicklung Ihres spirituellen Mediumismus.

Kapitel Sechs: Übersinnliche Fähigkeiten I: Hellfühligkeit

„*Menschen mit der übersinnlichen Gabe der Hellfühligkeit gehören zu den nettesten Menschen, die Sie je treffen werden.*"

—Catherine Corrigan

Hellfühligkeit ist eine herausragende übersinnliche Fähigkeit, zu der Medien neigen. Wie in einem früheren Kapitel definiert, ist es die Gabe des „klaren Gefühls". Es ist die Fähigkeit, die Emotionen anderer genau so zu spüren und zu erleben, als wären es die eigenen. Interessanterweise ist die Hellfühligkeit keine weithin bekannte Fähigkeit. Man sieht sie nicht in Filmen und Fernsehsendungen wie andere übersinnliche Fähigkeiten.

Wenn Menschen an übersinnliche Fähigkeiten denken, denken sie eher an Hellsichtigkeit und Hellhörigkeit. Infolgedessen merken die meisten Menschen nicht einmal, wenn sie übersinnliche Erfahrungen haben, die mit ihrer Hellfühligkeit zusammenhängen.

Jemand mit hellfühligen Fähigkeiten kann über Emotionen, Gefühle und körperliche Empfindungen übersinnliche Informationen, Botschaften und Eindrücke empfangen. Einfach ausgedrückt, geht es vielleicht darum, intuitive Treffer durch Spüren zu erhalten. Ein hellfühliges Medium zu sein, bedeutet, dass man Bauchgefühle über Menschen, Gegenstände und *sogar Orte* bekommt. Sie können intuitive Eindrücke von allem empfangen, was Energie ausstrahlt.

Ein Beispiel für Hellfühligkeit ist, wenn Sie an einem Obdachlosenheim vorbeigehen und Hunger verspüren. Oder wenn Sie einen Freund umarmen und sich unglaublich glücklich oder traurig fühlen, je nachdem, welche Emotion er hat. Ihre Hellfühligkeit kann sich sogar beim Ansehen von Filmen oder Nachrichten widerspiegeln. Wenn Sie Berichte über Gewaltverbrechen sehen, können Sie zu Tränen gerührt sein. Wenn Sie eines oder mehrere dieser Beispiele nachvollziehen können, sind Sie vielleicht hellfühlig.

Hier sind weitere Anzeichen, die Ihnen helfen können, herauszufinden, ob Hellfühligkeit Ihre dominante psychische Fähigkeit ist.

- Sie können den körperlichen oder emotionalen Schmerz eines anderen Menschen spüren.
- Sie halten es nicht aus, sich in Menschenmengen aufzuhalten, weil Sie von Gefühlen überflutet werden.
- Sie sind körperlich und emotional ausgelaugt, wenn Sie Zeit mit Menschen verbringen.
- Ihre Instinkte in Bezug auf Menschen, Orte und Situationen sind normalerweise richtig.
- Sie können ein unordentliches Zuhause oder einen unordentlichen Arbeitsplatz nicht ertragen, weil Sie sich dadurch gestresst fühlen.
- Sie erleben Wellen von Emotionen aus dem Nichts.

Dies sind einige der häufigsten Anzeichen, die von hellfühligen Menschen wahrgenommen werden. Prüfen Sie, ob eines dieser Zeichen auf Sie zutrifft. Wenn Ihre Freunde immer gesagt haben, Sie seien emotional oder zu sentimental, könnte das ein weiteres Anzeichen sein.

Ich habe bereits erwähnt, dass jeder Mensch über alle übersinnlichen Fähigkeiten verfügt, aber wir alle neigen dazu, eine oder mehrere Fähigkeiten stärker zu nutzen als die anderen. Medien neigen zu Hellfühligkeit, Hellsichtigkeit und Hellhörigkeit, weil dies die Sinne sind, durch die Geister kommunizieren. Das bedeutet nicht, dass sie mit den anderen übersinnlichen Sinnen nicht kommunizieren oder nicht kommunizieren können – sie ziehen diese drei den anderen vor.

Die Entwicklung Ihrer Hellfühligkeit ist unerlässlich, damit Sie mit Ihrer Intuition im Einklang sind. Bevor ich dazu komme, fragen Sie sich vielleicht, wie es sich anfühlt, ständig Gefühle, Emotionen und Energien in sich aufzusaugen.

Ja, hellfühlig zu sein ist so ähnlich wie ein Schwamm. Aber nur, wenn man nicht lernt, seine Fähigkeit zu kontrollieren. Man muss lernen, seine Fähigkeit zu kontrollieren. Wenn Sie das nicht tun, werden Sie immer mit unerwünschten Emotionen und Energien konfrontiert sein. Sie müssen auch wissen, wie Sie auf die intuitiven Treffer, die Sie erhalten, reagieren können.

Die einzige Möglichkeit, dies zu tun, besteht darin, sich darin zu üben, zu wissen, wann man einen hellfühligen Treffer hat, und, was noch wichtiger ist, seine hellseherischen Sinne zu steuern. Sobald Sie dies beherrschen, werden Sie sich nicht mehr ausgelaugt fühlen. Und Sie können Ihre Fähigkeit nutzen, um Ihr Interesse am Mediumismus zu fördern. Schon bald werden Sie Zugang zu klaren und prompten übersinnlichen Botschaften haben.

Nachdem Sie nun verstanden haben, dass Hellfühligkeit nichts Schlechtes ist, wenn Sie sie auf die richtige Art und Weise handhaben, erfahren Sie hier, wie sich eine hellfühlige Erfahrung für Sie anfühlen könnte.

- **Emotionale Empfindungen:** Hellfühlige Menschen erhalten oft Botschaften durch Gefühle. Sie könnten zum Beispiel die Angst Ihres Partners vor einem geplanten Arztbesuch spiegeln.
- **Physische Empfindungen**: Eine andere Möglichkeit, hellfühlige Erfahrungen zu machen, sind Empfindungen im physischen Körper. Ein gutes Beispiel ist das Gefühl des Hungers, wenn man an einem Obdachlosenheim vorbeikommt.

Wenn Sie dieses Gefühl spüren, bedeutet das nicht, dass Sie auch hungrig sind. Es dauert normalerweise nicht länger als ein paar Minuten. Es passiert oft, wenn man sich mit Geistern verbindet. Wenn der Geist an einer körperlichen Krankheit gestorben ist, kann es sein, dass Sie auch in diesem Teil Ihres Körpers ein Kribbeln verspüren. Es hält normalerweise nur kurz an und ist nicht beängstigend.

Der Umgang mit der Hellfühligkeit ist wichtig, doch scheint er schwierig zu sein. Da sie nichts haben, was ihnen den Weg weist, bleiben die Menschen zu Hause, weil sie befürchten, ausgelaugt zu werden, wenn sie Zeit unter Menschen verbringen. Die Energie von Menschen, Orten und Gegenständen zu spüren, ist anstrengend und macht Kontrolle notwendig.

Wenn Sie mit Ihrer Hellfühligkeit nicht zurechtkommen, werden Sie vielleicht lernen, Partys zu meiden oder sich im schlimmsten Fall aus der Gesellschaft zurückzuziehen. Das muss aber nicht sein. Wie ich schon sagte, können Sie lernen, mit Ihren hellfühligen Eindrücken umzugehen. Nur diejenigen, die ihre Gabe nicht beherrschen, erleben überwältigende Gefühle bei anderen.

Es gibt jedoch Wege, wie Sie Ihre hellseherischen Fähigkeiten entwickeln und meistern können. Vergessen Sie nicht, dass die Beherrschung der Fähigkeit der Schlüssel zu ihrer Bewältigung ist.

Konzentrieren Sie sich auf Ihr Umfeld

Hellsichtige Menschen sind besonders bewusst und nehmen ihre unmittelbare Umgebung sehr sensibel wahr. Ihnen kann einfach nichts entgehen. Sie bemerken, wenn jemand ihre Lieblingsblumenvase einen Zentimeter bewegt. So unglaublich aufmerksam sind sie. Das ist eine Sache, die Sie zu Ihrem Vorteil nutzen können. Sie können Ihre Hellfühligkeit entwickeln, indem Sie sich auf Ihre Umgebung konzentrieren.

Wie sieht Ihre Umgebung aus? Ist der Raum unordentlich? Verursacht das schmutzige Geschirr bei Ihnen ein ungutes Gefühl? Nun, Unordnung in Ihrer Wohnung kann viele Gefühle hervorrufen. Aber das ist nicht der Punkt. Sie müssen einen bestimmten Raum in Ihrer Wohnung schaffen, der nicht wie die anderen ist. Dieser Raum wird Ihr Bereich für die psychische Entwicklung sein. Er sollte sauber und frisch sein und eine heilige Atmosphäre ausstrahlen. Mehr als einmal habe ich erwähnt, wie wichtig es ist, einen Raum zu haben, der ausschließlich für spirituelle Zwecke genutzt wird.

Wählen Sie einen Ort, z.B. eine Zimmerecke oder, wenn möglich, ein ganzes Zimmer, das Sie für spirituelle Dinge nutzen können. Stellen Sie alles, was Sie brauchen, wie z.B. Ihre Meditationsmatte oder Ihren Stuhl, Ihr Tagebuch, Ihre Decke, Kristalle und andere übersinnliche Werkzeuge, in diesen Raum. Stellen Sie alles, was Sie glücklich macht und für Ihre psychische Reise wichtig ist, in diesen Raum. Fügen Sie nichts hinzu, was unnötig vom Zweck des heiligen Raumes ablenken könnte.

Hellfühligkeit erhöht die Sensibilität, daher ist es hilfreich, den spirituellen Raum so zu gestalten, dass sich die Sensibilität wohl fühlt. Der Schlüssel dazu ist grün. Grün gibt Ihnen ein Gefühl der Ruhe, und so sollten Sie sich immer fühlen, wenn Sie im hellsichtigen Modus sind. Man fühlt sich geerdet und mit der Natur verbunden. Neben einer grünen Umgebung sollten Sie auch organische Reinigungsprodukte aus Pflanzen und ätherischen Ölen verwenden. Sie sind erstaunlich.

Verwenden Sie Salbei, um den Raum durch Rauch zu reinigen. Ja, Salbei wird verwendet, um Geister fernzuhalten, aber nur, wenn Sie ihn unmittelbar vor dem Eintreten in eine Trance verbrennen. Hier müssen Sie dem Salbei die Absicht geben, Negativität und Dunkelheit fernzuhalten. Setzen Sie sich die Absicht, dass Liebe und Licht Ihren Raum erfüllen, bevor Sie den Salbei verbrennen.

Wenn Sie all das tun, kann es einen großen Unterschied machen, wie Hellfühligkeit auf Sie wirkt und wie Sie darauf reagieren. Nachdem Sie nun den richtigen Raum für die Hellsichtigkeit (und andere übersinnliche Praktiken) geschaffen haben, kommen Sie zu den eigentlichen Übungen zur Entwicklung Ihrer Fähigkeit.

Fotos zur Entwicklung der Hellsichtigkeit verwenden

Die Fototechnik ist eine lustige Übung, die ich gerne mache. Das Beste daran ist, dass Sie vielleicht sogar besser abschneiden, als Sie erwarten. Stellen Sie einfach sicher, dass Sie sich frei und entspannt fühlen, bevor Sie es versuchen. Sie brauchen ein Foto von einer Person, über die Sie keine Informationen haben. Sie sollten diese Person noch nie getroffen haben. Verwenden Sie nicht das Bild Ihres Lieblingsprominenten, auch wenn Sie ihn noch nie getroffen haben. Über Prominente gibt es im Internet genug Informationen über ihr Leben. Stattdessen können Sie Ihren Freund bitten, Ihnen ein Foto eines Familienmitglieds zu zeigen, das Sie nicht kennen. Ihr Freund sollte die Person gut kennen, damit er die Informationen, die Sie erhalten, bestätigen kann.

- Halten Sie das Foto in beiden Händen. Betrachten Sie das Gesicht der Person und konzentrieren Sie sich besonders auf ihre Augen. Stellen Sie sich die Gefühle der Person auf dem Bild vor. Wie hat sie sich gefühlt, als das Bild aufgenommen wurde? Glücklich? Traurig? Ängstlich? Enthusiastisch? Wirkt die Person vertrauenswürdig? Erlauben Sie sich, sich vorzustellen und lassen Sie sich treiben.

- Konzentrieren Sie sich ein paar Minuten lang, bis Sie die gewünschten Informationen haben. Wenn Sie fertig sind, denken Sie noch ein paar Minuten darüber nach und geben Sie sie dann an Ihren Freund weiter. Bitten Sie ihn um eine Rückmeldung.

Wiederholen Sie diese Hellfühligkeitsübung mindestens zweimal pro Woche mit immer neuen Fotos. Durch Beständigkeit können Sie Ihre Hellfühligkeit und Ihr Vertrauen aufbauen.

Psychometrie ausprobieren

Psychometrie ist die Praxis des Lesens der Energie eines Objekts. Wenn Sie etwas berühren, hinterlassen Sie einen energetischen Abdruck auf diesem Gegenstand. Ihr Lieblingspullover, Ihr Spielzeug, Ihre Halskette – sie alle tragen einen Abdruck Ihrer Energie. Wir alle übertragen unbewusst Energie auf Gegenstände, meist auf die, die wir besitzen. Je mehr Sie den Gegenstand benutzen oder lieben, desto mehr Energie hinterlassen Sie auf ihm. Ehe man sich versieht, hat man Energie angehäuft. Genau aus diesem Grund ist die Psychometrie nützlich, um Hellfühligkeit zu entwickeln.

Wenn Sie die Energie eines Objekts lesen, können Sie genügend Informationen über den Besitzer des Objekts erhalten. Am besten üben Sie die Psychometrie an einem Gegenstand, den Sie nicht besitzen. Sie wissen bereits alles über sich selbst, also hat das keinen Sinn. Bitten Sie Ihren besten Freund oder Ihre beste Freundin, ein Schmuckstück, das jemandem in der Familie gehört, oder ein anderes Familienerbstück vorbeizubringen. Schmuck ist am besten geeignet, weil Metall die Energie besser speichert als andere Elemente. Auch hier sollte der Besitzer des Gegenstandes jemand sein, den Sie nicht kennen.

- Reiben Sie Ihre Handflächen ein paar Sekunden lang aneinander. Machen Sie eine kurze Atemübung, dann halten Sie den Gegenstand in der Hand. Tun Sie ein paar Minuten lang nichts. Halten Sie den Gegenstand einfach fest.
- Spüren Sie die Energie, die von dem Objekt ausgeht. Ist sie negativ oder positiv? Bestimmen Sie, um welche Art von Energie es sich handelt.
- Spüren Sie die Energie des Besitzers. Was können Sie wahrnehmen? Versuchen Sie, so viele Informationen wie

möglich aus der Energie zu gewinnen, die Sie spüren. Sie können verschiedene Eindrücke über die Geschichte des Gegenstandes und seines Besitzers erhalten.

Wie immer sollten Sie sich die Informationen, die Sie von dem Gegenstand erhalten, von Ihrem Freund bestätigen lassen. Wenn Sie konsequent Psychometrie praktizieren, können Sie die Energie eines Gegenstandes lesen, ohne ihn zu berühren oder festzuhalten.

Ein Kristallgitter erstellen

Kristalle verbessern die übersinnlichen Fähigkeiten, weshalb es für Medien sehr hilfreich ist, sie bei sich zu haben. Was mir an der Verwendung von Kristallen für die Weiterentwicklung übersinnlicher Fähigkeiten am besten gefällt, ist, dass sie wenig bis gar keine Anstrengung erfordern. Kristalle wie Amethyst und Fluorit unterstützen alle übersinnlichen Fähigkeiten, aber sie sind besonders gut für die Hellsichtigkeit geeignet. Sie können mühelos Kristallgitter herstellen. Es dauert nur ein paar Minuten, und die Möglichkeit, Fehler zu machen, ist nicht gegeben.

- Kaufen Sie 12 Kristalle. Wählen Sie Kristalle, mit denen Sie sich verbunden fühlen. Sie können auch mehr als 12 kaufen. Sie können 12 Kristalle eines Typs kaufen oder sie mischen. Ich empfehle, eine Mischung aus Amethyst und Fluorit zu kaufen.
- Legen Sie einen Kristall in die Mitte und ordnen Sie die übrigen Kristalle kreisförmig um ihn herum an.
- Während Sie die Kristalle aufstellen, fassen Sie die Absicht, Ihre Hellfühligkeit zu verbessern. Machen Sie sich klar, dass Sie übersinnliche Botschaften durch hellfühlige Treffer empfangen wollen.
- Legen Sie das Kristallgitter in Ihren heiligen psychischen Raum oder unter Ihr Bett.
- Das ist alles!

Um die Kräfte Ihrer Kristalle zu verstärken, können Sie sie mit ätherischen Ölen einreiben, bevor Sie das Gitter bilden.

Vergessen Sie nicht, dass Meditation bei allem, was Sie tun, von wesentlicher Bedeutung ist, wenn es um das Hellsehen geht. Machen Sie Meditation zu einem Teil Ihrer Übungen zur Entwicklung der Hellsichtigkeit. Befolgen Sie die Anweisungen für traditionelle

Meditation, aber mit der Absicht, sich mit Ihrer intuitiven Fähigkeit zu verbinden.

Sie können Hellfühligkeit entwickeln. Jeder kann Hellfühligkeit entwickeln. Befolgen Sie alle Tipps in diesem Kapitel, und Sie werden Ihre Gabe mit der Zeit meistern. Denken Sie daran, dass Sie in Ihrem eigenen Tempo lernen, seien Sie also nicht zu sehr darauf bedacht, in kürzester Zeit zu lernen.

Kapitel Sieben: Übersinnliche Fähigkeiten II: Hellhörigkeit

„Die Intuition geht vor dir her und zeigt dir den Weg. Das Gefühl folgt hinter dir, um dich wissen zu lassen, wenn du in die Irre gehst. Höre auf deine innere Stimme. Es ist der Ruf deiner inneren Stimme. Es ist der Ruf deines spirituellen GPS, das dich auf dem Weg zu deiner wahren Bestimmung halten will."

−Anthon St. Maarten

Hellhörigkeit ist eine weitere übersinnliche Fähigkeit, die bei Medien vorherrscht. Sie ist wahrscheinlich die zweitbekannteste Fähigkeit nach der Hellsichtigkeit. Wie Sie bereits wissen, handelt es sich um die Gabe des übersinnlichen Hörens. Wenn Sie Ihre psychische Entwicklungsreise beginnen, werden Sie feststellen, dass einige Fähigkeiten leichter zu meistern sind als andere. Glücklicherweise ist die Hellhörigkeit eine der Fähigkeiten, die am leichtesten zu entwickeln ist. Aber was ist Hellhörigkeit?

Es handelt sich um eine übersinnliche Fähigkeit oder einen Sinn, der es Ihnen ermöglicht, übersinnliche Eindrücke, Botschaften und Informationen über das Gehör zu empfangen. Man kann sie in Form von Stimmen, Worten, Klängen oder Musik erhalten. Das Gute daran ist, dass diese Erfahrung weder unheimlich noch beängstigend ist. Sie hören alles in Ihrem Kopf, als ob Sie laut denken würden. Manchmal hören Sie sogar mit Ihren physischen Ohren. Aber denken Sie daran, dass die Geister auf der anderen Seite keine materielle Form mehr haben -

deshalb müssen sie nicht mit einer physischen Stimme kommunizieren.

Hellhörige Menschen erhalten intuitive Botschaften normalerweise auf fünf verschiedene Arten. Vielleicht haben Sie einige von ihnen schon einmal erlebt.

Die erste Möglichkeit ist, Ihre eigene Stimme in Ihrem Kopf zu hören. Die Stimme ist in der Regel leise und subtil, und es kann sich anhören, als würden Sie einen inneren Monolog führen. Wenn Sie eine Lesung im Mediumismus durchführen und der verbundene Geist über Hellhörigkeit kommuniziert, hören Sie nicht die Stimme, die er hatte, als er auf der Erde war. Stattdessen hören Sie den Geist in Ihrer Stimme, in Ihrem Kopf. Es ist wie eine telepathische Kommunikation. Wenn Sie Ihre Fähigkeit entwickeln, werden Sie lernen, zwischen Ihrer Stimme und dem Geist zu unterscheiden.

Eine zweite Möglichkeit, hellhörige Botschaften zu empfangen, sind Töne. Diese Klänge haben immer eine symbolische oder wörtliche Bedeutung, die Sie interpretieren können. Wenn ein Geist Ihnen etwas mitteilen möchte, kann er dies über Musik tun. Zum Beispiel könnten Sie ein Geburtstagslied hören, wenn der Geist kürzlich Geburtstag hatte.

In relativ seltenen Fällen kommunizieren Geister über physische Klänge, die Sie nicht hören können. Das kommt selten vor. Es kann sein, dass Sie Töne, Worte oder Musik hören, ohne dass eine Quelle erkennbar ist. Der Klang ist normalerweise ätherisch und schön. Sie können ein Gefühl der Verzauberung hinterlassen.

Eine weitere Möglichkeit, wie Geister kommunizieren, ist über ihre ätherische Stimme. Erfahrene Medien können die Stimme des Geistes telepathisch hören. In diesem Fall hören Sie die Stimme genau so, wie sie war, als der Geist noch lebte. Dies geschieht in der Regel bei Geistern, mit denen Sie bereits vertraut sind, z. B. bei dem Geist Ihres Großvaters oder Ihres verstorbenen Onkels.

Zuletzt kommunizieren die Geister über Notfallwarnungen. Solche Erlebnisse können beängstigend sein, weshalb die Geister diese Methode nur anwenden, wenn es unglaublich dringend ist. Hellhörige Warnungen ertönen oft laut in Ihrem Kopf. Sie könnten zum Beispiel ein plötzliches „STOP" in Ihrem Kopf hören, wenn Sie gerade auf die Autobahn auffahren wollen. Sie erschrecken vielleicht, aber es stellt sich oft heraus, dass es einen guten Grund dafür gibt.

Hellhörige Erfahrungen lassen sich leicht als „das bildest du dir nur ein" abtun, was viele Menschen tun, wenn sie die Stimme in ihrem Kopf nicht erklären können. Zu verstehen, woher die hellhörigen Botschaften kommen und wie es sich anfühlt, diese Erfahrung zu machen, kann einen Einblick in die Ereignisse geben, die man in der Vergangenheit als „nur in meinem Kopf" abgetan hat.

Kein Medium kann leugnen, dass diese übersinnliche Fähigkeit ein dramatisches Flair hat, aber sie ist nicht so dramatisch, wie viele glauben. Sie ist oft sehr subtil – genug, um sie ohne einen zweiten Gedanken zu ignorieren. Woran erkennt man, dass es sich um eine hellhörige Erfahrung handelt und nicht um normales Denken?

Es ist wichtig zu wissen, wonach man suchen muss. Wenn Sie an Hellhörigkeit denken, denken Sie an Telepathie, denn darum geht es. Schließlich ist Telepathie eine Kommunikation von Geist zu Geist, die ohne die Verwendung bekannter Sinneskanäle stattfindet. Wenn ein Geist eine Botschaft in Ihrem Kopf hinterlässt, kommuniziert er telepathisch.

Hellhörigkeit ist so, als ob Sie einen Anruf von Ihrem Handy erhalten, ohne es tatsächlich abzunehmen. Hier sind einige Dinge, die Ihnen helfen, diese Erfahrung zu erkennen:

- Es klingt, als würden Sie vor sich hin lesen oder denken. Es ist so, als ob Sie alleine lesen würden. Sie können das, was Sie lesen, in Ihrem Kopf „hören".
- Das Hören ist fast immer innerlich, kann aber in sehr seltenen Fällen auch äußerlich sein.
- Es hat immer einen guten Grund.
- Es nimmt Ihnen nicht Ihren freien Willen. Sie können Ihre eigene Wahl treffen.
- Manchmal erscheint es wie ein Höreindruck. Gedanken können wie aus dem Nichts in Ihrem Kopf auftauchen.
- In der Regel erfolgt dies kurz und direkt.

Hellhörige Botschaften kommen vom Göttlichen, Ihrem spirituellen Team und den Geistern der anderen Seite. Anfangs werden Sie vielleicht nicht in der Lage sein, die Quelle der übersinnlichen Botschaften zu erkennen, die Sie erhalten. Aber mit der Zeit werden Sie eine Idee oder ein Gefühl dafür bekommen, wer der Absender der Botschaft ist und warum.

Wenn die Gabe des Hellhörens Ihre vorherrschende übersinnliche Fähigkeit ist, dann werden Ihnen die Geister in den meisten Fällen Botschaften über hellhörige Kanäle schicken. Aber wie können Sie feststellen, ob Sie ein hellhöriges Medium sind? Es gibt viele Anzeichen, die Sie beobachten können.

- Sie hören oft Ihren Namen, wenn niemand in Ihrer Nähe ist. Wenn Ihnen das regelmäßig passiert, ist das ein Hinweis darauf, dass Sie die Fähigkeit haben. Das übersinnliche Hören ermöglicht es Ihnen, Dinge zu hören, die andere Menschen nicht hören

- Lärmempfindlichkeit ist ein gutes Zeichen für Hellhörigkeit. Sie können sich gereizt, müde oder gestresst fühlen, wenn Sie sich in einer Umgebung mit zu viel Lärm befinden. Noch frustrierender ist es, wenn die Menschen um Sie herum Ihre Empfindlichkeit nicht verstehen können. Also suchen Sie Ruhe und Einsamkeit. Erwägen Sie die Anschaffung von Kopfhörern mit Geräuschunterdrückungstechnologien, um diese Empfindlichkeit in den Griff zu bekommen.

- Selbstgespräche sind ein weiteres Zeichen. Die Hellhörigkeit bringt Sie dazu, oft oder immer Gespräche mit sich selbst in Ihrem Kopf zu führen. Sie werden vielleicht feststellen, dass Sie gewöhnlich von Interaktionen abgelenkt sind, weil Sie in Ihren Kopf vertieft sind.

- Sie genießen Musik, weil sie Sie mit Ihrer Seele verbindet. Hellhörige Menschen empfinden Musik oft als erbaulich. Musik zu hören ist eine ausgezeichnete Möglichkeit, Ihre Schwingung zu erhöhen und sich wieder mit Ihrem Geist zu verbinden. Vielleicht haben Sie sogar ein musikalisches Talent.

Es gibt noch viele andere Anzeichen, aber die meisten hellhörigen Menschen erleben oft einige oder alle der oben genannten Anzeichen. Überlegen Sie, welche dieser Anzeichen Ihnen bekannt vorkommen, und nutzen Sie Ihre Antwort, um festzustellen, ob das hellseherische Hören Ihre herausragende Fähigkeit ist.

Unabhängig davon, ob Sie sich mit den meisten der genannten Zeichen identifizieren können oder nicht, ist das übersinnliche Gehör für Ihre Reise als Medium von entscheidender Bedeutung. Deshalb müssen Sie in jedem Fall lernen, es zu entwickeln. Das Gute daran ist, dass Hellhörigkeit relativ leicht zu entwickeln ist. Alles, was Sie brauchen, ist

Übung und ein echter Wunsch zu lernen.

Denken Sie an Ihr Autoradio oder Ihr Heimradio. Es hat doch eingebaute Sender, oder? Jedes Mal, wenn Sie einen Sender hören wollen, müssen Sie ihn nur deutlich einstellen, und Sie werden alles hören, was er zu bieten hat. Die Hellhörigkeit ist genau dasselbe, mit einem fast unmerklichen Unterschied. Der Unterschied liegt in der Feinfühligkeit des Hörens. In diesem Fall sind Sie das Radio. Um übersinnliches Hören zu entwickeln, müssen Sie sich auf sich selbst einstimmen. Bei der Entwicklung des übersinnlichen Gehörs geht es praktisch darum, zu lernen, sich auf sich selbst einzustellen und immer klare Botschaften zu empfangen.

Lassen Sie uns besprechen, wie Sie Ihre Fähigkeiten des übersinnlichen Hörens entwickeln können.

Üben Sie, astrale Klänge wahrzunehmen

Für den Anfang müssen Sie die Sensibilisierung Ihres Gehörs üben. Das ist einfach, aber wirkungsvoll. Es funktioniert, weil das Training des normalen Gehörs es leichter macht, nicht-physische Klänge aus der geistigen Welt wahrzunehmen.

Die physische Ebene ist im Allgemeinen ein lauter Ort, an dem wir darauf trainiert sind, den Lärm zu filtern, bevor er unser Bewusstsein alarmieren kann. Aber Sie können die laute Umgebung zu Ihrem Vorteil nutzen. Das ist der Punkt, an dem die Sensibilisierung einsetzt. Hier ist eine Übung zu diesem Zweck.

- Suchen Sie sich einen sicheren Ort für diese Übung. Atmen Sie einige Male tief durch, um sich zu erden.
- Legen Sie als Absicht fest, Ihre Gabe des übersinnlichen Hörens zu verbessern.
- Entspannen Sie sich und konzentrieren Sie sich auf Ihr Gehör. Lassen Sie es in diesem Moment Ihr dominanter Sinn sein.
- Lassen Sie sich sanft auf Ihre Umgebung einstimmen. Konzentrieren Sie sich auf Geräusche, denen Sie selten Aufmerksamkeit schenken. Identifizieren Sie, was Sie hören können. Vielleicht ein Rauschen des Windes in den Bäumen hinter Ihrem Haus oder Vogelgezwitscher.

Machen Sie diese Übung jeden Tag, aber benutzen Sie jedes Mal einen anderen Ort dafür. Sehen Sie, wie viel Sie bei jedem Versuch hören können. Wenn Sie Fortschritte machen, strengen Sie sich mehr an, indem Sie sich in verschiedene Richtungen strecken und Ihren Fokus verändern.

Musikalische Übung

Diese Übung soll Ihnen helfen, subtile Klänge zu erkennen und zu unterscheiden. Wenn Sie diese Übung machen, können Sie lernen, zwischen Ihren Gedanken und hellhörigen Botschaften zu unterscheiden. Diese Übung ist recht interessant, so dass Sie vielleicht sogar Spaß dabei haben. Versuchen Sie, Musik mit schweren Instrumentalklängen zu verwenden. Es ist hilfreich, Musik einer Band zu verwenden. Aber auch klassische Musik ist eine ausgezeichnete Wahl für das Training.

- Spielen Sie die ausgewählte Musik und lassen Sie sich mitreißen. Geben Sie sich dem Stück hin.
- Konzentrieren Sie sich nun auf ein Instrument, das Sie in der Musik hören. Ja, sie spielen gleichzeitig in Harmonie, aber Sie können ein Instrument herausgreifen und sich auf dieses konzentrieren. Isolieren Sie seinen Klang von dem der übrigen Instrumente.

Isolieren Sie nach und nach alle Klänge der spielenden Instrumente, bis Sie sie alle abgedeckt haben. Mit etwas Übung werden Sie so weit kommen, dass Sie einen der Töne herausschneiden können, bis Sie den Rest nicht mehr hören können. Versuchen Sie diese Übung zwei- bis dreimal pro Woche mit unterschiedlicher Musik.

„Visualisieren" Sie den Klang

Visualisierung ist eine visuelle Technik, wie kann man also Ton „visualisieren"? Nun, bei dieser Übung geht es nicht darum, sich etwas vorzustellen. Das Ziel ist, Ihre Fähigkeit zu verbessern, telepathisch übermittelte Botschaften zu hören.

Können Sie sich vorstellen, dass in Ihrem Kopf Musik spielt, fast so, als würden Sie ein echtes Musikgerät benutzen? Das müssen Sie allein in einem ruhigen und stillen Raum tun, in dem es keine anderen Geräusche gibt. Es ist eine wunderbare Methode, um die Hellhörigkeit insgesamt zu entwickeln. Bleiben Sie nicht nur bei der Musik stehen. Versuchen Sie, sich andere Klänge vorzustellen.

Stellen Sie sich all die Geräusche vor, mit denen Sie in Ihrer Kindheit vertraut waren. Die Vorstellung von Klängen in Ihrem Kopf ist eine einfache Methode, um Ihr übersinnliches Gehör zu verbessern. Stellen Sie sich vor, wie Ihr Lieblingskünstler in Ihrem Kopf singt, als wären Sie bei seinem Konzert.

Bitte um spirituelle Botschaften

Damit lernen Sie, Zwiegespräche mit dem Geist zu führen. Es ist eine narrensichere Methode, um Vertrauen in Ihre übersinnlichen Hörfähigkeiten aufzubauen. Sie können den Geist um Informationen bitten – er muss nicht erst zu Ihnen kommen. Üben Sie, Botschaften von höherdimensionalen Wesen zu erbitten und zu empfangen. In diesem Zusammenhang bezieht sich Geist auf Ihre spirituellen Führer, nicht auf jene auf der anderen Seite. Er bezieht sich auch auf die Aufgestiegenen Meister und Ihr Höheres Selbst.

Bevor Sie eine Entscheidung treffen, bitten Sie Ihre Geistführer um Führung. Warten Sie dann auf eine Antwort. Die Antwort kann in jeder Form kommen. Zwiegespräche mit Ihrem spirituellen Team können Sie auf Ihrer spirituellen Reise ein ganzes Stück voranbringen, besonders als angehendes Medium. Das hilft Ihnen auch, die Kunst zu beherrschen, die Feinheiten der Geister zu erkennen.

Das Wichtigste bei all Ihren Hellhörigkeitsübungen ist, dass Sie Spaß haben, während Sie sie praktizieren. Das ist sehr wichtig. Lassen Sie es nicht wie einen Job oder eine Aufgabe erscheinen, die Sie zu einer bestimmten Zeit erledigen müssen. Haben Sie Spaß und lassen Sie sich einfach treiben.

Beachten Sie: Manchmal kann es schwierig sein, Hellhörigkeit zu entwickeln. Es kann sein, dass Sie üben und üben, ohne Ihre Ziele zu erreichen. Wenn das passiert, könnte es bedeuten, dass Ihr Kehlkopfchakra blockiert ist. Das psychische Portal für Hellhörigkeit ist direkt mit dem Kehlkopfchakra verbunden. Eine Blockade dort behindert also Ihre Fähigkeit, sich auf Ihr übersinnliches Gehör einzustellen. Wenn dies bei Ihnen der Fall ist, verwenden Sie Ihr Kristallgitter, um die Blockade zu lösen und wieder in Aktion zu treten.

Kapitel Acht: Übersinnliche Fähigkeiten III: Hellsichtigkeit

„Nach Jahren in völliger Dunkelheit zwinge ich meine Augen ins Licht. Denn ich muss mein Augenlicht bewahren, damit ich die Ganzheit der Leere objektiv sehen kann.

—Justin K. McFarlane Beau

Die Hellsichtigkeit ist die bekannteste übersinnliche Fähigkeit. Es ist kein Wunder, dass manche Menschen sie synonym mit dem Wort „Hellseher" verwenden. In Filmen und Fernsehsendungen wird sie häufig als eine übersinnliche Fähigkeit dargestellt. Die dramatische Übertreibung ist einer der Gründe für die weit verbreitete Fehleinschätzung. Das Ausmaß der Fehleinschätzung ist auf die Bekanntheit zurückzuführen.

Wie Sie bereits gelernt haben, bedeutet Hellsichtigkeit übersetzt „klares Sehen". Es ist die Fähigkeit, übersinnliche oder intuitive Informationen über Bilder, Symbole und Visionen zu empfangen. Das „Sehen" beim Hellsehen geschieht vor Ihrem geistigen Auge, das Sie bereits als das dritte Auge kennen. Erwarten Sie also nicht, dass Sie einen Geist physisch sehen, der in Ihrem Haus herumlungert und darauf wartet, dass Sie von der Arbeit zurückkommen. So funktioniert diese Gabe nicht.

Nehmen wir an, Sie sind Hellseherin oder Hellseher. In diesem Fall haben Sie wahrscheinlich schon einmal bemerkt:

- Licht- und Farbblitze in den Augenwinkeln.

- Zufällige Bilder, die so schnell verschwinden, wie sie auftauchen, fast wie ein „Blitz".
- Bewegungen aus dem peripheren Blickfeld, auch wenn sich niemand mit Ihnen in einem Raum befindet.
- Lebhafte Träume, die sich sehr real anfühlen.

Lassen Sie uns diese Zeichen kurz besprechen, damit Sie verstehen, wie sie auf Sie wirken.

- **Visuelle psychische Blitze**: Hellsichtig zu sein bedeutet, dass Sie Lichtblitze und Farbsehen erleben. Das kann Ihr spirituelles Team sein, das versucht, Ihre Aufmerksamkeit zu erregen oder Ihnen etwas mitzuteilen. Sie können zum Beispiel schwebende Lichtkugeln, Auren, glitzernde Lichter, funkelnde Lichter und Schatten in Ihren Augenwinkeln sehen.
- **Tagträume:** Hellsehen hat mit Sehen zu tun, daher ist die Visualisierung ein wichtiger Teil der Fähigkeit. Wenn Sie hellseherisch veranlagt sind, fällt Ihnen die Visualisierung leicht. Sie können sich etwas leicht vorstellen, weil Sie sehen, wie alles zusammenpassen sollte.
- **Gute Orientierung:** Waren Sie schon einmal an einem Ort und er hat sich in Ihr Gedächtnis eingeprägt? Beschreibt man Sie als menschliches Navigationsgerät? Wenn Sie dies bestätigen können, sind Sie wahrscheinlich ein hellsichtiger Mensch. Das bedeutet auch, dass Sie gut darin sind, Rätsel zu lösen, Karten zu lesen und Labyrinthe zu bewältigen.
- **Lebhafte Vorstellungskraft**: Dies steht im Zusammenhang mit dem vorherigen Zeichen. Wenn man Ihnen gesagt hat, dass Sie eine sehr lebhafte Vorstellungskraft haben, könnte das eine Manifestation Ihrer übersinnlichen Fähigkeiten sein.

Ohne es zu merken, haben Sie wahrscheinlich schon Ihr ganzes Leben lang Anzeichen von Hellsichtigkeit erlebt. Das Gute daran ist, dass Sie hellsichtigen Zeichen mehr Aufmerksamkeit schenken können, wenn Sie wissen, worauf Sie bei sich selbst achten müssen.

Auch wenn Sie sich Ihrer Fähigkeiten bereits bewusst sind, stellen sich manchmal Zweifel ein. Zweifel ist ein immer wiederkehrendes Gefühl, wenn Sie Ihre hellseherische Reise beginnen. Wir alle erleben anfangs Zweifel.

An einem Tag sind Sie überzeugt, dass alles, was Sie erleben, real ist. Sie fühlen sich mit Ihrer Seele im Einklang. Sie sind erstaunt über die Dinge, die Sie tun können, und Sie genießen es, Liebe und Licht in das Universum zu senden. An einem anderen Tag spüren Sie Zweifel. „Habe ich diese Fähigkeit?" „Kann ich mit Geistern kommunizieren? Vielleicht bilde ich mir das alles nur ein." Oder: „Ich glaube nicht, dass ich dafür geschaffen bin."

Solche Fragen werden sich zwangsläufig stellen, aber es liegt an Ihnen, ihnen nicht nachzugeben. Hellsichtig zu sein ist nicht leicht, vor allem, wenn alle um Sie herum denken, dass es ein Glückstreffer ist und Sie nur Ihre Zeit vergeuden. Sie müssen vermeiden, den Zweifeln nachzugeben, die Sie erleben, indem Sie lernen, Ihrer Erfahrung zu vertrauen.

Zunächst müssen Sie Vertrauen in Ihre persönlichen Erfahrungen haben. Negative Selbstgespräche sind nicht hilfreich. Sie verursachen eine Blockade in Ihrem spirituellen System. Dann müssen Sie sich an Ihre Geistführer wenden, um Zeichen zu erhalten. Selbst wenn Sie noch nie mit einem Mitglied Ihres spirituellen Teams in Verbindung getreten sind, warten sie darauf, dass Sie ihre Führung suchen. Sie können jederzeit um Zeichen bitten, denn sie dienen zur Bestätigung.

Manchmal kann es sein, dass Sie Botschaften erhalten, die schlichtweg seltsam erscheinen. Das könnte Sie dazu bringen, an Ihren Geistführern zu zweifeln, aber tun Sie das nicht. Vertrauen in Ihre Geistführer ist keine Option, es ist ein Muss. Ihre Geistführer senden immer die richtigen Botschaften. Es liegt an Ihnen, sie auf die richtige Weise zu interpretieren. Das Deuten von Botschaften der Geistführer erfordert einige Übung. Symbole und Metaphern sind deutlich schwieriger zu interpretieren. Machen Sie sich klar, dass Sie nur kleine Schritte machen. Urteilen Sie nicht über sich selbst und fühlen Sie sich nicht schlecht deswegen.

In Filmen sehen Hellseher oft die Zukunft genau so, wie sie eintreten wird. Meistens bekommen sie einen beängstigenden Untertitel dazu. Aber in Wirklichkeit sind hellseherische Treffer weniger dramatisch und subtiler. Geister lieben Subtilität, das heißt, Sie sollten lernen, subtile Botschaften zu erwarten.

Im Folgenden sind die Möglichkeiten aufgeführt, wie Sie hellsichtige Botschaften erhalten können:

- **Das dritte Auge:** Hellsichtige Botschaften sind nicht physisch sichtbar - wenn Sie die Fähigkeit haben, können Sie nur mit

Ihrem geistigen Auge „sehen". Das Stirn- oder Drittes-Auge-Chakra macht dies möglich. Es ist der Kanal, durch den Botschaften aus den spirituellen Dimensionen in diese Ebene gesendet werden.

- **Bilder und Filme**: Eine weitere Möglichkeit, hellseherische Botschaften zu erhalten, ist eine Momentaufnahme eines Bildes oder einer Filmszene. Sie haben vielleicht das Gefühl, dass in Ihrem Kopf ein Fernsehbildschirm geöffnet ist, auf dem ein Film läuft. All dies geschieht natürlich in Ihrem Kopf. Manche erscheinen auch als Visionen. Sie könnten zum Beispiel eine Vision eines Symbols erhalten, das etwas repräsentiert, das Ihnen vertraut ist – wie ein Ring als Symbol für die „Ehe".
- **Symbole**: Es ist wichtig, über Symbole gesondert zu sprechen, weil sie für übersinnliche Botschaften entscheidend sind. Es kommt oft vor, dass Sie Symbole erhalten und nicht etwas, das Sie leicht interpretieren können. Geistführer senden Symbole, damit Sie an der Interpretation arbeiten können. Es kann zum Beispiel sein, dass Sie in Ihrer Trance Bilder von einem Babybett sehen. Das könnte bedeuten, dass Ihre Versuchsperson die Geburt eines Kindes erleben wird. Wenn Sie die Symbole nicht sofort entschlüsseln können, machen Sie sich keine Sorgen. Nehmen Sie sich einfach Zeit, bis Sie sie entschlüsselt haben. Mit der Zeit können Sie sogar mit Ihren Geistführern zusammenarbeiten, um die wörtlichen Bedeutungen der empfangenen Symbole zu entschlüsseln.

Die Entwicklung von Hellsichtigkeit ist einfach eine der unterhaltsamsten Dinge, die man tun kann. Wie bei allem anderen, was bisher besprochen wurde, müssen Sie sich nur der Praxis widmen. Der Lernprozess kann aufregend sein. Vergessen Sie aber nicht, nett zu sich selbst zu sein. Auch wenn Sie keine Fortschritte sehen, sollten Sie so lange üben, bis Sie es richtig können. Irgendwann werden Sie den Dreh raus haben.

Visualisierung von Zahlen

Als Hellsichtiger ist die Visualisierung Ihre Stärke. Sie können sich mit der Zeit zu einem Super-Visualisierer entwickeln. Je mehr Sie diese Fähigkeit verfeinern, desto leichter wird es Ihnen fallen, sie einzusetzen. Denken Sie daran, dass Ihr drittes Auge für das übersinnliche Sehen zuständig ist. Deshalb konzentrieren sich diese Übungen auf das dritte Auge. Das bedeutet, dass Sie üben werden, die Bilder, Symbole und Visionen in Ihrem Kopf zu sehen.

Das Dritte-Auge-Chakra offen zu halten, ist der Schlüssel zum Empfang hellsichtiger Botschaften. Deshalb müssen Sie zuerst Ihr drittes Auge öffnen. Seien Sie sich bewusst, dass das Dritte-Auge-Chakra nicht beim ersten Versuch geöffnet werden kann. Natürlich sind dafür mehrere Sitzungen erforderlich. Ein paar Minuten Visualisierungsübungen pro Tag können Ihre hellseherischen Fähigkeiten deutlich verbessern.

Um Zahlen zu visualisieren:

- Schließen Sie Ihre Augen. Machen Sie eine kurze Atemübung.
- Stellen Sie sich die Zahl Eins in Ihrem Kopf vor. Halten Sie das Bild mindestens 10 Sekunden lang fest.
- Wenn Sie das geschafft haben, machen Sie mit der nächsten Zahl weiter, der Zwei.
- Stellen Sie sich die weiteren Zahlen vor, bis Sie bei Nummer zehn angelangt sind.

Machen Sie diese Übung fünf bis zehn Minuten pro Tag – je konsequenter, desto besser.

Hellsichtigkeitsspiel

Dieses Spiel wird mit einem Stapel Zener-Karten gespielt. Diese Karten haben verschiedene Formen, von Sternen bis hin zu Kreisen und Quadraten. Mit ihnen macht es Spaß, das Hellsehen zu üben, meist mit einem Partner. Sie können ein Päckchen bei Amazon bestellen oder in einem Geschäft in Ihrer Nähe kaufen. Sie können diese Karten auch selbst herstellen. Nehmen Sie einfach einige Karteikarten und zeichnen Sie verschiedene Formen darauf. Die Formen sollten einen Kreis, Wellenlinien, einen Stern, ein Quadrat und ein Pluszeichen enthalten.

- Setzen Sie sich Ihrem Partner gegenüber oder auf getrennte Stühle, so dass Sie sich den Rücken zuwenden.
- Nehmen Sie eine Karte, aber lassen Sie sie Ihren Partner nicht sehen. Nehmen wir an, Sie haben die Kreiskarte gewählt.
- Konzentrieren Sie sich darauf, den Kreis mit Ihrem dritten Auge zu sehen. Sobald sich das Bild in Ihrem Kopf gebildet hat, senden Sie es telepathisch an Ihren Spielpartner.

- Lassen Sie dann Ihren Partner wissen, dass Sie das Bild geschickt haben, und bitten Sie ihn, das Bild, das er erhalten hat, zu zeigen.
- Tauschen Sie die Plätze mit Ihrem Partner – werden Sie zum Empfänger, während er sendet.
- Wiederholen Sie die ersten Schritte wie beschrieben.

Sie können die Plätze so lange tauschen, wie Sie wollen. Damit es mehr Spaß macht, können Sie diese Übung auch am Telefon durchführen.

Kristalle

Wie im Kapitel über Hellfühligkeit erwähnt, sind Kristalle unglaublich gut geeignet, um übersinnliche Fähigkeiten zu entwickeln. Sie sind hervorragend geeignet, um das Dritte-Auge-Chakra zu öffnen. Sie können sie in Ihrem spirituellen Raum aufbewahren oder unter Ihr Kopfkissen legen, wenn Sie ins Bett gehen. Sie sind tragbar, deshalb können Sie sie auch mit sich herumtragen. Ich empfehle, sie bei sich zu tragen, weil sie Sie ständig an Ihre Absicht erinnern, jeden Tag an Ihren übersinnlichen Fähigkeiten zu arbeiten. Außerdem sind sie hübsch. Amethyst und Fluorit helfen dabei, das dritte Auge zu öffnen, und sie können Ihre übersinnlichen Fähigkeiten verbessern.

Traumtagebuch

Erinnern Sie sich daran, dass ich sagte, dass lebhafte Träume ein Zeichen für Hellsichtigkeit sind. Wenn Sie lebhafte Träume haben, sollten Sie sie nicht einfach gehen lassen. Die Aufzeichnung der Träume ist wichtig. Manchmal senden die Geister Botschaften durch das Traumportal. Wenn Sie Ihre Träume aufschreiben und analysieren, können Sie solche Botschaften entschlüsseln. Wenn Sie schlafen, hat Ihr Unterbewusstsein die volle Kontrolle über Ihren Körper. Dadurch können Sie geistige Führung freier annehmen, ohne dass sich Ihr logischer Verstand einmischt. Ihr logischer Verstand ist der Grund, warum Sie normalerweise übersinnliche Botschaften übersehen oder ignorieren.

Schlafen Sie mit Ihrem Tagebuch neben sich. Auf diese Weise können Sie Ihre Träume aufschreiben, wenn Sie wach sind. Nach einigen Tagen, Wochen oder Monaten bemerken Sie vielleicht Symbole und Muster, die eine Bedeutung haben. Diese Symbole können Sie an ein

Erlebnis oder etwas über eine andere Person erinnern.

Der vielleicht beste Grund, warum Sie ein Traumtagebuch führen sollten, ist der, dass Sie so besser verstehen können, wie sich Ihre Fähigkeiten entwickeln. Es gibt nichts Inspirierenderes und Motivierenderes, als seine Fortschritte zu sehen. Es hilft Ihnen, Ihre Bemühungen mehr zu schätzen.

Meditation zur Öffnung des dritten Auges

Traditionelle Meditation kann helfen, die Fähigkeit des Hellsehens zu entwickeln. Es gibt jedoch Meditationen, die speziell auf das dritte Auge ausgerichtet sind. Sie sind viel effektiver und schneller für jemanden, der sich auf einem spirituellen Entwicklungsweg befindet. Das dritte Auge kann Ihnen helfen, mentale Blockaden, Energien und andere Erfahrungen in ihrer vollen Kraft und Stärke zu sehen.

Wie ich schon sagte, fragen Sie sich vielleicht, warum das dritte Auge nicht schon geöffnet ist. Das dritte Auge bleibt meist geschlossen und schläft. Wenn Sie nicht aktiv daran arbeiten, es zu öffnen, wird es sich vielleicht nie öffnen - was erklärt, warum sich viele Menschen ihrer Fähigkeiten nicht bewusst sind. Das Öffnen des dritten Auges kann zwar helfen, aber es ist wichtig zu lernen, das dritte Auge nach Belieben zu öffnen und zu schließen. Andernfalls lassen Sie Ihr spirituelles Portal für alle Arten von intuitiven Treffern offen. Wenn Sie nicht regulieren, wann, wie und wo Sie übersinnliche Eindrücke empfangen, kann dies Ihr Leben in alarmierendem Ausmaß stören.

Wie andere Meditationsarten sollte die Meditation des dritten Auges in einer ruhigen und friedlichen Umgebung durchgeführt werden, um von den beruhigenden Schwingungen zu profitieren.

- Setzen Sie sich bequem auf den Boden oder einen Stuhl. Halten Sie Ihre Wirbelsäule aufrecht, die Schultern entspannt und die Handflächen auf den Knien. Lösen Sie die Anspannung von Bauch, Kiefer und Gesicht. Jeder Teil Ihres Körpers sollte sich entspannt anfühlen und für die einströmende Energie offen sein.

- Führen Sie Daumen und Zeigefinger zusammen, während Sie sanft die Augen schließen. Atmen Sie langsam ein und atmen Sie durch die Nase aus. Schauen Sie mit geschlossenen Augen nach oben, wo sich Ihr drittes Auge befindet. Sie können auch Ihre Finger benutzen, um die genaue Position zu bestimmen.

- Entspannen Sie Ihren Blick, während Sie sich auf Ihr drittes Auge konzentrieren. Atmen Sie langsam weiter, bis ein weißes Licht erscheint. Erlauben Sie dem weißen Licht, sich auszubreiten und Sie zu umgeben.
- Treten Sie in einen transzendentalen Zustand der Energieheilung ein, während das Licht Sie umgibt. Ihr Fokus wird sich auf der höchsten und kraftvollsten Ebene befinden.
- Lassen Sie jeden schlechten Gedanken, jedes schlechte Gefühl und jede schlechte Energie aus Ihrem Blickfeld verschwinden. Konzentrieren Sie sich einfach darauf, die Potenziale Ihres Dritte-Auge-Chakras zu verbessern.

Verharren Sie bis zu 20 Minuten lang in dieser Position. Das Abspielen von Entspannungsmusik im Hintergrund kann Ihre Konzentration weiter verbessern. Beenden Sie die meditative Sitzung nach 20 Minuten, indem Sie die Handflächen zum Herzen führen und aneinander reiben. Nachdem Sie die Augen geöffnet haben, bleiben Sie noch einige Minuten sitzen, bevor Sie aufstehen und zu Ihrem Alltag zurückkehren.

Diese Meditationsübung kann jeden Tag wiederholt werden, bis Sie sicher sind, dass Ihr drittes Auge ausreichend geöffnet ist.

Im Folgenden finden Sie eine weitere einfache Übung für das dritte Auge:

- Sitzen Sie in der üblichen Position.
- Legen Sie als Absicht fest, Ihr drittes Auge zu öffnen und Ihre hellseherischen Fähigkeiten zu verbessern
- Konzentrieren Sie sich auf den Bereich, in dem sich Ihr drittes Auge befindet.
- Visualisieren Sie das Chakra in einer wunderschönen violetten Farbe, die sich majestätisch dreht, während es sich immer weiter öffnet.

Es kann sein, dass Sie ein Kribbeln zwischen Ihren Augenbrauen verspüren, wenn Sie diese Übungen durchführen. Das bedeutet, dass sich Ihr drittes Auge öffnet. Freuen Sie sich, denn das ist ein Zeichen dafür, dass Sie mit Ihren hellseherischen Gaben aufblühen werden.

Nun, da Sie wissen, wie Sie die drei übersinnlichen Fähigkeiten beherrschen, die Ihre Reise als Medium bestimmen werden, lassen Sie uns Kontakt mit der Geisterwelt aufnehmen. Es wird Spaß machen!

Kapitel Neun: Kontaktaufnahme mit der Geisterwelt

*„Denke den Gedanken,
Sieh das Bild,
Entwickle ein Gefühl.
Antworte mit dem Körper,
Schaffe die Ergebnisse."*
–James E. Melton

Die Zeit der Kontaktaufnahme mit der Geisterwelt ist gekommen. Die Frage ist nur, wie Sie das anstellen. Alles, was Sie bis jetzt gelernt haben, ist eine Vorbereitung darauf. Wenn Sie alles, was Sie in diesem Buch gelernt haben, richtig befolgen, wird die Kontaktaufnahme mit der Geisterwelt so sein, als würden Sie kurz bei Ihrem besten Freund zu Hause anrufen.

Vergessen Sie alles, was Sie zu wissen glauben. Selbst wenn Sie schon einmal ein jenseitiges Wesen gesehen haben, ist dies etwas anderes. Geister zu *channeln* oder eine Kommunikation mit der Geisterwelt herzustellen, fühlt sich realer und intensiver an, wenn Sie mittendrin sind. Das Fühlen von Geistern ist flüchtig und spontan. Es handelt sich jedoch um eine bewusste Handlung, für die Sie sich in der bestmöglichen Verfassung befinden müssen.

Ich habe den Prozess der Vorbereitung auf die Kontaktaufnahme mit der geistigen Welt erklärt. Wie gesagt, müssen Sie die Intention festlegen und sich vor unsichtbaren Kräften und Geistern schützen. Bevor Sie die Verbindung herstellen, sollten Sie sich vergewissern, dass Ihr Schutz intakt und funktionsfähig ist. Setzen Sie die Intention eindeutig und klar fest.

Im Folgenden finden Sie eine Übersicht über die Schritte, die Sie zur Vorbereitung unternehmen müssen:

- Meditieren Sie, um Ihren Geist zu reinigen und Ihre Schwingungen zu verstärken.
- Führen Sie die Schutzübung durch, um eine schützende Hülle um sich bilden.
- Legen Sie Ihre Intention fest.

Ihre Intuition muss auf dem höchstmöglichen Niveau und Ihre spirituelle Energie muss robust sein. Da Sie wahrscheinlich zum ersten Mal mit einem Geist in Kontakt treten, sollten Sie einen vertrauten Geist anrufen. Zum Beispiel ein Familienmitglied oder einen Freund, der auf die andere Seite übergegangen ist. Mit der Zeit können Sie auch Geister kontaktieren, die nicht direkt mit Ihnen verbunden sind.

In einem spiritistischen Umfeld wird der Prozess der Kontaktaufnahme mit einem jenseitigen Wesen oft als Séance bezeichnet. Der wörtlichen Bedeutung nach muss eine Séance jedoch von mindestens acht Personen abgehalten werden. Bei einer Séance benutzt der angerufene Geist das Medium als Vehikel.

Lassen Sie sich bei Ihrer ersten Übung nicht von einem Geist – ob bekannt oder nicht – besitzen. Das kostet nicht nur viel Lebensenergie, sondern ist auch potentiell gefährlich. In diesem Kapitel werden zwei nützliche Techniken zur Kontaktaufnahme mit der geistigen Welt erläutert. Die erste ist eine formale Technik, um mit dem Geist in Verbindung zu treten, während die zweite eine Methode ist, die als „Spiegelblick" bezeichnet wird.

Es gibt so viele Regeln, die Sie beachten müssen, wenn Ihre Séance ein Erfolg werden soll. Diese Regeln mögen zu viel erscheinen, aber sie sind für Ihre Sicherheit unerlässlich. Die Einhaltung des richtigen Rahmens ist der Schlüssel zu einer gelungenen Séance. Es ist verständlich, dass Sie beim ersten Mal vielleicht ein paar Dinge übersehen. Aber mit der Zeit werden die Regeln und Schritte zur zweiten Natur. Wenn Sie diesen Punkt erreicht haben, werden Sie im Vergleich zum ersten Mal eine vergleichsweise reibungslose Erfahrung machen.

Hier sind die Regeln:

- Seien Sie nicht skeptisch gegenüber der Erfahrung, die Sie machen werden. Skepsis zieht negative Energie an, die die Geister vertreibt. Selbst wenn der Geist erscheint, kann er die Kommunikation blockieren und beeinträchtigen. Vertrauen Sie sich selbst und Ihren Fähigkeiten.
- Lassen Sie den beschworenen Geist in Ruhe, wenn er nicht den Kontakt aufnimmt. Wenn er irgendwelche Anzeichen von Widerstand zeigt, erlauben Sie ihm, sich zurückzuziehen. Belästigen Sie Geister nicht. Sie werden Sie informieren, wenn sie eine Botschaft für Sie haben.
- Vermeiden Sie es, Geister nur aus Neugierde zu *channeln*. Tun Sie dies nicht zum Spaß – es ist nicht zu Ihrer Unterhaltung oder Belustigung gedacht. Nehmen Sie nur dann Kontakt auf, wenn Sie Fragen zu stellen haben. Bereiten Sie Ihre Fragen vor, bevor Sie sie stellen. Seien Sie bei Ihren Fragen konstruktiv.
- Akzeptieren Sie die Antworten, die Sie erhalten, ohne den Geist zu hinterfragen. Auch wenn sie für Sie anfangs keinen Sinn ergeben, werden Sie später die Bedeutung entschlüsseln. In der Zwischenzeit empfangen Sie die Antworten.
- Geister gehen schnell Bindungen ein. Erschrecken Sie nicht, wenn der Geist versucht, Sie zu berühren oder mit Ihnen zu sprechen. Aber niemals sollten Sie das Wesen zuerst berühren – es sei denn, es signalisiert Ihnen, dass es in Ordnung ist.
- Erfinden oder verdrehen Sie die Informationen, die Sie erhalten, nicht. Übertreiben Sie nicht, gehen Sie nicht bis zum Äußersten, um der Situation eine bestimmte Bedeutung abzugewinnen. Vermeiden Sie persönliche Beobachtungen, auch wenn sie noch so verlockend sind.
- Führen Sie niemanden mit den Informationen, die Sie erhalten, an der Nase herum. Vermeiden Sie es, sich auf unvollständige Informationen zu verlassen, die auf verschiedene Weise interpretiert werden können. Wenn es nötig ist, bitten Sie die Erscheinung, die Botschaft genauer zu formulieren.
- Es gibt mehrere Türen im geistigen Bereich. Seien Sie vorsichtig, welche Sie öffnen.

Lesen Sie alle Regeln immer wieder durch, bis sie in Ihrem Kopf widerhallen. Versuchen Sie nicht, mit der geistigen Welt in Kontakt zu treten, bevor Sie nicht sicher sind, dass Sie diese Regeln beherrschen. Das ist der Schlüssel zum richtigen Mediumismus. Eine gut koordinierte Vorbereitung ist erst dann vollständig, wenn Sie die Regel zweimal überprüft haben. Die Regeln zu lernen ist eine Sache, sie einzuhalten ist eine ganz andere Sache. Befolgen Sie alles Besprochene.

Technik 1: Formeller Kontakt mit dem Geist

Sie haben gelernt, wie Sie sich geistig auf die spirituelle Welt vorbereiten können. Auch die körperliche Vorbereitung ist ein Muss. Es gibt bestimmte Überlegungen, die Sie anstellen müssen, um eine angenehme Umgebung zu schaffen. Der Veranstaltungsort muss kohärent und benutzerfreundlich sein. Das bedeutet nicht, dass Sie sich übermäßig um all die kleinen Details kümmern müssen. Aber natürlich gibt es Dinge, die Sie tun sollten.

- Erwägen Sie, die Geisterwelt am Abend zu kontaktieren – 20.00 Uhr ist eine ausgezeichnete Zeit für die Sitzung.
- Schreiben Sie Ihre Fragen an den Geist auf.
- Wählen Sie den Geist aus, den Sie kontaktieren wollen.
- Wählen Sie einen stillen Raum mit einem Tisch in der Mitte.
- Schalten Sie alle Radios, Fernsehgeräte, Telefone und Stereoanlagen in Ihrem Gebäude aus.
- Kleben Sie einen „Bitte nicht stören"-Zettel an die Tür Ihres Übungsraums.
- Dimmen Sie das Licht im Raum. Schalten Sie es aus, wenn es sich nicht dimmen lässt. Zünden Sie zwei Duftkerzen an, damit Sie den Raum ausreichend beleuchten können.
- Sie können eine Schale mit Blumen auf den Tisch stellen, wenn der Geist eine wünscht.
- Stellen Sie eine Schale mit Wasser auf den Tisch – die Geister kommunizieren manchmal über das Wasser.
- Stellen Sie eine Schale mit Bonbons auf den Tisch – sie sind ideal, um schnell Energie zu tanken.

Jetzt sind Sie an dem Punkt angelangt, an dem Sie einen Geist aus der jenseitigen Welt herbeirufen. Die fortgeschrittensten Medien haben diese Schritte seit Jahren angewandt. Wenn Sie sie wie beschrieben befolgen, werden sie auch bei Ihnen zweifellos funktionieren. Vergessen Sie nie, dass die Absicht der Schlüssel zum erfolgreichen Kontakt ist.

1. Setzen Sie sich an den Tisch. Versetzen Sie sich in einen entspannten und ruhigen Zustand, indem Sie sich auf anregende Gedanken konzentrieren.
2. Konzentrieren Sie sich mindestens 10 Minuten lang auf Atemübungen. Atmen Sie so tief wie möglich, bis Sie sicher sind, dass Sie in der richtigen mentalen Verfassung sind, um zu beginnen.
3. Legen Sie die Handflächen nach unten auf den Tisch. Spreizen Sie Ihre Finger flach aus, um die Energie durch Ihre Hände zu kanalisieren.
4. Rezitieren Sie nun Ihren Schutzschwur, um die Schutzhülle um Sie herum zu verstärken. Wiederholen Sie den Schwur dreimal, während Sie Ihre Schwingung erhöhen, um eine Trance einzuleiten. Achten Sie darauf, dass Ihre Augen geschlossen sind.
5. Sobald Sie in Trance sind, rufen Sie Ihren Geistführer, damit er an der Sitzung teilnimmt. Einige der Empfindungen, die Sie haben werden, wenn Ihr Geistführer kommt, sind Kribbeln, Streicheln im Gesicht, Klingeln in den Ohren und Flüstern im Raum. Vielleicht haben Sie in diesem Moment sogar eine Vision.
6. Rufen Sie den Geist, mit dem Sie kommunizieren wollen, in einem festen, aber ruhigen Ton an. „Lieber Verstorbener, hast du eine Nachricht für mich?" „Bitte komm zu mir durch." „Ich bin bereit für dich." „Darf ich Fragen stellen?"

Manchmal müssen Sie Ihre Fragen vielleicht ein paar Mal wiederholen. Fangen Sie nicht an zu sprechen, bevor Sie ein geistiges Bild erhalten, das zeigt, dass der Geist sich freut, in Ihrer Gegenwart zu sein. Sie können sprechen, wenn der Geist die Kommunikation einleitet.

Am besten ist es, nicht ungeduldig zu sein. Wenn der Kontakt nicht sofort zustande kommt, sollten Sie ihn nicht erzwingen. Sie können den Fluss nicht erzwingen. Auch wenn der Geist in Ihrer Gegenwart ist, erhöhen Sie Ihre Schwingungsebene. Das verhindert eine abrupte Trennung von der geistigen Welt oder dem Geist, der bei Ihnen ist.

Wenn Sie das Gefühl haben, Ihr Ziel erreicht zu haben, können Sie die Sitzung mit dem Abschlussschwur beenden.

„Ich danke dir für das Wissen, das du mir vermittelt hast. Ich danke dir"

Wenn der Geist sich weigert, zu gehen:

„Danke, dass du mich begleitet hast, aber es ist Zeit zu gehen. Geh mit meiner Liebe, denn dein Leben ist vorbei. Lass mich mit meinem Leben zurück. Geh mit Liebe und Licht."

Das war's – Sie haben erfolgreich Kontakt mit einem Wesen aus der geistigen Welt aufgenommen und mit ihm kommuniziert.

Denken Sie an zwei wichtige Dinge: Es gibt überall in den geistigen Ebenen (Paralleldimension) Geister und Gespenster, und die Realität, die Sie für die Geister in dieser Dimension schaffen, ist die einzige, die sie haben. Indem Sie die Intensität Ihres Schwingungsniveaus und Ihren Glauben erhöhen, können Sie jeden Geist, den Sie wollen, in diese Dimension holen.

Warum brauchen Sie die Anwesenheit Ihres Geistführers, bevor Sie mit der geistigen Welt Kontakt aufnehmen?

Als Anfänger brauchen Sie vielleicht zusätzliche Hilfe, um Ihre Verbindung zu den kosmischen Dimensionen zu stärken. Bitten Sie Ihren Geistführer, Ihnen bei der Kontaktaufnahme mit der von Ihnen gewünschten verstorbenen Seele zu helfen. Wenn Sie dies tun, wird Ihr Geistführer dorthin gehen, wo sich dieser Geist befindet, und ihn fragen, ob er an einem Treffen mit Ihnen interessiert ist. Wenn der Geist zustimmt, kommt er durch die Öffnung, die Sie geschaffen haben. Andernfalls kann es zu einem gewissen Hin und Her kommen, bis der Geist zustimmt.

Sie sollten sich darüber im Klaren sein, dass die verstorbenen Seelen Ihnen nichts schuldig sind, daher können sie sich entscheiden, nicht zu kommen, wenn Sie sie herbeirufen. Es kann sein, dass der Geist, den Sie suchen, keinen Wunsch hat, mit dieser Ebene in Kontakt zu treten. Nehmen wir an, das passiert. Dort müssen Sie ihre Wünsche respektieren. Insistieren Sie nicht, wenn Sie nicht als Problem angesehen werden wollen.

Technik 2: Blick in den Spiegel

Die Methode des „Blicks in den Spiegel" wird auch Psychomanteum genannt. Die modernen Techniken, die ich hier erkläre, basieren auf der ursprünglichen Methode, die im antiken Griechenland ihren Anfang nahm. Viele Menschen haben den „Blick in den Spiegel" erfolgreich genutzt, um mit Geistern in Kontakt zu kommen. Die ursprüngliche Methode aus Griechenland ist kompliziert und nur für fortgeschrittene Medien geeignet. Es handelt sich um eine vereinfachte Version, die für die Kommunikation mit Geistern ebenso effektiv ist.

Diese Technik wurde von Dr. Raymond Moody entwickelt, einem Psychologen und Philosophen, der den Begriff „Nahtoderfahrung" geprägt hat. Um seine Technik des Spiegelblicks zu praktizieren, brauchen Sie nur einen Spiegel, sonst nichts. In der Vergangenheit brauchten die alten Griechen Tieropfer, um ihre Toten herbeizurufen. Das Psychomanteum ähnelt der Praxis des Hellsehens. Der einzige Unterschied zwischen beiden ist, dass beim Hellsehen eine Kristallkugel verwendet wird.

Um einen Geist anzurufen oder mit der Geisterwelt in Kontakt zu treten, sind mehrere Schritte erforderlich, um eine erfolgreiche Sitzung mittels eines Spiegels durchzuführen. Sie umfassen:

- **Nahrung:** Nehmen Sie einen Tag vor Ihrer Sitzung kein Koffein und keine Milchprodukte zu sich. Obst und Gemüse tragen dazu bei, Sie in einen friedlichen Geisteszustand zu versetzen.
- **Ort:** Wählen Sie einen ruhigen Ort für die Sitzung. Wenn Sie bereits einen heiligen psychischen Raum eingerichtet haben, dann ist das perfekt. Nutzen Sie diesen Ort.
- **Kleidung:** Entfernen Sie jeglichen Schmuck. Legen Sie weite, bequeme Kleidung an.
- **Spiegel:** Stellen Sie einen Ganzkörperspiegel vor einen bequemen Stuhl. Stellen Sie ihn so auf, dass Sie ihn betrachten können, ohne Ihre Augen zu überanstrengen. Achten Sie darauf, dass Sie Ihr Spiegelbild nicht sehen können.
- **Stuhl:** Setzen Sie sich auf den Stuhl und stützen Sie Ihren Kopf.
- **Haltung:** Lösen Sie die Spannung aus Ihrem Körper und entspannen Sie Ihre Haltung.

- **Bewusstsein:** Erhöhen Sie Ihr Bewusstsein, um den Übergang zu erleichtern.
- **Musik:** Beruhigen Sie Ihren Geist, indem Sie etwa 15 Minuten lang schöne Musik hören. Dies stimuliert das Bewusstsein zusätzlich.
- **Erinnerungen:** Wählen Sie einen oder mehrere persönliche Gegenstände des Verstorbenen, mit dem Sie Kontakt aufnehmen möchten. Halten Sie sie in den Händen und lassen Sie die Erinnerungen in Ihren Geist strömen. Bilder, Videos und alles andere, was mit dem Geist verbunden ist, kann helfen.
- **Kerze:** Zünden Sie eine Kerze hinter sich an. Dimmen Sie das Licht im Raum auf die ideale Stufe. Die Dämmerung ist die beste Zeit zum Üben, also passen Sie das Licht entsprechend an.

Nachdem Sie alle oben genannten Schritte der Reihe nach ausgeführt haben, werden sich Ihre Arme schwer anfühlen, und Sie werden ein leichtes Kribbeln in Ihren Finger verspüren. Sie werden spüren, wie Sie in einen tranceähnlichen, meditativen Zustand fallen. Der Spiegel könnte ein wolkiges Aussehen annehmen, als ob Sie auf einen bedeckten Himmel blicken würden. Bleiben Sie in diesem Moment passiv. Jede gegenteilige Handlung kann Sie aus Ihrem hypnagogischen Zustand herausreißen und die Verbindung, die Sie gerade herstellen, stören.

Die Erfahrung dauert vielleicht nicht länger als eine Minute, da Sie Anfänger sind. Fortgeschrittene haben oft sehr viel längere Erfahrungen. Zu den Erfahrungen, die Sie während einer Spiegelsitzung machen können, gehört das Sehen von verstorbenen Geistern und möglicherweise von zukünftigen Ereignissen. Die richtige Vorbereitung ist entscheidend für einen erfolgreichen Spiegelblick – stellen Sie sicher, dass Sie alle gegebenen Anweisungen befolgen.

Wie immer sollten Sie die Ereignisse Ihrer Spiegelsitzungen aufzeichnen. Üben Sie mindestens einmal pro Woche, um Ihre Fähigkeiten zu verbessern und mit verschiedenen Wesenheiten aus den geistigen Dimensionen zu kommunizieren.

Kapitel Zehn: Finden Sie Ihre Geistführer

„Der Gedanke, dass die Welt ohne dich weitergeht, dass du zu einem Nichts wirst, ist sehr schwer zu ertragen."
—Thomas Nagel

Jeder Mensch hat ein spirituelles Team, unabhängig von seiner Persönlichkeit oder seinem Hintergrund. Geistführer existieren, um Ihnen zu helfen und Sie auf Ihrem Weg zur Erfüllung Ihrer Bestimmung zu unterstützen. Ganz gleich, wo Sie sich gerade im Leben befinden, die Geistführer müssen Ihnen hilfreiche Botschaften schicken. Sie sind mit unendlicher Weisheit gefüllt, die niemals versiegen kann. Diese Seelen haben in der Vergangenheit mehrere Leben gelebt, daher wissen sie genau, wie es ist, das Leben zu erfahren.

Geistführer können Ihnen bei allem helfen, was Sie wollen. Wenn etwas für Sie von Bedeutung ist, dann ist es auch für sie wichtig. Sie sind Ihre Geistführer, weil sie zu Lebzeiten mit positiver Energie erfüllt waren, und selbst jetzt sind sie höherdimensionale Wesen. Sollten Sie sich fragen, wie Sie Ihre einzigartigen Geistführer finden können, damit Sie aus der Quelle ihrer Weisheit trinken und nach Belieben mit ihnen kommunizieren können, so habe ich eine Erklärung für Sie.

Es gibt verschiedene Arten von Geistführern. Einige existierten schon als Führer, lange bevor Sie auf dieser Ebene geboren wurden. Andere traten Ihrem Team bei, als sich das Bedürfnis nach ihnen zu verschiedenen Zeitpunkten in Ihrem Leben manifestierte. Sie können auch weitere Geistführer zu Ihrem Team hinzufügen, wenn Sie dies wünschen. Schließlich sind sie Ihre spirituelle Truppe.

Ich habe bereits erwähnt, dass jeder Mensch in der Regel ein spirituelles Team hat, dem bis zu sechs Führer angehören. Jeder Führer hat unterschiedliche Aufgaben und Verpflichtungen. Dies sind die Arten von Führern, aus denen Ihr spirituelles Team besteht.

Erzengel

Die Erzengel leiten die Ebene, in der die Engel residieren. Sie sind mächtige Wesen mit einer gewaltigen Energiesignatur. Wo immer sie auftauchen oder zu Besuch sind, können Sie ihre Wirkung sofort spüren. Wenn ein Erzengel in Ihrer Gegenwart erscheint, werden Sie eine buchstäbliche Energieverschiebung in Ihrer Umgebung spüren. Erzengel sind in der Regel auf ein bestimmtes Gebiet spezialisiert. Ihr Erzengel könnte ein Spezialgebiet im Bereich der Heilung haben. Der Erzengel Raphael gilt allgemein als der Engel der Heilung, der die Macht hat, sich um unzählige Menschen gleichzeitig zu kümmern.

Schutzengel

Im Gegensatz zu den Erzengeln sind die Schutzengel ausschließlich Ihnen zugewiesen. Jeder Mensch hat mindestens drei von ihnen, die ihr Leben der Aufgabe gewidmet haben, nur Ihnen zu helfen. Wann immer Sie sofortige Hilfe benötigen, sind Ihre Schutzengel die richtigen Ratgeber, die Sie anrufen können. Ihre Liebe zu Ihnen ist bedingungslos und immerwährend. Sie werden Ihnen von Anfang bis Ende zur Seite stehen. Selbst wenn Sie große Fehler machen, werden sie Sie nicht züchtigen. Stattdessen werden sie Wege finden, um mit Ihnen zusammenzuarbeiten und die Fehler zu korrigieren. Ihre Schutzengel sind überkonfessionell, das heißt, sie arbeiten mit Ihnen zusammen, unabhängig von Ihren spirituellen Überzeugungen oder Ihrem Glauben.

Geisttier

Ihr Geisttier könnte ein Haustier sein, das verstorben ist und sich nun Ihrem spirituellen Team angeschlossen hat. Ein Geisttier wird immer ein Teil Ihrer Mannschaft sein, auch wenn Sie nie ein Haustier hatten. Wichtig ist, dass das Tier die Weisheit hat, Sie zu lehren und zu führen. Ein Pfau in Ihrem spirituellen Team könnte Sie die Schönheit Ihrer Fähigkeiten lehren, während ein Wolf Ihnen zeigen könnte, wie Sie mit ihm in der Welt überleben können. Geisttiere können Ihnen im Traum, auf einer Kaffeetasse oder in Ihrem Garten erscheinen. Sie können sie anrufen, wann immer Sie sich Trost und Gesellschaft wünschen.

Aufgestiegene Meister

Es ist ein großartiges Gefühl, einen Aufgestiegenen Meister in Ihrem Team zu haben. Mit der Menge an Weisheit und Erfahrung, die sie auf der physischen Ebene gesammelt haben, verfügen sie über die notwendigen Voraussetzungen, um Ihnen bei Ihrem spirituellen Wachstum und Ihrer Entwicklung zu helfen. Sie können Ihnen auch helfen, spirituellen Einfluss aufzubauen. Aufgestiegene Meister gelten als Führer in den spirituellen Dimensionen und als Lehrer für diejenigen in der physischen Dimension. Alle Meister arbeiten zusammen, um im gesamten Universum Harmonie zu schaffen. Sie werden nicht durch Religion und Kultur definiert.

Verstorbene geliebte Menschen

Geliebte Menschen, die auf die andere Seite gegangen sind, entscheiden sich manchmal dafür, ein Teil der eigenen Geistführer zu sein. Da sie jetzt höherdimensionale Wesen sind, können sie Ihnen praktisch von den höchsten Ebenen aus helfen. Sie können Ihnen Arbeitsmöglichkeiten und gesunde Beziehungen schicken. Eine Urgroßmutter, die schon lange verstorben ist, kann Teil Ihres spirituellen Teams sein, ob Sie sie in diesem Leben kannten oder nicht. Auch Geister, die Sie nicht kennen, können sich Ihrem Team anschließen, weil sie Ihnen helfen wollen, Großes zu erreichen.

Helfende Engel

Sie sind wie Freiberufler, die Sie in Ihrem Team haben. Sie sind nur dazu da, Ihnen in kniffligen oder besonderen Situationen zu helfen. Sie können Ihnen zum Beispiel helfen, einen neuen Raum für Ihr Unternehmen oder neue Freunde zu finden.

Es ist eine Tatsache, dass es Geistführer gibt, die Ihnen auf Ihrer Reise durch das Leben helfen. Aber eine Frage, die ich oft von neugierigen Kunden bekomme, lautet: „Können sich Geistführer irren?"

Diese Frage ist entscheidend und brisant. Viele Menschen fragen sich oft, ob Geistführer unentschlossen sind. Können sie Ihnen sagen, Sie sollen diesen Weg gehen, nachdem sie Ihnen gesagt haben, Sie sollen jenen Weg gehen?

Erstens: Glauben Sie nicht eine Minute lang, dass Ihre Geistführer unentschlossen oder verwirrend sind. Zweitens: Die spirituelle Entwicklung erfordert, dass Sie sich jederzeit von Ihrem Geist leiten lassen. Das ist jedoch nicht so einfach, wie es klingt. Jedes neue Medium findet es schwierig, der Führung seiner Intuition zu vertrauen.

Wenn Sie es nicht gewohnt sind, Unterstützung von Ihrer Familie oder Ihren Freunden zu bekommen, kann es eine Herausforderung sein, Ihren Führern zu vertrauen. Wenn Sie sich anfangs überwältigt und verwirrt fühlen, erinnern Sie sich daran, dass Sie neben Ihrer spirituellen Gruppe noch andere unglaubliche Helfer haben.

Zum einen haben Sie Ihr Höheres Selbst - auch Ihr authentisches Selbst, Ihr inneres Wesen oder Ihre Seele genannt. Wenn Sie die spirituelle Führung Ihres spirituellen Teams in Anspruch nehmen, ist Ihr Höheres Selbst stets präsent, um Sie bei Ihren Entscheidungen zu unterstützen. Ihr Höheres Selbst ist die weiseste und selbstbewussteste Version von Ihnen.

Zum anderen sollten Sie verstehen, dass Ihre Geistführer immer für Ihr höchstes Wohl arbeiten werden. Deshalb sind sie Teil Ihres Teams. Sie werden Sie daher niemals in die falsche Richtung lenken. Das heißt aber nicht, dass sie die volle Kontrolle über Ihr Leben haben. Sie sind immer noch der entscheidende Herr über Ihr Leben. Die Geistführer sind dazu da, Sie zu unterstützen.

Die Antwort auf diese Frage ist also nein. Ihre Führer werden Sie nie in die falsche Richtung lenken. Aber vielleicht entscheiden Sie sich manchmal dafür, dem von Ihren Führern empfohlenen Weg nicht zu folgen. Das ist auch in Ordnung. Bevor Sie eine Entscheidung treffen, denken Sie daran, dass Ihre Geistführer immer zu Ihrem höchsten Wohl arbeiten. Sie wollen das Beste für Sie, und das spiegelt sich in ihrer Führung wider.

Verbinden Sie sich mit Ihren Geistführern

Es gibt praktische Strategien, um mit Ihren Führern in Verbindung zu treten. Es sind einfache Dinge, die Sie in Ihr tägliches Leben integrieren können. Die Verbindung mit Ihrem spirituellen Team ist wie das Erlernen eines neuen Rezepts. Am Anfang wissen Sie nicht, was Sie tun. Aber wenn Sie die richtigen Anweisungen haben und sich daran halten, werden Sie sie mit der Zeit beherrschen. Hier sind einige der besten und einfachsten Möglichkeiten, sich mit Ihrem spirituellen Team zu verbinden.

1. Achtsamer und präsenter sein

Ohne Achtsamkeit ist es unmöglich, Führung von Ihrem spirituellen Team zu erhalten. Im täglichen Leben präsent zu sein ist entscheidend, um die Zeichen und Botschaften zu erkennen, die von den höheren

Ebenen gesendet werden. Die meiste Zeit übersehen Sie die Zeichen, weil Sie zu sehr in andere Aktivitäten vertieft sind oder sich zu sehr um andere Dinge sorgen. Nehmen Sie sich aktiv Zeit in Ihrem Zeitplan und widmen Sie sie der Einübung von Achtsamkeit. Nehmen Sie sich nach der Meditation mindestens 15 Minuten Zeit, um einfach Ihre Umgebung wahrzunehmen und sich auf der Erde zu erden.

2. Achten Sie auf Anzeichen

Egal, ob Sie den Bus zur Arbeit nehmen oder mit dem Auto fahren, erinnern Sie sich immer daran, dass Ihre Führer Botschaften für Sie haben. Lassen Sie sich nicht davon ablenken, wenn Sie morgens Ihr Bad nehmen. Je mehr Sie sich darauf vorbereiten, Zeichen zu empfangen, desto schneller können Sie sie erkennen, wenn sie eintreffen. Es wird interessant – je mehr Ihr spirituelles Team spürt, dass Sie aufmerksamer und wachsamer für ihre Botschaften sind, desto mehr Botschaften werden Ihnen geschickt, um Ihnen zu helfen. Seien Sie immer aufmerksam, wenn Sie eine große Entscheidung zu treffen haben – die Führung nimmt in solchen Situationen zu.

3. Führen Sie ein Geistführer-Tagebuch

Der Zweck eines Geistführer-Tagebuchs ist es, die Interaktion zwischen Ihnen und Ihren Geistführern zu verbessern. Verwenden Sie das Tagebuch nicht, um Ihre Fortschritte aufzuzeichnen, sondern besorgen Sie sich ein anderes Tagebuch. In Ihrem Geistführer-Tagebuch können Sie Briefe an Ihr Team schreiben und um konkrete geistige Unterstützung bitten. Ihren freien Willen zu nutzen, um Führung zu suchen, ist mächtig. Sie können auch Zeichen von ihnen auf dieser bemerkenswerten Reise aufzeichnen.

Machen Sie es zu einer wöchentlichen Aktivität, den Führern einen Brief zu schreiben. Zeigen Sie Ihre Wertschätzung und Dankbarkeit für ihre Anwesenheit in Ihrem Leben. Denken Sie an alles, bei dem sie Ihnen in letzter Zeit geholfen haben, und bedanken Sie sich. Bitten Sie dann in den nächsten Sätzen um Hilfe in einer bestimmten Situation. Halten Sie im Laufe der Woche Ausschau nach Übereinstimmungen mit der Situation, für die Sie um Hilfe gebeten haben.

4. Geben Sie Ihren Führern Namen

Wenn Sie Ihren Geistführern, insbesondere Ihren Schutzengeln, einen Namen geben, verbessern Sie Ihre Fähigkeit, sich mit ihnen zu verbinden. Sie fühlen sich dadurch noch realer an, als sie es ohnehin schon sind, und Namen drängen Sie dazu, sich noch regelmäßiger mit ihnen zu verbinden. Wenn Sie ihnen Namen geben, sind Sie Ihren Geistführern näher als je zuvor. Wenn Sie im Laufe der Zeit eng mit ihnen zusammenarbeiten, werden Sie vielleicht sogar beginnen, ihre Persönlichkeiten zu enträtseln. Nutzen Sie Ihre Intuition, um Namen für Ihre Geistführer auszuwählen, oder lassen Sie einfach Ihrer Kreativität freien Lauf.

5. Verwenden Sie übersinnliche und Wahrsagewerkzeuge

Hilfsmittel wie Tarotkarten, Pendel, Kristalle oder Ouija-Bretter können Ihre Verbindung mit den Geistführern verstärken. Seit Jahren kommunizieren die Menschen mit der Geisterwelt durch übersinnliche Hilfsmittel. Obwohl ich neuen Medien grundsätzlich empfehle, keine Hilfsmittel zu benutzen, können Sie, je nachdem, wie weit Sie in Ihrer Ausbildung sind, mit der Verwendung von Hilfsmitteln beginnen. In den ersten Monaten der Ausbildung ist es die beste Entscheidung, sich von Wahrsagewerkzeugen fernzuhalten. Sie können sie jedoch verwenden, sobald Sie den Mediumismus und die psychische Entwicklung in den Griff bekommen haben.

Es gibt noch weitere Möglichkeiten, wie Sie mit Ihren Geistführern in Kontakt treten können:

- Laden Sie sie zu sich nach Hause ein.
- Treffen Sie sie in Träumen und Tagträumen.
- Öffnen Sie sich für unerwartete Besuche.
- Führen Sie Geistführer-Meditationen durch.
- Gehen Sie in der Natur mit Ihnen spazieren.
- Erschaffen Sie künstlerische Werke mit ihnen oder üben Sie mit ihnen.
- Machen Sie gelegentliche Frage-und-Antwort-Lesungen mit der Truppe.

Vergessen Sie nie, Ihre Absicht festzulegen, wenn Sie sich mit einem Geistführer verbinden. Suchen Sie ihre Hilfe, die Absicht, suchen Sie Führung und vertrauen Sie auf die Antwort, die Sie erhalten.

Wussten Sie, dass Sie sich mit Ihrem Geistführer verabreden können? Ja, das können Sie. Es ist genauso, wie wenn Sie sich mit jemandem verabreden, den Sie gerade erst kennengelernt haben, um ihn besser kennenzulernen.

Verabredungen mit Ihren Geistführern sind Ihre Art, eine Beziehung und Bindung zu ihnen aufzubauen. Der Schlüssel zum Aufbau einer echten Verbindung mit Ihren Geistführern liegt darin, Ihre Beziehung zu ihnen so zu behandeln, wie Sie alle Ihre anderen Beziehungen behandeln. Auf diese Weise können Sie Spaß haben und gleichzeitig Ihre übersinnlichen Fähigkeiten entwickeln.

Fünfzehn bis dreißig Minuten sind eine angemessene Zeit, die Sie mit Ihren Geistführern verbringen können. Da montags bis freitags in der Regel viel Arbeit und andere Dinge anstehen, ist es gut, wenn Sie den Samstag für Ihr wöchentliches Treffen mit Ihren Geistführern wählen.

Wenn Sie dies zum ersten Mal versuchen, kann es sein, dass Ihnen der/die Führer nicht erscheinen. Stattdessen bekommen Sie vielleicht ein Gefühl von Energie um sich herum. Ein anderes Mal sehen Sie vielleicht eine Silhouette. Nach und nach werden sich Ihnen die Führer früher oder später offenbaren.

Wenn Sie sich verabreden, müssen Sie Fragen stellen, um die Person kennen zu lernen. Genauso wie Sie Fragen stellen würden, um mehr über die Person zu erfahren, die Sie gerade getroffen haben, können Sie auch Ihrem Führer Fragen stellen. Während Ihrer Zeit mit ihnen können Sie Fragen stellen wie:

- Wie ist Dein Name?
- Kannst Du Dich mir enthüllen?
- Haben wir ein früheres Leben miteinander verbracht?
- Warum hast Du Dich entschieden, mein Geistführer zu sein?
- Welche Information würdest Du mir jetzt gerne mitteilen?

Je mehr Sie über die Führer wissen, desto besser können Sie sich mit ihnen verbinden und eine Bindung zu ihnen aufbauen. Das Kennenlernen und Verstehen Ihrer Geistführer ist ein fortlaufender Prozess. Halten Sie die Gedanken und Eindrücke, die Sie von den Führern bei Ihren „Verabredungen" erhalten, fest. Da Sie wahrscheinlich mehrere Führer haben werden, sollten Sie verschiedene Abschnitte für die Aufzeichnung Ihrer Interaktionen mit jedem Führer vorsehen.

Im Folgenden finden Sie eine schrittweise Anleitung, wie Sie Ihren Geistführer in Ihr Haus einladen und mehr über ihn erfahren können.

Richten Sie die Umgebung her

Wie bei jeder psychischen oder spirituellen Zeremonie ist das Aufräumen Ihrer Umgebung der erste Schritt, um einen Geistführer in Ihr Haus einzuladen. Ihr heiliger Raum sollte sauber und ordentlich sein, ohne jeden Anflug von Unordnung. Zünden Sie eine oder zwei Kerzen im Raum an, dimmen Sie das Licht und schaffen Sie einen warm wirkenden Raum für Ihren Besucher. Die Stimmung im Raum sollte ruhig und friedlich sein. Fügen Sie Gegenstände hinzu, die viel Energie enthalten – sie werden dazu beitragen, eine hohe Schwingung um Sie herum aufrechtzuerhalten. Noch wichtiger ist jedoch, dass sie die von Ihnen gesetzte Absicht verstärken.

Legen Sie die Absicht fest

An diesem Punkt müssen Sie erkannt haben, dass alle spirituellen Bestrebungen eine klare Absicht voraussetzen. Die Absicht sollte angeben, mit wem Sie eine Verbindung herstellen wollen und welche Fragen Sie an ihn richten. Mit einem klaren Fokus können Sie die am besten geeigneten Wesenheiten herbeirufen, um Sie zu beraten oder Ihre Fragen zu beantworten. Wenn Sie Selbstheilung wünschen, kann sanfte, liebevolle Energie der richtige Geist sein, den Sie anrufen. Wenn Sie tiefgreifende spirituelle Lehren benötigen, ist es sinnvoller, einen Aufgestiegenen Meister wie Buddha zu rufen. Mit einer reinen und geradlinigen Absicht können Sie die reine Energie des am besten geeigneten Führers anziehen, um Ihnen zu helfen.

Üben Sie Geduld

Bei diesem Prozess gibt es keine Eile. Er ist einfach und geradlinig, aber manche Menschen versuchen, ihn zu überstürzen. Tun Sie das nicht. Geistführer haben es nicht eilig – sie nehmen sich Zeit, um zu erscheinen und Botschaften zu senden. Alle Informationen, die Ihr Führer für Sie hat, werden Sie sanft wie ein Windhauch umspülen. Vermeiden Sie es, Erwartungen zu stellen. Beginnen Sie mit Geduld und Vertrauen, und Sie werden mit den geistigen Kräften um Sie herum kommunizieren.

Entspannen Sie sich und atmen Sie

Die Atmung ist bei psychischen Zeremonien und Aktivitäten von grundlegender Bedeutung. Es ist der perfekte Weg, um sich in einen geistigen Zustand zu versetzen, der mit dem höherdimensionalen Wesen in Resonanz steht, mit dem man sich verbinden möchte. Es ist auch der sicherste Weg, sich in der Gegenwart zu erden, was wichtig ist, wenn man sich mit Führern verbindet. Mit jedem tiefen Atemzug vertieft sich Ihr Bewusstsein und wird entspannter. Es gibt weder Anspannung noch Stress. Wenn Sie sich in Ihrem Körper verspannt fühlen, dehnen Sie sich kurz, um die Symptome zu lindern. Hinlegen funktioniert auch, aber wenn Sie es sich zu bequem machen, könnten Sie einschlafen. Um die Pfade zu den Geistern zu öffnen, müssen Sie die Stille des Atems erreichen. An dem Ort, an dem es kein geistiges Geschwätz gibt, werden Sie Ihren Führern begegnen.

Segnen Sie sich selbst

Sich selbst und seinen Raum zu segnen ist eine Möglichkeit, sich zu schützen. Wie bei jeder spirituellen Arbeit müssen Sie Schutz suchen, wenn Sie Ihren Geistführern begegnen. Stellen Sie sich selbst in einem Strom aus weißem Licht vor. Lassen Sie das Licht alles wegspülen, was nicht dem höchsten Gut entspricht. Wenn Sie damit fertig sind, entspannt sind und sich in einem geistigen Zustand befinden, in dem Sie ein höheres Wesen empfangen können, bitten Sie Ihren Geistführer, zu Ihnen zu kommen.

Stimmen Sie einen heiligen Gesang an

Singen Sie „Om", um eine Verbindung zwischen Ihrer Energie und der des Göttlichen herzustellen. Der heiligste Klang ist Ihre Stimme. Das Singen eines Mantras ist Ihre Art, die Klänge des Kosmos wiederzugeben. Es erhöht Ihre Schwingungen und stimmt Ihre spirituelle Energie auf die mächtigsten Energien des Universums ein. Sie werden feststellen, dass das Singen das Tor zu Ihren Führern schneller öffnet.

Gehen Sie über die Schwelle

Wenn Ihr heiliger Raum mit tiefer Atmung und „Om" Gesang aktiviert wird, beobachten Sie eine Veränderung in Ihrer Energie und Ihrer Umgebung. Dies ist die Aktivierung Ihres „Lichtkörpers", der die Geistführer anziehen wird. Ihr Lichtkörper ist der Teil von Ihnen, der rein aus Geist besteht – konzentrieren Sie sich darauf. Stellen Sie sich vor, dass Sie durch ein geöffnetes Tor in die spirituelle Dimension gehen. Das ist Ihr Zugang zu dem Ort, an dem Sie Ihre Geistführer treffen können.

Bitten Sie die Geistführer hinein

Schließlich können Sie jeden Ihrer Geistführer anrufen, sei es Ihr Schutzengel oder Ihr Helferengel. Teilen Sie ihnen Ihre Absicht mit und erlauben Sie ihnen, sich Ihnen anzuschließen, falls sie es wünschen. Wenn Sie keine ausdrückliche Erlaubnis erteilen, wird sich der Geist fernhalten, bis Sie es getan haben. Geben Sie einen Befehl oder eine ausdrückliche Einladung. Andernfalls werden Sie Ihre Zeit im heiligen Raum allein verbringen.

Öffnen Sie sich subtilen Schwingungen

Ihre Interaktionen mit Ihnen können als Eindrücke, Visionen, Gedanken oder Gerüche auftreten. Die Botschaften sind vielleicht nicht immer eindeutig. Achten Sie auf jedes Gefühl und jeden Gedanken, den Sie während Ihrer Zeit mit ihnen haben. Das ist ihre Art, direkt mit Ihnen zu kommunizieren.

Bitten Sie sie, ein Zeichen zu senden

Um sicher zu sein, dass Sie sich tatsächlich in der Gesellschaft Ihres Geistführers befinden, bitten Sie ihn, Ihnen Zeichen zu geben. Bitten ist nicht gleichbedeutend damit, ihnen zu sagen, was sie tun sollen. Es ist vielmehr Ihre Art, sich zu versichern, dass Ihr Glaube und Ihr Vertrauen in sie noch stärker werden können. Sie werden alles, worum Sie sie bitten mit Freude erfüllen.

Bitten Sie um einen Segen

Bei Ihrem ersten Treffen oder Ihrer ersten Verabredung ist es erlaubt, um einen Segen oder eine Botschaft zu bitten. Erinnern Sie sich daran, dass Ihre Geistführer Ihnen dienen und dass sie nur so helfen können, wie Sie sie darum bitten. Solange Sie noch verbunden sind, können Sie um Führung, Einsicht oder einen Ausblick auf die Zukunft bitten. Sie können den Geistführer bitten, Ihre Fähigkeiten im Mediumismus zu aktivieren, um Ihren übersinnlichen Entwicklungsprozess zu beschleunigen.

Zeigen Sie Dankbarkeit

Jeder liebt es, gewürdigt zu werden. Es ist ein tolles Gefühl, von jemandem, dem man gerade geholfen hat, ein „Danke" zu hören. Bedanken Sie sich also bei Ihrem Führer dafür, dass er sich die Zeit genommen hat, Sie zu treffen und Ihnen göttliche Führung zu geben. Dankbarkeit auszudrücken mag wie eine kleine Geste erscheinen, aber es ist der beste Weg, sich ihr Wohlwollen zu sichern und dafür zu sorgen, dass sie bei Ihrem nächsten Treffen auftauchen.

Rückkehr

Kehren Sie durch dieselbe Tür, durch die Sie gekommen sind, in diese Dimension zurück. Es ist äußerst wichtig, dass Sie den Weg zurückgehen, den Sie gekommen sind. Warten Sie einige Minuten, bis

Sie wieder vollständig in Ihrer materiellen Form sind. Halten Sie die Erfahrung in Ihrem Tagebuch fest und machen Sie dann ein Nickerchen. Öffnen Sie sich, um die Erfahrung auf jeder Ebene Ihres physischen Seins zu empfangen.

Der heilige Raum, in dem Sie sich zum ersten Mal treffen, ist derselbe Ort, zu dem Sie jedes Mal zurückkehren werden, wenn Sie die Kommunikation mit Ihrem Geistführer suchen. Gehen Sie nicht nur hin, wenn Sie Hilfe brauchen, sondern manchmal auch, um Zeit mit Ihrem spirituellen Team zu verbringen.

Versuchen Sie also nicht, alle Ihre Geistführer auf einmal anzurufen. Ihre Energieschwingung kann das nicht bewältigen. Die höchste Anzahl von Geistern, die Sie auf einmal einladen können, sollte zwei sein. Sie können diese Zahl erhöhen, wenn Sie auf Ihrer spirituellen Lernreise Fortschritte machen. Mit der Zeit wird sich Ihre Fähigkeit, intuitive und übersinnliche Botschaften zu empfangen, über das Ritual hinaus entwickeln, und schon bald werden Sie ständig Botschaften erhalten – ob mit oder ohne Ritual.

Kapitel Elf: Die Arbeit in spirituellen Kreisen

„Der Tod ist ein Eingang zur Erfahrung und nicht ein Ausgang aus ihr."
—Charles Lindbergh

Die spirituelle Entwicklung ist kein einfacher Weg. Sie ist etwas, das viele Menschen nicht verstehen. Wenn Sie nicht in einem Elternhaus aufgewachsen sind, das eine Neigung zu Geistern hatte, haben Sie vielleicht keine Familienmitglieder und Freunde, die Ihnen als spirituelles Unterstützungssystem dienen. Dennoch ist es wichtig, Menschen zu haben, die ähnliche Interessen wie Sie haben. Gemeinsam können Sie daran arbeiten, die beste Version Ihrer selbst zu werden. Aber wie findet man solche Menschen? Das ist die Aufgabe eines spirituellen Kreises.

Ein spiritueller Kreis ist eine spirituelle Entwicklungsgruppe, die aus 6 bis 8 Personen besteht, die gemeinsam das Ziel haben, sich geistig, emotional und spirituell zu entwickeln. Als neues Medium ist der Beitritt zu einem spirituellen Kreis offen gesagt der beste Schritt, den Sie unternehmen können, um Ihren Weg allein zu gehen. Ohne gleichgesinnte Geister, die Sie informieren und Ihnen den Weg weisen, wissen Sie vielleicht nicht, wann Sie etwas falsch machen.

Der Beitritt zu einem Kreis hilft Ihnen, im Geiste zusammenzukommen und ein gemeinsames Interesse zu fördern. Aber Sie können mehr als nur das tun. In einer Entwicklungsgruppe können Sie über Ihre spirituelle Reise sprechen und Erfahrungen weitergeben. Ein Vorteil der Teilnahme an einem spirituellen Entwicklungskreis ist es,

Einblicke von Menschen zu erhalten, die sich in der gleichen Situation befunden haben, in der Sie sich jetzt befinden.

In der Gruppe können die Mitglieder auch alle Techniken, Methoden und Geheimnisse, die sie über Mediumismus und psychische Entwicklung gelernt haben, anwenden. Vielleicht lehrt Sie jemand eine neue Methode, die Sie noch nicht kennen, oder Sie können sogar derjenige sein, der Ihren spirituellen Partnern mit den Informationen hilft, die sie noch nicht haben.

Ein Kreis ist als Transformationsebene gedacht, auf der Sie Zeit und Raum für Heilung erschaffen können. In der Regel gibt es ein fortgeschrittenes Medium, das mehr Erfahrung hat als alle anderen in einem Kreis. Das Medium kann Anfängern mit Heilung und Führung helfen, um ihre Reise erträglicher und angenehmer zu machen.

Ein weiterer Vorteil ist, dass ein Entwicklungskreis ein Ort ist, an dem die Mitglieder abwechselnd lehren können. Man muss nicht viel wissen, sondern nur genug. Indem Sie Ihre Partner unterrichten, können Sie sich selbst informieren und mehr lernen. Wenn Sie Ihrer Gruppe eine bestimmte Methode beibringen, erweitern Sie Ihr Wissen über diese Methode oder das Thema im Allgemeinen.

Setzen Sie einen spirituellen Kreis nicht mit einem Kurs gleich - sie sind unterschiedlich. Ein Kurs ist ein Ort, an dem Sie von einer anderen Person über ihren spirituellen Weg lernen können. Normalerweise gibt es keine Diskussionen. Bei einem Kreis hingegen finden wöchentliche oder monatliche Sitzungen statt, bei denen eine oder mehrere Personen den Rest der Gruppe unterrichten. Letztendlich liegt die Entscheidungsgewalt aber bei allen oder den meisten Mitgliedern.

Als neues Medium finden Sie vielleicht keinen bestehenden Kreis, dem Sie sich anschließen können. Da spirituelle Kreise nicht mehr als acht Mitglieder haben dürfen, ist es unwahrscheinlich, dass Sie eine Gruppe finden, die einen Platz für Sie frei hat. Das bedeutet, dass Sie Ihren eigenen Kreis gründen oder sich mit einer anderen Person zusammenschließen müssen, um eine Gruppe zu bilden. Ihr Kenntnisstand spielt keine Rolle. Was zählt, ist die Gemeinschaft, die Sie anderen neuen Hellsehern und Medien wie Ihnen bieten werden.

Als Anfänger können Sie einen spirituellen Kreis jedoch nicht allein leiten. Bis Sie einen bestimmten Punkt auf Ihrer Reise erreicht haben, müssen Sie ein fortgeschrittenes Medium finden. Dieses Medium sollte ein erfahrenes Medium sein, das daran interessiert ist, anderen Menschen zu helfen, ihre Gaben zu entwickeln und auf ihrem Weg voranzukommen.

Denken Sie über die Struktur Ihres spirituellen Kreises nach, bevor Sie ihn gründen. Einige dieser Entscheidungen müssen vor dem ersten physischen Treffen des Kreises getroffen werden. In der Zwischenzeit können Sie mit anderen Mitgliedern im Internet diskutieren. Es gibt Networking-Apps für Hellseher, um sich zu vernetzen und gemeinsam über spirituelle Entwicklung zu diskutieren. Das Richtige ist, sich mit Hellsehern und Medien in Ihrer Umgebung zu vernetzen und zu sehen, wer daran interessiert ist, Ihrer Entwicklungsgruppe beizutreten.

Setzen Sie Ihr erstes Treffen erst an, wenn Sie die Struktur der Gruppe besprochen und vereinbart haben. Allzu oft habe ich erlebt, dass Menschen einen spirituellen Zirkel ins Leben gerufen haben, ohne eine Richtung zu kennen. Wenn Sie diesen Weg einschlagen, kann es passieren, dass sich Ihre Gruppe aufspaltet.

Als Pionier sollten Sie sich die Struktur überlegen. Sie wissen bereits, dass Sie nicht mehr als acht Mitglieder haben sollten. Überlegen Sie auch, wie viele Stunden Sie pro Woche investieren möchten. Sprechen Sie sich mit allen ab und wählen Sie einen Tag, der für Sie und alle anderen passt. Ein typischer Kreis dauert bis zu zwei Stunden, in denen Sie verschiedene übersinnliche Fähigkeiten üben können. Die Gruppe kann sogar gemeinsam eine Séance abhalten.

Welche Dinge sind bei der Entscheidung über die Zusammensetzung des Kreises zu klären?

- Wie oft, wo und für wie lange soll sich der Kreis treffen?
- Wer wird den Kreis moderieren?
- Welche Aktivitäten sollten im Rhythmus durchgeführt werden?
- Wird es eine Gebühr geben? Wofür wird das Geld verwendet?
- Wer ist für das Versenden von Erinnerungsschreiben an die Teilnehmer zuständig?
- Gibt es eine Voraussetzung für die Gruppe?
- Welches Maß an Engagement erwartet der Kreis von seinen Mitgliedern?
- Können Mitglieder später kommen oder früher gehen?
- Wie weit werden die Praktiken gehen?

Es sollte ein Format geben, in dem festgelegt ist, welche Fertigkeiten zuerst und wann geübt werden. Um zu verhindern, dass es langweilig wird, sollten Sie die Fähigkeiten jede Woche wechseln. In den meisten Kreisen wird das Format normalerweise in zwei Bereiche eingeteilt: persönliche Entwicklung und geistige Entwicklung.

Im Bereich der persönlichen Entwicklung geht es darum, Ihr Denken zu schärfen, Ihre Argumentationsfähigkeit zu verbessern und ein besseres emotionales Verständnis zu entwickeln. Die Sitzungen zur spirituellen Entwicklung zielen darauf ab, die Natur des Universums zu verstehen und sich auf Ihre Beziehung zu Ihrem höheren Selbst und dem Göttlichen einzulassen.

Erstellen Sie ein Kreisformat, das alle Teilnehmer in der Gruppe leicht nachvollziehen können und drucken sie es aus. Denken Sie daran, dass die Teilnehmer jeden Hintergrund haben können, aber am besten ist es, wenn sie mindestens 18 Jahre alt sind. Das Format sollte dem Kenntnisstand aller Mitglieder entsprechen. Das Wichtigste ist, dass jede Übung auf ein Gleichgewicht zwischen persönlicher und spiritueller Entwicklung ausgerichtet ist. Betonen Sie, dass die spirituelle Entwicklung ein einzigartiger und persönlicher Prozess ist und dass die Teilnehmer daher ihre Fähigkeiten verbessern sollten, anstatt zu versuchen, besser zu sein als andere Mitglieder.

Ein Standardformat für einen spirituellen Kreis sollte Folgendes umfassen:

- **Eröffnungsgebet:**

    Rezitieren Sie dies zu Beginn, um dem Göttlichen für Ihre Lebenserfahrungen und Ihr körperliches/geistiges Wohlergehen zu danken. Das Gebet sollte jeden einbeziehen.

- **Meditation:**

    Die Teilnehmer müssen lernen, ihren Geist in Erwartung spiritueller Erfahrungen zu beruhigen, was die Meditation zu einem wesentlichen Bestandteil des Prozesses macht. Ein entspannter Körper und ein ruhiger Geist haben viele Vorteile, wie Sie bereits erfahren haben.

- **Spirituelle Lesungen:**

    Die Teilnehmer sollten gegenseitig Lesungen durchführen, um ihre Fähigkeit zur Kommunikation mit dem Geist zu entwickeln.

- **Heilung:**
  Die Mitglieder sollten untereinander Heilenergie kanalisieren. Das kann helfen, ihre Fähigkeit zur praktischen Heilung zu stärken.
- **Pendel-Lesung:**
  Pendel können Geister *channeln* und beschwören. Gemeinsam können die Mitglieder lernen, wie sie damit mit ihren Führern und anderen Geistern kommunizieren können.
- **Aura-Lesung:**
  Gemeinsam können die Mitglieder das Energielesungen üben, indem sie an den Energiefeldern der anderen arbeiten. Sie können eine Skizze oder einen Leitfaden für die Schritte des Aura-Lesens erstellen.

Darüber hinaus können Sie sich darin üben, Ihre übersinnlichen Fähigkeiten wie Hellsehen, Hellfühlen, Hellhören und Präkognition zu entwickeln. Übersinnliche Fähigkeiten wie Telepathie, Psychometrie, Mediumismus usw. sollten ebenfalls auf der Liste der zu entwickelnden Fähigkeiten stehen.

Es gibt entscheidende Elemente, damit Ihr spiritueller Kreis so funktioniert, wie Sie es wünschen.

Als Erstes müssen der Zweck und die Methode des Kreises geklärt werden. Das mag selbstverständlich erscheinen, aber es ist hilfreich, dies zu betonen. Niemand möchte wertvolle Zeit damit verbringen, quer durch die Stadt zu fahren, um dann festzustellen, dass sein Mediumismus-Kreis für Druidentum steht. Geben Sie den Leuten nicht das Gefühl, dass der Kreis eine Zeitverschwendung ist.

Zweitens müssen Integrität und Transparenz bei der Einrichtung der Gruppenstruktur gegeben sein. Die Machtverteilung sollte den Mitgliedern klar sein, um ein klares Machtgefüge zu ermöglichen. Die Klärung der Struktur für alle ist der Schlüssel zur Entwicklung der Bindung der Gruppenmitglieder. Sie hilft auch, Missverständnisse und unnötige Konflikte zu vermeiden. Konflikte lassen sich nicht vermeiden, daher müssen Sie Richtlinien für die Lösung von Konflikten aufstellen.

Die Mitglieder können jederzeit austreten, so dass die Gruppe offen für neue Mitglieder sein sollte. Die Struktur sollte gleich bleiben, unabhängig davon, wer geht und wer beitritt. Eine formale Machtstruktur, die die Machtteilung fördert, verhindert den Machtmissbrauch durch

Mitglieder mit Machtbefugnissen.

Sie werden feststellen, dass jeder Kreis seinen eigenen Geist hat. Je häufiger Sie sich treffen, desto stärker wird der Geist werden. Raten Sie den Mitgliedern, die führende Kraft des kollektiven Geistes anzuzapfen, um ihre Energie zu stärken.

Das Ziel eines spirituellen Kreises ist es, den Teilnehmern die Möglichkeit zu geben, ihre übersinnlichen, spirituellen und medialen Gaben kontinuierlich zu entwickeln. Arbeiten Sie jede Woche mit den Mitgliedern an verschiedenen Dingen. Die Mitglieder sollten auch ihre individuellen Erfahrungen auf ihrer Reise teilen, um andere Mitglieder zu inspirieren und zu motivieren, weiterzumachen.

Sie können lernen, sich mit Ihren Geistführern und geliebten Menschen, die in die andere Dimension übergegangen sind, mit Gleichgesinnten zu verbinden.

Sie können auch eine App verwenden, um Menschen zu treffen, die sich Ihrem spirituellen Kreis anschließen möchten. Im Internet finden Sie verschiedene Apps, die sie ausprobieren können.

Kapitel Zwölf: Verbessern Sie Ihre übersinnlichen Fähigkeiten

„Eine der nützlichsten und wichtigsten Möglichkeiten, seine übersinnlichen Gaben zu nutzen, besteht darin zu lernen, zu lesen, was in seinem eigenen Körper geschieht."

−Catherine Carrigan

Sie können Ihre übersinnlichen Fähigkeiten auf verschiedene Weise verbessern. Dieses Kapitel konzentriert sich auf zwei Dinge, die Sie tun können, um Ihre übersinnlichen Kräfte zu fördern - Präkognition und die Verwendung ätherischer Öle.

Präkognition ist die Gabe des inneren Wissens. Sie befähigt Sie dazu, Dinge intuitiv zu wissen, ohne dass sie auf Vernunft und Logik beruhen. Eine präkognitive Erfahrung wird bei Ihnen den Gedanken auslösen: „Wow, woher wusste ich das?"

Hellseherisches Wissen ist eine großartige Fähigkeit, die auf Ihrer spirituellen Reise den Unterschied ausmachen kann. Möglicherweise haben Sie schon hellseherische Erfahrungen gemacht. Denken Sie an das eine Mal, als Sie beschlossen haben, nicht den üblichen Weg zur Arbeit zu nehmen, und dann feststellten, dass es auf dem Weg dorthin einen langen Stau gab. Oder vielleicht wussten Sie, dass Sie Ihrem neuen Welpen eine bestimmte Futtermarke nicht geben sollten, nur um dann festzustellen, dass er gegen eine Zutat allergisch ist.

Die Präkognition hat sich in Ihrem Leben wahrscheinlich auf verschiedenen Wegen manifestiert. Lassen Sie uns eintauchen in die

Frage, wie sie Ihnen helfen kann, Ihre hellseherische Entwicklung und Ihre Reise im Mediumismus voranzutreiben.

Oft verwechseln Menschen Präkognition und Hellfühligkeit miteinander. Dies geschieht, weil beide übersinnlichen Fähigkeiten als „Bauchgefühl" dargestellt werden. Die Unterscheidung zwischen den beiden ist wichtig. Wenn Sie das nicht tun, kann es zu einer Verwechslung kommen, welche Ihre dominante hellseherische Fähigkeit ist.

Die geistige Gabe des inneren Fühlens lässt Sie spüren, dass jemand unehrlich sein könnte, während das innere Wissen Sie es wissen lässt. Fühlen unterscheidet sich vom Wissen. Wenn Sie von jemandem oder etwas überzeugt sind, können Sie Ihre Überzeugung nicht abschütteln. Dies wird als Präkognition bezeichnet. Hellfühlig ist man hingegen, wenn man ein starkes Gefühl für etwas hat. Die Gefühle können flüchtig sein, aber sie kommen zu Ihnen.

Wer präkognitiv veranlagt ist, erhält intuitive Botschaften auf drei Wegen. Der erste Weg ist über das Bauchgefühl. Das innere Wissen kommt manchmal aus dem Bauch heraus. Wenn man so etwas noch nicht erlebt hat, kann es schwierig sein, es zu beschreiben. Diejenigen, die diese Gabe haben, finden es schwer zu beschreiben oder zu erklären, dass sie keine logische Erklärung dafür haben. Sie entscheiden sich dafür, es als „Bauchgefühl" zu bezeichnen, weil das ein Konzept ist, das die meisten Menschen verstehen können, egal ob sie hellsehen können oder nicht. Hellsichtige Botschaften können sich jedoch so anfühlen, als kämen sie aus dem Bauch, weil dieser übersinnliche Sinn mit dem Solarplexus verbunden ist, der sich in der Nähe des Magens befindet.

Präkognitive Botschaften kommen manchmal „aus heiterem Himmel", das heißt, man kennt die Quelle oder den Ursprung nicht. Sie tauchen einfach aus dem Nichts in den Köpfen der Menschen auf und überraschen sie. Sie kommen oft, während Sie mit einer völlig anderen Tätigkeit beschäftigt sind, und unterbrechen Ihr Denken. Vielleicht sind Sie im Bad und machen sich für die Arbeit fertig, und dann kommt Ihnen der Gedanke: „Ich werde heute einen anderen Weg zur Arbeit nehmen." Wenn Sie dann feststellen, dass Ihr üblicher Weg blockiert ist, fragen Sie sich, warum Ihnen dieser Gedanke vorhin in den Sinn gekommen ist.

Die dritte Art und Weise, wie präkognitive Botschaften empfangen werden, ist im Schlafzustand. Sie gehen zum Beispiel ins Bett und denken über ein geschäftliches Problem nach, das Sie lösen müssen. Plötzlich wachen Sie aus dem Schlaf auf und haben eine brillante Lösung im Kopf. „Ich habe gar nicht nachgedacht. Woher kommt das?" Diese besondere Erfahrung ist mir schon oft passiert. Man wacht einfach auf und weiß Dinge, ohne zu wissen, wie oder wann sie einem in den Sinn gekommen sind.

Die Vorstellung, Botschaften zu erhalten, die man niemandem logisch erklären kann, ist schon ein wenig beängstigend. Und sie könnte sogar Ihr soziales Leben beeinträchtigen. Stellen Sie sich vor, Sie schreien Ihrem Freund „STOP" zu, der gerade dabei ist, unwissentlich einen lausigen Drink zu nehmen. Natürlich wird er Sie seltsam ansehen, auch wenn er Ihnen später dafür danken wird.

Wie alle intuitiven Botschaften kommen auch die Botschaften der Präkognition von den Geistführern, Ihrem spirituellen Team und Ihrem Höheren Selbst. Wenn Sie in Ihrer hellseherischen Praxis weit fortgeschritten sind, werden Sie das genaue Wesen verstehen, das für die Botschaften verantwortlich ist, die Sie erhalten. Es kann sein, dass Sie Botschaften erhalten, von denen Sie nicht wissen, wie Sie damit umgehen sollen. Die Bedeutungen werden sich Ihnen mit der Zeit erschließen.

Hier sind Anzeichen dafür, dass Sie hellsichtig sind:

- Sie wissen, wann jemand unaufrichtig oder falsch ist.
- Sie wachen oft mit brillanten Lösungen für schwierige Probleme auf.
- Sie erhalten intuitive Treffer aus heiterem Himmel, die sich stets als richtig herausstellen.

Auch wenn die Präkognition nicht Ihre primäre übersinnliche Gabe ist, tragen Sie sie dennoch in sich. Sie können also trotzdem daran arbeiten, sie zu entwickeln.

Das Training der Präkognition kann auf viele Arten erfolgen, aber Sie können sich auf zwei der effektivsten Methoden konzentrieren. Die erste besteht darin, die Hilfe Ihrer Geistführer in Anspruch zu nehmen, während die zweite darin besteht, durch Visualisierungsübungen Ihre Fähigkeiten zu verbessern. Als Bonus gibt es eine weitere Methode, die Sie weiter unten finden werden.

Entwicklung der Präkognition mit Hilfe Ihrer Geistführer

Sie haben bereits gelernt, wie Sie mit Ihren Geistführern in Kontakt treten können, aber wie können Sie sie zur Entwicklung einer

bestimmten übersinnlichen Fähigkeit bewegen?
- Laden Sie Ihren Geistführer mithilfe der Anweisungen aus Kapitel 10 ein.
- Legen Sie als Absicht fest, dass Sie die Hilfe Ihres Führers bei der Entwicklung Ihrer Gabe der Präkognition suchen.
- Rufen Sie Ihre Geistführer an.
- Bitten Sie sie, Sie bei der Entfaltung Ihrer intuitiven Gaben zu unterstützen.
- Danken Sie ihnen, dass sie Ihrer Einladung gefolgt und Ihrer Bitte nachgekommen sind.

Verwenden Sie Kristalle und ätherische Öle während der Sitzungen mit Ihren Geistführern.

Visualisierungsübung zur Präkognition

Diese Übung sollte mit dem Führen eines Tagebuchs kombiniert werden, um die besten Ergebnisse zu erzielen.

- Nehmen Sie Ihr Tagebuch und einen Stift.
- Schreiben Sie darüber, wie Sie sich selbst sehen, wenn Sie Ihre Gabe der Präkognition verfeinert und verstärkt haben.
- Beschreiben Sie einen Aspekt Ihres Lebens, den Sie gerne verändern und positiv beeinflussen würden.
- Stellen Sie sich vor, wie Sie sich durch Ihr Geschenk des inneren Wissens fühlen und wie es Ihr tägliches Leben beeinflussen kann.
- Meditieren Sie über den Tag, den Sie gerade für sich beschrieben haben. Stellen Sie ihn sich dann in wohltuenden Details vor.
- Versetzen Sie sich in den Moment und stellen Sie sich vor, wie Sie sich fühlen, wenn Sie eine Präkognition haben.

Seien Sie bei der Meditation konkret, um Ihre Präkognition zu erhöhen.

Automatisches Schreiben

Automatisches Schreiben oder, wenn Sie es vorziehen, freies Schreiben ist eine produktive und unterhaltsame Art, Ihre Präkognition zu trainieren. Mit dieser Übung können Sie sich auf Ihre innere wissende Gabe einstimmen. Zu Beginn Ihrer spirituellen Entwicklungsreise werden Sie Ihr Bauchgefühl anzweifeln. Durch freies Schreiben gewinnen Sie Vertrauen in die Botschaften, die Sie erhalten, und - was noch wichtiger ist - Sie erhalten direkte Antworten von Ihren Geistführern und Ihrem Höheren Selbst.

Hier erfahren Sie, wie Sie mit dem automatischen Schreiben üben können:

- Nehmen Sie Ihr Notizbuch und einen Stift. Stellen Sie Ihrem Geistführer eine Frage, bevor Sie zu schreiben beginnen.

- Setzen Sie den Stift aufs Papier und schreiben irgendetwas nieder, was Ihnen in den Sinn kommt. Schreiben Sie einfach und lassen Sie sich treiben, selbst wenn Sie der Ansicht sind, dass es Unsinn ist.

Das Geschriebene ergibt für Sie vielleicht nicht sofort einen Sinn, also lassen Sie sich Zeit. Im Laufe der nächsten Tage oder Wochen wird sich Ihnen der Sinn nach und nach erschließen. Bei Ihren ersten Versuchen mag Ihnen diese automatische Schreibübung absurd erscheinen. Diese ersten Versuche dienen jedoch dazu, Ihr Unterbewusstsein zu entlasten, bis es bereit ist, wertvolle Informationen aufzunehmen. Bald werden Ihre Notizen mit Dingen gefüllt sein, die für Sie absolut Sinn machen. Sie werden klare und prägnante präkognitive Botschaften erhalten, und Ihre hellseherischen Fähigkeiten werden sich verbessern.

Ätherische Öle

Ätherische Öle haben mehrere Arten von hervorragenden Vorteilen für angehende und etablierte spirituelle Medien. Die richtigen Ölkombinationen können Ihnen helfen, viele Ihrer intuitiven Fähigkeiten zu erreichen. Sie sind ein Muss für jeden, der sich im Mediumismus ausbilden will. Ob Sie sie auf Ihre Haut auftragen oder Ihre Kristalle damit einreiben, es gibt mehr als eine Möglichkeit, ihre Vorteile zu nutzen.

Die Sache ist die: Sie können nicht einfach ätherische Öle auftragen und erwarten, dass sie Ihre übersinnlichen Kräfte verstärken. Sie müssen die Absicht festlegen. Die Absichtserklärung ist der Schlüssel zu übersinnlichen Ritualen und Zeremonien.

Alle ätherischen Öle haben mehrere Funktionen, und sie sind alle für die psychische Entwicklung geeignet. Doch einige dieser Öle sind wirksamer als andere. Auch hier muss Ihre Absicht klar sein, damit Sie von den kraftverstärkenden Vorteilen profitieren können.

Es gibt unzählige Öle, aber woher wissen Sie, welche gut für Sie sind? Bevor ich fortfahre, möchte ich Sie darauf hinweisen, dass es keine perfekten Öle gibt. Überfordern Sie sich nicht mit dem Versuch, die perfekten Öle auszuwählen. Lassen Sie sich stattdessen von Ihrer Intuition zu den Ölen führen, die Ihnen am meisten nützen werden. Probieren Sie auch die Öle aus, mit denen Sie sich mehr verbunden fühlen als mit anderen.

Die folgenden Öle sind am besten geeignet, um sich zu erden und zu zentrieren und gleichzeitig Ihre Intuition und Ihren Sinn für Klarheit zu fördern. Es steht Ihnen frei, die Öle je nach Stimmung, Aktivität und Jahreszeit zu verwenden.

1. **Zedernholz:** Mentale Entrümpelung ist für das psychische Training sehr wichtig. Dieses ätherische Öl kann Ihnen helfen, sich von mentalem Durcheinander zu befreien, um die ultimative Klarheit zu erlangen, die Ihre Seele braucht. Fügen Sie es zu Ihrer Sammlung hinzu.

2. **Ätherisches Rosenöl:** Wenn Sie Ihre Verbindung zu Ihrem Höheren Selbst stärken und gleichzeitig die Harmonie zwischen all Ihren sechs übersinnlichen Fähigkeiten verbessern wollen, ist dieses Öl genau das Richtige für Sie. Das Rosenöl kann Ihre Fähigkeiten in erheblichem Maße verstärken, und die Wirkung ist nicht vorübergehend.

3. **Zitrusöl:** Ich bin überzeugt, dass jeder Hellseher Zitrusöl in seiner Sammlung hat. Seine Vorteile sind einfach zu unglaublich, als dass man es aus seiner Liste streichen könnte. Der lebhafte Zitrusduft hilft, einen wachen und präsenten Geist zu fördern, den man während des Trainings der psychischen Übungen braucht.

4. **Kamille:** Kamillentee zu trinken ist gut, aber das Öl ist noch besser. Wie der Tee hat auch die Kamille eine stark beruhigende Wirkung, die dazu beitragen kann, Ihren Geist von Ängsten zu befreien und ihn für die Wahrheit zu öffnen. Wenn Sie an Ihren Fähigkeiten zweifeln oder Angst haben, geben Sie etwas Kamille in Ihr Badewasser oder reiben Sie es auf Ihre Haut. Die Angst wird sich verflüchtigen.

5. **Pfefferminzöl:** Die meisten übersinnlichen Medien nehmen Pfefferminzöl in ihre Sammlung auf, weil es so gut riecht, aber das ist nicht der einzige Grund. Der Geruch ist dafür bekannt, dass er den Geist sofort aufweckt und die Konzentration erhöht. Er ist so stark, dass Pfefferminzöl Ihnen helfen kann, sich zu konzentrieren, wenn Sie mit Geistern kommunizieren. Der Duft, den die Pfefferminze Ihrem Zuhause verleiht, ist nur ein zusätzlicher Vorteil.

6. **Lavendelöl:** Dieses Öl wird aufgrund seiner beruhigenden Eigenschaften oft als Schlafmittel empfohlen. Es kann Ihnen helfen, sich zu entspannen und die Kontrolle abzugeben, wenn Sie mit Ihren Geistführern in Kontakt treten. Es ist das richtige Öl, um es während des Tagebuchschreibens oder der Visualisierungspraxis zu zerstäuben.

7. **Weihrauch:** Die fantastischen erdenden Eigenschaften dieses Öls sind ein Grund dafür, dass es zu Ihrer täglichen Routine gehören sollte. Verwenden Sie es immer dann, wenn Sie das Gefühl haben, keinen Kontakt zu Ihrer inneren Psyche zu haben.

8. **Rosmarin:** Dieses ätherische Öl ist eine perfekte Alternative für Salbei. Wenn Sie den Geruch von brennendem Salbei nicht mögen, sollten Sie sich für Rosmarinöl entscheiden, um schädliche Geister und Energien aus Ihrem Leben fernzuhalten. Außerdem können Sie damit Ihr drittes Auge öffnen und die Hellsichtigkeit verbessern.

9. **Jasmin:** Erinnern Sie sich daran, dass übersinnliche Botschaften manchmal im Traumzustand kommen? Nun, dies ist das perfekte Öl, um Ihnen zu helfen, präzisere Botschaften in Ihren Träumen und Tagträumen zu erhalten. Verströmen Sie jeden Abend vor dem Schlafengehen etwas Jasminöl, um sich an Traumbesuche zu erinnern.

10. **Sandelholz:** Dies ist ein Öl, das starke reinigende Eigenschaften hat. Sie können sich mit Sandelholz von Negativem aus der Vergangenheit befreien – ein entscheidender Schritt zum psychischen Erwachen.

Das Beste an ätherischen Ölen ist, dass Sie sie jederzeit anwenden können. Im Folgenden finden Sie eine einfache Übung zur sicheren und korrekten Anwendung Ihrer ätherischen Öle.

- Setzen Sie sich an Ihren heiligen Meditationsplatz.
- Geben Sie sechs Tropfen des Öls Ihrer Wahl in Ihren Diffusor und konzentrieren Sie sich innerlich.
- Führen Sie eine einfache Meditation durch und legen Sie Ihre Absicht fest.
- Versuchen Sie eine der spirituellen Übungen, die Sie in diesem Buch gelernt haben.
- Führen Sie ein Tagebuch oder meditieren Sie, um mit Ihren Geistführern zu kommunizieren.

Sie können die ätherischen Öle auch auf andere Weise verwenden:

- Zerstäuben Sie es, bevor Sie eine Aktivität beginnen.
- Träufeln Sie ein wenig Öl in Ihr Badewasser.
- Sprühen Sie es auf ein Stück Stoff und legen Sie es unter Ihr Kopfkissen, bevor Sie schlafen gehen.
- Geben Sie ein wenig ätherisches Öl in eine Trägersubstanz und reiben Sie damit die Stellen ein, auf die Sie normalerweise Ihr Parfüm auftragen.

Die spirituelle Reise zum Mediumismus ist nicht etwas, das Sie an einem Wochenende meistern können. Lassen Sie Raum für Wachstum, während Sie üben. Erlauben Sie sich, zu experimentieren, zu scheitern und es erneut zu versuchen. Denken Sie daran, dass die psychische Entwicklung manchmal Jahre dauern kann.

Schlussbemerkung

Mediumismus ist eine interessante und großartige Gabe, die es zu meistern gilt. Die ersten Male, in denen Sie sich mit der Geisterwelt verbinden, können Sie in Ehrfurcht versetzen. Sie haben vielleicht das Gefühl, keine Kontrolle über das zu haben, was Sie empfangen. Oder vielleicht fühlen Sie keinen Fluss bei Ihren Lesungen. Egal, wie Sie sich am Anfang fühlen, Sie werden Ihre Gabe genießen und schätzen lernen. Die Tatsache, dass Sie mit Ihrer Gabe Ihr Leben und das ganze Universum beeinflussen können, wird Sie während Ihrer Ausbildung inspirieren.

Teil 4: Pendel

Der ultimative Leitfaden zur Magie der Pendel und wie Sie sie zum Wahrsagen, Pendeln, Tarot-Lesen, Heilen und Ausgleichen der Chakren verwenden können

Einführung

Sind Sie fasziniert von der Magie der schwingenden Pendel? Oder sind Sie einfach nur ein wenig neugierig auf diese Praxis, die plötzlich wieder an Popularität gewonnen hat? Was auch immer der Grund sein mag, dieses Buch wird Ihnen helfen, etwas über Pendel und ihre Verwendung in der Wahrsagerei, beim Tarot-Lesen, beim Pendeln, beim Heilen und vielem mehr zu lernen.

Wenn Sie das Potenzial des Pendels erst einmal verstanden haben, werden Sie die Kontrolle über Ihr Leben gewinnen und Erfüllung finden. Die Magie der Pendel kann für viel mehr genutzt werden, als Sie sich vorstellen können. Sie sind nicht nur ein Teil dieser alten Großvateruhren, die die Zeit runterticken. Mit den richtigen Fähigkeiten und ein wenig Übung können Pendel auf viele magische Arten eingesetzt werden.

Ein Pendel ist ein mächtiges Werkzeug, das Ihnen helfen kann, die linke und die rechte Seite Ihres Gehirns zu aktivieren und sie zu befähigen, synchron zu arbeiten. Es wird Ihre intuitiven Fähigkeiten verbessern und Ihnen helfen, Energien von Menschen, Orten oder Gegenständen in Ihrer Umgebung wahrzunehmen. Wenn Sie lernen, mit dem Pendel umzugehen, wird es Ihnen viel leichter fallen, Entscheidungen zu treffen, und ob Sie es glauben oder nicht, Sie werden feststellen, dass Ihr Stresslevel sinkt. Sie werden auch lernen, verlorene oder versteckte Gegenstände mit Hilfe des Pendels zu finden. Wenn Sie die Bedeutung hinter den Bewegungen Ihres Pendels entdecken, können Sie interpretieren, was das Pendel Ihnen sagen will. In diesem Buch erfahren Sie, wie Sie Pendel für alles verwenden können, vom Pendeln bis zum Ausgleich der Chakren und vieles mehr.

In den letzten Jahren sind die Menschen gegenüber alten Praktiken offener geworden, die mit dem Aufkommen des wissenschaftlichen Denkens langsam an Bedeutung verloren hatten. Heutzutage sind alternative Heilmethoden wie Reiki und Akupunktur wieder populär geworden. Viele Mediziner haben diese Methoden in ihre Praxen aufgenommen oder empfehlen sie ihren Patienten. Wie die alternative Medizin kann auch die Pendelheilung die konventionelle Medizin nicht ersetzen; sie wirkt eher wie ein ergänzendes Instrument. Mit Pendeln können Sie Krankheiten oder Ungleichgewichte im Energiesystem des Körpers diagnostizieren. Damit ein Mensch vollständig geheilt werden kann, muss jeder Aspekt seines mentalen, emotionalen, physischen und spirituellen Wesens geheilt werden. Mit dem Pendel können Sie sich auf mehr als nur den körperlichen Aspekt der Heilung konzentrieren. Bei der Lektüre dieses Buches werden Sie die verschiedenen Einsatzmöglichkeiten des Pendels kennenlernen, um ein Leiden im Körper zu diagnostizieren und das Gleichgewicht des Chakrensystems wiederherzustellen.

Wenn Sie bereit sind, das Potenzial von Pendeln in Ihrem Leben zu entfalten, beginnen Sie zu lesen. Suchen Sie sich mit Hilfe der hier gegebenen Tipps ein Pendel aus und vertrauen Sie darauf, dass es Ihnen als Wegweiser dient, um Ihr Leben in vielerlei Hinsicht zu verbessern.

Kapitel Eins: Einführung in das Pendeln

Was ist ein Pendel?

Wenn Sie sich für Wahrsagerei und Magie interessieren, wird Ihnen ein Pendel eine ganz neue Welt eröffnen. Pendel werden für eine Art von metaphysischer Praxis verwendet, die einfach und doch äußerst effektiv ist. Pendel werden auch als Wahrsagegerät bezeichnet und werden schon seit Tausenden von Jahren verwendet. Sie können lernen, Pendel zur persönlichen Weiterentwicklung oder als Werkzeug zu nutzen, das Sie mit höheren Mächten verbindet. Ihre Ziele mögen sich von denen anderer unterscheiden, aber die Praxis wird seit der Antike ausgeübt. Wenn Sie die Wahrsagerei mit dem Pendel ausprobieren möchten, finden Sie hier den Einstieg.

Was ist ein Pendel? Es ist im Wesentlichen ein einfaches Gewicht, das an einer Schnur aufgehängt ist, so dass es frei an dieser Schnur schwingen kann. In der Wahrsagerei wird ein Pendel verwendet, um Energie von einer höheren Macht, einer anderen Person oder sogar von Ihnen selbst zu kanalisieren. Die Pendelwünschelrute ist nur eine von vielen Arten der Wünschelrute. Die Wünschelrute wird seit Hunderten von Jahren aus vielen Gründen eingesetzt.

Pendel werden nicht nur als Wünschelrute benutzt

Viele Menschen sind verwirrt darüber, was der Begriff Wünschelrute bedeutet. Nur weil Sie ein Pendel für etwas benutzen, heißt das nicht, dass es sich um eine Wünschelrute handelt. Wenn Sie Fragen stellen und ein Pendel benutzen, um Antworten zu erhalten, handelt es sich um eine Wünschelrute. Wenn Sie das Pendel zur Energieumwandlung oder zur Heilung verwenden, ist es keine Wünschelrute. Bei Letzterem geht es darum, absichtlich energetische Veränderungen vorzunehmen. Es ist wichtig, dass Sie die Bedeutung der Wünschelrute kennen und es von anderen Anwendungen des Pendels unterscheiden können. Wenn Sie mit einem Pendel heilen, kann man das als Pendelheilung bezeichnen. Dafür gibt es keinen komplexen oder spezifischen Begriff.

Eine Einführung in das Wünschelrutengehen

Pendel werden im Okkultismus im Allgemeinen zum Wünschelrutengehen verwendet. Beim Wünschelrutengehen werden Pendel, Weidenholz, Eberesche oder eine y-förmige Metallrute verwendet, um nach verborgenen Substanzen wie Schätzen, Wasser, alten Ruinen und Grabstätten zu suchen. Die Praxis der Wünschelrute wurde im Mittelalter in Europa populär. Diese Praxis wird auch als Wasserwünscheln, Pendelwünscheln oder Rutengehen bezeichnet.

Beim Wünschelrutengehen halten Sie die Schnur oder den Faden in der Hand, an dem das Pendel aufgehängt ist, und beginnen mit Ihrer Suche. Wenn das Pendel Übertragungen von versteckten Objekten empfängt, beginnt es sich zu bewegen, um den Ort anzuzeigen. Einige Wünschelrutengänger konnten versteckte Objekte finden, indem sie die Wünschelrute einfach über Landkarten hielten, die das Gebiet anzeigten, in dem sich die versteckten Objekte befinden könnten.

In früheren Zeiten wurde die Wünschelrute vor allem bei der Suche nach Wasser eingesetzt, weshalb sie auch als Wasserwünschelrute bezeichnet wird. Aber schon bald wurde die Wünschelrute auch für die Suche nach anderen verlorenen Gegenständen, für Wahrsagerei, Heilung und sogar für die Suche nach verlorenen Menschen oder Haustieren eingesetzt. Diese faszinierende Praxis wird immer noch von vielen Menschen auf der ganzen Welt ausgeübt. Wenn Sie dieses Buch lesen, werden Sie einfache Möglichkeiten kennenlernen, wie auch Sie die Pendelwünschelrute einsetzen können.

Die Geschichte der Wünschelrute

Eine der ältesten Höhlenzeichnungen, die einen Mann beim Wünschelrutengehen zeigt, wurde auf 6000 v. Chr. datiert. Sie wurde in

Algerien entdeckt und zeigt einen Mann mit einer gegabelten Rute, der wahrscheinlich nach Wasser sucht. Auch die Chinesen praktizierten das Wünschelrutengehen. Es wurde eine Statue eines chinesischen Kaisers mit einem Wünschelrutengänger entdeckt, die auf 2200 v. Chr. zurückgeht. Auch auf vielen ägyptischen Papyri und Gemälden finden sich Darstellungen von Wünschelruten. Kaiser Yu nutzte die Wünschelrute, um geopolitische Spannungszonen zu lokalisieren. Er hinterließ Dekrete, die den Bau von Häusern an solchen Orten untersagten. Dieselbe Methode wird auch heute noch im Feng Shui verwendet.

Im Alten Testament wird erwähnt, dass Moses und Aaron mit einer Rute Wasser fanden. Auch König Salomon nutzte die Wünschelrute, um Frauen für seinen Harem auszuwählen. Die früheste bekannte Illustration eines Wünschelrutengängers stammt von Georgius Agricola in De Re Metallica (1556). Sie zeigt einen Mann, der mit einem gegabelten Zweig nach Mineralienadern sucht.

Auch in der französischen Geschichte gibt es viele Informationen über die Wünschelrute. Um 1326 verurteilte die Kirche die Verwendung der Wünschelrute als Wahrsagerei. Trotzdem wurde die Wünschelrute in den Werken von Priestern wie Abbe de Vallmont erwähnt. Im Jahr 1518 bezeichnete Martin Luther die Wünschelrute als Okkultismus.

Das Rutengehen, wie wir es heute kennen, stammt möglicherweise aus dem Deutschland des 16. Jahrhunderts, wo es für die Suche nach Metallerzen eingesetzt wurde. In England wurde die Wünschelrute bei der Suche nach Zink in den königlichen Minen eingesetzt. Königin Elisabeth I. führte diese Methode ein, als sie den Erfolg sah, den es in Deutschland brachte.

Ein Jesuit namens Gaspar Scott erklärte die Wünschelrute im Jahr 1662 zu einer satanischen und abergläubischen Praxis. Im 17. Jahrhundert wurde die Wünschelrute in Südfrankreich für die Suche nach Verbrechern eingesetzt. Der Missbrauch dieser Praxis führte 1701 zu einem Dekret der Inquisition, woraufhin sie verboten wurde.

Im späten 19. Jahrhundert wurde die Wünschelrute in South Dakota eingesetzt, um das Wasser auf dem Land von Farmern, Ranchern und Siedlern zu finden. Während des Vietnamkriegs wurde die Wünschelrute auch eingesetzt, um nach Tunneln und Waffen zu suchen.

Bis in die viktorianische Zeit hinein galt die Wünschelrute als eine natürliche Kunst. Nach der industriellen Revolution wurde sie unter anderen Praktiken wie der Kräutermedizin eingeordnet. Die Menschen begannen, die Gültigkeit dieser Praxis in Frage zu stellen oder anzuzweifeln, da sie nicht gerade wissenschaftlich war. Aber in den letzten Jahren haben die Menschen wieder begonnen, die Bedeutung solcher Praktiken zu erkennen und zu akzeptieren, dass nicht alles in einem Labor nachgewiesen werden kann.

Die Praxis der Wünschelrute hat sich über die Jahrhunderte gehalten. Viele Menschen nutzen sie noch immer für verschiedene Zwecke, und vermutlich wird diese Technik auch in absehbarer Zukunft überleben.

Verschiedene Arten von Wünschelruten

Obwohl sich dieses Buch in erster Linie auf die Verwendung von Pendeln konzentriert, kann die Wünschelrute auch andere Hilfsmittel verwenden.

Y-Ruten

Wenn Sie sich Filme ansehen, werden Sie sehen, dass die Wünschelrute mit einem Y-förmigen Stab verwendet wird. Diese Art von Wünschelrute ist ein gegabelter Stock, der zwischen 12 und 24 Zoll lang sein kann. Traditionell wurden diese Wünschelruten aus Holz hergestellt, aber die Menschen bevorzugen heute Y-Ruten aus Metall oder Kunststoff, da sie viel leichter zu halten sind. Dieses Werkzeug wurde in erster Linie verwendet, um beim Wünschelrutengehen ein Ja als Antwort zu erhalten.

L-Ruten

L-Ruten sind beliebter als Y-Ruten. Sie müssen beim Wünschelrutengehen zwei L-förmige Ruten verwenden. Halten Sie in jeder Hand eine Rute, wobei die langen Enden von Ihnen weg zeigen sollten. Sie können diese L-Ruten in einem Fachgeschäft für Wünschelruten oder online kaufen. Sie können diese L-Ruten auch selbst herstellen, indem Sie Kleiderbügel aus Draht biegen. Wenn Sie diese Ruten verwenden, müssen Sie sich genau überlegen, welches Objekt oder welche Person Sie suchen. Gehen Sie dabei weiter und lassen Sie die Stangen leicht nach unten zeigen. Beobachten Sie die Bewegung der Stäbe. Wenn sie in dieselbe Richtung zeigen, sollten Sie sich auch in diese Richtung bewegen. Die Stäbe zeigen in entgegengesetzte Richtungen, wenn sie ein Nein anzeigen wollen. Die L-Stäbe werden sich kreuzen, wenn Sie den Standort Ihres verlorenen Objekts gefunden haben.

Einhandruten

Das sind lange und flexible Stäbe oder Drähte. Einhandruten haben oft eine Spiralfeder an ihrem Ende, die der Benutzer festhalten kann. Möglicherweise befindet sich am anderen Ende auch ein Gewicht. Die Länge dieser Stäbe und die Feder ermöglichen es dem Stab, sich beim Gehen zu bewegen, ohne dass der Benutzer Einfluss auf seine Bewegung nehmen kann. Die Richtung, in die sich die Rute bewegt, wird Ihnen die Antwort geben.

Pendel

Dies sind wahrscheinlich die besten Wünschelruten, die Sie verwenden können. Die meisten Wünschelrutengänger bevorzugen Pendel gegenüber anderen Wünschelruten. Sie sind einfach zu benutzen, tragbar und sehr reaktionsfreudig, wenn sie richtig eingesetzt werden. Ein Pendel besteht aus einem gewichteten Gegenstand, der an einem Ende eines Drahtes, einer Kette oder einer Schnur hängt. Die Schwingung des Pendels zeigt die Antwort an, die es geben möchte. Der einzige Nachteil ist, dass Pendel etwas schwierig zu handhaben sind, wenn Sie gehen oder sich bewegen, aber Sie können sie verwenden, um Dinge mit Hilfe von Karten oder Schaubildern zu finden. Pendel können effektiv eingesetzt werden, um alle Arten von Dingen zu finden.

Verwendungszwecke für Pendel

Pendel können auf viele Arten verwendet werden:

1. Tarot-Lesen.
2. Beantwortung von Ja- oder Nein-Fragen.
3. Prüfen der Polarität.
4. Bei der Verwendung von Schaubildern.
5. Das Vorhandensein von negativen oder unerwünschten Energien erkennen.
6. Die Auswahl von Kristallen für die Heilung und den Chakrenausgleich.
7. Wahrsagen.
8. Das Auffinden verlorener Gegenstände oder Personen.
9. Die Entdeckung von Geistführern.
10. Das Treffen von Entscheidungen.
11. Das Verstehen synchronistischer Ereignisse.

12. Identifizierung von Resonanzfarben.
13. Überprüfung der Gültigkeit von Informationen oder Ratschlägen.
14. Überprüfen des Zustands der Chakren in Ihrem Körper oder im Körper einer anderen Person.
15. Die Suche nach einer Wasserquelle.
16. Die Auswahl von Orten für Rituale, Reisen oder den Bau von etwas.
17. Die Feststellung der Vertrauenswürdigkeit.
18. Die Heilung von Geist, Körper und Seele.
19. Verbesserung der Intuition.
20. Die Reinigung eines Raums oder eines Decks von Wahrsagekarten.

Kapitel Zwei: Wie Sie ein Pendel auswählen

Viele Menschen sind unsicher, wie sie das richtige Pendel auswählen sollen. Da es viele verschiedene Arten und Varianten von Pendeln gibt, ist dies verständlicherweise eine verwirrende Entscheidung.

Ihr Pendel auszuwählen macht Spaß, aber es ist auch ein kleines Ratespiel. Gibt es bestimmte Regeln, die Sie bei der Auswahl eines Pendels beachten sollten? Nun, die Antwort lautet: nicht wirklich, denn es ist eine sehr subjektive und persönliche Erfahrung.

Das Erste, worauf Sie achten müssen, ist, dass Sie sich von dem Pendel angezogen fühlen. Wenn Sie sich zu einem bestimmten Pendel hingezogen fühlen, sollten Sie es wählen. Diese Erfahrung ist bei jedem Menschen anders, so dass es unmöglich ist, ein bestimmtes Pendel generell als das richtige zu bezeichnen. Es gibt ein paar Anhaltspunkte, die Ihnen bei Ihrer Entscheidung helfen werden.

Eines der besten Pendel für den Anfang ist das einfache Dreieck oder das Tropfenpendel. Dies sind gut gewichtete Pendel, die eine moderate Größe haben und sich leicht drehen lassen. Ein weiterer Vorteil ist, dass sie nicht viel Geld kosten, allerdings ist dies vielleicht nicht das richtige Pendel für Sie. Sie müssen es ausprobieren und sehen, wie es sich anfühlt. Es ist wichtig, dass sich ein Pendel für Sie richtig anfühlt, damit es seine Wirkung entfalten kann.

Faktoren, die Sie bei der Auswahl eines Pendels berücksichtigen sollten

Form des Pendels

Es gibt viele verschiedene Formen von Pendeln. Einige sind eckig, während andere rund sind. Manche Pendel sind eine Mischung aus diesen Formen. Wenn Ihr Pendel rund ist, hat es mehr weibliche Energie. Dies gilt für alle runden Formen in der Natur. Zum Beispiel gelten runde Früchte wie Granatäpfel als weiblich. Wenn das Pendel eckig ist und eine quadratische oder rechteckige Form hat, hat es eher eine männliche Energie. Ein hoher Wolkenkratzer hat zum Beispiel eine männliche Energie im Vergleich zur gewölbten Decke einer Kathedrale, aber kein Pendel ist vollständig männlich oder weiblich.

Viele Menschen wählen ihr Pendel aufgrund seiner Ästhetik aus. Wenn Sie sich für ein Pendel aufgrund seiner Form entscheiden, geht es eher darum, was Sie intuitiv attraktiv finden. Es ist auch wichtig zu wissen, dass die Bewegung des Pendels durch seine Form beeinflusst wird. Ihr Pendel bewegt sich je nach der Position Ihrer Hand während des Pendelns. In der Regel ist es besser, wenn sich das Pendel während des Pendelns in perfekten Kreisen bewegt, also müssen Sie eine Form wählen und Ihre Hand entsprechend hoch halten. Viele Pendel wurden für bestimmte Zwecke entwickelt, aber im Allgemeinen können Sie jedes Pendel für jeden Zweck verwenden. Sie müssen sich nur darauf konzentrieren, ein Pendel zu finden, zu dem Sie sich hingezogen fühlen und das eine gleichmäßige Bewegung aufweist.

Gewicht des Pendels

Ein weiterer entscheidender Faktor bei der Wahl eines Pendels ist sein Gewicht. Wenn das Pendel schwer ist, brauchen Sie mehr Energie, um es zu bewegen. Diese schweren Pendel geben auch ein stärkeres Feedback. Ein leichteres Pendel lässt sich viel leichter bewegen, und seine Reaktionszeit ist im Vergleich geringer. Ein mittelschweres Pendel ist vielleicht eine gute Wahl dazwischen. Es bewegt sich weder zu langsam noch zu schnell, sondern mit der richtigen Geschwindigkeit entlang der Achse. Wenn das Pendel zu leicht ist, ist es nicht schwer genug, damit Sie beim Pendeln eine Verbindung spüren können. Das Problem bei einem schweren Pendel ist, dass Sie viel mehr Energie benötigen und aufmerksam sein müssen, um es unter Kontrolle zu halten. Es kann Ihnen oft aus der Hand fallen, während Sie damit meditieren, aber das hängt von Ihrer persönlichen Erfahrung ab.

Material des Pendels

Pendel können aus verschiedenen Materialien hergestellt sein. Welches ist also das beste für Sie? In der Regel sind sie entweder aus Holz, Kristall oder Messing gefertigt. Sie können mit jedem Material experimentieren, um herauszufinden, welches für Sie am besten geeignet ist.

Holz

Ein Holzpendel ist eine der Optionen, aus denen Sie wählen können. Diese Pendel sind in der Regel größer als Kristall- oder Messingpendel, aber ihr Gewicht ist in der Regel geringer. Die Energie eines Holzpendels ist neutral. Sie sind leicht abzulesen und reagieren ebenfalls gut. Da Holz ein langlebiges Material ist, ist dieses Pendel ebenfalls langlebig. Sie müssen ein Holzpendel nicht reinigen und Sie werden sehen, dass es vielseitig einsetzbar ist.

Messing

Ein Messingpendel ist langlebig und haltbar. Diese Pendel haben eine neutrale Energie und auch ein angemessenes Gewicht. Auch ihre Bewegung ist in der Regel gut. Da Messingpendel keine emotionale Energie des Trägers oder der Umgebung aufnehmen und speichern, müssen sie nicht gereinigt werden.

Kristall

Ein Kristallpendel ist im Vergleich zu einem Messingpendel zerbrechlich und leichter. Wenn Sie es fallen lassen oder gegen eine harte Oberfläche schlagen, kann es Risse bekommen oder die Spitze brechen, dafür sind diese Pendel aber reaktionsschneller und schneller. Jedes Kristallpendel hat seine eigene Art von Energie. Je nachdem, für welche Art von Kristall Sie sich entscheiden, wird das Pendel eine einzigartige Charakteristik haben. Rosenquarzpendel zum Beispiel sind gut für Beziehungen, da sie mit dem Herzchakra verbunden sind. Die Eigenschaften des jeweiligen Kristalls, aus dem Ihr Pendel gefertigt ist, bestimmen seine Wirkung. Kristallpendel wirken ähnlich wie Amulette, wenn sie wie ein persönlicher Gegenstand getragen werden. Sie werden oft sehen, dass Kristallpendel-Benutzer es um den Hals tragen oder es einfach mit sich herumtragen. Bei der Wahl eines Kristallpendels ist es wichtig, eines zu wählen, das mit Ihrer Persönlichkeit harmoniert. Manche Kristalle sind für Sie nicht geeignet, aber für eine andere Person sind sie vielleicht genau richtig. Es gibt kein bestimmtes Pendel, das für jeden perfekt funktioniert. Kristalle können schlafend, aktiv oder tot sein. Wenn Sie einen Kristall in die Hand nehmen, müssen Sie darauf achten, ob Sie eine Verbindung zu ihm spüren. Wenn nicht, sollten Sie ihn ablegen und einen anderen ausprobieren. Anders als Messingpendel müssen Kristalle geklärt oder gereinigt werden, da sie Energie von ihrem Träger oder der Umgebung ansammeln.

Die Verwendung von mehr als einem Pendel

Sie können mehr als ein Pendel besitzen, wenn Sie möchten. Viele Menschen haben mehrere Pendel. Je nachdem, was Sie mit dem Pendel bezwecken wollen, werden Sie feststellen, dass bestimmte Pendel für eine bestimmte Aufgabe besser geeignet sind als andere. Es ist ähnlich wie bei einem Künstler, der beim Malen verschiedene Pinsel verwendet. Jeder Pinsel erfüllt seinen Zweck. Es wird für Sie von Vorteil sein, einige verschiedene Pendel für die unterschiedlichen Aufgaben zu besitzen, die Sie ausüben wollen.

Da Sie die Pendel in der Regel zusammen mit sich herumtragen, müssen Sie auch sehen, ob sie gut zusammenarbeiten. Wenn Sie bereits ein Pendel haben, testen Sie einige Pendel, um zu sehen, ob sie gut funktionieren. Tragen Sie das neue Pendel eine Zeit lang zusammen mit dem alten in Ihrer Tasche. Wenn die Ergebnisse nicht zu Ihrer Zufriedenheit sind, tauschen Sie das neue Pendel gegen ein anderes aus. Sie müssen herausfinden, was eine geeignete Ergänzung für Ihre Pendelsammlung ist. Zögern Sie nicht, Ihr Pendel auszutauschen, wenn Sie das Gefühl haben, dass es nicht so funktioniert, wie Sie es sich wünschen oder wie Sie es erwarten.

Für Anfänger eignen sich gute Pendel wie das einfache Dreieck, das einfache Tropfenpendel oder das konische Buchenholzpendel. Je mehr Sie mit Ihrem Pendel üben, desto mehr wachsen Ihre Fähigkeiten. Dabei werden Sie den Drang verspüren, nach dem ersten Pendel noch ein paar weitere auszuprobieren. Mit der Erfahrung werden Sie auch feststellen, dass bestimmte Aufgaben mit bestimmten Pendeln besser gelingen. Es gibt keine strengen Regeln, die Sie hier befolgen müssen. Hören Sie auf Ihre Intuition und lernen Sie aus der Erfahrung.

Die Auswahl der Pendel nach ihrem Verwendungszweck

Pendel sind sehr vielseitig und helfen bei der Bewusstseinserweiterung und dem persönlichen Wachstum. Es ist einfach, sie überall mit sich herumzutragen und sie können jederzeit für verschiedene Zwecke verwendet werden. Diese Pendel können aus verschiedenen Materialien wie Holz, Metallen oder Edelsteinen hergestellt sein. Das Material des Pendels verleiht ihm einzigartige Eigenschaften, die sich auf die Aufgabe auswirken, die Sie mit dem Pendel verrichten. Deshalb ist es wichtig, dass Sie sich vor der Auswahl eines Pendels Gedanken über Ihre primären Ziele machen. Wenn Sie sich mit den Eigenschaften der verschiedenen Materialien vertraut machen, können Sie das beste Pendel für Ihre Bedürfnisse auswählen.

Energieheilung

Wenn Sie ein Pendel für die Energieheilung verwenden möchten, wählen Sie Steine, die mit den Chakren verbunden sind. Verschiedene Kristalle sind in der Regel mit verschiedenen Chakren verbunden und helfen dabei, diese auszurichten oder Blockaden zu beseitigen. Kupfer ist auch ein gutes Material für Energieheilungspendel, da es die Heilenergie verstärken, leiten und ausgleichen kann.

Wahrsagerei

Ein Pendel für die Wahrsagerei muss in der Lage sein, höhere spirituelle Energien zu leiten und sie zu erhöhen. Idealerweise sollte es den Träger auch vor negativen Energien oder Schwingungen schützen. Ein klarer Quarzkristall ist eine der besseren Optionen für Wahrsagependel. Er kann Energie transformieren, leiten und verstärken.

Eine weitere leistungsstarke Option für diejenigen, die mit spiritueller Energie arbeiten möchten, ist ein Merkabah-Pendel. Diese helfen dabei, sich mit den Geistführern zu verbinden und den Träger mit seinem höheren Selbst zu verbinden. Es ist ein multidimensionaler Träger, der als Bindeglied zwischen den Dimensionen fungieren kann und der den Besitzer auch schützt, wenn er sich in einem veränderten Bewusstseinszustand befindet. Das Merkabah ist auch dafür bekannt, dass es beide Gehirnhälften miteinander verbindet. Dadurch wird die Person kreativer und vielseitiger, und ihre Fähigkeit, Probleme zu lösen, wird ebenfalls verbessert.

Indisches Rosenholz oder Sheesham wird mit dem göttlichen Weiblichen assoziiert. Es wird mit Mitgefühl und dem Herzchakra in Verbindung gebracht. Ein Sheesham-Pendel ist eine ausgezeichnete Wahl, wenn Sie meditieren, um ihr inneres Selbst zu entwickeln oder wenn Sie mit Hindernissen zu kämpfen haben. Dieses Material wird für die Herstellung von Gebetsperlen für buddhistische Mönche verwendet, da es heilende Eigenschaften besitzt.

Was auch immer Ihr Zweck oder Ihr Bedürfnis sein mag, es gibt sicher ein Pendel, das für Sie geeignet ist. Sie müssen es nur ausprobieren und das beste Pendel für Sie finden.

Sich mit dem Pendel verbinden

Sobald Sie sich für ein Pendel entschieden haben, müssen Sie eine Beziehung zu ihm aufbauen. Wie jedes Hilfsmittel zur Wahrsagerei wird auch Ihr Pendel am besten funktionieren und Ihnen bessere Vorhersagen oder Deutungen liefern, wenn Sie sich mit ihm verbinden. Es gibt verschiedene Möglichkeiten, wie Sie sich mit verschiedenen Pendeln verbinden können.

Sie können das Pendel zum Beispiel überallhin mitnehmen, wo Sie hingehen. Dies ist eine der einfachsten Möglichkeiten, eine Bindung zum Pendel herzustellen. Zu diesem Zweck können Sie einen speziellen Beutel besorgen, der das Pendel vor jeglicher negativer Energie schützt. Wenn Sie das Pendel mit sich herumtragen, kommt es in Kontakt mit anderen Menschen und der Umwelt, und bestimmte Pendel neigen dazu, alle Arten von Energie aus ihrer Umgebung zu absorbieren. Um die Unantastbarkeit Ihres Pendels zu schützen, müssen Sie es vor solcher Energie bewahren.

Eine weitere Möglichkeit, eine Beziehung zu Ihrem Pendel aufzubauen, besteht darin, sich von ihm leiten zu lassen. Wenn Sie dies tun, haben Sie Zeit mit dem Pendel und zeigen ein hohes Maß an Vertrauen in das gewählte Werkzeug. Es zeigt Ihrem Pendel, dass Sie ihm vertrauen, dass es Sie zu einem bestimmten Ort oder zu dem, was Sie suchen, führen kann.

Mit Ihrem Pendel zu meditieren ist eine der besten Möglichkeiten, sich mit ihm zu verbinden. Konzentrieren Sie sich auf das Pendel und seine Fähigkeit, als Wegweiser und Instrument zu fungieren, um Sie zu heilen oder Ihnen zu helfen, wenn Sie es brauchen. Es empfiehlt sich, vor einer Wahrsagesitzung oder einer längeren Lesung mit Ihrem Pendel zu meditieren.

Je stärker Sie mit Ihrem Pendel verbunden sind, desto effektiver wird es sein.

Kapitel Drei: Vorbereitungen für die Verwendung des Pendels

Wahrsagerei ermöglicht es Ihnen, Einsicht in bestimmte Dinge zu gewinnen. Wenn Sie ein Pendel zum Wahrsagen verwenden, kann es Ihnen auf verschiedene Weise helfen. Sie können es verwenden, um Antworten auf bestimmte Fragen zu erhalten, oder Sie können es verwenden, um Entscheidungen zu treffen, die Sie alleine nur schwer treffen können. Anstelle einer genauen Wahrsagung können Sie sich auf das Pendel verlassen, um mögliche Ergebnisse für Ihre Entscheidungen oder Wahlmöglichkeiten zu sehen. Sie sollten die Wahrsagerei vielmehr mit der Absicht angehen, geistige Klarheit und Führung durch höhere Mächte zu erlangen.

Ein Wünschelruten-Pendel hilft Ihnen, materielle und geistige Einsichten zu gewinnen. In früheren Zeiten wurden diese Wünschelruten-Pendel benutzt, um verborgene Dinge unter der Erde zu finden, wie Wasser oder Mineralien. Sie können mit Ihrem Pendel aber noch viel mehr tun.

Aber bevor Sie ein Pendel benutzen, müssen Sie es auf eine bestimmte Weise vorbereiten. Es geht nicht nur darum, ein Pendel in die Hand zu nehmen, ihm eine Frage zu stellen und darauf zu warten, dass es Ihnen alle Antworten des Lebens gibt. Wenn es nur so einfach wäre.

Hier finden Sie Tipps, die Ihnen den Einstieg in die Pendeldeutung erleichtern werden:

Das richtige Pendel finden

Es gibt kein bestimmtes Pendel, das für jeden perfekt funktioniert. Denken Sie darüber nach, welche Art von Pendel Sie für sich selbst wünschen. Wenn Sie in späteren Kapiteln mehr über die verschiedenen Arten von Pendeln und die Eigenschaften von Kristallen erfahren, können Sie dieses Wissen nutzen, um ein geeignetes Pendel auszuwählen. Vielleicht gibt es einen bestimmten Stein, mit dem Sie harmonieren. Wenn Sie in ein Geschäft gehen, um ein Pendel zu kaufen, nutzen Sie die Gelegenheit, jedes Pendel in Ihrer Hand auszuprobieren. Suchen Sie sich das Pendel aus, das Sie anspricht oder das Ihnen ins Auge sticht. Halten Sie es dann in der Hand und sehen Sie, ob Sie eine Verbindung zu ihm spüren. Sie werden merken, wenn ein Stein mit Ihnen interagiert. Wenn Sie nichts spüren, nehmen Sie einfach ein anderes und machen Sie so weiter, bis Sie Ihr bevorzugtes Pendel gefunden haben. Beginnen Sie mit dem Kauf eines Pendels für den allgemeinen Gebrauch und üben Sie mit ihm. Später können Sie ein paar weitere Pendel erwerben, je nachdem, was Sie damit machen wollen. Wenn Sie keine Möglichkeit haben, ein Pendel zu kaufen, können Sie sich auch selbst eines basteln, um es eine Weile zu benutzen. Binden Sie einfach einen mäßig schweren Gegenstand an das Ende einer Schnur, und schon haben Sie ein Pendel.

Sobald Sie ein Pendel haben, müssen Sie es reinigen. Fangen Sie nicht sofort an, ein Pendel zu benutzen, nachdem Sie es erstanden haben. Es ist wichtig, jegliche Restenergie loszuwerden. Steine neigen dazu, Energie von allen Menschen, die sie halten, oder von ihrer Umgebung aufzunehmen. Benutzen Sie das Pendel erst, wenn Sie sicher sind, dass es frei von Restenergie anderer ist. Reinigen Sie Ihr Pendel auf eine der in diesem Abschnitt genannten Arten und laden Sie es anschließend mit positiver Energie auf, bevor Sie es benutzen.

Arbeiten Sie daran, eine Beziehung zu Ihrem Pendel aufzubauen. Es ist ganz einfach, eine Beziehung zu Ihrem Pendel herzustellen, und das sollten Sie auch tun, wenn Sie möchten, dass das Pendel besser für Sie arbeitet. Je mehr Zeit Sie sich dafür nehmen, desto leichter wird es Ihnen fallen, die Botschaft Ihres Pendels während der Benutzung zu verstehen.

Hier ist eine Möglichkeit, wie Sie die Sprache Ihres Pendels lernen und sich darauf einstimmen können:

1. Halten Sie das Pendel mit Ihrer dominanten Hand und lassen Sie den Stein ein paar Zentimeter über der Handfläche Ihrer anderen Hand schweben.
2. Atmen Sie nun ein paar Mal tief durch. Lassen Sie zu, dass Sie sich zentriert fühlen.
3. Rufen Sie die höheren Mächte an, damit sie Sie führen und unterstützen.
4. Beginnen Sie nun, dem Pendel Fragen zu stellen, damit Sie lernen, wie es in Zukunft zu Ihnen sprechen wird. Bitten Sie Ihr Pendel, Ihnen eine Ja-Bewegung zu zeigen. Warten Sie nun einfach und beobachten Sie, wie das Pendel schwingt. Schreiben Sie es auf. Bitten Sie das Pendel dann, Ihnen eine Nein-Bewegung zu zeigen und notieren Sie die ebenfalls. Sie wissen nun, wie sich das Pendel bewegen wird, wenn Sie ihm eine Frage stellen, die mit Ja oder Nein beantwortet werden muss. Bitten Sie das Pendel dann, Ihnen eine Vielleicht-Bewegung zu zeigen und beobachten Sie auch diese Reaktion. Danken Sie dem Pendel und fahren Sie mit dem nächsten Schritt fort.
5. Sie können dem Pendel auch ein paar Fragen stellen, auf die Sie die Antwort bereits kennen. Wenn Sie zum Beispiel braune Augen haben, fragen Sie das Pendel, ob Ihre Augen braun sind. So können Sie beobachten, wie sich das Pendel bewegt und ein Ja anzeigt. Auf ähnliche Weise können Sie eine andere Frage stellen, um ein Nein anzuzeigen. Wenn Sie diese Methode anwenden, stellen Sie einfach klare und objektive Fragen.
6. Nun können Sie beginnen, Ihrem Pendel weitere Fragen zu stellen. Setzen Sie sich ruhig und in einer bequemen Position hin und fangen Sie an, es auszuprobieren. Da Sie das Pendel an einer Schnur halten müssen, stützen Sie den Ellbogen der verwendeten Hand ab, damit es keine zusätzliche Bewegung gibt. Das gibt Ihnen mehr Stabilität und hilft Ihnen, das Pendel so zu halten, dass es sich aus eigenem Antrieb bewegen kann. Stellen Sie dem Pendel Fragen, auf die Sie klare Antworten erhalten können. Formulieren Sie dazu Ihre Fragen auf einfache Weise. Dabei kann es sich um alles Mögliche handeln, von Beziehungen über finanzielle Fragen bis hin zu tiefer gehenden spirituellen Themen.

7. Denken Sie daran, Ihr Pendel mit Bedacht einzusetzen. Wahrsagewerkzeuge sollten nicht missbraucht werden. Verwenden Sie das Pendel mit Umsicht und aus den richtigen Gründen. Wenn Sie sich in einem geistig unausgeglichenen Zustand befinden oder sehr emotional sind, sollten Sie das Pendel nicht benutzen. Sie können das Pendel einfach bitten, Ihnen zu sagen, ob Sie in der richtigen Geistesverfassung sind, um mit dem Pendeln fortzufahren. Vertrauen Sie auf Ihr Pendel und folgen Sie seiner Führung.

8. Pendel sollten nicht als Alternative zu Medikamenten verwendet werden. Wenn Sie krank sind oder aus irgendeinem Grund medizinische Hilfe benötigen, können Pendel oder andere Wahrsagegeräte diese nicht ersetzen. Sie können Pendel nur als zusätzliches Hilfsmittel zu Ihrem Nutzen einsetzen. Gefährden Sie nicht Ihre Gesundheit oder Ihr Wohlbefinden, indem Sie sich vollständig auf Pendel oder andere Formen der Wahrsagerei verlassen.

9. Wenn Sie mit dem Pendel arbeiten, tun Sie es für sich selbst. Führen Sie keine Anwendung für jemand anderen durch, es sei denn, Sie haben dessen Erlaubnis oder er bittet Sie, es zu tun. Es ist auch wichtig zu überlegen, ob Sie genug Erfahrung haben, um das Ganze für jemand anderen zu tun. Sammeln Sie zunächst selbst mehr Erfahrung und bieten Sie dann an, jemand anderem mit dem Pendel zu helfen oder ihn zu heilen.

10. Halten Sie Ihren Geist offen und unvoreingenommen, wenn Sie ein Pendel benutzen wollen. Wenn Sie eine Frage in der Annahme stellen, dass Sie die Antwort bereits kennen, beeinflussen Sie wahrscheinlich die Antworten, die Ihnen das Pendel gibt.

Obwohl die Pendelrute hilfreich ist, sollten Sie sich nicht zu sehr auf sie verlassen. Sie sollten sich nicht darauf verlassen, dass Ihr Pendel alle Ihre Entscheidungen trifft. Es hindert Sie daran, die Verantwortung für Ihre Entscheidungen zu übernehmen und beeinträchtigt Ihre Fähigkeit, Entscheidungen zu treffen. Sie können die Ausrede des Pendelns nicht benutzen, um sich vor der Verantwortung für Ihre Entscheidungen zu drücken. Das Pendel wird zwar Ihre Fragen beantworten, aber es ist nur ein Wegweiser, und die endgültigen Entscheidungen liegen immer in Ihrer Hand.

Meditieren Sie, um Ihren Körper und Geist zu beruhigen

Es ist wichtig, dass Sie die Arbeit mit dem Pendel mit einem klaren und ruhigen Geist beginnen. Beginnen Sie eine Sitzung nicht, wenn Sie emotional aufgewühlt sind. Dies wird sich auf den Prozess und das Ergebnis auswirken. Sie können mit Hilfe von Meditation diesen ruhigen Zustand erreichen. Wenn Sie bei der Verwendung des Pendels losgelöst, ruhig und unemotional bleiben können, ist es sehr viel wahrscheinlicher, dass Sie genaue Ergebnisse oder das gewünschte Resultat mit Ihrem Pendel erhalten. Im Folgenden erklären wir Ihnen, wie Sie meditieren können, um den idealen Zustand von Geist und Körper zu erreichen, bevor Sie das Pendel benutzen.

Wenn Sie sich im Laufe Ihres Tages nur eine Minute Zeit nehmen, um innezuhalten und ein paar Tiefenatmungen durchzuführen, werden Sie feststellen, dass es Ihnen hilft, sich leichter und ruhiger zu fühlen. Diese wenigen Sekunden des bewussten Atmens sind eine Art von Meditation. Nehmen Sie sich zwischen den anderen Dingen des Tages die Zeit, sich einfach aufrecht hinzusetzen und ein paar tiefe Atemzüge in den Bauch zu nehmen. Tun Sie dies langsam für eine Minute und bemerken Sie, wie Sie sich sofort ein wenig weniger gestresst fühlen. Diese Art von Mini-Meditationsübung ist sehr nützlich.

Viele Menschen schrecken vor der Meditation zurück, weil sie denken, dass sie zu viel Zeit in Anspruch nimmt oder weil sie sie langweilig finden. Sie stellen sich eine formelle Meditationssitzung vor, bei der sie wahrscheinlich 30-40 Minuten lang stillsitzen müssen, aber das ist nicht die einzige Art zu meditieren. Womit Sie beginnen müssen, ist die Achtsamkeitsmeditation, und die beinhaltet nicht die Art von langen und intensiven Sitzungen, die Sie fürchten.

Bei der Achtsamkeitsmeditation können Sie alle Emotionen und Gedanken an sich vorbeiziehen lassen, anstatt sich auf sie zu konzentrieren und zu viel über sie nachzudenken. Stattdessen lenken Sie Ihre Aufmerksamkeit immer wieder auf Ihren Atem zurück. Diese Praxis lehrt Sie, mehr in der Gegenwart zu sein, anstatt sich über die Vergangenheit oder sogar die unmittelbare Zukunft zu sorgen. In den letzten Jahren ist die Achtsamkeitsmeditation zunehmend beliebter geworden, obwohl das Konzept schon recht alt ist. Es gibt viele Beweise dafür, wie vorteilhaft diese Praxis ist. Deshalb empfehlen wir, dass auch

Sie mit der Achtsamkeitsmeditation beginnen. Sie wird Ihnen helfen, Ihr geistiges und körperliches Wohlbefinden zu verbessern. Verschiedenen Studien zufolge stärkt sie Ihr Immunsystem, verbessert die Herzgesundheit, reduziert den Stresspegel und senkt den Blutdruck. Achtsamkeitsmeditation wird Ihnen helfen, sich zu entspannen und sich so zu regenerieren, wie es auch im Urlaub der Fall ist.

Sie sollten sich bemühen, eine regelmäßige Meditationspraxis zu etablieren, damit sich all diese Vorteile langfristig manifestieren. Sie müssen nicht lange meditieren, wenn Sie es nicht wollen. Nehmen Sie sich einfach so viel Zeit, wie Sie glauben, dass Sie schaffen können. Ein paar Minuten Achtsamkeitsmeditation am Morgen, vor dem Schlafengehen oder kurz vor Ihren Pendelruten-Sitzungen werden einen großen Unterschied machen. Es ist ganz einfach, solche Mini-Meditationssitzungen in Ihren Tag einzubauen. Je mehr Sie meditieren, desto leichter fällt es Ihnen, die Meditation täglich fortzusetzen, und desto länger wird der Nutzen anhalten.

Unabhängig davon, wie lange Sie die Meditation praktizieren wollen, ist es wichtig, dass Sie zunächst lernen, achtsam zu sein. Sie müssen präsent und vorurteilsfrei sein. Ihre Haltung gegenüber Ihrer inneren Erfahrung sollte von Mitgefühl geprägt sein.

Wie man Achtsamkeitsmeditation praktiziert

Tiefenatmung

Atmen Sie einmal tief ein, halten Sie den Atem an und lassen Sie die Luft ausströmen. Machen Sie dies ein paar Mal. Dies ist eine einfache Mini-Meditationsübung, die Sie überall durchführen können. Sie können dies bei der Arbeit, in Ihrem Schlafzimmer oder sogar während eines Fluges tun. Wenn Sie ein paar Mal tief durchatmen, befindet sich Ihr Körper nicht mehr im Zustand von Kampf oder Flucht. Stattdessen wechselt er in den Ruhemodus und beruhigt sich wieder. Die Tiefenatmung verlangsamt Ihren Herzschlag, senkt den Blutdruck und macht Sie weniger ängstlich. Sie hilft Ihnen, in jeder Situation das Gefühl der Kontrolle wiederzuerlangen. Eine bewusste Tiefenatmung ist hilfreich, egal für welche Art von Mini-Meditation Sie sich entscheiden.

Die Reaktion Ihres Körpers

Achten Sie darauf, wie Ihr Körper reagiert, wenn Sie gestresst sind. Haben Sie das Gefühl, dass sich Ihr Herzschlag stark beschleunigt hat? Gehen Ihnen viele Gedanken durch den Kopf? Haben Sie Ihre Fäuste geballt? Wenn Sie eines dieser Dinge bemerken, bedeutet dies, dass Sie gestresst sind und Ihr Körper darauf reagiert. Selbst wenn Sie diese Anzeichen nur zur Kenntnis nehmen und sich eingestehen, dass Sie gestresst sind, werden Sie sich ein wenig besser fühlen, weil Sie erkennen, dass Sie etwas gegen Ihre Gefühle tun können. Das Einfachste wäre eine Mini-Meditation in Form einer Tiefenatmung für ein paar Minuten.

Benennen Sie Ihre Emotionen

Achten Sie darauf, wie Sie sich fühlen und geben Sie diesen Gefühlen einen Namen. Fühlen Sie sich ängstlich? Ist es Wut? Sind Sie gestresst? Wenn Sie Ihren Gefühlen einen Namen geben können, scheint dies eine beruhigende Wirkung zu haben. Es regt die Aktivität in dem Teil Ihres Gehirns an, der für das Denken zuständig ist, anstatt Ihr Gehirn zu belasten.

Meditation mit offenen Augen

Sie müssen nicht bei jeder Meditationssitzung Ihre Augen schließen. Machen Sie eine Mini-Meditation mit offenen Augen. Diese Art der Meditation wird normalerweise nicht mit der Absicht durchgeführt, Ihnen beim Schlafen zu helfen oder einen höheren Bewusstseinszustand zu erreichen. Stattdessen fördert sie die Wachsamkeit in Ihnen. Wenn Sie beim Meditieren Ihre Augen öffnen, fühlen Sie sich präsenter. Sie sind offener für das, was in diesem Moment geschieht. Diese besondere Methode ist nützlich, wenn Sie meditieren möchten, ohne dass jemand anderes weiß, dass Sie still meditieren. Wählen Sie einen Bezugspunkt und konzentrieren Sie die Augen darauf, während Sie atmen.

Üben Sie achtsames Mitgefühl mit sich selbst

Es kommt häufig vor, dass wir uns plötzlich Situationen ausmalen, die uns ängstlich oder gestresst machen. Wenn Sie bemerken, dass Sie dies tun, versetzen Sie sich zurück in die Gegenwart und sprechen Sie freundlich mit sich selbst. Ermutigen Sie sich selbst, damit Sie sich wieder ruhig und besänftigt fühlen. Durch Selbstmitgefühl wird sich Ihr aufgewühlter Geist besser fühlen.

Verrichten Sie Aktivitäten mit Achtsamkeit

Sie können Achtsamkeit bei jeder Aktivität üben. Das kann bei einem Spaziergang sein oder auch während Sie mit einem Freund sprechen. Zwingen Sie sich dazu, sich auf den gegenwärtigen Moment zu konzentrieren. Die meisten Menschen schaffen es nicht, sich ganz auf die Gegenwart zu konzentrieren.

Lassen Sie Ihre Gedanken vorbeiziehen

Wenn Sie einen Gedanken haben, fangen Sie in der Regel an, mehr darüber nachzudenken und vertiefen ihn mehr als nötig. Das ist in der Regel nicht von Vorteil für Sie. Es ist besser, Ihre Gedanken einfach zu beobachten und sie vorbeiziehen zu lassen. Wenn Sie Ihren Gedanken auf eine distanziertere Art und Weise Aufmerksamkeit schenken, werden Sie eine Menge über sich selbst und Ihr Leben lernen. Sie werden bemerken, welche Dinge Sie beunruhigen, was Sie schätzen und was Sie brauchen. Sie werden auch feststellen, dass einige Dinge Sie viel häufiger beschäftigen als andere.

Außerdem werden Sie erkennen, dass sich Ihre Gedanken und Gefühle mit der Zeit verändern oder weiterentwickeln. Es ist nicht notwendig, dass Sie sich mit allen Gedanken beschäftigen, die Ihnen durch den Kopf gehen. Es genügt, sie zur Kenntnis zu nehmen und sie mit den Augen eines Beobachters zu betrachten. Wenn Sie immer wieder zu viel nachdenken, schadet das mehr als es guttut. Es wird Sie auch daran hindern, sich auf die Gegenwart und die Aufgaben zu konzentrieren, die Sie gerade erledigen. Diese Übung hilft Ihnen, sich auf den Vorgang des Pendelns zu konzentrieren, anstatt an andere Dinge zu denken. Außerdem hilft sie Ihnen, das Ergebnis nicht durch Ihr Unterbewusstsein zu manipulieren.

Lächeln

Bemühen Sie sich bewusst, jederzeit ein wenig zu lächeln. Haben Sie schon einmal die Statuen von Buddha beim Meditieren gesehen? Sie werden sehen, dass er immer ein halbes Lächeln im Gesicht zu haben scheint. Wenn Sie lächeln, scheint sich Ihr Geist automatisch ein wenig zu entspannen. Sie können Ihrem Geist und Ihrem Körper Gutes tun, wenn Sie jeden Tag ein wenig mehr lächeln. Manche Menschen nutzen sogar die Lachmeditation, um sich zu entspannen.

Rezitieren Sie ein Mantra oder ein Gebet

Worte haben immense Macht über Ihren Geist und Körper. Sie können ein Mantra, ein Motto oder ein Gebet zum Meditieren verwenden. Es könnte eine Phrase sein, die für Sie eine tiefe Bedeutung hat. Es könnte ein Gebet an die höheren Mächte sein, an die Sie glauben. Es könnte auch ein Mantra sein, das Sie gelernt haben. Wenn Sie es ein paar Mal wiederholen, werden Sie sich ruhiger und gelassener in den verschiedensten Situationen fühlen. Diese Worte werden Sie beruhigen.

Üben Sie sich in Dankbarkeit

Anstatt sich auf alles zu konzentrieren, was in Ihrem Leben schiefläuft oder schieflaufen könnte, konzentrieren Sie sich auf das Gute. Nehmen Sie sich ein paar Sekunden Zeit, um darüber nachzudenken, wofür Sie in Ihrem Leben dankbar sein sollten. Das kann alles sein, vom Essen auf dem Tisch bis hin zu einem Ziel, das Sie im letzten Jahr erreicht haben. Dankbarkeit zu praktizieren ist eine großartige Möglichkeit, Stabilität und Freude in Ihren Geist zu bringen.

Alle oben genannten Methoden sind einfache Wege, um zu meditieren, auch wenn es vielleicht nicht so aussieht. Versuchen Sie, eine dieser Praktiken in Ihr tägliches Leben einzubauen und beobachten Sie, welche Auswirkungen sie insbesondere auf Ihr geistiges Wohlbefinden haben. Diese Mini-Meditationen sind auch eine gute Möglichkeit, um Ihren Geist zu beruhigen, bevor Sie ein Pendel benutzen. Je mehr Sie sie praktizieren, desto leichter wird es Ihnen fallen, achtsam mit allem umzugehen, was Sie im Leben tun. Regelmäßige Meditation befreit Ihren Geist von negativen oder unnötigen Gedanken und ermöglicht es Ihnen stattdessen, Ihr Gleichgewicht zu finden.

Nehmen Sie sich also eine Minute oder mehr Zeit, um ein wenig zu meditieren, bevor Sie eine Sitzung mit Ihrem Pendel beginnen, egal zu welchem Zweck.

Reinigen Sie Ihr Pendel und Ihre Steine

Ein wichtiger Bestandteil der Verwendung von Pendeln ist die Reinigung. Sie müssen das Pendel, die Steine oder andere Wahrsagegeräte, die Sie verwenden, regelmäßig reinigen. Diese Gegenstände neigen dazu, die Energie des Trägers oder Benutzers, seiner Umgebung und der Menschen in seiner Nähe anzusammeln. Wenn Sie das Pendel und andere Hilfsmittel von dieser negativen Energie befreien, stellen Sie sicher, dass sie optimal funktionieren und keine negativen Auswirkungen auf den Benutzer haben.

Wenn Sie das Pendel schon eine Weile benutzen oder gerade erst damit begonnen haben, werden Sie feststellen, dass das Pendel manchmal unregelmäßig arbeitet oder sich nur langsam bewegt. Einer der möglichen Gründe für diese Art von Verhalten des Pendels ist, dass es gereinigt werden muss.

Pendel können aus Stein, Kristallen und anderen Edelsteinen hergestellt sein. All diese Materialien absorbieren jede Energie, die sich in ihrer Nähe befindet. Da sie Energie absorbieren, halten sie diese auch fest. Solange Sie den Kristall oder Stein nicht gereinigt haben, wird die absorbierte Energie in ihm bleiben. Um die besten Ergebnisse mit dem Pendel zu erzielen, müssen Sie sicherstellen, dass es nur mit Ihrer eigenen Energie oder einer anderen Energie arbeitet, mit der Sie es zu arbeiten beabsichtigen. Sie müssen die Pendel, mit denen Sie arbeiten, nicht ständig reinigen, aber es ist wichtig, dass Sie eine Reinigung vornehmen, wenn Sie sie zum ersten Mal erwerben. Möglicherweise sind sie durch die Hände vieler Menschen gegangen und haben deren Energie absorbiert. Wenn Sie ein Pendel als Ihr eigenes beanspruchen, reinigen Sie es von dieser Energie, und erst dann können Sie damit arbeiten.

Kristalle und Natursteine nehmen in der Regel die meisten Energien auf, denen sie begegnen, und speichern sie in sich. Dabei kann es sich um positive und negative Energie handeln. Ein großer Teil der Energie in einem Pendel wird Ihnen zwar helfen, aber zu viel negative Energie ist nicht hilfreich. Diese Art der Ansammlung von negativer Energie verhindert, dass das Pendel sein volles Potenzial entfalten kann. Die regelmäßige Reinigung von Kristallen, Heilsteinen oder Pendeln wird dringend empfohlen.

Es gibt viele verschiedene Möglichkeiten, wie Sie die Energie dieser Wahrsageinstrumente reinigen können. Im Folgenden werden wir nur einige bewährte Methoden auflisten, die für die meisten Arten von Steinen und sogar für Sterlingsilber geeignet sind. Wenn Sie nach Informationen zur Energiereinigung suchen, werden Sie feststellen, dass viele Quellen die Verwendung von Meersalzen und Flüssigkeiten empfehlen. Die Verwendung dieser Mittel kann Sterlingsilber und einige bestimmte Steinarten angreifen. Stattdessen können Sie sich für eine der folgenden sichereren Methoden entscheiden, die wir für die Energiereinigung empfehlen.

Räuchern

Sie können Räucherstäbchen kaufen, die leicht online oder in Geschäften erhältlich sind, die Hilfsmittel für die Weissagung verkaufen. Wählen Sie ein Räucherstäbchen aus Kräutern wie weißem Salbei oder Zedernholz. Zünden Sie das Räucherstäbchen an und blasen Sie die Flamme aus. Halten Sie nun Ihr Pendel oder andere Steine über den Rauch, der von dem Räucherstäbchen ausgeht. Führen Sie das Pendel ein paar Mal durch den duftenden Rauch. Dies ist eine einfache Methode zur Energiereinigung.

Energie-Reinigungsset

Sie können ein speziell für die Energiereinigung hergestelltes Set kaufen. Diese werden in der Regel mit einer ausführlichen Anleitung geliefert und enthalten einen Reinigungsstein oder ein anderes Hilfsmittel, das Ihnen dabei hilft, Ihr Ziel zu erreichen.

Brauner Reis

Nehmen Sie eine kleine Schüssel und füllen Sie sie mit trockenen braunen Reiskörnern. Verwenden Sie besser runde statt langer Körner. Tauchen Sie nun Ihren Stein oder Ihr Pendel in den Reis ein. Lassen Sie ihn dort ein oder zwei Tage lang ruhen. Der Reis wird die unerwünschten Energien des Pendels absorbieren und den Stein reinigen. Nachdem Sie das Pendel herausgenommen haben, sollten Sie den Reis wegwerfen. Verzehren Sie den Reis nicht, da er jetzt negative Energie enthält, die sonst von Ihrem Körper aufgenommen wird.

Andere Kristalle

Bestimmte Kristalle können andere Kristalle reinigen. Einige starke Reinigungskristalle sind Citrin, Selenit, Amethyst und Karneol. Nehmen Sie Ihr Pendel oder Ihren Kristall und legen Sie ihn in einen Beutel mit Citrin-Kristallen. Halten Sie diesen Beutel geschlossen und lassen Sie ihn einen Tag lang ungestört liegen. Sie können dies mit jedem der Reinigungskristalle tun. Sie werden die negativen Energien von Ihrem Pendel absorbieren.

Sonnenlicht

Das Sonnenlicht ist ein weiteres reinigendes Element, das Sie nutzen können. Nicht nur das Mondlicht ist ein großartiges Reinigungsmittel, sondern auch die Sonne. Die kraftvolle Energie des Sonnenlichts wird Ihre Kristalle zu ihrem vollen Potenzial aufladen. Die Sonnenenergie ist im Vergleich zur weiblichen Energie des Mondes eher männlich. Deshalb eignet sie sich eher zum Programmieren als zum Reinigen, aber Sie können Ihre Kristalle trotzdem unter direktes Sonnenlicht legen, um sie zu reinigen und zu programmieren. Wenn Sie Ihre Kristalle für ein größeres Ziel verwenden möchten, wird die Energie der Sonne Ihnen helfen, Ihren Bemühungen Schwung zu verleihen. Legen Sie Ihren Kristall oder Ihr Pendel am Morgen oder in den späten Nachmittagsstunden einfach in die Sonne, um sich zu sonnen. Etwa 3-4 Stunden reichen aus, um die Reinigung zu vollziehen. Kristalle wie Amethyst und Fluorit verlieren unter direktem Sonnenlicht ihre Farbe und sollten mit einer anderen Methode gereinigt werden. Vermeiden Sie außerdem, Ihr Pendel bei zu heißem Wetter oder um die Mittagszeit draußen zu platzieren.

Mondlicht

Eine der reinsten Möglichkeiten, Kristalle zu reinigen, ist die Verwendung von Mondlicht. Die Energie des Mondes hat eine stark reinigende Wirkung und kann Ihre Kristalle von allen unerwünschten Energien befreien. Die Energie des Mondes lädt die Kristalle nach der Reinigung außerdem mit zusätzlicher Vitalität auf. Legen Sie die Kristalle an einen Ort, an dem sie direkt vom Mond angestrahlt werden und lassen Sie sie über Nacht dort. Am effektivsten ist es, dies bei Neumond oder Vollmond zu tun. In diesen Nächten hat das Mondlicht sehr starke Frequenzen, die Ihren Kristallen zugutekommen werden. Die weibliche Energie des Mondes hilft auch bei der emotionalen und spirituellen Heilung dieser Kristalle. Genau wie das Sonnenlicht können Sie auch das Mondlicht für die Reinigung Ihrer Kristalle verwenden, wobei das Mondlicht für alle Kristalle geeignet ist und keine Einschränkungen wie das Sonnenlicht hat. Warten Sie auf den Vollmond und legen Sie Ihr Pendel oder Ihre Kristalle in eine Schale in der Nähe eines Fensters, in das das Mondlicht einfallen kann. Lassen Sie sie über Nacht in Ruhe, und Sie können sie am nächsten Morgen wieder benutzen.

Kristall-Cluster

Wenn Sie einen Kristallcluster aus Citrin, Karneol, Amethyst oder anderen reinigenden Kristallen haben, können Sie Ihr Pendel in dessen Mitte legen und es einige Stunden lang ruhen lassen. Der Cluster wird in dieser Zeit zur Reinigung des Pendels beitragen und ist wirkungsvoller als ein einzelner Kristall.

Visualisierung

Sie können Ihr Pendel auch reinigen, indem Sie ein reinigendes Licht visualisieren. Halten Sie das Pendel vor sich oder in Ihren Händen, wenn Sie diese Reinigung durchführen. Stellen Sie sich nun vor, dass ein wunderschönes weißes Licht das Pendel umgibt und durch es hindurchgeht, während es gereinigt wird. Stellen Sie sich vor, dass dieses heilende Licht den ganzen Stein durchspült.

Erde

Dieses Element ist eine weitere gute Möglichkeit, Ihre Kristalle von Restenergien zu befreien. Vergraben Sie Ihren Kristall einfach unter etwas Erde und lassen Sie zu, dass die alten Energien im Kristall freigesetzt werden. Vertrauen Sie auf Ihre Intuition, die Ihnen sagt, wie lange Sie den Kristall vergraben lassen sollten. Es können drei oder sogar elf Tage sein.

Wasser

Wasser hat eine starke Energie und kann für alle Arten von Ritualen verwendet werden. Die Energien von Wasser und Kristallen sind freundschaftlich. Sie können Ihren Kristall unter Wasser halten, während Sie ihn reinigen. Es ist ideal, dies im Meer oder unter einer reinen Quelle zu tun. Während Sie den Kristall unter Wasser halten, stellen Sie sich vor, dass der Kristall in seinen natürlichen Zustand zurückkehrt, während das Wasser alle Störungen abwäscht. Sie können auch Meersalz mit Wasser über den Stein reiben und ihn so reinigen, aber es ist wichtig zu beachten, dass bestimmte Kristalle kein Wasser vertragen. Selenit zum Beispiel wird sich auflösen, wenn Sie Wasser zur Reinigung verwenden.

Klangschwingungen

Sie können auch Gongs, Klangschalen, Trommeln oder Glockenspiele verwenden, um Ihre Kristalle zu reinigen. Klangschwingungen sind ein kraftvolles Reinigungsmittel. Sie können Ihren Kristall entweder in die Mitte Ihrer Klangschale legen oder Sie halten den Kristall in die Nähe, während Sie Klangwellen erzeugen. Die Schwingungen werden die unerwünschten Energien von den Kristallen entfernen. Alle Kristalle können mit dieser Methode gereinigt werden, und Sie können sogar eine Gruppe von Kristallen auf einmal reinigen.

Nachdem Sie eine dieser Methoden zur Reinigung angewendet haben, können Sie das Pendel oder die Kristalle mit reiner positiver Energie aufladen. Wenn Sie den Kristall aufladen, haben Sie die Möglichkeit, ihm wieder positive Energie zuzuführen. Das Aufladen kann mit Licht, Affirmationen, Klängen oder einfach durch Ihre Berührung erfolgen. Wenn Sie wissen, wie man Reiki anwendet, können Sie dies nutzen, um Ihren Kristall oder Ihr Pendel wieder aufzuladen. Sobald Sie das Pendel aufgeladen haben, wird es viel reaktionsschneller und beweglicher.

Vermeiden Sie es, Salze zur Reinigung zu verwenden, auch wenn Sie hören, dass andere dies empfehlen. Salze können Korrosion verursachen und das Silber beschädigen. Auch bestimmte Steine reagieren negativ, wenn sie mit Salz in Berührung kommen. Es wäre sicherer, Salze ganz zu vermeiden, als zu versuchen, sich zu merken, welche Steine mit Salzen gereinigt werden können und welche nicht. Wasser ist ein weiteres Element, das, wenn überhaupt, nur mit Vorsicht verwendet werden sollte. Wenn Sie Silber mit Wasser in Kontakt bringen, wird der natürliche

Prozess der Oxidation beschleunigt. Kristallselenit wird trübe, wenn Sie es in Wasser tauchen. Diese Trübung kann für immer in dem Kristall verbleiben.

Kapitel Vier: Aktivieren Sie Ihr Pendel

Sie können Ihr Pendel konsultieren, wann immer Sie das Gefühl haben, dass Sie es brauchen, aber Sie sollten sich nicht ständig darauf verlassen, dass es alle wichtigen Entscheidungen für Sie trifft. Sie helfen sich selbst nicht, wenn Sie sich vor der Verantwortung für Ihre Entscheidungen drücken und sich auf solche Dinge verlassen. Ihr Pendel ist in vielen Situationen nützlich und kann Ihnen als Wegweiser dienen. Sie können es immer dann einsetzen, wenn Sie das Gefühl haben, dass Sie Klarheit über etwas brauchen oder Hilfe bei der Lösung eines Dilemmas benötigen. Sie müssen sich bewusst sein, dass Ihr Pendel mit Ihrer Energie in Verbindung steht, also müssen Sie sich dessen bewusst sein. Sie werden manchmal feststellen, dass Ihr Pendel Ihnen an verschiedenen Tagen unterschiedliche Antworten auf dieselbe Frage gibt. Das liegt daran, dass es von Ihrer eigenen Energie beeinflusst wird.

Um mit dem Pendeln zu beginnen, müssen Sie zunächst das richtige Pendel auswählen, das zu Ihnen spricht. Es gibt kein Richtig oder Falsch bei der Auswahl eines Pendels. Vertrauen Sie Ihrem Instinkt und verwenden Sie das Pendel, das Ihnen richtig erscheint. Konzentrieren Sie sich darauf, wie Sie sich fühlen, wenn Sie ein Pendel in die Hand nehmen und halten. Wenn Sie auf Ihre Intuition vertrauen, werden Sie das richtige Pendel auswählen können. Es kann jede Art von Pendel aus jedem Material sein; es sollte sich nur so anfühlen, als ob es für Sie bestimmt wäre.

Wie Sie Ihr Pendel benutzen

Sobald Sie Ihr Pendel ausgesucht haben, können Sie es zur Beratung heranziehen. Im Folgenden erfahren Sie, wie Sie Ihr Pendel verwenden können:

Reinigung

Wie wir bereits erwähnt haben, müssen Sie Ihr Pendel reinigen, bevor Sie es verwenden können. Genau wie Kristalle müssen auch Pendel von Restenergien gereinigt werden. Dazu können Sie Methoden wie z.B. das Räuchern verwenden. Erst nachdem Ihr Pendel von alten Energien gereinigt und mit positiver Energie aufgeladen wurde, sollten Sie es benutzen. Wenn Sie ein Pendel verwenden, das nicht gereinigt ist, kann die Restenergie Ihr eigenes Energiesystem beeinträchtigen. Auch die Genauigkeit oder Wirksamkeit des Pendels wird dadurch beeinträchtigt.

Die richtige Position einnehmen

Am besten setzen Sie sich aufrecht hin und stellen Ihre Füße auf den Boden, wenn Sie ein Pendel benutzen. Greifen Sie mit Ihrer dominanten Hand die Kette oder Schnur des Pendels mit Daumen und Zeigefinger. Sie können die Pendelkette an jeder beliebigen Stelle festhalten, aber zwischen dem Stein des Pendels und Ihren Fingern sollte genug Platz sein, um sich frei bewegen zu können. Beugen Sie dann Ihr Handgelenk ein wenig, während Sie Ihren Unterarm ruhig halten. Es kann hilfreich sein, Ihren Ellenbogen oder Unterarm auf einer Stuhllehne oder einer Tischkante abzustützen. Das Pendel sollte frei baumeln. Halten Sie es fest, damit es nicht herunterfällt, sich aber noch bewegen kann. Ihre Hand könnte noch ein wenig zittern, aber das ist kein Grund zur Sorge. Dies wird das Ergebnis nicht beeinflussen.

Verstehen Sie die Bewegungen des Pendels

Es ist wichtig, dass Sie wissen, was jede Bewegung des Pendels bedeutet. Sie können keine Antworten auf Ihre Fragen erhalten, wenn Sie nicht wissen, was das Pendel zu sagen versucht. Sie müssen Ihre Energie und Ihren Geist vorbereiten, bevor Sie das Pendel benutzen. Suchen Sie sich einen ruhigen Platz und meditieren Sie zunächst. Sobald Sie geerdet sind, halten Sie das Pendel in der Hand und stellen Sie dem Pendel Fragen, die Ihnen helfen, seine Bewegungen zu verstehen. Sie können dem Pendel einfach Fragen stellen wie: Wie zeigst du mir ein Ja? Sie können dem Pendel auch Fragen stellen, auf die Sie die Antwort bereits kennen. Sie müssen wissen, dass das Pendel viele Bewegungen hat, und

Sie können langsam herausfinden, was jede Bewegung bedeutet. Die wichtigsten Bewegungen, die Sie verstehen müssen, sind die, wenn es Ihnen mit einem Ja oder einem Nein antworten will.

Programmieren Sie das Pendel

Sie können das Pendel bitten, Ihnen zu zeigen, was seine Bewegungen bedeuten, aber Sie können das Pendel auch so programmieren, dass es sich so bewegt, wie Sie es möchten. Sie können das Pendel zum Beispiel bitten, sich im Uhrzeigersinn zu bewegen, wenn es Ja meint. Die Programmierung des Pendels für Ja-, Nein- und Vielleicht-Antworten sollte Ihre erste Priorität sein. Dann können Sie sich alle anderen möglichen Antworten ausdenken, die Ihr Pendel geben könnte, und es für diese Bewegungen programmieren. Sie können dann die programmierten Signale überprüfen, indem Sie dem Pendel Fragen mit Antworten stellen, die Sie bereits kennen. Nachdem Sie dies getan haben, können Sie dem Pendel Fragen stellen.

Programmieren oder Überprüfen der Quelle

Bevor Sie dem Pendel Fragen stellen, möchten Sie vielleicht auch feststellen, woher die Antworten kommen. Sie können das Pendel so programmieren, dass es sich mit Ihrem höheren Selbst verbindet und Ihre Fragen auf die wahrheitsgemäßeste Weise beantwortet. Für diejenigen, die Hexerei praktizieren, ist es wichtig, die Quelle der Antwort zu bestimmen, da negative Geistwesen das Pendel manipulieren können, und das sollten Sie vermeiden. Indem Sie die gewünschte Quelle programmieren, können Sie sicherstellen, dass Sie die Antworten von der richtigen Stelle erhalten.

Beginnen Sie mit dem Vertrauten

Beginnen Sie die Verwendung des Pendels, indem Sie einfache Fragen stellen. Denken Sie an Dinge, auf die Sie die Antwort bereits kennen. Stellen Sie dem Pendel diese Fragen, um sich mit den Bewegungen des Pendels vertraut zu machen. Das wird Ihnen helfen, sich mit dem Pendel zu verbinden, und es wird Ihnen auch zeigen, ob Ihr Pendel eine zusätzliche Reinigung benötigt.

Bereiten Sie Fragen im Voraus vor

Bevor Sie eine Sitzung mit Ihrem Pendel beginnen, sollten Sie einige Fragen bereithalten. Sie sollten sorgfältig über alle Fragen nachdenken, die Ihnen helfen werden, eine Situation zu klären. Achten Sie darauf, dass Sie diese Fragen so formulieren, dass das Pendel Ihnen genaue Ja- oder Nein-Antworten geben kann. Denken Sie auch daran, dass Ihr

Pendel Ihnen manchmal überhaupt nicht antwortet. Es kann einfach aufhören, sich zu bewegen, wenn es eine Frage nicht beantworten will, oder es kann eine Bewegung wählen, um Ihnen zu zeigen, dass es der falsche Zeitpunkt ist, diese Frage zu stellen.

Seien Sie geduldig

Sie müssen auf die Antworten warten. Auch wenn Ihr Pendel manchmal sehr schnell antwortet, braucht es in der Regel mehr Zeit, um Antworten zu geben. Sie sollten sich ganz auf die Frage konzentrieren, die Sie stellen, und auf die Antwort des Pendels warten. Wenn Sie darüber nachdenken, wie Sie sich die Antwort wünschen oder was Sie glauben, dass sie lauten wird, wird das Ergebnis beeinflusst. Sie werden nur dann genaue Antworten erhalten, wenn Sie sich konzentrieren und losgelöst bleiben. Sie werden bald sehen, dass das Pendel Ihnen auf die eine oder andere Weise eine Antwort geben wird. Hetzen Sie das Pendel nicht, auch wenn Sie nicht sofort eine Antwort erhalten. Es könnte daran liegen, dass Sie die falsche Frage gestellt oder die Frage falsch formuliert haben. Versuchen Sie, das Pendel in aller Ruhe anders zu fragen und warten Sie erneut auf die Antwort. Wenn sich Ihr Pendel mit großer Kraft bewegt, ist dies eine laute Antwort. Wenn sich das Pendel mit einer leichten Kraft bewegt, gibt es Ihnen wahrscheinlich eine weniger engagierte Antwort.

Seien Sie offen

Wenn Sie möchten, dass Ihr Pendel Ihnen hilft, müssen Sie offen dafür sein, sich von ihm leiten zu lassen. Sie sollten sich wohlfühlen und Ihrem Pendel erlauben, frei mit Ihnen zu kommunizieren. Wenn Sie eine mentale Blockade haben, wird sich diese auch auf das Pendel auswirken. Das Pendel wird leichter kommunizieren können, wenn Sie offen sind. Vertrauen Sie sich selbst und dem Pendel. Genießen Sie die Erfahrung und denken Sie daran, dass es nur ein Instrument ist, das Ihnen helfen soll. Sie müssen sich nicht völlig darauf verlassen und sollten immer auf Ihre Intuition vertrauen.

Klären Sie das Pendel

Nachdem Sie eine Frage gestellt und die Antwort erhalten haben, sollten Sie das Pendel klären. Dies können Sie tun, indem Sie den Stein in der Handfläche der freien Hand berühren. Damit zeigen Sie dem Pendel, dass Sie Ihre Antwort erhalten haben und zu einer anderen Frage übergehen wollen.

Wenn Sie Ihr Pendel nicht benutzen, bewahren Sie es sicher auf. Sie können es jederzeit um den Hals tragen und es mit Ihrer Energie schützen. Sie können es auch in einem Beutel bei sich tragen. Wenn Sie Ihre Pendel nicht bei sich tragen möchten, können Sie sie in einer Aufbewahrungsbox aufbewahren, fern von allem, was sich auf ihre Energie auswirken könnte.

Um Erlaubnis bitten
Viele Pendelnutzer entscheiden sich dafür, ihr Pendel um Erlaubnis zu bitten, bevor sie es für irgendetwas verwenden. Sie können auf drei Arten um Erlaubnis bitten:

- Kann ich?
- Darf ich?
- Soll ich?

Wenn Sie dem Pendel eine Frage stellen, die mit „Kann ich?" beginnt, fragen Sie das Pendel im Wesentlichen, ob Sie mit dem Pendel Wünscheln, Heilen oder das, was Sie vorhaben, tun dürfen. Wenn Sie zum Beispiel mit dem Pendel nach einem verlorenen Buch in Ihrer Wohnung suchen wollen, sollten Sie das Pendel etwas fragen wie: Kann ich mit Hilfe des Pendels mein Buch finden? Wenn das Pendel mit seiner Bewegung ein Nein anzeigt, sollten Sie es wahrscheinlich nicht zum Aufspüren verwenden. Das passiert, wenn Sie noch nicht genug Erfahrung haben, um das Pendel erfolgreich einzusetzen, aber es bedeutet nicht, dass Sie Ihr Pendel nie zum Wünscheln verwenden können. Es bedeutet lediglich, dass Sie mehr mit dem Pendel üben sollten, um sich besser mit ihm zu verbinden, bevor Sie es zum Einsatz als Wünschelrute oder für andere Aktivitäten verwenden.

Wenn Sie dem Pendel eine Frage stellen, die mit "Darf ich?" beginnt, bitten Sie die höheren Mächte um Erlaubnis, das Pendel für Ihren Zweck zu verwenden. Wenn das Pendel eine positive Antwort anzeigt, haben Sie grünes Licht und können mit der Verwendung des Pendels beginnen. Wenn es Ihnen eine Nein-Antwort gibt, sollten Sie nicht fortfahren. Das passiert oft, wenn Sie das Pendel benutzen wollen, um Fragen zu stellen, auf die Sie die Antworten noch nicht kennen oder auf die Sie kein Recht haben, sie zu stellen.

Wenn Sie dem Pendel eine Frage stellen, die mit „Soll ich?" beginnt, fragen Sie damit, ob es eine gute Idee ist, das auszuführen, was Sie mit dem Pendel vorhaben. Zum Beispiel könnten Sie das Pendel benutzen, um jemanden zu heilen. Aber wenn Sie das Pendel fragen, ob Sie das tun sollen, achten Sie auf die Antwort, die Sie erhalten. Wenn das Pendel

Nein sagt, könnte das bedeuten, dass die Heilungsaktivität Ihnen oder der Person, die Sie heilen möchten, schaden könnte. Wenn Sie das Pendel fragen, ob Sie etwas suchen sollen und es Nein sagt, könnte das bedeuten, dass Sie es verlieren sollen oder dass das Finden des Objekts sich auf irgendeine Weise negativ auf Sie auswirken wird.

Hinterfragen Sie nicht die Antworten, die Sie von Ihrem Pendel erhalten. Gehen Sie mit Glauben und Vertrauen in Ihr Pendel an die Sache heran. Nur so werden Sie sich wirklich mit dem Pendel verbinden können. Wenn Sie eine Nein-Antwort erhalten, lassen Sie es sein. Wenn es Ja sagt, machen Sie weiter.

Verstehen Sie die Bewegungen Ihres Pendels

Pendel reagieren auf die Persönlichkeit des Benutzers und interpretieren auch seine Bewegungen. Das bedeutet, dass jeder Mensch einen persönlichen Code für die Interpretation der Bewegungen seines Pendels haben kann. Es ist nicht zu erwarten, dass ein Pendel mit jedem Menschen auf dieselbe Weise kommuniziert. Pendel gibt es in vielen Ausführungen, aber es ist am besten, mit den simpelsten zu arbeiten.

Jemand mit Erfahrung kann wahrscheinlich jede Art von Pendel genau benutzen, ein Anfänger sollte dagegen vermeiden, ein schweres Pendel zu kaufen. Ihr Pendel hängt an einer Schnur oder einem Draht und muss am Ende dieser Schnur/des Drahtes gehalten werden. Halten Sie es mit Zeigefinger und Daumen fest und beobachten Sie die verschiedenen Bewegungen des Pendels in Ihrer Hand.

Die Bewegung eines Pendels, das sich im Uhrzeigersinn bewegt, ist rechtshändig und wird in der Regel als ein Ja gedeutet. Wenn sich das Pendel gegen den Uhrzeigersinn bewegt, wird dies in der Regel als Nein interpretiert, aber Linkshänder übersetzen die Interpretationen in der Regel in die entgegengesetzte Richtung. Das bedeutet, dass eine Person, deren rechte Hand dominant ist, die Bewegung des Pendels im Uhrzeigersinn als ein Ja interpretiert, während ein Linkshänder die Bewegung des Pendels gegen den Uhrzeigersinn als ein Ja interpretiert.

Die wichtigsten Pendelbewegungen

Obwohl jeder Mensch die Bewegungen seines Pendels selbst interpretieren sollte, ist es in Ordnung, diese allgemeinen Interpretationen für Anfänger festzulegen. Dies wird Ihnen helfen, Ihr Pendel leichter zu verstehen, bevor Sie sich auf einer tieferen unterbewussten Ebene mit ihm verbinden.

Das Material, aus dem Ihr Pendel besteht, ist in der Regel nicht wichtig für die erfolgreiche Verwendung des Pendels, aber jeder Mensch reagiert anders auf verschiedene Pendel. Während jemand vielleicht besser auf ein bestimmtes Kristallpendel reagiert, kann eine andere Person eine Verbindung zu einem Holzpendel herstellen. Welches Pendel auch immer bei Ihnen eine Reaktion oder Verbindung hervorruft, ist dasjenige, das für Sie am effektivsten ist.

Im Folgenden finden Sie einige Möglichkeiten, wie sich Ihr Pendel bewegen kann:

- Schwingen um eine horizontale oder vertikale Achse.
- Drehung im oder gegen den Uhrzeigersinn.
- Schwingen entlang einer beliebigen 360-Grad-Achse.
- Ungeordnete oder chaotische Bewegung.
- Bewegung in einer geraden Linie.
- Zeichnen von breiten oder schmalen Ellipsen.
- Zeichnen von engen oder weiten Kreisen.
- Stillstehen.
- Sich sanft oder energisch bewegen.
- Sich in einer Spirale bewegen.
- Schüttelnd.
- Schnell oder langsam bewegen.

Dies sind die allgemeinen Arten, in denen sich Ihr Pendel frei bewegen kann. Was Sie aus diesen Bewegungen interpretieren, bleibt Ihnen überlassen. Die einfachste Art, das Pendel zu benutzen, besteht darin, Ihren eigenen Code zu entschlüsseln, um zu verstehen, wann es eine Ja- oder Nein-Antwort anzeigt. Während Anfänger das Pendel vor allem zum Stellen von Fragen verwenden und nur diese Ja- oder Nein-Bewegungen interpretieren müssen, benötigen Sie für die fortgeschrittene Verwendung des Pendels einen Code für alle diese Bewegungen.

Pendel können ihrem Träger viel mehr als nur ein Ja oder ein Nein mitteilen und Sie müssen die Antworten für jede Bewegung zuordnen. Wenn sich das Pendel zum Beispiel in einer vertikalen geraden Linie bewegt, könnten Sie dies als vielleicht interpretieren.

Wenn Sie eine horizontale geradlinige Bewegung als Konflikt oder Block interpretieren, können Sie dem Pendel ein paar weitere Fragen stellen, die mit Ja oder Nein beantwortet werden können. Sie können das Pendel zum Beispiel fragen, ob Sie Angst davor haben, mit der Wahrheit umzugehen. Oder Sie könnten fragen, ob die Antwort Sie verletzen würde.

Während Sie die Bewegungen mit den Antworten in Verbindung bringen, müssen Sie auch die Intensität der Pendelbewegung beobachten. Die Intensität der Bewegung kann Ihnen helfen, den Grad der Wahrheit oder die Stärke der Antwort des Pendels zu verstehen. Wenn sich Ihr Pendel beispielsweise mit Kraft gegen den Uhrzeigersinn bewegt, bedeutet dies wahrscheinlich ein klares Nein. Ähnlich verhält es sich, wenn das Pendel kleine Bewegungen im Uhrzeigersinn macht, was auf ein Ja hindeuten könnte, aber nicht auf ein starkes.

Die Bedeutung des Pendelszitterns

Wenn Sie bemerken, dass Ihr Pendel zittert, könnte das daran liegen, dass es Ihnen etwas sagen will, Sie aber noch nicht bereit sind, seine Antwort zu interpretieren. Das Zittern Ihres Pendels könnte bedeuten, dass Sie die falsche Frage stellen und es sich noch einmal überlegen sollten. Es könnte auch bedeuten, dass Sie sich nicht richtig auf die anstehende Aufgabe konzentrieren.

Ihr Pendel kann auch unregelmäßig zittern, wenn Sie sich in einem emotionalen Zustand befinden, während Sie ihm Fragen stellen. Wie Sie in diesem Buch lernen werden, sollten Sie sich beruhigen und erden, bevor Sie das Pendel benutzen. Ihre Gefühle und Gedanken werden die Bewegungen des Pendels beeinflussen. Negative Gefühle oder Emotionen können Ihr Pendel zum Zittern bringen. Wenn Sie das Gefühl haben, dass dies der Grund für das Zittern des Pendels ist, sollten Sie einen Moment innehalten und meditieren. Wenn Sie meditieren und sich entspannen, können Sie eine bessere Verbindung mit dem Pendel herstellen, und es wird sich wieder normal bewegen.

Möglicherweise zittert Ihr Pendel auch dann noch, wenn Sie es in einem ruhigen Zustand benutzen. Das könnte bedeuten, dass Ihr Pendel gereinigt werden muss. Eine Pendelreinigung bei Vollmond ist eine nützliche Praxis. Wählen Sie einfach die Methode, die Sie bevorzugen und führen Sie ein Reinigungsritual durch. Anschließend können Sie das Pendel erneut benutzen und sehen, ob es immer noch zittert.

Kapitel Fünf: Mit Ihrem Pendel kommunizieren

Mit Pendeln können Sie alle möglichen Fragen stellen. Vielleicht haben Sie Fragen zu Ihrer Karriere, Ihren Beziehungen oder zu allem, was in Ihrem Leben wichtig ist. Es gibt keine Begrenzung dafür, wie viele Fragen Sie Ihrem Pendel stellen können oder wie oft Sie es benutzen können. Sie sollten sich lediglich darauf konzentrieren, spezifische Fragen zu stellen und emotional neutral zu bleiben, damit das Pendel Ihnen Antworten gibt, die der Wahrheit so nahe wie möglich kommen.

Wenn Sie mehr Erfahrung und Fachwissen erlangen, können Sie weiter fortgeschrittene Pendelarbeiten durchführen. Sie können auf eine andere Art und Weise nach Antworten fragen oder das Pendel auf andere Weise einsetzen. Aber für den Anfang sollten Sie präzise Fragen stellen, auf die Ihr Pendel leicht mit Ja oder Nein antworten kann.

Vielleicht fragen Sie sich, was die richtige Berufswahl für Sie ist. Vielleicht gibt es zwei Optionen, zwischen denen Sie hin- und hergerissen sind. In diesem Fall können Sie Ihr Pendel um Rat bitten, so dass Sie auch zu diesem Thema konkrete Fragen stellen sollten. Sie können das Pendel bitten, Ihnen bei der Wahl zwischen verschiedenen Tätigkeitsfeldern zu helfen. Sie können es aber auch benutzen, um mehr Einblick in Ihre Ziele zu bekommen. Wenn Sie sich für die Malerei interessieren, sollten Sie das Pendel fragen, ob Sie besser für Porträts oder Landschaften geeignet sind. Diese Art von spezifischen Fragen wird Ihnen eine bessere Orientierung geben. Sie können diese Antworten dann nutzen, um Ihre Energie auf etwas Bestimmtes zu konzentrieren, anstatt sich in einem weiteren Dilemma zu verlieren. Sie können wesentlich mehr Optionen erkunden, wenn Sie das Pendel für solche Entscheidungen einsetzen.

Wenn Sie eine Frage haben, auf die es keine endgültige Antwort zu geben scheint, überlegen Sie einfach, wie Sie sie umformulieren können. Anstatt eine weit gefasste Frage zu stellen, grenzen Sie sie ein, und Sie werden eine eindeutigere Antwort erhalten.

Fragen zu Beziehungen

Hier erfahren Sie, wie Sie Ihrem Pendel Fragen zu Beziehungen stellen können.

Überlegen Sie zunächst genau, welche Art von Fragen Sie stellen möchten. Je spezifischer Sie sind, desto mehr Klarheit erhalten Sie durch die Antworten.

Fragen, die Sie vielleicht stellen möchten, sind:

- Wird mein Liebesleben in diesem Jahr glücklich sein?
- Werde ich bald meinen Seelenverwandten treffen?
- Hat die Person, die ich liebe, die gleichen Gefühle für mich?
- Bin ich in der richtigen Beziehung?
- Werde ich wieder mit der Person aus meiner Vergangenheit zusammenkommen?

Die Fragen, die Sie sich stellen, hängen von Ihrem Leben ab und davon, was Sie über Ihre Beziehungen wissen möchten. Dies sind nur einige gängige Fragen, die die meisten Menschen ihrem Pendel stellen.

Da Sie nun wissen, welche Fragen Sie stellen möchten, können Sie beginnen. Zunächst müssen Sie Ihr Pendel magnetisieren. Halten Sie dazu Ihr Pendel in der Hand und lassen Sie es über der Handfläche der anderen Hand schweben. Die Handfläche dieser anderen Hand sollte dem Himmel zugewandt sein, während die Spitze Ihres Pendels in Richtung der Handfläche zeigt. Das Pendel sollte sich etwa 5 cm über der Handfläche befinden. Bewegen Sie das Pendel nun hin und her. Es beginnt sich in kreisförmigen Bewegungen zu bewegen. Das Pendel wird sich zuerst in eine Richtung und dann in die entgegengesetzte Richtung bewegen. Es kann sich zum Beispiel zuerst im Uhrzeigersinn und dann gegen den Uhrzeigersinn bewegen. Dann bleibt es stehen und Ihr Pendel ist nun mit der Energie Ihres Geistes und Körpers aufgeladen.

Wenn Sie sich über die Antwort des Pendels auf eine Ihrer Fragen nicht sicher sind, können Sie andere, klarere Fragen zur Klärung stellen. Fragen Sie das Pendel, ob es sich sicher ist oder ob es Ihnen die Wahrheit sagt. Beobachten Sie dann, wie sich das Pendel bewegt. Es ist besser, wenn Sie nicht mit Zweifeln an die Sache herangehen. Es ist wichtig, an ein Wahrsageinstrument zu glauben, damit es gut für Sie arbeitet. Vertrauen Sie dem Pendel und erlauben Sie ihm, sich zu äußern. Es wird Ihnen wertvolle Informationen zu allen Beziehungsfragen geben, die Sie vielleicht haben.

Fragen zur Karriere

Wenn Sie über Dinge im Zusammenhang mit Ihrer Karriere verwirrt sind, können Sie Fragen wie die folgenden stellen:

- Ist jetzt ein guter Zeitpunkt, um meinen Job zu wechseln?
- Wäre dies eine gute berufliche Alternative für mich?
- Werde ich in der Lage sein, auf der Karriereleiter weiter aufzusteigen, wenn ich diese Aufgabe übernehme?
- Sollte ich diesen Kurs belegen, um meine Berufsaussichten zu verbessern?
- Ist es rentabel, dieses Hobby in ein Geschäft zu verwandeln?
- Sollte ich jetzt um eine Gehaltserhöhung bitten?
- Habe ich genug Erfahrung, um ein Team zu leiten?
- Wird mir dieses Unternehmen helfen, in meiner Karriere erfolgreich zu sein?

Dies sind wichtige Fragen, über die die meisten Menschen im Laufe ihrer Karriere nachdenken. Jetzt können Sie das Pendel nutzen, um mehr Klarheit bei Ihren Karriereentscheidungen zu bekommen. Sie können Ihrem Instinkt folgen und jede beliebige Frage stellen, und es liegt ganz an Ihnen, den Antworten des Pendels zu vertrauen.

Fragen im Zusammenhang mit Furcht und Ängsten

Jeder Mensch empfindet eine Art von Angst oder Furcht vor bestimmten Dingen im Leben. Auch hier können Sie Ihr Pendel zur Hilfe nehmen.

Sie können Fragen stellen wie:

- Ist dies ein Auslöser für meine Ängste?
- Wird meine Angst durch die in mir aufgestauten Emotionen verursacht?
- Kann ich meine Ängste abbauen, wenn ich mit jemandem spreche?
- Kann ich das tun, um meine Angst zu überwinden?
- Wird dieser Kristall mir helfen, meine Ängste abzubauen?
- Wird dieser Kristall mir helfen, meine Angst vor ... zu überwinden?

Es ist besser, Fragen zu Ergebnissen oder Entscheidungen zu stellen, die Sie treffen müssen, als zu fragen, wie Sie sich fühlen werden. Wenn Sie eine Frage über jemand anderen stellen, stellen Sie sie so, dass die Frage auf Sie bezogen ist. So hat das Pendel eine bessere Chance, Ihnen eine gute Antwort zu geben. Das Pendel ist mit Ihnen verbunden und nicht mit der anderen Person. Es wird Ihnen Antworten geben, die sich auf Sie beziehen.

Fragen, die sich auf die Zeit beziehen

Wenn Sie zeitbezogene Fragen stellen möchten, können Sie sie ähnlich wie diese Fragen formulieren:

- Ist dies der richtige Zeitpunkt, um neue Projekte in Angriff zu nehmen?
- Ist es der richtige Zeitpunkt, mein Geld in dieses Geschäft zu stecken?
- Ist es ein guter Zeitpunkt, um mein Geschäft zu erweitern?
- Ist der nächste Monat ein guter Zeitpunkt, um in eine neue Stadt zu ziehen?

Tipps für den erfolgreichen Einsatz Ihres Pendels

Die folgenden Tipps werden Ihnen helfen, Ihr Pendel effizienter einzusetzen, damit Sie genauere Ergebnisse erhalten. Es handelt sich um Tipps von vielen anderen Pendelanwendern die sie aus Erfahrung gelernt haben.

Wählen Sie das richtige Pendel

Oft hängen Ihre Ergebnisse davon ab, ob Sie das richtige Pendel gewählt haben. Sie müssen ein Pendel auswählen, mit dem Sie eine Verbindung herstellen können. Wenn es keine Verbindung zwischen einem Pendel und seinem Benutzer gibt, ist es unwahrscheinlich, dass die Pendeltechnik oder eine andere Methode funktioniert. Sie sollten sich bei der Auswahl Ihres ersten Pendels Zeit lassen. Verwenden Sie ein Pendel, das Sie anspricht. Selbst wenn Sie sich von einem Pendel nur wegen seiner Farbe angezogen fühlen, sollten Sie sich darauf einlassen. Sie können einige verschiedene Pendel ausprobieren, um das richtige zu finden. Dies wird in hohem Maße über den Erfolg Ihrer Anwendung entscheiden.

Verwenden Sie Ihre dominante Hand

Wenn Sie Rechtshänder sind, sollten Sie das Pendel mit dieser Hand halten oder falls Ihre dominante Hand die linke ist, das Pendel mit dieser Hand halten. Es scheint eine offensichtliche Vorgehensweise zu sein, aber viele Menschen denken nicht daran. Halten Sie die Schnur oder Kette des Pendels bequem, damit es sich frei bewegen kann und Ihnen die richtigen Antworten gibt.

Führen Sie eine Reinigung durch

Es ist wichtig, die Energie in Ihnen und um Sie herum zu klären. Eine einfache Möglichkeit, dies zu tun, ist die Visualisierung. Stellen Sie sich vor, dass sich weißes Licht um Sie herum und durch Sie hindurch bewegt. Stellen Sie sich vor, dass es sich um positive Energie von den höheren Mächten handelt.

Legen Sie einen Code für die Bewegungen Ihres Pendels fest

Sie können nicht mit dem Pendeln beginnen, wenn Sie nicht wissen, was die einzelnen Bewegungen bedeuten. Sie können Ihrem Pendel eine Frage stellen, aber wenn es z.B. nach rechts schwingt, was bedeutet diese Bewegung für Sie? Die Antwort ist nutzlos, wenn Sie sie nicht verstehen. Legen Sie also einen Code fest, bevor Sie Ihr Pendel benutzen. Notieren Sie sich die Bedeutung jeder Bewegung, die das Pendel macht. Sie können Ihr Pendel einfach bitten, Ihnen zu zeigen, wie es sich bewegt, wenn es Ja oder Nein bedeutet.

Beginnen Sie mit einfachen Fragen

Haben Sie es nicht eilig, mit dem Pendel zu arbeiten oder tiefgründige Fragen zu stellen, wenn Sie gerade erst anfangen. Beginnen Sie stattdessen mit einfachen Fragen, auf die Sie die Antwort bereits kennen. So werden Sie mit der Art und Weise vertraut, wie das Pendel Ihnen Antworten gibt. Es wird Ihnen auch helfen, sich besser mit dem Pendel zu verbinden, bevor Sie es für schwere Aufgaben einsetzen.

Bevor Sie Fragen stellen, geben Sie die Quelle an. Wenn Sie die Quelle, von der Sie Antworten wünschen, nicht angeben, wird Ihr Pendel Ihnen Antworten aus Ihrem Unterbewusstsein geben. Die Antworten, die Sie von den höheren Mächten erhalten, unterscheiden sich von dem, was Ihnen Ihr Unterbewusstsein sagen wird. Sie haben vielleicht eine vorgefasste Meinung über etwas oder denken einfach an etwas, das nicht die richtige Antwort auf Ihre Frage ist. Wenn Sie die Quelle nicht angeben, wird das Pendel Ihnen nur sagen, was Sie bereits denken. Deshalb sollten Sie jede Pendelsitzung damit beginnen, die höheren Mächte zu kontaktieren. Sie können etwas Ähnliches sagen wie: Ich rufe die höheren Mächte an, damit sie mich führen und meine Fragen beantworten. Ich suche die absolute Wahrheit, die mit einem höheren Ziel in Einklang steht. Wenn Sie etwas in dieser Richtung sagen, wird Ihr Pendel die richtigen Antworten erhalten.

Atmen Sie durch und kommen Sie zur Ruhe

Sie können sich selbst zentrieren und alle Ängste abbauen, indem Sie langsam und gleichmäßig atmen. Atmen Sie einfach ein paar Mal tief ein und aus, bevor Sie beginnen.

Beruhigen Sie Ihren Geist. Das ist wichtig, bevor Sie eine Sitzung beginnen und auch nachdem Sie eine Sitzung beendet haben. Sie können meditieren, um Ihren Geist zu beruhigen. Setzen Sie sich einfach still hin und stellen Sie sich einen Ort der Freude vor, an dem Sie nicht abgelenkt werden. Das kann alles Mögliche sein, zum Beispiel ein Strand oder ein Wald vor Ihrem geistigen Auge. Stellen Sie sich vor, wie Sie dort friedlich sitzen oder liegen. Wenn Sie sich diese Art von friedlicher Umgebung vorstellen, hilft das, Ihren Geist zu beruhigen. Es schafft auch eine friedliche Atmosphäre für Ihre Pendelsitzung. Ihr bewusster Geist wird dabei zur Ruhe kommen.

Sein Sie geerdet

Bevor Sie mit dem Pendel arbeiten, sollten Sie sich ein paar Minuten Zeit nehmen, um sich zu erden. Suchen Sie sich einen ruhigen Ort, an dem Sie bequem in Stille sitzen können. Schalten Sie Ihr Telefon aus und stellen Sie sicher, dass Sie niemand stört. Meditation ist eine der einfachsten Möglichkeiten, sich zu zentrieren und zu erden. Ganz gleich, welche Methode Sie zur Erdung verwenden, stellen Sie sicher, dass sie Teil Ihrer Pendelpraxis ist. Erdungsübungen sind immer wichtig und kommen Ihnen zugute. Sie können dies tun, indem Sie sich vorstellen, dass Ihr Körper mit der Erde verbunden ist wie ein Baum mit Wurzeln. Stellen Sie sich vor, dass diese Wurzeln tief in den Erdmantel eindringen und sich um etwas wie große Quarzkristalle wickeln. Das wird Ihnen helfen, sich zentriert und mit der Erde verbunden zu fühlen.

Bleiben Sie objektiv

Neutralität wird Ihnen helfen. Viele Menschen beeinflussen die Antworten des Pendels mit ihrem bewussten Verstand. Das geschieht, weil sie nicht nach der Wahrheit suchen, sondern nur wollen, dass das Pendel ihnen das Gefühl gibt, dass sie Recht haben. Die Beeinflussung des Pendels wird Ihnen jedoch kein brauchbares Ergebnis liefern. Deshalb müssen Sie daran arbeiten, so objektiv wie möglich zu sein und offen für jede Antwort zu sein, die das Pendel Ihnen gibt.

Seien Sie gegenwärtig

Ihr Geist muss sich auf die Gegenwart und die anstehende Aufgabe konzentrieren. Denken Sie nicht an etwas anderes, während Sie das Pendel benutzen. Machen Sie Ihren Geist frei und machen Sie sich keine Gedanken über die Vergangenheit oder die Zukunft. Konzentrieren Sie sich einfach auf das Pendeln. Multitasking wird sich negativ auf die Ergebnisse auswirken.

Nehmen Sie sich Zeit

Seien Sie nicht in Eile, wenn Sie das Pendel benutzen. Geben Sie dem Pendel Zeit, um Ihnen Antworten zu geben. Es braucht eine Weile, um in den richtigen Bahnen zu schwingen.

Seien Sie nicht emotional

Wenn Sie das Pendel in einem emotionalen Zustand benutzen, wird dies das Ergebnis beeinflussen. Die Ergebnisse des Pendelns in einem emotionalen Zustand sind unzuverlässig. Außerdem sollten Sie beim Stellen von Fragen objektiver vorgehen, anstatt emotional geladene Fragen zu stellen. Sonst bleiben Sie nicht geerdet und erhalten keine genauen Antworten. Es ist hilfreich, Ihre Emotionen beiseite zu lassen.

Sprechen Sie laut und deutlich

Wenn Sie wollen, dass Ihre Antworten klarer sind, sollten Sie laut und deutlich sein, während Sie die Fragen stellen. Dies wird Ihnen helfen, stärkere Antworten vom Pendel zu erhalten. Verwenden Sie Ihre Hand, um die Energie des Pendels zu bündeln. Wenn Sie ihre Handfläche wie eine Schüssel unter das Pendel halten, hilft dies, die Energie zu bündeln.

Üben Sie so oft wie möglich. Je mehr Zeit Sie mit dem Pendel verbringen, desto besser werden Sie es beherrschen.

Tipps für eine gute Formulierung Ihrer Fragen

Die Qualität der Antworten, die Sie mit dem Pendel erhalten, hängt auch von der Qualität der Fragen ab, die Sie stellen. Je besser Sie Ihre Frage formulieren, desto einfacher wird es sein, richtige Antworten vom Pendel zu erhalten. Es ist alles eine Frage der Sprache.

Seien Sie spezifisch, wenn Sie eine Frage stellen - verwenden Sie bestimmte Namen, Orte und Zeiten, um den Umfang der Frage einzugrenzen, was sehr hilfreich sein wird. Wenn Sie beispielsweise nach einer Beziehung fragen möchten, können Sie fragen, ob Ihr Schwarm Sie mag, aber es wäre spezifischer, wenn Sie den Namen dieser Person verwenden.

Vermeiden Sie Begriffe wie müsste oder sollte in Ihren Fragen.

Stellen Sie sicher, dass die Frage so formuliert ist, dass sie mit einem einfachen Ja oder Nein beantwortet werden kann. Wenn Sie darüber nachdenken, kann jede Frage entsprechend umformuliert werden.

Wie Sie feststellen können, ob das Pendel die Wahrheit sagt

Pendel können mit Ihrem Bewusstsein und Unterbewusstsein bewegt werden. Sie können dem Pendel zum Beispiel sagen, dass es sich in eine bestimmte Richtung bewegen soll, zum Beispiel im Uhrzeigersinn. Oder wenn Sie wollen, dass das Pendel Ihnen eine Ja- oder Nein-Antwort gibt, können Sie ihm sagen, wie es sich bewegen soll, um eine der beiden Antworten anzuzeigen. Das Pendel bewegt sich dann so, wie Sie es ihm sagen. Wenn Sie dies tun, üben Sie bewusste Kontrolle über das Pendel aus.

Sie können auf die Antwort des Pendels vertrauen, wenn Sie nicht versuchen, die Antwort genau zu kontrollieren.

Es kann schwierig sein, neutral zu bleiben, wenn Sie bestimmte Arten von Fragen an das Pendel stellen. Wenn Sie das Pendel fragen, ob Sie im

Lotto gewinnen werden, wird es Ihnen wahrscheinlich eine bejahende Antwort geben, denn das ist es, was Sie wollen. Wenn Sie dem Pendel eine Frage stellen, die für Sie eine emotionale Bedeutung hat, werden Sie zumeist Einfluss auf die Antwort nehmen. Wenn Sie jedoch einen Zustand der Neutralität erreichen und sich von dem Ergebnis lösen können, wird das Pendel Ihnen wahrscheinlich eine viel ehrlichere Antwort geben.

Sie sollten ruhig sein und dem Pendel klare Fragen stellen, um klare Antworten zu erhalten. Wenn Sie die Fragen auf die richtige Art und Weise stellen, können Sie die binäre Antwort, die das Pendel gibt, präzisieren. Vielleicht haben Sie ein komplexes Problem, das Ihnen Sorgen bereitet. Befragen Sie das Pendel zu diesem Thema, indem Sie es in einige einfache Fragen unterteilen. Auf diese Weise wird es Ihnen leichter fallen zu verstehen, wie die höheren Mächte versuchen, Sie zu leiten. Das Ja-oder-Nein-System wird nicht funktionieren, wenn Sie das Pendel etwas fragen, das zu komplex ist, um auf diese Weise beantwortet zu werden.

Eine andere Möglichkeit, Antworten von einem Pendel zu erhalten, besteht darin, ein Schaubild mit verschiedenen Antworten zu zeichnen. Sie können zum Beispiel ein Tortendiagramm mit verschiedenen Abschnitten erstellen, die mit verschiedenen Resultaten versehen sind. Es könnte in Abschnitte wie Ja, Nein, Vielleicht, Frage ändern usw. unterteilt werden. Das Pendel kann dann über das Schaubild gehalten werden, um Ihnen zu sagen, wie die Antwort ausfällt. Wenn es sich in Richtung Frage ändern bewegt, sollten Sie Ihre Frage auf eine andere Art und Weise formulieren. Achten Sie nur darauf, dass Sie das Pendel aus freiem Willen bewegen lassen und seine Bewegung nicht mit Ihrem bewussten oder unterbewussten Geist manipulieren.

Pendel und Affirmationen

Positive Affirmationen helfen Ihnen, besser zu leben und alles anzuziehen, was Sie sich in Ihrem Leben wünschen. Doch nicht jeder sieht greifbare Ergebnisse seiner Affirmationspraxis. Der Grund für diesen Misserfolg ist in der Regel, dass die Person nicht an die Affirmationen glaubt. Wenn Sie Ihre positiven Affirmationen nicht regelmäßig wiederholen und nicht daran glauben, dass alles klappen wird, werden Sie keinen Erfolg sehen. Zu sagen ich werde Millionär und daran zu glauben, ist etwas anderes. Sie müssen auf bewusster und unterbewusster Ebene an Ihre Affirmationen glauben, damit sie funktionieren.

Positive Affirmationen sind Aussagen, die Ihnen helfen, negatives Denken zu überwinden und an Ihre Fähigkeit zu glauben, alles zu erreichen, was Sie wollen.

Sie können Ihnen in vielerlei Hinsicht helfen:

- Mit dem Rauchen aufzuhören.
- Mehr Geld zu verdienen.
- Die Liebe zu finden.
- Abzunehmen.
- Erfolg im Beruf zu haben.
- Um gute Gewohnheiten zu entwickeln.
- Ihre Persönlichkeit zu verbessern.
- Zu jedem gewünschten Ziel zu reisen.
- Um sich schlechte Gewohnheiten abzugewöhnen.
- Alles andere zu erreichen, was Sie sich wünschen.

Die Affirmationen, die Sie in Ihrem Leben brauchen, hängen von Ihnen ab. Sie haben die Macht, die Veränderung herbeizuführen, die Sie in sich selbst oder in Ihrem Leben brauchen. Es hat also keinen Sinn, diese positiven Affirmationen auszusprechen, wenn Sie nicht an sie glauben. Es ist wichtig, dass Sie alle negativen Schwingungen beseitigen, bevor Sie daran arbeiten, positive Schwingungen anzuzapfen. Jeder Rest von Negativität wird den positiven Affirmationen in die Quere kommen und ihre Wirkung verhindern.

Pendel sind eine hervorragende Möglichkeit, Ihre Überzeugungen zu testen und den Einfluss Ihres Unterbewusstseins auf Ihre positiven Affirmationen zu verbessern. Es gibt viele andere Verwendungsmöglichkeiten für Pendel in Ihrem Leben, aber eine der einfachsten und doch nützlichsten ist es, zu testen, ob Sie an Ihre Affirmationen glauben. Die Antworten, die Ihr Pendel Ihnen gibt, helfen Ihnen zu erkennen, was Ihr Unterbewusstsein glaubt.

Das Unterbewusstsein lügt nicht, und das bedeutet, dass auch Ihr Pendel nicht lügen wird. Denn die Antworten, die ein Pendel gibt, sind ein Spiegelbild des Unterbewusstseins. Um eine Affirmation zu testen, halten Sie Ihr Pendel mit Ihrer dominanten Hand fest und sprechen Sie die Affirmation laut aus. Sie könnten zum Beispiel sagen: Ich werde bei der Arbeit befördert. Beobachten Sie nun, wie sich Ihr Pendel bewegt. Gibt es Ihnen ein Ja, ein Nein oder ein Vielleicht als Antwort? Wenn es sich so bewegt, dass es ein Ja anzeigt, glauben Sie, dass Sie eine Beförderung bekommen werden. Sie glauben unbewusst an diese Behauptung und sind bereit, loszulegen. Wenn das Pendel jedoch ein Nein anzeigt, bedeutet dies, dass Sie nicht daran glauben. Wenn Sie ein Vielleicht erhalten, bedeutet das, dass Sie zwar daran glauben wollen, aber immer noch an der Möglichkeit zweifeln. Wenn Sie kein Ja erhalten, bedeutet dies, dass Sie nicht an Ihre Affirmation und das gewünschte Ergebnis glauben. Testen Sie dies mit einem Pendel, das Sie zu Ihrem Vorteil nutzen sollten. Es hilft Ihnen, mehr über Ihre unterbewussten Überzeugungen zu erfahren und an ihnen zu arbeiten.

Bevor Sie Ihre Affirmationen mit einem Pendel überprüfen, müssen Sie sicherstellen, dass das Pendel richtig funktioniert. Sie können ihm einfache Fragen stellen, auf die Sie die Antwort bereits kennen. Wenn das Pendel sie richtig beantwortet, können Sie beginnen. Wenn Ihr Pendel anzeigt, dass Sie nicht an eine Affirmation glauben, können Sie es benutzen, um Ihr Unterbewusstsein dazu zu bringen, der Affirmation zu vertrauen. Halten Sie dazu Ihr Pendel und wiederholen Sie die Affirmation immer wieder. Wiederholen Sie die Affirmation laut, bis Sie sehen, dass das Pendel Ihnen ein Ja gibt. Je öfter Sie die Affirmation laut aussprechen und je besser Sie sich selbst überzeugen, desto stärker wird das Ja sein.

Der Grund dafür, dass das Pendel seine Antwort ändert, ist, dass es ein Spiegelbild Ihres Unterbewusstseins ist. Wenn sich Ihre unterbewussten Überzeugungen ändern, ändern sich auch die Antworten des Pendels. Sie müssen Ihre Affirmationen mit dem Pendel so lange wiederholen, bis es Ihnen bei jeder Wiederholung sofort ein Ja gibt. Es kann vorkommen, dass Sie einen Rückfall erleiden und sich selbst in Frage stellen. Wenn das passiert, können Sie diese Übung mit dem Pendel einfach wiederholen. Es wird Ihnen helfen, sich zu bestärken und weiterzumachen.

Kapitel Sechs: Verlorene Gegenstände mit einem Pendel finden

Eine häufige Verwendung von Pendeln ist das Auffinden von Gegenständen. Sind Sie jemand, der ständig seine Lesebrille oder Schlüssel verlegt? Dann können Sie sich darauf verlassen, dass Ihr Pendel Ihnen hilft, sie schnell wiederzufinden.

Pendel können auf zwei Arten zum Auffinden von Gegenständen verwendet werden:

1. Richtungsweisendes Schwingen.
2. Ja- oder Nein-Fragen stellen.

Sie müssen Ihr Pendel für die Methode der Ja- oder Nein-Antworten bzw. für gerichtete Schwünge programmieren. Sie müssen bestätigen, wie Sie die Antworten von Ihrem Pendel erhalten möchten, bevor Sie es benutzen.

Nehmen wir nun an, Sie haben Ihre Lesebrille verloren.

1. Zu Beginn müssen Sie sich vergewissern, wie Sie die Antworten von Ihrem Pendel erhalten werden.
2. Stellen Sie sich nun vor, wie Ihre Lesebrille aussieht. Behalten Sie das Bild dieser Brille in Ihrem Kopf und konzentrieren Sie sich darauf. Stellen Sie sich die Brille weiterhin vor, während Sie nach ihr suchen.

3. Fragen Sie zunächst das Pendel, ob es für Sie der richtige Zeitpunkt ist, nach der Lesebrille zu suchen. Sie können sogar fragen, ob Ihre Lesebrille in diesem Moment gefunden werden möchte. Ihr Pendel wird Ihnen eine Ja- oder Nein-Antwort geben. Wenn Sie eine Nein-Bewegung sehen, ist die Brille wahrscheinlich aus einem bestimmten Grund verloren gegangen. Berücksichtigen Sie dies und stellen Sie die Suche für eine Weile zurück.
4. Wenn das Pendel eine Ja-Bewegung zeigt, können Sie die Suche nach der Brille fortsetzen.
5. Fragen Sie nun das Pendel, ob sich Ihre Lesebrille in Ihrem Haus oder an einem anderen Ort befindet, von dem Sie glauben, dass Sie ihn verlassen haben. Wenn Sie ein Ja erhalten, können Sie weiter in Ihrem Haus oder an einem anderen Ort nach der Brille suchen. Wenn Sie ein Nein erhalten, müssen Sie weitere Fragen stellen, um herauszufinden, wo Sie die Brille verlegt haben.
6. Angenommen, Sie haben die Brille in Ihrem Haus oder in Ihrem Büro verloren, dann müssen Sie die Fragen jetzt genauer formulieren. Fragen Sie das Pendel, in welchem Raum Sie die Brille verloren haben. Sie könnten das Pendel zum Beispiel fragen, ob die Brille in Ihrem Schlafzimmer liegt. Wenn Sie ein Ja erhalten, dann suchen Sie sie im Schlafzimmer. Wenn Sie ein Nein erhalten, müssen Sie dem Pendel die gleiche Frage stellen und dabei andere Räume in Ihrer Wohnung nennen.
7. Wenn das Pendel sagt, dass sich Ihre Brille in Ihrem Schlafzimmer befindet, sollten Sie in das Schlafzimmer gehen. Stellen Sie sich vor die Tür Ihres Schlafzimmers und bitten Sie das Pendel, Ihnen die Richtung zu zeigen, in die Sie schauen sollen. Nun sollte sich das Pendel in geraden Bewegungen in die Richtung der Brille bewegen. Wenn sich Ihre Lesebrille auf der rechten Seite des Zimmers befindet, sollte sich das Pendel in einer geraden Linie nach rechts bewegen.
8. Sie müssen sich nun in die Richtung bewegen, in der Ihr Pendel geschwungen hat. Während Sie sich durch den Raum bewegen, können Sie dem Pendel immer wieder Fragen stellen, um zu klären, wo sich Ihre Brille befindet. Wenn Sie zum Beispiel in der Nähe Ihres Bettes stehen, können Sie das Pendel fragen, ob sich Ihre Brille unter den Kissen oder unter dem Bett befindet. Auf diese Weise können Sie den Gegenstand, den Sie verlegt haben,

leicht wiederfinden.

Beachten Sie jedoch, dass jede energetische Barriere oder jedes Hindernis zwischen dem Objekt und Ihnen zu Problemen beim Auffinden des Objekts führen kann. Wenn Sie nach dem Objekt suchen, kann es sein, dass sich das Pendel in kreisförmigen Bewegungen bewegt, anstatt genau in die richtige Richtung zu schwingen. Dies deutet auf ein Energiehindernis oder eine Barriere hin. Wenn dies der Fall ist, können Sie sich von diesem Ort entfernen und in eine andere Ecke gehen und erneut fragen. Wenn die Bewegungen des Pendels verwirrend bleiben, befinden Sie sich vielleicht im falschen Raum. Das Objekt, das Sie suchen, befindet sich wahrscheinlich woanders. In diesem Fall können Sie den Vorgang von Anfang an wiederholen und versuchen, herauszufinden, was Ihnen Ihr Pendel sagt.

Wenn Sie sich nicht an dem Ort befinden, an dem Sie das Objekt verloren haben, können Sie eine Karte zeichnen, um zu helfen. Zeichnen Sie eine maßstabsgetreue Karte und bewegen Sie das Pendel über die Karte. Wenn Sie glauben, dass Sie den Gegenstand in Ihrem Büro verloren haben, können Sie einen groben Plan der Büroeinrichtung zeichnen. Verwenden Sie dann das Pendel auf ähnliche Weise, um nach dem Gegenstand zu suchen.

Gründe, warum das Pendeln nach verlorenen Gegenständen nicht funktionieren kann:

1. Sie sind an ein Ergebnis gebunden. Wenn Sie nicht in der Lage sind, sich von dem Ergebnis, das Sie erwarten, zu lösen, wird das Pendeln nicht effektiv sein. Sie sollten keine voreingenommene Vorstellung davon haben, wohin das Pendel zeigen soll.

2. Gedankenformen. Wenn Sie starke Gedanken oder Überzeugungen über das Objekt oder einen Ort haben, erzeugen Sie eine Gedankenform. Sie denken, Sie wüssten bereits, wo sich das Objekt befindet, auch wenn Sie es nicht wissen. Diese Gedanken in Ihrem Kopf verhindern, dass das Pendel Ihnen den richtigen Ort des Objekts anzeigt. Stattdessen wird es dazu neigen, auf den Ort zu zeigen, von dem Sie glauben, dass er es ist.

3. Die Energie der Absicht einer anderen Person. Wenn das Objekt versteckt ist oder Ihre Suche von jemand anderem mit einem Fluch belegt ist, wird es für Sie schwierig sein, es zu finden. Aus diesem Grund kann es Ihnen sehr schwer fallen, ein Pendel zu benutzen, um die Gegenstände oder den Besitz einer anderen Person zu

finden.
4. Der freie Wille der Person oder des Gegenstandes, den Sie suchen. Wenn Sie mit dem Pendel nach einer Person suchen wollen, müssen Sie sich überlegen, ob diese Person überhaupt gefunden werden will. Wenn diese Person oder auch Ihr Haustier nicht gefunden werden will, kann Ihre Mühe vergeblich sein.
5. Das Schicksal. Manchmal sind Sie nicht in der Lage, bestimmte Dinge zu finden, weil Sie nicht dazu bestimmt sind, sie zu finden. Vielleicht haben Sie etwas verloren, weil es Ihr Schicksal war, es zu verlieren.

Es ist nicht für jeden einfach, mit Hilfe des Pendelns nach Gegenständen zu suchen. Diese Faktoren können in den Prozess hineinspielen und verhindern, dass Sie die gewünschten Ergebnisse erzielen. Wenn Sie das, was Sie suchen, immer finden können, sind Sie in der Tat ein glücklicher Mensch.

Ein Pendel zu benutzen, um Dinge zu finden, ist hilfreich, aber es ist auch eine gute Möglichkeit, sich mit dem Pendel zu verbinden. Sie üben den Umgang mit dem Pendel und bauen auch eine stärkere Verbindung zu ihm auf. Dies wird Ihre zukünftigen Aktivitäten mit dem Pendel effektiver und genauer machen. Ihr Pendel wird viel besser mit Ihnen in Resonanz gehen können.

Kapitel Sieben: Pendel für Wahrsagerei und Magie

Wahrsagen ist ein Weg, um Einsicht von höheren Mächten zu erhalten. Wenn Sie Wahrsageinstrumente wie Pendel verwenden, können Sie sich besser konzentrieren und wirklich auf die Führung durch die Geister oder die Gottheit hören, von der Sie Antworten suchen.

Ihr Pendel fungiert als Empfänger und Sender. Es funktioniert auf die gleiche Weise, wie Radios unsichtbare Radiowellen auffangen. Wenn Sie Ihrem Pendel eine Frage stellen, wird Ihr Unterbewusstsein darauf reagieren und die Bewegungen des Pendels in Ihrer Hand beeinflussen. Ihr äußerer Körper nutzt das Pendel, um auszudrücken, was Ihr Innerstes bereits weiß. Es macht nichts, wenn Sie nicht verstehen können, wie Pendel und Wahrsagerei funktionieren. Was zählt, ist, dass Sie daran glauben. Jeder kann mit einem Pendel arbeiten. Albert Einstein war einer der vielen berühmten Menschen, die mit Hilfsmitteln wie Pendeln gearbeitet haben. Seine Erklärung dafür war eher wissenschaftlich und bezog sich auf den Elektromagnetismus. Zu den weiteren Befürwortern des Pendelns in der Geschichte gehören Leonardo da Vinci, Robert Boyle und General Patton.

Pendel können auf verschiedene Weise für die Wahrsagerei eingesetzt werden. Sie werden überrascht sein, wie viel Sie aus den Ja- oder Nein-Antworten eines Pendels lernen können. Wichtiger ist, dass Sie Ihre Fragen auf die richtige Weise stellen können.

Pendel für Wahrsagerei und Magie

Um verlorene Gegenstände zu finden

Pendel sind wie Wünschelruten, die Ihnen den Weg zu dem verlorenen Gegenstand weisen können. Sie können Ihnen sogar helfen, eine vermisste Person zu finden. Bei der Fernpendelung können Sie das Pendel über der Karte eines Gebietes oder Raumes einsetzen. Das Pendel wird Ihnen dann helfen, Ihr Ziel zu finden.

Mit einem Wahrsagebrett

Viele Menschen verwenden Pendel in Verbindung mit einem Wahrsagebrett. Das Pendel leitet den Benutzer, indem es auf die Buchstaben auf dem Brett zeigt und seine Botschaft weitergibt. Das Wahrsagebrett kann Zahlen, Alphabete und Wörter wie Ja, Nein oder Vielleicht enthalten.

Mit Tarot-Karten

Wenn Sie sich in der Kunst des Tarot-Lesens üben, können Sie Ihr Pendel verwenden, um die richtige Karte zu ziehen. Es kann auch zum Reinigen oder Aufladen des Decks verwendet werden.

Magische Orte finden

Die Menschen glauben, dass Pendel zum Auffinden magischer Stätten verwendet werden können. Diese Orte werden für die Durchführung von Ritualen oder anderen magischen Aktivitäten genutzt. Das Pendel kann als Wegweiser fungieren, um den Benutzer zum richtigen Ort hin oder vom falschen Ort weg zu führen.

Pendel und Tarot

Wenn Sie Ihr Pendel gerne benutzen, fragen Sie sich wahrscheinlich, ob Sie es auch mit anderen Wahrsageinstrumenten verwenden können. Pendel lassen sich leicht in die Praxis der Tarot-Lesungen integrieren.

Tarotkarten und Pendel sind beides Kanäle für Ihre Energie. Wenn Sie eine Tarot-Lesung durchführen, empfängt Ihr Geist eine Botschaft, und diese Botschaft wird durch die Symbole, die auf Ihren Karten erscheinen, offenbart. Auf diese Weise übermittelt Ihnen das Universum mit den Tarotkarten Botschaften. Ihr Pendel hilft Ihnen dabei, diese Botschaft zu entschlüsseln und die wahre Bedeutung der Botschaft zu verstehen. Beim Pendel wird die Botschaft durch Bewegungen übermittelt und nicht einfach durch die Verwendung von Symbolen. Die

Symbole jeder Tarotkarte sind jedem bekannt und werden von jedem verstanden, der sie benutzt. Die Bedeutung der Karten ändert sich nicht. Die Bewegungen des Pendels bedeuten für jeden Menschen etwas anderes. Sie müssen die Bewegungen Ihres Pendels verstehen, bevor Sie es bei einer Tarot-Lesung oder einer anderen Aktivität einsetzen. Jede Bewegung Ihres Pendels wird Ihnen eine bestimmte Antwort geben. Deshalb sagen die meisten Hellseher, dass es wichtig ist, das Pendel zu programmieren, bevor Sie es benutzen. Das bedeutet, dass Sie Ihrem Pendel beibringen, sich auf eine bestimmte Weise zu bewegen, um bestimmte Antworten zu erhalten. Dazu fragen Sie das Pendel, wie es sich bewegen wird, wenn es Ihnen auf eine bestimmte Weise antworten soll.

Pendel zur Verbesserung von Tarot-Lesungen

Wenn Tarotkarten Ihr bevorzugtes Wahrsageinstrument sind, können Sie auch von der Verwendung von Pendeln profitieren. Es ist eine wunderbare Erfahrung, in die Bilderwelt des Tarot einzutauchen und all die verschiedenen Archetypen und Symbole zu entschlüsseln. Sie können tief in die Materie eintauchen und jede Offenbarung aus den Deutungen erforschen.

Es kann nicht schaden, sich das, was Sie aus den Tarotkarten lesen, noch einmal bestätigen zu lassen. Wenn Sie an Ihrer Neutralität zweifeln oder nur für sich selbst lesen, kann es nicht schaden, Ihre Wahrsagerwerkzeuge um Pendel zu erweitern.

Pendel sind ein ergänzendes Werkzeug zu den Tarotkarten. Wenn Sie aus den Karten keine eindeutige Antwort erhalten oder einfach nur ein klares Ja oder Nein wollen, wäre es viel hilfreicher, ein Pendel in den Mix einzubeziehen.

Verwendung des Pendels mit Tarot

Im Folgenden finden Sie einige Methoden, die bei der Arbeit mit diesen beiden Wahrsageinstrumenten in der Regel am besten funktionieren:

Wählen Sie ein Deck, mit dem Sie zu einem besonderen Anlass oder an einem bestimmten Tag arbeiten.

Nehmen Sie zunächst alle Decks, die Ihnen zur Verfügung stehen, heraus und legen Sie sie auf dem Tisch oder einer anderen Oberfläche aus, die Sie bevorzugen. Nehmen Sie nun Ihr Pendel und fragen Sie: Kann ich heute mit diesem Deck arbeiten? Halten Sie Ihr Pendel über jedes Deck, während Sie diese Frage stellen, und notieren Sie, ob das

Pendel Ja oder Nein sagt. Wenn Sie sich nicht sicher sind, können Sie weitere Fragen stellen, um sich Klarheit zu verschaffen. Wenn Sie neue Kartendecks kaufen, können Sie Ihr Pendel mit in den Laden nehmen. Wiederholen Sie einfach den gleichen Vorgang, während Sie sich die verschiedenen Decks ansehen. Fragen Sie das Pendel, ob Sie ein bestimmtes Deck kaufen sollten.

Das Ziehen von Karten während einer Tarot-Lesung

Während einer Tarot-Lesung können Sie ein Pendel zum Auswählen von Karten verwenden. Mischen Sie einfach Ihr Deck wie gewohnt und verteilen Sie die Karten dann. Halten Sie nun Ihr Pendel über die Karten und beginnen Sie an einem Ende des Decks. Sie können eine Karte herausziehen, wenn Ihr Pendel auf ein Ja schwingt. Um Verwirrung darüber zu vermeiden, welche Karte angezeigt wird, achten Sie darauf, dass die Karten gut verteilt sind. Sie können das Pendel auch zur Bestätigung verwenden, wenn Sie eine Klarstellung benötigen. Während Sie auf diese Weise Karten auswählen, sollten Sie entweder die Anzahl der Karten, die Sie auswählen möchten, im Voraus festlegen oder Sie können das Pendel so lange verwenden, bis Sie das Ende der Legung erreicht haben. Dann können Sie die vom Pendel gezogenen Karten auslegen und mit Ihrer Tarot-Lesung fortfahren.

Verwendung des Pendels zur Bestätigung einer Tarot-Lesung

Sobald Sie eine Tarot-Lesung beendet haben, können Sie eine Zusammenfassung aller Erkenntnisse erstellen, die Ihnen die Karten gegeben haben. Sie können dann ein Pendel verwenden, um die Botschaft zu bestätigen, die Sie von den Karten erhalten zu haben glauben. Es zeigt Ihnen, ob Sie verstanden haben, was die Karten Ihnen gesagt haben, oder ob Sie noch einmal darüber nachdenken müssen. Wenn das Pendel in Richtung Nein ausschlägt, sollten Sie die Karten aus einer anderen Perspektive betrachten.

Bestimmen Sie, welche Karten in einer Lesung von Bedeutung sind und welche nicht

Sie können Ihr Pendel zu Rate ziehen, wenn Sie sich während einer Lesung festgefahren fühlen. Es könnte sich um eine Lesung für Sie selbst oder für eine andere Person handeln und Sie haben das Gefühl, dass Sie nicht genug aus den Karten lesen können, um eine klare Antwort zu erhalten. In diesem Fall können Sie Ihr Pendel über jede Karte halten, die Sie gezogen haben, und es als Leitfaden verwenden. Stellen Sie dem Pendel alle Fragen, die Sie brauchen, und wählen Sie diejenigen aus, die

Ihnen während des Lesens mehr Klarheit verschaffen werden.

Wählen Sie die passenden Fragen für die Karten aus, bevor Sie eine Tarot-Lesung beginnen

Manchmal sind Sie sich vielleicht nicht sicher, was Sie den Karten an einem bestimmten Tag fragen wollen. Vielleicht versuchen Sie zu entscheiden, was die beste Frage oder die nützlichste Frage wäre. In solchen Fällen kann Ihr Pendel Ihnen den Weg weisen. Sie können Ihre Fragen laut aussprechen und das Pendel fragen, welche Frage Sie den Karten stellen sollen. Sie können auch jede Frage auf ein Stück Papier schreiben und das Pendel über die Zettel halten. Wenn Sie immer noch das Gefühl haben, dass Sie nicht die gewünschte Antwort erhalten, können Sie das Pendel fragen, ob Sie sich andere Fragen überlegen sollten. Wenn die Bewegung des Pendels eine starke, positive Antwort anzeigt, sollten Sie wahrscheinlich die Fragen, die Sie den Tarotkarten stellen wollen, noch einmal überdenken.

Die Verwendung eines Pendels zusammen mit den Tarotkarten ist ein effektiver Weg, um mit Ihren Geistführern und Ihrem höheren Selbst in Verbindung zu treten, und hilft Ihnen sogar, an Ihren intuitiven Fähigkeiten zu arbeiten. Ein Pendel wird Ihnen einige Antworten geben, aber Sie müssen Ihrer Intuition vertrauen, um zu entscheiden, wann Sie es benutzen sollten. Einer der wichtigsten Aspekte bei der Arbeit mit der Wahrsagerei ist, dass Sie unvoreingenommen bleiben. Gehen Sie mit der richtigen Einstellung an die Sache heran, und Sie werden über die Ergebnisse erstaunt sein.

Die besten Kristalle für Tarot- oder Orakellesungen

1. **Amethyst.** Dieser Kristall wird mit spiritueller Entwicklung und übersinnlichen Fähigkeiten in Verbindung gebracht. Die meisten Tarotleser halten diesen Stein in der Nähe, während sie Karten lesen. Er wird Ihnen helfen, Ihre Intuition anzuzapfen. Er wird Ihnen auch helfen, die Botschaften zu entschlüsseln, die Sie beim Tarotlesen erhalten.
2. **Angelit.** Dieser Stein hilft Ihnen, Engel oder Geister zu Ihrer Lesung einzuladen.
3. **Selenit.** Dieser Kristall ist gut zum Kartenlegen und zur Reinigung der Karten. Er ermöglicht es Ihnen, Ihren Raum frei von

psychischen Ablagerungen zu halten. Legen Sie den Selenitkristall über oder unter Ihr Kartenspiel, um es zu reinigen.

4. **Schwarzer Turmalin.** Dieser Schutzstein wird Sie vor allen äußeren Energien schützen, wenn Sie sich auf dem Höhepunkt Ihrer psychischen Energie befinden.

5. **Regenbogenfluorit.** Dieser Stein sorgt für geistige Klarheit und hilft Ihnen, sich auf das zu konzentrieren, was Sie gerade tun. Er verhindert, dass Ihre Gedanken abschweifen, wenn Sie eine Lesung durchführen.

6. **Klarer Quarz.** Dies ist der reinste Quarzstein und kann die Absicht verstärken, während Ihrer Tarot-Lesung Führung zu erhalten. Wenn Sie diesen Kristall während des Journalings in der Nähe haben, können Sie klare Gedanken fassen und mit den Karten kommunizieren.

7. **Rauchquarz.** Er hilft Ihnen, geerdet zu bleiben und ermöglicht Ihnen, sich mit der Energie der Erde zu verbinden.

8. **Rosenquarz.** Dieser Kristall erinnert Sie daran, beim Lesen der Karten mitfühlend und herzorientiert zu sein. Er ist ein großartiger Kristall für das Lesen von Liebesbotschaften. Dieser Kristall kann positive Energie in eine Lesung kanalisieren.

9. **Citrin.** Der Citrin ermöglicht es Ihnen, Blockaden zu erkennen, die durch Angst oder andere negative Gefühle verursacht werden. Es ist schwierig, eine erfolgreiche Lesung durchzuführen, wenn solche Blockaden vorhanden sind. Dieser Stein stärkt das Selbstvertrauen und hilft Ihnen, Mut zu fassen. Er fördert auch den Erfolg von Lesungen.

10. **Labradorit.** Dieser Stein hat die Kraft, Ihre intuitiven Fähigkeiten während einer Tarot-Lesung zu verbessern.

11. **Jade.** Dieser Stein ermöglicht eine Einheit zwischen den Tarotkarten und dem Tarotkartenleser. Er ist der Stein der Liebe und der inneren Wahrheit.

12. **Obsidian.** Dieser Stein ist wichtig für Empathen, da er sie erdet und ihnen hilft, energetischen Ballast von anderen abzuwehren. Achten Sie also auf die Reaktion, die dieser Stein bei Ihnen auslöst, um zu sehen, ob er zu Ihnen passt oder zu erdend ist.

Tarotkarten und die dazugehörigen Edelsteine

Jede Tarotkarte in Ihrem Deck kann mit einem Edelstein verbunden sein. Wenn Sie diese während Ihrer Tarot-Lesung verwenden, können Sie eine bessere Deutung erzielen.

- **Der Narr.** Die Bedeutung dieser Karte ist Unschuld, Ehrlichkeit, Hoffnung oder das Bedürfnis nach einem Neuanfang. Der dazugehörige Edelstein ist der Achat.
- **Der Magier.** Die Bedeutung dieser Karte ist Geschicklichkeit, Selbstvertrauen, Geradlinigkeit und Einfallsreichtum. Der zugehörige Edelstein ist der Feueropal.
- **Die Hohepriesterin.** Die Bedeutung dieser Karte ist intuitiv, offen und spirituell bewusst. Der dazugehörige Edelstein ist der Mondstein.
- **Die Kaiserin.** Die Bedeutung dieser Karte ist weibliche Energie, Ernährerin und Fruchtbarkeit. Der zugehörige Edelstein ist der Peridot.
- **Der Kaiser.** Die Bedeutung dieser Karte ist organisierte Führung, Autorität und Männlichkeit. Der zugehörige Edelstein ist der Rubin.
- **Der Hierophant.** Die Bedeutung dieser Karte ist Tradition, ein starkes Fundament, Autorität und Gemeinschaft. Der zugehörige Edelstein ist der Topas.
- **Die Liebenden.** Die Bedeutung dieser Karte ist Gleichheit, Intimität und die Befreiung von Yin und Yang. Der zugehörige Edelstein ist der Rosenquarz.
- **Der Wagen.** Die Bedeutung dieser Karte ist zielorientiert, Willenskraft und das Erreichen von Zielen. Der zugehörige Edelstein ist der Karneol.
- **Stärke.** Die Bedeutung dieser Karte ist Verlangen, Grimmigkeit, Kraft und Mut. Der zugehörige Edelstein ist das Tigerauge.
- **Der Einsiedler.** Die Bedeutung dieser Karte ist Abgeschiedenheit, Meditation, Weisheit und der Blick auf das große Ganze. Der zugehörige Edelstein ist der Blutstein.
- **Das Rad des Schicksals.** Die Bedeutung hinter dieser Karte ist Freude, Wohlstand, Glück und Triumph. Der dazugehörige

Edelstein ist der Aventurin.
- **Gerechtigkeit.** Die Bedeutung hinter dieser Karte ist Integrität, Fairness und Ehrlichkeit. Der dazugehörige Edelstein ist der Granat.
- **Der Gehängte.** Die Bedeutung dieser Karte ist Geduld, Anhalten, vorübergehender Halt und Anpassung. Der dazugehörige Edelstein ist der Aquamarin.
- **Der Tod.** Die Bedeutung dieser Karte ist Veränderung, zweite Chancen, ein Ende und ein Übergang. Der dazugehörige Edelstein ist Obsidian.
- **Die Mäßigkeit.** Die Bedeutung dieser Karte ist Ruhe, Entwicklung, Mäßigung und Gleichgewicht. Der zugehörige Edelstein ist der Amethyst.
- **Der Teufel.** Die Bedeutung dieser Karte sind Hindernisse, Fallen, Unterdrückung und Abhängigkeit. Der zugehörige Edelstein ist Hämatit.
- **Der Turm.** Die Bedeutung hinter dieser Karte ist Instabilität, lebensverändernde Ereignisse und Konflikte. Der zugehörige Edelstein ist der Kyanit.
- **Der Stern.** Die Bedeutung dieser Karte ist Einfachheit, Inspiration, Unterstützung und Erwartungen. Der zugehörige Edelstein ist der Sugilith.
- **Der Mond.** Die Bedeutung dieser Karte sind Geheimnisse, Intuition, Instinkt und Selbstuntersuchung. Der dazugehörige Edelstein ist die Perle.
- **Die Sonne.** Die Bedeutung dieser Karte ist Freude, Ausstrahlung, Errungenschaften und Vitalität. Der zugehörige Edelstein ist der Sonnenstein.
- **Das Gericht.** Die Bedeutung dieser Karte ist Gleichgewicht, Vergebung, Wahrnehmung und Neubewertung. Der zugehörige Edelstein ist der Malachit.
- **Die Welt.** Die Bedeutung dieser Karte sind erfolgreiche Ergebnisse, Schlussfolgerungen und erreichte Ziele. Der zugehörige Edelstein ist Fluorit.

Pendel und Hexerei

Traditionell war Hexerei der Akt der Anrufung übernatürlicher Kräfte, um Ereignisse oder Menschen zu kontrollieren. Die Ausübung der Hexerei beinhaltete in der Regel eine Art von Magie oder Zauberei. Auch wenn Hexerei in verschiedenen Kulturen und Jahrhunderten unterschiedlich definiert wird, wird sie seit der Antike praktiziert. Wicca ist eher eine moderne heidnische Religion und wird als heidnische Hexerei bezeichnet. Ihre Ursprünge liegen in den vorchristlichen Religionen. Die Praktiken sowohl der Hexerei als auch des Wicca sind je nach Ort und Volk unterschiedlich. Ein gemeinsamer Faktor ist, dass sowohl traditionelle Hexen als auch Wicca häufig Pendel für ihre Praktiken verwenden.

Pendel werden in der Hexerei und im Wicca auf viele Arten verwendet. Hier sind einige Beispiele für die Verwendung von Pendeln in der Hexerei:

Um die Zukunft zu enthüllen

Eine der häufigsten Verwendungen von Pendeln ist die Frage nach der Zukunft. Sie können dem Pendel einige einfache Fragen stellen, die es Ihnen erlauben, mit Ja oder Nein zu antworten. Wenn das Pendel Ihnen die Antworten in den vorgegebenen Bewegungen gibt, die Sie kennen und die Ihnen bewusst sind, dann wissen Sie, dass es jemanden gibt, der Ihre Fragen beantwortet. Sie sollten auch versuchen herauszufinden, mit wem Sie sprechen, denn es ist möglich, dass es sich um ein trügerisches Geistwesen wie einen Dämon oder eine Larve handelt. Es gibt vielleicht auch Geister, die vorgeben, jemand anderes zu sein. Nachdem Sie eine Sitzung beendet haben, müssen Sie sich bedanken.

Mit Ouija-Brettern

Sie können Ihr Pendel auch mit einem Ouija-Brett verwenden. Legen Sie das Brett einfach auf eine flache Oberfläche und halten Sie das Pendel in Ihrer dominanten Hand. Strecken Sie Ihre Hand so aus, dass das Pendel ein paar Zentimeter über dem Ouija-Brett schwebt. Stellen Sie nun Ihrem Pendel Fragen und beobachten Sie, wohin es seine Schwünge richtet. Wenn sich das Pendel vertikal bewegt, wird es über der Zahl oder dem Buchstaben schweben, den es anzeigen soll. Sie können das Pendel auch verwenden, um auf ähnliche Weise Fragen zu stellen, indem Sie es über einen Gegenstand oder ein Foto halten. Mediale Wesen und Wahrsager verwenden Pendel, um zu prüfen, ob es an einem

Ort negative Energien oder Präsenzen gibt. Sie können das Pendel auch benutzen, um einen guten Platz für die Aufstellung eines Altars zu finden. Sie müssen daran denken, das Geistwesen, das Ihnen antwortet, zu respektieren und es nicht zu ermüden oder zu hartnäckig zu sein. Ein wütendes Geistwesen in Ihrem Raum zu haben, wird nur Schaden anrichten.

Für die Gesundheitsdiagnose

Ein Pendel kann auch verwendet werden, um den Körper auf Krankheiten oder negative Energie zu überprüfen. Sie können das Pendel einfach über Ihren Körper oder den einer anderen Person halten und es fragen, wo das Problem liegt. Das Pendel lenkt dann seine Bewegung so, dass es Ihnen sagt, wo Sie Heilung brauchen.

Um einen geeigneten Ort für ein Ritual zu finden

Wenn Hexen ein Ritual im Freien durchführen wollen, wenden sie sich oft an das Pendel, um sich beraten zu lassen. Es hilft ihnen, den richtigen Ort für ein Ritual zu finden. Bei der Suche nach einem geeigneten Ort kann es passieren, dass das Pendel anfängt, sich unregelmäßig zu bewegen. Wenn dies der Fall ist, könnte dies bedeuten, dass der Ort Geister oder Tote beherbergt und er nicht geeignet ist. Versuchen Sie, die Energie um einen Ort herum zu spüren und sehen Sie, ob Sie sich dort wohl fühlen. Wenn Sie ein Gefühl verspüren, das Ihnen Unbehagen bereitet, sollten Sie den Ort verlassen und sich einen anderen suchen.

Um nach jemandem oder etwas zu suchen

Hexen benutzen auch Pendel, um nach Dingen oder Personen zu suchen. Sie können das Pendel physisch in einem Raum einsetzen, um nach einem verlorenen Gegenstand zu suchen. Sie können es auch über einer Karte benutzen, um zu bestimmen, wo sich die verlorene oder versteckte Person oder der Gegenstand befindet.

Als Orientierungshilfe bei Zaubern

Wenn eine Hexe sich nicht sicher ist, welche Zutaten sie für einen Zauber verwenden soll, kann sie ein Pendel als Orientierungshilfe benutzen. Die Verwendung eines Pendels über einem Kalender oder einer Uhr kann auch dabei helfen, den besten Zeitpunkt für einen Zauberspruch zu ermitteln.

Verbessern Sie Ihre Intuition mit einem Pendel

Jedes Mal, wenn Sie mit Ihrem Pendel üben, verbessern Sie Ihre Intuition ein wenig mehr. Sie erweitern sozusagen Ihren Weg. Stellen Sie sich vor, Sie spazieren durch einen schönen Garten und denken dabei über wichtige Dinge nach. Während Sie durch den Garten wandern, erschaffen Sie einen Weg. Je mehr Sie durch den Garten wandern, desto breiter wird der Weg. Es wird viel einfacher für Sie, den Garten zu durchqueren, und Sie haben leichteren Zugang zu den Früchten, die dort wachsen.

Mit Ihrem Pendel verbreitern Sie den Weg, der Sie zu Ihrem höheren Selbst führt. Dieser Weg ist vergleichbar mit einem schönen Garten, der voller Grün und fruchttragender Bäume ist. Um zu diesen Früchten im Garten zu gelangen, müssen Sie aufmerksam sein und den Weg hinein finden. In ähnlicher Weise müssen Sie daran arbeiten, wenn Sie Zugang zu Ihrem höheren Selbst finden wollen. Sie sollten häufig mit dem Pendel üben und Ihre intuitiven Fähigkeiten verfeinern.

Je mehr Sie diese Übung vernachlässigen, desto schwieriger ist es für Sie, das zu erreichen, was Sie suchen. Jedes Mal, wenn Sie mit Ihrem Pendel üben und sich mit Ihrem höheren Selbst verbinden, dringen Sie tiefer in den Pfad vor. Das gilt für jede spirituelle oder intuitive Praxis. Je mehr Sie Ihr Pendel benutzen, desto besser werden Sie in anderen intuitiven Aktivitäten wie Tarot-Lesen, Meditation, Hellsehen und dergleichen.

Finden Sie Ihre Resonanzfarbe mit Ihrem Pendel

Farbe ist elektromagnetische Energie, und jede Farbe, die Sie sehen, hat unterschiedliche Wellenlängen. Farben können Ihren geistigen Fokus, Ihren emotionalen Zustand, Ihre körperliche Gesundheit und Ihr inneres Gleichgewicht beeinflussen. Seit vielen Jahrzehnten wird geforscht, um den bewussten Einsatz von Farben für verschiedene Anwendungen zu verstehen.

Die Chromotherapie oder Farbtherapie ist eine weitere Form der Energieheilung, von der Sie vielleicht schon gehört haben. Die Grundsätze der Chromotherapie besagen, dass jeder Mensch eine Farbe hat, mit der sein wahres Selbst in Resonanz geht. Diese Farbe ist die Resonanzfarbe, und sie kann von Mensch zu Mensch unterschiedlich sein. Eine weitere Anwendung des Pendels ist die Entdeckung der Resonanzfarbe einer Person. Wenn Sie einmal angefangen haben, Pendel zu benutzen, können Sie damit auch Ihre Resonanzfarbe bestimmen.

Dazu benötigen Sie einige Stifte in acht verschiedenen Farben und ein weißes Blatt Papier. Außerdem brauchen Sie Ihr Pendel. Dieses Pendel sollte so programmiert sein, dass es Ihnen mit Ja oder Nein antwortet.

Bevor Sie beginnen, sollten Sie die Quelle der Antworten Ihres Pendels angeben. Es ist auch besser, ein Pendel mit einer neutralen Farbe für diese Übung zu verwenden. Sie können Steine wie Hämatit, schwarzen Onyx, klaren Quarz oder schwarzen Obsidian wählen. Entspannen Sie Ihren Geist und Körper, indem Sie eine Weile meditieren, bevor Sie beginnen.

Nehmen Sie nun das weiße Blatt Papier und schreiben Sie Ihren Namen einmal mit jedem der verschiedenfarbigen Stifte. Wenn Sie zur nächsten Farbe übergehen, lassen Sie ein wenig Platz, bevor Sie wieder Ihren Namen schreiben. Wenn Sie Ihren Namen nicht mit Stiften auf das Papier schreiben möchten, können Sie ihn auch mit dem Computer ausdrucken. Wählen Sie einfach die Primärfarben, um Ihren Namen achtmal in acht verschiedenen Farben zu schreiben. Sobald Sie das Papier haben, legen Sie es vor sich auf eine ebene Fläche. Halten Sie Ihr Pendel in Ihrer dominanten Hand und lassen Sie es ein oder zwei Zentimeter über jeder Farbe schweben. Fragen Sie das Pendel über jeder Farbe, ob dies Ihre Resonanzfarbe ist. Warten Sie geduldig darauf, dass das Pendel Ihnen eine Antwort gibt. Notieren Sie sich die Reaktionen des Pendels auf jede Farbe. Die Farbe, die bei Ihrem Pendel die stärkste Ja-Bewegung hervorruft, ist Ihre Resonanzfarbe.

Sie werden vielleicht feststellen, dass Ihre Resonanzfarbe nicht die Farbe ist, die Sie normalerweise als Ihre Lieblingsfarbe bezeichnen. Sie können immer noch gerne Kleidung in Ihrer Lieblingsfarbe tragen, aber die Kenntnis Ihrer Resonanzfarbe hat ihren eigenen Nutzen. Sie können diese Resonanzfarbe nutzen, um Ihre Schwingungsenergie zu erhöhen. Je mehr Sie sich mit dieser Resonanzfarbe umgeben, desto besser ist sie für Sie. Sie könnten Ihre Wände in dieser Farbe streichen oder mehr Kleidung in diesem Farbton tragen. Das bedeutet nicht, dass Sie andere Farben aus Ihrem Leben ausschließen müssen. Jede Farbe hat ihren eigenen Einfluss auf das Leben eines Menschen. Aber die Resonanzfarbe ist diejenige, die den größten positiven Einfluss hat. Sie können Ihr

Pendel sogar benutzen, um herauszufinden, welche Farben in Ihrem Leben fehlen und die Sie mehr einbeziehen sollten. Wenn Ihr Pendel Ihnen eine Antwort auf all diese Fragen gibt, können Sie weitere Fragen stellen, um die Richtigkeit der Antwort zu prüfen.

Nutzen Sie Ihr Pendel zum Verstehen synchronistischer Ereignisse

An bestimmten Tagen haben Sie vielleicht das Gefühl, dass einige zufällige Dinge nacheinander passieren und dass sie etwas bedeuten. Auch wenn diese synchronistischen Ereignisse manchmal wirklich zufällig sind, können sie auch eine tiefere Bedeutung haben. Das Universum arbeitet auf vielerlei Weise, um uns in unserem Leben Botschaften zu senden. Diese Ereignisse sind ein Weg, auf dem das Universum Ihnen Schutz- oder Heilbotschaften sendet. Wenn Sie diese Botschaften entschlüsseln, können Sie Einblicke in einige wichtige Dinge gewinnen.

Das Universum kann alles als Zeichen verwenden, von einem Lied bis zu einem Pfennig auf dem Bürgersteig. Wenn Ihnen etwas Ungewöhnliches auffällt und Ihre Aufmerksamkeit erregt, versuchen Sie, ein wenig mehr darüber nachzudenken, denn es könnte etwas bedeuten. Es könnte ein Teil eines Puzzles sein und mehr Bedeutung haben, als Sie ihm sonst zutrauen würden. Sie können Ihr Pendel benutzen, um über die Bedeutung solcher Ereignisse in Ihrem Leben nachzudenken.

Programmieren Sie Ihr Pendel und stellen Sie einige Fragen, die Ihnen Klarheit verschaffen werden, wie z.B.:

1. Stehen die Ereignisse, die heute passiert sind, in einem Zusammenhang?
2. Soll ich die Bedeutung dieser Ereignisse tiefer ergründen?
3. Versucht das Universum, mit mir zu kommunizieren?
4. Bedeuten diese Ereignisse ...?
5. Sollen mich diese Ereignisse über etwas aufklären?

Während Sie diese Fragen stellen, können Sie versuchen, Antworten vom Pendel zu erhalten, um herauszufinden, was die synchronisierten Ereignisse bedeuten.

Kapitel Acht: Eigenschaften von Kristallpendeln

Pendel können für eine ganze Reihe von Dingen verwendet werden. Diese Pendel können aus verschiedenen Materialien hergestellt werden, wobei Kristalle zu den am häufigsten verwendeten Materialien gehören. Sie sollten sich darüber im Klaren sein, dass jeder Kristall seine eigene Verwendung hat und für verschiedene Zwecke geeignet ist.

Alternative und komplementäre Medizin hat in den letzten Jahren an Popularität gewonnen. Dazu gehören Yoga, Akupunktur und Kristallheilung. Bevor Sie mit der Verwendung von Kristallpendeln zur Heilung beginnen, hilft es Ihnen, ein wenig mehr über die Kristallheilung zu erfahren.

Kristalle üben seit jeher eine große Anziehungskraft aus, weil sie so schöne Farben und Formen haben. Aber auch wegen ihrer Eigenschaften fühlen Sie sich zu ihnen hingezogen. Jeder Kristall ist anders, und Sie werden ihre Verwendungsmöglichkeiten kennenlernen, um Körper, Geist und Seele zu heilen. Sie können verwendet werden, um den positiven Energiefluss durch den Körper zu fördern und jegliche Energie loszuwerden, die Ihnen schaden könnte.

Die Kristallheilung ist eine uralte Praxis, die auf Philosophien aus dem Buddhismus und Hinduismus zurückgeht. Obwohl es keine wissenschaftlichen Beweise für die Kristallheilung gibt, wird sie auch in der heutigen Zeit noch praktiziert. Die Menschen fühlen sich von Kristallen wegen ihrer Schönheit angezogen, aber die möglichen Vorteile ihrer Verwendung für die Heilung haben noch eine weitere Anziehungskraft.

Reflexion, Achtsamkeit und Akzeptanz spielen bei der Kristallheilung eine wichtige Rolle. Viele Forschungen haben gezeigt, dass der Geist eine heilende Kraft hat. Wenn Sie Kristallpendel verwenden, werden Sie diese Kraft auch in Ihrem Geist nutzen. Auch wenn Sie sich über die Vorteile von Kristallen nicht im Klaren sind, bleiben Sie offen. Durch Ausprobieren können Sie über Ihr Wissen hinauswachsen.

Wenn Sie sich über die Eigenschaften der einzelnen Kristalle informieren, können Sie denjenigen auswählen, der für Ihre Zwecke am besten geeignet ist. Wenn Sie das richtige Kristallpendel auswählen, können Sie es optimal nutzen, und seine Kräfte werden verstärkt. Wenn Sie das richtige Pendel in die Hand nehmen, werden Sie eine Verbindung zu ihm spüren, die sich wie ein Kribbeln anfühlt. Sobald Sie sich Ihrem Pendel hingeben, wird es Sie nach bestem Wissen und Gewissen leiten. Es gibt unendlich viele Möglichkeiten mit Pendeln. Wenn Sie bereit sind, sich für das richtige Pendel zu entscheiden, wird Ihnen das Wissen über die Eigenschaften der verschiedenen Kristalle dabei helfen, in ein Pendel zu investieren, das Ihren Zielen entspricht.

Pendel aus klarem Quarz

Dieser Kristall ist mit dem Kronenchakra und allen Elementen verbunden. Er ist ein farbloser oder weißer Kristall, der mit der Sonne in Verbindung gebracht wird. Er wird als der Meisterheiler bezeichnet und kann Ihre Energie und Gedanken verstärken. Der klare Quarz hat auch die Fähigkeit, die Eigenschaften jedes anderen Kristalls, den Sie verwenden, zu verstärken. Er kann alle Arten von negativer Energie beseitigen und Hintergrundstrahlung wie elektromagnetischen Smog neutralisieren. Ein Pendel aus klarem Quarz bringt die mentalen, physischen, spirituellen und emotionalen Ebenen ins Gleichgewicht und revitalisiert sie. Es wirkt wie ein Reinigungsmittel für die Seele und Ihren physischen Körper. Sie können es verwenden, um Ihren Geist mit der physischen Dimension zu verbinden. Er kann auch Ihre Organe reinigen und stärken. Vor allem aber können Sie ein Pendel aus klarem Quarz verwenden, um Ihre übersinnlichen Fähigkeiten zu verbessern. Es kann Ihr Gedächtnis aktivieren und Ihre Konzentrationsfähigkeit verbessern. Es stimuliert auch Ihr Immunsystem und bringt Ihren Körper wieder ins Gleichgewicht. Wenn Sie das Gleichgewicht in all Ihren Chakren wiederherstellen möchten, können Sie einen klaren Quarzkristall wählen.

Amethyst Kristallpendel

Amethyst wird auch das Beruhigungsmittel der Natur genannt. Ein Pendel aus diesem Kristall ist ein äußerst effektiver Heiler. Es kann Ihren Geist, Ihren Körper und Ihre Seele heilen. Er wird häufig zur Behandlung von Problemen wie Stress, Schlaflosigkeit und Fibromyalgie eingesetzt. Dem Stein wird nachgesagt, dass er seinem Träger Mut und Stärke verleiht. Die beruhigende Eigenschaft des Amethysts hilft, Kreativität freizusetzen. Der Amethyst fördert auch die Ruhe, was für Menschen, die unter Stimmungsschwankungen oder Süchten leiden, hilfreich ist.

Aqua Aura Kristallpendel

Wenn Sie einen Kristall zur Meditation verwenden und die Frequenz Ihrer Energie erhöhen möchten, wäre ein Aqua Aura Kristallpendel geeignet. Dieser Kristall aktiviert auch die Energie von anderen Kristallen und Mineralien. Er wird zur Behandlung von Problemen wie Angstzuständen und Depressionen verwendet und fördert das allgemeine Wohlbefinden.

Hämatit Kristallpendel

Dieser Kristall hat entgiftende und reinigende Eigenschaften. Sie können ihn verwenden, um Ihr Immunsystem zu stärken und Ihren Körper vor Krankheiten zu schützen. Er eignet sich auch hervorragend zur Behandlung von Beschwerden im Zusammenhang mit Nieren, Leber und Blase. Wenn Sie unter Anämie leiden, ist dies der beste Kristall zur Heilung.

Aventurin Kristallpendel

Wenn Sie mit dem Abnehmen zu kämpfen haben, können Sie Aventurin verwenden, um Ihren Stoffwechsel anzuregen. Er wird Ihnen helfen, den Cholesterinspiegel zu senken und den Blutdruck auszugleichen. Dieser Kristall kann auch zur Behandlung von Migräne, Hautausbrüchen und Allergien verwendet werden.

Citrin Kristallpendel

Dieser Kristall wird als Erfolgsstein bezeichnet und soll dabei helfen, alles zu manifestieren, was Sie sich im Leben wünschen. Er wird auch zur

Steigerung des Energieniveaus verwendet. Sie können ihn zur Behandlung von Schilddrüsenerkrankungen verwenden. Er ist auch gut für die Behandlung des chronischen Müdigkeitssyndroms.

Labradorit Kristallpendel

Labradorit wird für die Energiereinigung verwendet. Er kann helfen, alle negativen Energien zu klären und alle blockierten Chakren zu öffnen. Sie können ihn verwenden, um Ihre Gedanken zu filtern und Ihren Geist zu beruhigen, wenn er überaktiv ist. Er hilft auch bei Beschwerden, die mit der Lunge zu tun haben, wie z.B. bei Atemwegserkrankungen oder Erkältungen.

Lapislazuli Kristallpendel

Dieser Kristall wird Ihnen helfen, tiefer zu meditieren. Er kann Ihre Einsicht verbessern und ist ein reinigender Stein. Lapislazuli eignet sich auch hervorragend für Menschen, die Probleme mit Wut oder Ärger haben. Er kann Ihr Immunsystem stärken und den Blutdruck senken. Er ist auch gut für die Linderung von Schlaflosigkeit und Migräneproblemen.

Pyrit Kristallpendel

Pyrit ist ein starker Schutzkristall. Er wird auch Narrengold genannt. Sie können ihn zum Schutz vor negativer Energie und auch vor Umweltschadstoffen verwenden. Er ist nützlich bei der Behandlung von Lungenbeschwerden oder Infektionskrankheiten.

Rosenquarz Kristallpendel

Der Rosenquarz ist ein rosa Kristall, der mit der Liebe in Verbindung gebracht wird. Dieser Kristall hat eine sehr sanfte und beruhigende Energie, die Sie beruhigen kann, wenn Sie aufgebracht sind. Wenn Sie dieses Pendel um den Hals tragen und es in der Nähe Ihres Herzens aufbewahren, ist es noch wirkungsvoller. Er fördert die Selbstliebe und hilft Ihnen, emotionale Wunden zu heilen. Dieser Kristall wird auch positive Beziehungen in Ihrem Leben anziehen. Wenn Sie mit innerem Frieden oder Einsamkeit zu kämpfen haben, könnte dies das richtige Pendel für Sie sein.

Türkis Kristallpendel

Türkis ist ein wunderschöner blauer Stein, der als Glücksbringer gilt, der Emotionen ausgleicht und eine spirituelle Erdung ermöglicht. Dieser Stein kann den Körper, den Geist und die Seele heilen. Bei Beschwerden des Immunsystems, der Atemwege oder des Skelettsystems ist ein Türkispendel die richtige Wahl.

Jaspis Kristallpendel

Jaspis wird auch der oberste Versorger genannt. Er absorbiert alle negativen Schwingungen und schützt den Träger. Er fördert Selbstvertrauen und Mut und ermöglicht schnelles Denken. Dies wiederum ermöglicht es dem Träger, mit schwierigen Problemen besser umzugehen. Dieser kraftvolle Stein baut Stress ab und hilft dem Träger, mit stressigen Situationen umzugehen, anstatt ihnen auszuweichen.

Obsidian Kristallpendel

Obsidian ist einer der am stärksten schützenden Steine, den Sie für Ihr Pendel wählen können. Er wirkt wie ein Schutzschild gegen jegliche Negativität, ob emotional oder physisch. Wenn Sie diesen Stein tragen, hilft er Ihnen, emotionale Blockaden zu lösen und mehr Mitgefühl und Klarheit zu entwickeln. Obsidian wird im Allgemeinen zur Entgiftung des Körpers verwendet und unterstützt die Verdauung. Er kann auch helfen, Schmerzen zu lindern, z.B. bei Krämpfen.

Tigerauge Kristallpendel

Ein Tigerauge ist ein goldener Stein, der seinem Träger einen Schub an Kraft und Motivation verleiht. Er hilft, Selbstzweifel zu beseitigen und lindert Gefühle von Angst und Furcht. Dieser Stein kann seinem Träger zu Ausgeglichenheit und Harmonie verhelfen, so dass er bessere Entscheidungen treffen kann. Er ist auch hilfreich, wenn es um Herzensangelegenheiten geht.

Mondstein Kristallpendel

Mondsteine sind in der Regel klar, weiß oder regenbogenfarbig. Dieser schöne Stein hilft, ein Gleichgewicht zu erreichen und ist besonders für Frauen geeignet. In der Antike wurde der Mondstein von Reisenden als schützender Talisman mitgeführt. Das Tragen eines Mondsteinpendels kann Depressionen und Ängste lindern. Er ist auch ein guter Stein für Menschen, die unter Schlaflosigkeit leiden. Laut manchen Menschen kann der Mondstein auch zur Heilung von Krankheiten eingesetzt werden, die in der Kindheit oder im Alter auftreten.

Saphir Kristallpendel

Saphir ist ein blauer Stein, der mit Königtum und Weisheit assoziiert wird. Er zieht Freude, Wohlstand und Frieden an. Es heißt auch, er fördere bessere intuitive Fähigkeiten. Wenn es um die körperliche Gesundheit geht, hilft ein Saphir bei der Heilung von Beschwerden im Zusammenhang mit dem Blut, den Zellen und den Augen. Er ist auch gut für die Behandlung von Schlaflosigkeit und Depressionen.

Rubin Kristallpendel

Der Rubin ist ein attraktiver roter Stein, der die Energie und Vitalität seines Trägers wiederherstellt. Er wird mit einem höheren Intellekt und mehr Sinnlichkeit in Verbindung gebracht. Dieser Stein kann die Selbsterkenntnis fördern. Es gibt Aufzeichnungen aus der Antike, dass dieser Stein zur Entgiftung des Blutes und zur Verbesserung der Kreislaufgesundheit verwendet wurde.

Granat Kristallpendel

Die roten Farbtöne des Granats gelten als energetisierend. Die energetisierende Eigenschaft trägt zu einer schnelleren Heilung bei. Wenn Sie ein Granatpendel tragen, wird der gesamte Körper revitalisiert und das Immunsystem gestärkt. Sowohl das emotionale als auch das körperliche Wohlbefinden werden gefördert. Granat gilt auch als Schutzstein, der einen Menschen vor schlechtem Karma und Bösem bewahren kann. Es ist optimal, dieses Pendel um den Hals zu tragen, damit es in der Nähe des Herzens bleiben kann.

Bernstein Kristallpendel

Bernsteinkristalle sind in der Regel gelb, rot oder braun gefärbt. Ein Pendel aus diesem Kristall hilft, Stress und Kopfschmerzen zu lindern. Er fördert auch den persönlichen Ausdruck des Trägers. Bernstein ist ein Reinigungsstein, der zur Säuberung verwendet wird und hilft, Krankheiten aus dem Körper zu entfernen. Das Tragen dieses Steins lindert Schmerzen und fördert die Heilung der Person.

Citrin Kristallpendel

Der Citrin gilt als Manifestationsstein und wird auch zur Förderung der Kreativität eingesetzt. Der Stein hat eine leuchtend gelbe Farbe und sollte eine gute Klarheit haben. Er ist mit dem Sakralchakra im Körper verbunden. Ein Citrin-Pendel wird dem Träger positive Energie zuführen und das emotionale Wohlbefinden steigern. Er ist auch gut für die Behandlung von Entzündungen und Schmerzen. Es wird angenommen, dass der Citrin bei Verdauungsbeschwerden und Leberproblemen hilft.

Aquamarin Kristallpendel

Aquamarin ist die Farbe des Ozeans und ist wahrscheinlich einer der schönsten Kristalle, die Sie für Ihr Pendel wählen können. Mit diesem Stein sind viele traditionelle Glaubensvorstellungen verbunden. Seeleute trugen ihn als Glücksbringer auf See mit sich. Viele Menschen verwenden diesen Stein immer noch als Schutzstein. Außerdem glaubt man, dass der Aquamarin seinem Träger helfen kann, eine Zeit der Trauer besser zu bewältigen. Der Stein fördert die Heilung und kann Freude bringen. Er wird auch für die Meditation verwendet. Aquamarin-Pendel helfen bei Beschwerden der Augen, des Verdauungssystems und der Zähne.

Vorteile von Kristallpendeln

Wenn Sie sich für die Verwendung von Kristallpendeln entscheiden, können Sie von den verschiedenen Vorteilen profitieren, die damit verbunden sind. Kristalle werden seit Jahrhunderten zur Heilung von Geist, Körper und Seele eingesetzt. Da sie der Erde entnommen werden, sind sie mit deren heilender Energie verbunden. Wenn Sie ein Kristallpendel verwenden oder bei sich tragen, können Sie seine Energie und Eigenschaften nutzen. Mit Kristallpendeln werden viele Vorteile verbunden.

Energieschub

Jeder fühlt sich irgendwann einmal müde oder erschöpft. Immer, wenn Sie das Gefühl haben, dass Ihnen die Energie ausgeht, können Sie sich an einen bestimmten Kristall wenden, um einen Energieschub zu erhalten. Der Hämatit ist zum Beispiel sehr gut geeignet, um Ihnen Energie zu geben und Ihren Antrieb zu steigern. Dieser Kristall hilft Ihnen, Lethargie zu überwinden, negative Gedanken loszuwerden und sich für Ihre Aufgaben zu begeistern. Dieser besondere Stein wurde in der Antike in Amuletten verwendet. Man glaubte, dass der Hämatit die Blutzirkulation fördern kann, indem er das Blut reinigt. Andere rote Steine wie der Rubin haben ebenfalls eine ähnliche energetisierende Wirkung.

Gesteigerte Kreativität

Hatten Sie schon einmal das Gefühl, dass Sie eine kreative Blockade haben? Das ist der Fall, wenn Sie sich uninspiriert fühlen oder ein Burnout erleben. Zu diesem Zeitpunkt sind Ihre kreativen Kanäle wahrscheinlich blockiert. Kristalle können helfen, diese Blockaden zu lösen und Ihre kreativen Fähigkeiten wieder zu steigern. Der leuchtend orangefarbene Karneolkristall ist einer der wirksamsten Steine für diesen Zweck. Er wird Sie enthusiastischer machen und Ihnen helfen, Ihre Ziele zu erreichen. Dieser Stein fördert die Vitalität und macht Sie aktiver.

Geistige Klarheit und optimale Gesundheit

Kieselsäure bildet die Quarzkristalle, die Sie aus der Erde gewinnen. Wenn Sie mit Kieselerde in Berührung kommen, bringt sie Energie zusammen. Kristalle verbessern Ihre Gesundheit und fördern die Heilung, wenn Sie krank sind. Sie können Ihre Kristalle verwenden, um Ihren Geist und Ihren Körper ins Gleichgewicht zu bringen. Sie erhöhen Ihre Schwingungen und sorgen für mehr geistige Klarheit. Sie helfen Ihnen auch, sich auszudrücken und aufgestaute Emotionen loszulassen.

Linderung von Stress oder Ängsten

Stress und Ängste gehören zu unserem Leben dazu. Die meisten Menschen leiden heutzutage unter einer Art von Angststörung. Dies ist ein weiterer Bereich, in dem Kristalle Ihnen helfen werden. Verschiedene Kristalle haben eine stresslindernde Wirkung und bringen Ruhe in das Gemüt der Anwender. Amethyst und Celestit sind einige Kristalle, die gut zur Bekämpfung von Angstzuständen geeignet sind. Sobald Sie diese Kristalle verwenden, werden Sie feststellen, wie viel einfacher es ist, gut zu schlafen oder zu arbeiten, ohne sich gestresst zu fühlen.

Bringen von Fülle und Wohlstand

Bestimmte Kristalle ziehen Überfluss und Wohlstand an. Der Citrin zum Beispiel hilft Ihnen, Ihre Ausgaben zu kontrollieren und Ihre Finanzen besser zu verwalten. Viele Menschen glauben, dass dieser Stein dazu beiträgt, dass immer mehr Geld in Ihr Portemonnaie fließt, als Sie aus ihm herausnehmen. Malachit ist ein weiterer Kristall, der Glück bringt, wenn die Trägerin oder der Träger Geschäfte abschließt oder finanzielle Angelegenheiten regelt. Ein steinähnlicher grüner Peridot wird Ihnen helfen, jede finanzielle Chance zu nutzen, die sich Ihnen bietet.

Verbesserte Karriere

Sie können Kristalle auch verwenden, um Ihre Karriereaussichten zu verbessern. Kristallpendel können Ihnen helfen, den richtigen Karriereweg zu wählen. Sie können Sie auch bei Entscheidungen im Laufe Ihrer Karriere unterstützen. Der Hämatit hilft Ihnen, festgefahrene Projekte durchzuarbeiten. Obsidian kann dazu beitragen, dass die Dinge reibungslos ablaufen. Serpentin hilft Ihnen, sich auf neue Übergänge einzustellen.

Liebe kultivieren

Der Rosenquarz ist einer der am häufigsten verwendeten Kristalle der Welt und wird für die Kultivierung von Liebe verwendet. Kristalle wie dieser helfen dabei, das Herz zu öffnen und die Person offener dafür zu machen, Liebe zu empfangen und zu geben. Sie können sich von ihnen leiten lassen, wenn Sie Entscheidungen in Bezug auf Ihre Beziehungen treffen. Sie helfen Ihnen auch, emotionale Wunden zu heilen.

Wie Sie Ihre Kristalle pflegen

Reinigen

Die Reinigung des Kristalls ermöglicht es Ihnen, ihn zu säubern und seine Bedeutung zu ehren. Wenn Sie Ihre Kristalle reinigen, würdigen Sie den Weg, den sie zurückgelegt haben, bevor sie in Ihre Hände kamen.

Der Zweck der Reinigung von Kristallen ist es, sie in ihren reinsten und klarsten Zustand zurückzubringen. Wenn sie durch verschiedene Hände gehen oder an verschiedenen Orten getragen werden, absorbieren sie die Energie, die mit ihnen in Berührung kommt, weshalb es wichtig ist, sie zu reinigen. Wenn Sie einen Kristall verwenden, ohne ihn zu reinigen, setzen Sie sich ebenfalls diesen Energien aus. Stellen Sie sich vor, dass er den Schmutz um sich herum aufnimmt und gewaschen werden muss.

Jede Unreinheit oder negative Energie, mit der Ihr Kristall in Berührung kommt, wird spürbar, wenn Sie ihn ohne Reinigung halten oder verwenden. Es ist wichtig, dass Sie während des Reinigungsprozesses einen klaren Geist haben. Ihre Absichten und Ihr Geist müssen klar sein.

Sie können Glöckchen oder Salbei verwenden, um den Raum zu reinigen, in dem Sie den Kristall reinigen. Das Aufsagen eines Mantras ist ebenfalls hilfreich. Der Prozess der Reinigung ist ein Ritual, daher müssen Sie ihn friedlich und achtsam angehen. Die verschiedenen Methoden der Reinigung wurden in einem früheren Kapitel dieses Buches ausführlich erläutert. Sie können vom Mondlichtbad bis zum Räuchern alles für die Reinigung Ihrer Kristalle verwenden.

Wann Sie sie reinigen sollten

Jeder Kristall sollte von alten Energien befreit werden, sobald Sie ihn erworben haben. Kristalle nehmen auch weiterhin Energie auf, wenn Sie sie benutzen. Sie müssen Ihre Kristalle von Zeit zu Zeit zwischen den Verwendungen reinigen und wieder aufladen. Gelegentlich werden Sie feststellen, dass sich Ihr Kristall stumpf oder schwer anfühlt. Das bedeutet in der Regel, dass Ihr Kristall eine Reinigungs- und Aufladesitzung benötigt.

Wenn Sie Ihren Kristall für eine intensive Arbeit wie die Heilung einer Krankheit verwenden, sollten Sie daran denken, ihn zu reinigen. Wenn Sie den Kristall reinigen, bevor Sie ihn wieder verwenden, kann er effektiver arbeiten. Je öfter Sie mit Kristallen arbeiten, desto tiefer wird Ihre Verbindung mit ihnen. Sie müssen Ihre Kristalle als einen Segen anerkennen und sie so ehren, wie sie es verdienen. Wenn Sie sich um Ihre Kristalle kümmern, werden sie noch besser für Sie arbeiten. Irgendwann haben Sie vielleicht sogar das Gefühl, dass ein Kristall seinen Zweck für Sie erfüllt hat und an jemand anderen verschenkt werden sollte, der davon profitieren kann. Hören Sie auf Ihre Intuition und auf die Botschaften, die Ihre Kristalle Ihnen senden.

Wie man Kristalle aufbewahrt

Wenn Sie Ihre Kristalle bei sich tragen oder aufbewahren, müssen Sie darauf achten, sie so aufzubewahren, dass sie nicht beschädigt werden. Raue Steine sollten getrennt von getrommelten Steinen aufbewahrt werden. Sie müssen Ihre Kristalle so aufbewahren, dass sie nicht zerkratzt oder abgeschlagen werden.

Außerdem sollten Sie harte Steine getrennt von weichen Steinen aufbewahren. Die harten Steine können die weicheren Steine beschädigen. Mineralien wie Glimmer und Talk liegen am weichen Ende der Mohs-Härteskala. Sie sind so schwach, dass es schwierig ist, sie zusammen aufzubewahren. Selenit, Alabaster und Wüstenrose gehören alle zu den weichen Steinen. Sie sollten trocken aufbewahrt werden und können sich leicht zersetzen, wenn sie mit harten Steinen zerkratzt werden. Sie können ein weiches Tuch verwenden, um diese Kristalle sauber zu reiben. Harte Steine am anderen Ende der Skala können sogar Glas zerkratzen. Sie können ein Brillentuch verwenden, um sie zu reinigen. Staub und Ablagerungen können Sie entfernen, indem Sie diese Steine in Salzwasser baden.

Wenn Sie große Kristalle verwenden, bewahren Sie sie in einem Regal oder an einem Ort auf, an dem sie nicht mit Dingen in Berührung kommen, die sie beschädigen könnten. Die größte Bedrohung für die meisten Ihrer Kristalle ist ein anderer Kristall. Verwenden Sie für die kleineren Kristalle, die Sie bei sich tragen, ein Seiden- oder Satinetui. Wenn Sie Ihre Kristalle mit Sorgfalt behandeln, bleiben sie rein und wirksam. Wenn Sie mit mehr als einem Kristall reisen, verpacken Sie jeden einzeln. Die grob bearbeiteten Kristalle sollten nicht miteinander in Berührung kommen, da die Schärfe das, was sie berühren, beschädigen könnte. Sie können zum Einwickeln der Kristalle auch Seidenpapier verwenden.

Was Sie beachten sollten:

- Bestimmte Kristalle verblassen, wenn sie unter direktem Sonnenlicht aufbewahrt werden. Dazu gehören Citrin, Amethyst, Opal, Fluorit, Topas, Aquamarin und Kunzit. Die Reinigung bei Mondlicht ist für diese Steine besser geeignet.

- Nehmen Sie sich die Zeit, etwas zu recherchieren, bevor Sie einen Kristall verwenden. Es ist leicht, im Internet oder in einem Buch Informationen über alles nachzuschlagen. Sie sollten die richtigen Kristalle für den richtigen Zweck verwenden und sie auf die am besten geeignete Weise reinigen und aufladen.

- Fehler passieren. Auch wenn Sie vorsichtig sind, kann es passieren, dass Sie einen Kristall beschädigen oder zerbrechen, aber das ist kein Grund zur Besorgnis. Vielleicht können Sie ihn trotzdem verwenden. Es kann aber auch ein Zeichen dafür sein, dass Sie diesen Kristall nicht verwenden sollten.

Kapitel Neun: Verwendung von Pendeln für die körperliche Heilung

Pendel können ein praktisches Hilfsmittel sein, wenn Sie eine körperliche Heilungssitzung durchführen. Dies ist etwas, das viele ganzheitliche Heiler tun und auch empfehlen. Ein Pendel kann zwar keine Krankheiten behandeln, aber es hilft bei der Diagnose und ist auf ähnliche Weise nützlich. Bei der körperlichen Heilung können sie auf verschiedene Weise eingesetzt werden. Pendel sind eine ergänzende Form der ganzheitlichen Heilung. Selbst wenn Sie kein praktizierender Heiler sind, können Sie einige Schritte unternehmen, um einer zu werden, sobald Sie mehr darüber erfahren haben.

Wie Sie wissen, ist ein Pendel ein mächtiges Werkzeug. Es kann verwendet werden, um Dinge zu finden, etwas vorherzusagen und Krankheiten zu diagnostizieren. Ein Pendel kann verwendet werden, um eine Krankheit im Körper aufzuspüren und kann sogar bis zu einem gewissen Grad heilen, je nach den Eigenschaften des verwendeten Kristalls. Wie Sie dies tun können, wird im Folgenden erklärt.

Zunächst müssen Sie verstehen, dass Pendel richtig eingesetzt werden müssen, um genaue Ergebnisse zu erzielen. Verschiedene Kristallpendel sind bei der Erkennung verschiedener Krankheiten nützlich. Wenn Sie den Abschnitt über die Eigenschaften der Kristalle weiter vorne in diesem Buch lesen, werden Sie eine bessere Vorstellung davon bekommen, mit welchen Krankheiten jeder einzelne Kristall in Verbindung gebracht wird. Je nachdem, mit welcher Körperregion der Kristall in Verbindung steht, können Sie mit Hilfe des Pendelns Krankheiten aufspüren und heilen. Einige Pendel, die sich besser für mehrere Zwecke eignen, sind Bergkristall, Hämatit und Moosachat. Sie können ein universelles Pendel wie diese verwenden und je nach der Krankheit, die Sie zu haben glauben, spezifische Pendel einsetzen.

Krankheiten mit einem Pendel erkennen

1. Benutzen Sie das Pendel für sich selbst oder für jemand anderen? Halten Sie das Pendel entsprechend über den Körper und stellen Sie ihm dann eine beliebige Frage. Wenn Sie zum Beispiel das Gefühl haben, einen Tumor im Körper zu haben, können Sie ein Shungite-Pendel verwenden und es bitten, Ihnen zu helfen, den Ort des Tumors zu erkennen. Oder Sie könnten es einfach fragen, ob Sie überhaupt einen Tumor haben. In ähnlicher Weise müssen Sie den Kristall verwenden, der mit der Krankheit verbunden ist, die Sie diagnostizieren oder heilen möchten. Sie können das Pendel verwenden, um Antworten auf alles zu erhalten, was Sie im Sinn haben. Denken Sie daran, dass dies kein Ersatz für die Schulmedizin ist. Suchen Sie einen Arzt auf, wenn Sie befürchten, einen Tumor zu haben.

2. Sobald Sie die Frage gestellt haben, beginnen Sie, das Pendel über Ihren Körper zu bewegen. Lassen Sie es langsam über alle möglichen Körperregionen wandern. Es ist wichtig, dass Sie sich dabei Zeit lassen, denn das Pendel braucht Zeit, um zu reagieren, wenn es ein Leiden feststellt.

3. Wenn Sie das Pendel über einen Bereich halten, der geheilt werden muss, beginnt es normalerweise zu vibrieren. Die Schwingung des Pendels kann auf eine Krankheit hinweisen, die sich bereits manifestiert hat, oder es kann Ihnen sagen, dass es eine Energieblockade gibt, die zu einem Problem führen könnte. Sie müssen auf die subtilen Bewegungen des Pendels achten, um zu erkennen, wann es reagiert.

4. Sie werden feststellen, dass sich das Pendel normalerweise in einer schwingenden Bewegung bewegt, wenn es sich über Körperteilen befindet, die keine Probleme haben. Wenn ein bestimmter Körperteil erkrankt ist, beginnt das Pendel, sich im Kreis zu

bewegen, anstatt die Hin- und Herbewegung fortzusetzen.

5. Wenn Sie diese Veränderung der Bewegung über einem Körperteil bemerken, konzentrieren Sie sich auf diese Stelle. Bewegen Sie das Pendel gründlich über diese Stelle, um zu verstehen, wo sich die Krankheit ausgebreitet haben könnte. Es ist wichtig, dass Sie dabei langsam vorgehen. Fragen Sie das Pendel immer wieder, ob eine Krankheit vorhanden ist und prüfen Sie, ob Sie die richtige Krankheit vermuten.

6. Wenn Sie dies ein paar Mal tun, werden Sie eine Antwort auf Ihre Frage erhalten. Nachdem Sie die problematische Region mit Ihrem Pendel aufgespürt haben, können Sie Schritte zur Heilung einleiten. Während einige Pendel nur zum Aufspüren von Krankheiten verwendet werden, helfen andere Ihnen auch bei der Heilung von Krankheiten.

Jetzt wissen Sie, wie Sie eine Krankheit mit einem Pendel erkennen können. Was tun Sie, wenn Sie ein Problem diagnostiziert haben? Der nächste Schritt ist die Heilung, und das ist eine weitere Möglichkeit, wie Sie ein Pendel verwenden können, aber es ist wichtig zu wissen, dass ein Pendel nicht das einzige Instrument der Heilung sein kann. Es ist in der Regel nur ein Aspekt der Behandlung, und Sie müssen alle notwendigen Schritte unternehmen, um sicherzustellen, dass die Krankheit aus Ihrem Körper oder dem der Person, die Sie heilen, entfernt wurde.

Heilen mit einem Pendel

1. Wenn Sie die oben genannten Schritte befolgen, können Sie Ihr Pendel benutzen, um die Region im Körper aufzuspüren, in der sich eine Krankheit befindet. Sobald Sie dieses Problem erkannt haben, müssen Sie an der Heilung arbeiten.

2. Verwenden Sie das entsprechende Pendel und bitten Sie es, Ihnen bei der Heilung der Krankheit zu helfen. Halten Sie das Pendel über die problematische Region und bitten Sie das Pendel, jegliche negative Energie zu beseitigen, die sich dort angesammelt haben könnte. Möglicherweise liegt eine Blockade vor, und Sie sollten es bitten, diese Blockade zu lösen, damit ein freier Fluss gesunder Energie möglich ist. Bitten Sie das Pendel, Heilenergie in den problematischen Teil des Körpers zu schicken. Nutzen Sie dabei die Kraft der Visualisierung, um sich vorzustellen, wie das Pendel diesen Bereich heilt.

3. Halten Sie das Pendel über diese Stelle und bewegen Sie es langsam um den Bereich, in dem die Krankheit festgestellt wurde. Konzentrieren Sie sich darauf, sich vorzustellen, wie die Krankheit aus dem Körper entfernt werden kann.
4. Nehmen Sie sich mindestens zehn Minuten Zeit, um das Pendel über die kranke Stelle zu halten. Sie können das Pendel auch immer wieder über den ganzen Körper bewegen, wenn Sie glauben, dass dies hilft. Hören Sie nach zehn Minuten auf und wiederholen Sie den Vorgang. Machen Sie so weiter und setzen Sie Ihre Kraft dafür ein, bis Sie glauben, dass Sie so viel wie möglich für die Heilung dieser Stelle getan haben.
5. Das Pendel sollte auch während der Remissionsphase über der problematischen Region verwendet werden. Wiederholen Sie diesen Heilungsprozess so lange, bis Sie glauben, dass der Körper vollständig geheilt ist.

Wenn das Pendel über der problematischen Region zu schwingen beginnt, können die Schwingungen in das Feld der Aura dieser Person eindringen und das Pendel kann Heilenergie an die kranke Region weitergeben. Ihr Pendel wird Ihnen helfen, auf energetischer Ebene zu heilen. Es kann Ihnen helfen, dem Körper viel Heilenergie zu geben, damit er sich schneller selbst heilen kann. Die positive Energie des Pendels wird von der kranken Region aufgenommen und zur Heilung genutzt.

Wenn Sie ein körperliches Leiden heilen wollen, sollten Sie auch andere Maßnahmen ergreifen, wie z.B. sich gesund ernähren und die Anweisungen Ihres Arztes befolgen. Andere alternative Behandlungen, die mit Pendelheilung eingesetzt werden können, sind die Aromatherapie.

Pendel für die Heilung

Einige andere Anwendungsmöglichkeiten für Pendel sind:
1. Erdung.
2. Reinigung der Aura.
3. Chakra-Heilung.
4. Aussuchen von Kristallen zur Heilung.
5. Chakra-Ausgleich.

Erdung

Bevor Sie andere Formen der Therapie durchführen, müssen Sie sicherstellen, dass Sie oder die Person, die Sie heilen, geerdet sind. Wenn Sie nicht geerdet sind, kann es zu unangenehmen Symptomen kommen, die sich im Körper manifestieren.

- Zunächst sollten Sie die Person bitten, sich auf den Rücken zu legen. Vergewissern Sie sich, dass die Person bequem liegt, bevor Sie beginnen.

- Bitten Sie nun das Licht um die höchste Führung für sich selbst und die Person, die Sie heilen.

- Verbinden Sie sich mit dem Herzen der Person, die Sie heilen möchten. Dazu müssen Sie ein Pendel über die Herzgegend halten. Halten Sie das Pendel fest in der Hand und bleiben Sie dabei ruhig. Während Sie mit dem Pendel über der Herzgegend schweben, bitten Sie es, Ihnen zu helfen, sich mit dem Herzen zu verbinden. Sie werden sehen, dass das Pendel weiterschwingt, während es Sie mit dem Herzen verbindet und plötzlich anhält, sobald die Verbindung hergestellt ist. Wenn es nicht anhält, bewegt es sich vielleicht nur in einer Ja-Bewegung, was bedeutet, dass die Aufgabe abgeschlossen ist.

- Gehen Sie nun auf die Füße der Person zu und bewegen Sie sich langsam etwa 5 Zentimeter an ihren Füßen vorbei. Bleiben Sie dabei in einer Linie mit dem Körper der Person. Fragen Sie nun das Pendel, ob die Person geerdet ist. Das Pendel wird sich mit Ja oder Nein bewegen. Wenn es mit Nein schwingt, müssen Sie mehr an der Erdung arbeiten. Wenn Sie eine positive Antwort erhalten, können Sie mit den nächsten Schritten zur Behandlung der Krankheit fortfahren.

- Wenn das Pendel anzeigt, dass die Person nicht geerdet ist, dann müssen Sie etwas länger an der Erdung arbeiten. Stellen Sie sich, wie bereits erwähnt, ein paar Zentimeter von den Füßen entfernt auf und halten Sie das Pendel. Bitten Sie nun Ihr Pendel, die Person zu erden. Machen Sie das so lange, bis das Pendel Ihnen anzeigt, dass die Person geerdet ist. Es bewegt sich entweder in einer kreisförmigen Bewegung oder in einer Bewegung, die Ja bedeutet.

- Wenn das Pendel anzeigt, dass der Klient geerdet ist, sollten Sie das Pendel erneut fragen, um zu bestätigen, dass die Erdung vollständig ist. Wenn Sie immer noch keine Ja-Antwort erhalten, müssen Sie den ganzen Vorgang noch einmal wiederholen. Wenn Sie eine positive Antwort erhalten, sollten Sie dem Pendel danken und mit der Heilsitzung fortfahren.

Aura-Reinigung

Jeder Mensch hat ein Energiefeld, das ihn umgibt und das als Aura bezeichnet wird. Dieses aurische Energiefeld wird von allem beeinflusst, was im Leben eines Menschen geschieht. Dabei kann es sich um ein großes Ereignis oder um eine Kleinigkeit handeln. Ein Streit mit jemandem wirkt sich auf Ihr geistiges Wohlbefinden aus, ebenso wie die Begegnung mit jemandem, den Sie nicht mögen. All diese Ereignisse in Ihrem Leben hinterlassen eine Delle in Ihrem aurischen Feld. Eine noch größere Auswirkung haben Ereignisse, bei denen Sie erheblich traumatisiert werden.

Wenn Sie einen Schaden erleiden oder ein Ungleichgewicht in den Schichten Ihrer Aura besteht, kann Sie dies anfällig für Krankheiten oder psychische Angriffe machen. Außerdem wird Ihr aurisches Feld dann leicht negative Energie aus Ihrer Umgebung absorbieren. Deshalb ist es wichtig, dass Ihre Aura ausgeglichen und frei von Schäden ist.

Hierfür können Sie Ihr Pendel und Ihre Hände verwenden.

- Ähnlich wie bei der Arbeit an den Chakren halten Sie das Pendel in Ihrer dominanten Hand und bewegen die freie Hand über Ihren Körper.
- Zunächst müssen Sie Ihre Hände ein paar Zentimeter über Ihrem Körper oder dem der Person platzieren, deren Aura Sie reinigen möchten.
- Nun bewegen Sie Ihre Hand langsam über den Körper der Person. Gehen Sie zuerst über die Vorderseite des Körpers und dann an den Seiten hinunter. Kehren Sie dabei zuerst zum Kopf zurück und bewegen Sie sich dann nach unten zu den Füßen der Person.
- Während Sie diesen Aura-Scan durchführen, spüren Sie die Energie der Aura. Sie werden bestimmte Veränderungen im Energiefeld spüren können, wenn Sie Ihre Hände bewegen.

- Während Sie Ihre freie Hand über den Körper bewegen, müssen Sie ihr mit der Hand folgen, die das Pendel hält. Wenn Sie mit Ihren Händen eine Energieveränderung spüren können, sollten Sie auch eine Veränderung in der Bewegung des Pendels sehen. Dies bestätigt, was Ihr Aura-Scan Ihrer Hand mitteilt.
- Wenn es keine Delle in Ihrer Aura gibt und alles im Gleichgewicht ist, werden Sie ein federndes Gefühl haben. Liegt jedoch ein Ungleichgewicht vor, können Sie möglicherweise eine Vertiefung in der Aura spüren. Diese Vertiefung kann sich an verschiedenen Stellen unterschiedlich anfühlen. Vielleicht spüren Sie ein Kribbeln in der Handfläche oder vielleicht eine gewisse Hitze oder Kälte. Sie können diese Einbrüche im aurischen Feld auch auf andere Weise wahrnehmen. Vertrauen Sie einfach auf Ihre Intuition und notieren Sie sich die Stellen, an denen Sie die Einbrüche spüren.
- Nachdem Sie diesen Prozess durchlaufen haben, können Sie das Pendel zur Seite legen. Rufen Sie nun das Licht an und bitten Sie es um Hilfe. Legen Sie beide Hände schwebend über Ihren Kopf und bewegen Sie sich langsam nach unten zu den Füßen. Machen Sie dabei eine streichende oder ziehende Bewegung. Wiederholen Sie dies etwa zehn Mal.
- Danach sollten Sie Ihre Hände über die Regionen bewegen, in denen Sie eine Vertiefung in der Aura gespürt haben. Versuchen Sie, diese Vertiefungen erneut zu spüren. Zu diesem Zeitpunkt sollten Sie nicht mehr in der Lage sein, die Energie in diesen Bereichen von der Energie in anderen Bereichen zu unterscheiden. Wenn Sie die Einbrüche immer noch spüren, sollten Sie die vorherigen Schritte wiederholen. Zumindest sollten Sie an einigen Stellen eine positive Veränderung feststellen können. Wenn das Trauma schwerwiegend ist oder die Delle in Ihrer Aura zu tief ist, kann es ein wenig zusätzliche Arbeit erfordern, um das Gleichgewicht wiederherzustellen.
- Sobald Sie den Prozess der Aurareinigung abgeschlossen haben, sollten Sie dem Licht erneut Ihre Dankbarkeit ausdrücken. Nachdem der Prozess abgeschlossen ist, sollten Sie erneut prüfen, ob die Person geerdet ist.
- Die meisten Menschen bemerken nicht, wenn ihre Aura in irgendeiner Weise beeinflusst wird, aber sie sollten sich nach

einer Aurareinigung ein wenig besser oder anders fühlen.
Auf diese Weise können Sie Pendel zur Heilung der Aura einsetzen.

Befreien Sie die Chakren

- Die Person muss in einer bequemen Position liegen, so wie es bei der Erdung beschrieben wurde.
- Nehmen Sie nun Ihr Pendel und halten Sie es ein wenig über den Körper. Bewegen Sie es langsam über alle Chakrapunkte im Körper. Wenn Sie jeden Punkt passieren, fragen Sie das Pendel, ob das jeweilige Chakra blockiert ist. Nehmen Sie sich Zeit, die Antwort des Pendels zu beobachten. Sagt das Pendel Ja oder Nein? Wiederholen Sie diesen Vorgang für jeden einzelnen Chakrapunkt. Notieren Sie sich die Antworten des Pendels.
- Wenn Sie die Pendel über die Chakrapunkte bewegen, fangen Sie oben an und gehen Sie der Reihe nach zum untersten Chakra. Beginnen Sie beim Kronenchakra und gehen Sie nach unten, bis Sie das Wurzelchakra erreichen. Es ist wichtig, dass Sie in dieser Reihenfolge vorgehen, damit der Energiefluss nicht unterbrochen wird. Chakren gibt es auf der Vorder- und Rückseite, daher müssen Sie das Pendel nach jedem Chakra fragen. Das Wurzel- und das Kronenchakra sind die einzigen, die nicht auf der Rückseite vorhanden sind. Während Sie die hinteren Chakren durchgehen, können Sie die Person bitten, sich umzudrehen und auf den Bauch zu legen. Wenn sich die Person dabei aber nicht wohl fühlt, können Sie in derselben Position weitermachen. Manchmal kann es den Prozess stören, wenn Sie die Person bitten, sich zu bewegen.
- Nachdem Sie alle Chakren überprüft haben, werden Sie wissen, ob es in einem von ihnen eine Energieblockade gibt. Nachdem Sie die Chakra-Blockaden identifiziert haben, können Sie mit der Arbeit am Chakra-Ausgleich beginnen. Dabei müssen Sie immer darauf achten, dass die Person geerdet ist.

Bringen Sie die Chakren ins Gleichgewicht

- Während sich die Person bequem hinlegt, halten Sie das Pendel Ihrer Wahl in Ihrer dominanten Hand. Halten Sie ihre freie Hand ein paar Zentimeter über dem Kronenchakra. Zu diesem Zeitpunkt brauchen Sie Ihrem Pendel keine Anweisungen zu geben. Das Pendel sollte von selbst in kreisförmigen

Bewegungen schwingen. Achten Sie darauf, ob sich das Pendel im oder gegen den Uhrzeigersinn bewegt. Lassen Sie Ihre freie Handfläche einige Minuten lang über dem Kronenchakra schweben, während Sie das Schwingen des Pendels beobachten.

- Wenn Sie sehen, dass das Pendel nicht schwingt, können Sie das Licht um Hilfe bitten. Bitten Sie es, das Pendel in Schwingung zu versetzen. Sie werden bald sehen, dass Ihre Bitte erhört wird.
- Sobald Ihr Pendel über dem Kronenchakra zu schwingen begonnen hat, können Sie zu dem darunterliegenden Chakra weitergehen. Das Pendel sollte nun in die entgegengesetzte Richtung schwingen. Wenn es im Uhrzeigersinn über dem Kronenchakra geschwungen hat, sollte es nun gegen den Uhrzeigersinn über dem dritten Augenchakra schwingen. In ähnlicher Weise müssen sich die Pendelbewegungen abwechseln, während sie sich über jedes Chakra einzeln bewegen.
- Wenn Sie sehen, dass sich das Pendel in dieselbe Richtung bewegt wie über dem vorherigen Chakra oder wenn es in seiner Bewegung auf irgendeine andere Weise eingeschränkt ist, deutet dies auf ein Ungleichgewicht oder eine Blockade in diesem Chakra hin.
- Gehen Sie über jedes Chakra und beobachten Sie die Bewegungen des Pendels. Wenn Sie das Wurzelchakra erreicht haben, prüfen Sie mit dem Pendel, ob die Person geerdet ist. Danken Sie dann dem Licht oder den höheren Mächten dafür, dass sie Ihnen bei diesem Prozess geholfen haben.
- Sobald sich die Person nach der Sitzung wieder aufgesetzt hat, sollten Sie ihr etwas Wasser anbieten. Geben Sie der Person die Möglichkeit, mit Ihnen über ihre Erfahrungen zu sprechen. Jedes Ungleichgewicht oder jede Blockade in den Chakren wird mit dem Kunden in Resonanz gegangen sein. Er wird in der Lage sein, bestimmte Situationen in seinem Leben mit diesen Blockaden in Verbindung zu bringen. Es ist auch wichtig, dass Sie sich nach der Anwendung des Pendels die Zeit nehmen, sich mit der Person zu verbinden.

Pendelheilung mit Diagrammen

Wenn Sie Pendel zum Heilen verwenden, bewegen sie sich auf eine Weise, die es Ihnen ermöglicht, Bereiche in Ihrem Körper zu identifizieren, die Aufmerksamkeit benötigen. Ein Pendel kann die Energieunterschiede in den verschiedenen Teilen Ihres Körpers erkennen. Es kann auch starke oder schwache Energien in Ihrer Umgebung aufspüren.

Beim Pendeln für die Gesundheit geht es nicht nur darum, Krankheiten im Körper aufzuspüren. Die Umgebung, in der Sie sich aufhalten, beeinflusst Ihre Gesundheit genauso wie das, was in Ihnen ist. Die Nahrung, die Sie zu sich nehmen, das Wetter und viele andere Faktoren beeinflussen Ihre Gesundheit. Ihr Körper und Ihr Geist sind diesen Dingen ständig ausgesetzt. Sie können Ihr Pendel benutzen, wenn Sie Obst und Gemüse kaufen, um zu prüfen, ob es frisch ist. Sie können es auch benutzen, um festzustellen, ob die Lebensmittel, die Sie essen, Ihnen guttun oder negative Auswirkungen auf Ihren Körper haben. Pendel können auch dazu verwendet werden, Bereiche in Ihrem Haus oder Büro aufzuspüren, die besser mit Ihrer Frequenz in Resonanz stehen.

Am einfachsten ist es, ein Pendel zu benutzen, um Fragen zu stellen, die mit Ja oder Nein beantwortet werden können. Ihr Pendel wird sich in eine Richtung bewegen, um Ja zu sagen, und in eine andere, um Nein zu sagen. Wenn Sie objektive Fragen stellen, erhalten Sie einfache Antworten. Sie können zum Beispiel fragen, ob Sie durch ein bestimmtes Lebensmittel zunehmen werden. Das ist besser als die Frage, ob Sie mit diesem Lebensmittel zunehmen oder abnehmen werden. Letzteres ist keine einfache Ja- oder Nein-Frage, so dass Sie keine eindeutigen Antworten erhalten werden.

Sie können Ihr Pendel auch für Fächerdiagramme verwenden. Ein Fächerdiagramm besteht aus einem Vollkreis oder einem Halbkreis, der in einige gleichseitige Winkel unterteilt ist. Diese lassen Raum für verschiedene Antworten, wenn Sie dem Pendel eine Frage stellen. Sie können eine Fächerkarte verwenden, um zu entscheiden, welche Lebensmittel Sie an einem bestimmten Tag essen sollten. Sie können verschiedene Obst- und Gemüsesorten oder sogar die Namen einiger Gerichte auf der Karte notieren. Dann können Sie das Pendel über die Fächerkarte halten und fragen, was Sie an diesem Tag essen sollten. Warten Sie auf die Bewegung des Pendels, und es wird in Richtung der

Lebensmittel schwingen, die Sie an diesem Tag essen sollten. Notieren Sie sich die Antwort, die das Pendel Ihnen gibt. Sie können es dann erneut fragen, ob es weitere Lebensmittel aus der Grafik gibt, die Sie essen sollten. Sie können diese Fragen so lange stellen, bis Ihr Pendel nicht mehr antwortet oder Ihnen ein Nein gibt.

Sie können Ihr Pendel auch mit einer Körperkarte verwenden. Eine Körperkarte enthält die Umrisse Ihres Körpers. Diese Grafiken können Zeichnungen Ihrer Organe enthalten, oder Sie können sogar die Chakren einzeichnen. Das Pendel kann dann über die Grafik geführt werden, um einen kranken Körperteil oder ein blockiertes Chakra anzuzeigen. Körpergrafiken werden oft von Heilern verwendet, die eine Ferndeutung vornehmen. Aber das ist etwas, das diejenigen mit mehr Erfahrung besser können. Bei einer Ferndiagnose müssen Sie sich nicht im selben Raum befinden wie der Heiler oder die Person, die Sie heilen möchten. Die Fernlesesitzung mit einem Körperdiagramm kann genutzt werden, um eine Krankheit zu diagnostizieren und der Person Heilenergie zu senden, auch wenn sie sich an einem anderen Ort befindet. Ihre physische Anwesenheit ist nicht erforderlich.

Wenn Sie ein Pendel zum Heilen verwenden, ist es wichtig, dass Sie konzentriert und entspannt sind. Sie müssen sich auf die Frage konzentrieren, die Sie dem Pendel stellen. Außerdem müssen Sie Ihren Geist offen und aufnahmefähig halten, um die richtige Antwort von Ihrem Pendel zu erhalten. Das Pendeln mit einem klaren und konzentrierten Geist ermöglicht eine effektive Heilung, aber es ist wichtig, sich daran zu erinnern, dass das Pendeln die Schulmedizin nicht ersetzen kann. Sie ist eher eine ergänzende Praxis und wird der Person helfen, schneller zu heilen, während sie auch eine allgemeinmedizinische Behandlung erhält.

Kapitel Zehn: Die Verwendung von Pendeln zur Energieheilung

Wenn Sie an Meditations- oder Yogakursen teilnehmen, werden Sie oft hören, wie die Lehrer über Chakren und ihre Rolle in Ihrem Körper und Leben sprechen. Es wird immer wieder betont, wie wichtig es ist, diese Chakren im Gleichgewicht zu halten und einen freien Energiefluss durch sie zu ermöglichen. Denn der Zustand Ihrer Chakren hat einen großen Einfluss auf Ihre geistige, körperliche und spirituelle Gesundheit. Wenn eine Blockade oder ein Ungleichgewicht in den Chakren besteht, wird sich dies negativ bemerkbar machen. Die Chakrenheilung kann auf viele verschiedene Arten erfolgen, unter anderem auch mit Hilfe von Pendeln. Im Folgenden erfahren Sie mehr darüber, was Chakren sind, wie sie sich auf Sie auswirken und wie Sie das Chakrensystem mit Hilfe Ihres Pendels heilen können.

Was sind Chakren?

Der Begriff Chakra hat seinen Ursprung im Sanskrit und bedeutet Rad oder Scheibe. Ein Chakra ist ein Energiezentrum in Ihrem Körper. Da durch diese Chakren ein ständiger Energiefluss fließt, werden sie als Energieräder visualisiert, was ihnen ihren Namen gibt. Jedes Chakra in Ihrem Körper korrespondiert mit den wichtigsten Organen und Nervenbündeln. Sie beeinflussen die Funktion der verschiedenen Systeme in Ihrem Körper und Ihr allgemeines Wohlbefinden. Die Chakren müssen offen und ausgeglichen sein, damit sie optimal funktionieren. Wenn ein Ungleichgewicht oder eine Blockade vorliegt, werden Sie je nach betroffenem Chakra emotionale oder körperliche Symptome verspüren.

Jeder Mensch hat sieben Hauptchakren in seinem Körper. Diese verlaufen vom oberen Teil des Kopfes bis zum unteren Teil des Körpers entlang der Wirbelsäule. Das unterste Chakra befindet sich an der Basis der Wirbelsäule, während das oberste Chakra am Scheitel des Kopfes liegt, aber diese sieben Chakren sind nur die Hauptchakren. Es gibt mehr als 100 Chakren in Ihrem Körper. Aber es ist wichtiger, sich auf diese sieben zu konzentrieren und dafür zu sorgen, dass die Energie ständig frei durch sie hindurchfließt.

Die sieben Chakren

Das Chakrasystem besteht aus sieben Hauptenergiesystemen an verschiedenen Stellen entlang der Wirbelsäule. Jedes Chakra hat seine eigene Bedeutung und sollte einzeln studiert werden.

Wurzelchakra

Muladhara ist das unterste Chakra und befindet sich an der Basis der Wirbelsäule eines Menschen. Dieses Chakra gibt Ihnen ein Fundament für das Leben. Es hilft dem Menschen, sich geerdet zu fühlen, und unterstützt ihn bei der Bewältigung aller Herausforderungen, denen er im Leben begegnet. Wenn Ihr Wurzelchakra stabil ist, vermittelt es Ihnen ein Gefühl von Stabilität und Sicherheit.

Wenn dieses Chakra blockiert ist, treten die folgenden Symptome auf:

- Schmerzen in Ihren Beinen und Füßen.
- Ein Gefühl der Unsicherheit und Instabilität.
- Chaotisches Leben zu Hause.
- Ein Gefühl der Unzulänglichkeit oder dass Sie nicht gut genug sind.
- Gestresst durch äußere Umstände.
- Ein Gefühl der Träge und als wäre man in einem Trott festgefahren.

Sakral-Chakra

Svadhisthana befindet sich oberhalb des Wurzelchakras. Es befindet sich ein wenig unterhalb des Bauchnabels. Das Sakralchakra ist mit der kreativen und sexuellen Energie eines Menschen verbunden. Dieses

Chakra ist dafür verantwortlich, wie Sie mit Ihren Emotionen umgehen und wie Sie auf die Emotionen Ihrer Mitmenschen reagieren.

Wenn dieses Chakra blockiert ist, treten die folgenden Symptome auf:
- Probleme mit der Beweglichkeit in der Hüfte und im unteren Rücken.
- Emotionale Überlastung.
- Verschlossenheit gegenüber Emotionen.
- Mangel an Kreativität und Vorstellungskraft.
- Probleme mit dem Selbstbild.
- Schwierigkeiten bei sexueller und emotionaler Intimität.

Solarplexus-Chakra

Manipura ist das Chakra, das sich in der Magengegend befindet. Dieses Chakra steht in Verbindung mit Selbstwertgefühl und Selbstvertrauen. Wenn es ausgeglichen ist, gibt es Ihnen ein Gefühl der Kontrolle über Ihr Leben.

Wenn dieses Chakra blockiert ist, treten die folgenden Symptome auf:
- Ein Gefühl der Ohnmacht.
- Schmerzen im Unterleib.
- Verdauungsprobleme.
- Sie verhalten sich in Beziehungen zurückhaltend.
- Mangelndes Selbstwertgefühl.
- Bindungsprobleme.
- Aufgeblasenes Ego.
- Unfähigkeit, sich an Pläne oder Ziele zu halten.

Herz-Chakra

Anahata ist das Chakra, das sich in der Nähe Ihres Herzens befindet. Es befindet sich in der Mitte der Brust. Dieses Chakra ist mit Mitgefühl und Liebe verbunden. Wenn es einen freien Energiefluss hat, können Sie diese Emotionen anderen gegenüber besser zum Ausdruck bringen.

Wenn dieses Chakra blockiert ist, treten die folgenden Symptome auf:
- Neigung, Groll zu hegen.
- Schmerzen in der Brust und im oberen Rücken.

- Kein Selbstmitgefühl.
- Schwierigkeiten, sich emotional mit anderen zu verbinden.
- Allergien oder Asthma.
- Das Gefühl, dass Sie schwer zu lieben sind.

Hals-Chakra

Vishuddha ist das Chakra, das sich in Ihrer Kehle befindet. Es hilft Ihnen, frei zu kommunizieren und sich auszudrücken.

Wenn dieses Chakra blockiert ist, treten die folgenden Symptome auf:

- Schwierigkeiten, sich auszudrücken oder das Wort zu ergreifen, selbst wenn Sie es möchten.
- Das Gefühl einer blockierten Kehle.
- Steifheit oder Schmerzen im Nacken.
- Neigung, nervös weiterzureden.
- Es fällt Ihnen schwer, für sich selbst oder Ihre Meinung einzustehen.

Drittes Auge Chakra

Ajna ist ein Chakra, das zwischen den Augen liegt. Wenn dieses Chakra gesund ist, wird Ihr Bauchgefühl ausgeprägt sein. Es ist mit Intuition und Vorstellungskraft verbunden.

Wenn dieses Chakra blockiert ist, treten die folgenden Symptome auf:

- Mangel an Inspiration.
- Verspannungen in der Stirnregion.
- Kopfschmerzen.
- Schwierigkeiten bei der Entscheidungsfindung.
- Nebel im Kopf.
- Überaktive Phantasie.

Kronen-Chakra

Sahasrara ist das oberste Chakra im Körper. Es befindet sich an der Spitze des Kopfes. Es ist mit Ihrer spirituellen Verbindung zum Universum, zu sich selbst und zu anderen verbunden. Dieses Chakra hat Einfluss auf den Sinn Ihres Lebens.

Wenn dieses Chakra blockiert ist, treten die folgenden Symptome auf:
- Übermäßige Anhaftung an materialistische Dinge.
- Migräne.
- Unfähigkeit, die Dinge aus der Perspektive anderer zu sehen.
- Schwierigkeiten, eine spirituelle Verbindung herzustellen.

Wenn Sie eines der oben genannten Symptome bemerken, wissen Sie, dass in Ihren Chakren eine Blockade vorliegt. Wenn das der Fall ist, müssen Sie unbedingt daran arbeiten, die Chakren zu entstören. Stress ist einer der häufigsten Gründe, warum der Energiefluss in den Chakren gestört ist. Wenn Sie gestresst oder ängstlich sind, wirkt sich das nicht nur körperlich, sondern auch in Ihrer energetischen Dimension aus. Je mehr sich dieser Stress aufbaut, desto größer wird die negative Manifestation in Ihrem Geist und Körper. Wenn Sie ein glückliches und gesundes Leben führen wollen, müssen Sie diese Chakren befreien. Dies kann mit Hilfe eines Pendels geschehen.

Wenn Sie ein Pendel über ein beliebiges Chakra halten, wird es eine Bewegung geben. Die Bewegung des Pendels gibt Aufschluss über die Energie, die von diesem Chakra ausgeht. Die Intensität der Energie ist ein Indikator für die Energieblockade, das Ungleichgewicht oder das Gleichgewicht in diesem Chakra. Das Pendel hilft Ihnen, die Chakren zu diagnostizieren und zu heilen, so dass Sie den Zustand Ihres physischen, emotionalen und spirituellen Seins verbessern können.

Kristallpendel für jedes Chakra

Wurzel-Chakra
- **Granat.** Er hilft dabei, die Energie auszugleichen und das Chakra wieder mit Energie zu versorgen.
- **Hämatit.** Er blockiert jegliche negative Energie, verbessert die Blutzirkulation und sorgt für Erdung. Er verbessert Ihre Beziehungen.
- **Roter Jaspis.** Er absorbiert negative Energie und hilft dabei, sich geerdet zu fühlen.

Sakral-Chakra
- **Karneol.** Er sorgt für Motivation und stellt die Vitalität wieder her. Er verleiht auch Mut und fördert Positivität.

- **Bernstein.** Er kann helfen, Schmerzen zu lindern. Er ist ein energetisierender Stein und hilft auch, Gelassenheit zu vermitteln.

Solarplexus-Chakra

- **Citrin.** Er fördert die Vorstellungskraft und die Manifestation.
- **Achat.** Er stärkt den Intellekt und bietet Schutz. Er bringt Glück und erhöht die Kreativität.
- **Gelbe Jade.** Er macht Sie selbstbewusster und hilft Ihnen, Ihr Leben besser zu kontrollieren.
- **Tigerauge.** Er sorgt für geistige Klarheit, Selbstvertrauen und verbessert die intuitiven Fähigkeiten.

Herz-Chakra

- **Rosenquarz.** Er hilft Ihnen, sich ruhig und mitfühlend zu fühlen.
- **Aventurin.** Er fördert den Optimismus und bringt Wohlstand.
- **Amazonit.** Er hilft Ihnen, Ihre Meinung zu sagen.

Hals-Chakra

- **Türkis.** Er wirkt als Schutzstein und fördert geistige Entspannung und bessere Kommunikation.
- **Blauer Apatit.** Hilft bei einer besseren Kommunikation und fördert die Kreativität.
- **Celestit.** Er ist der Stein der guten Kommunikation.

Drittes Auge Chakra

- **Saphir.** Er bringt Freude und mehr Einsicht. Er hilft bei der Erfüllung von Zielen und der Lösung von Problemen.
- **Lapislazuli.** Er fördert die Intuition und bringt Weisheit.
- **Sodalith.** Er erhöht die Fähigkeit, sich zu konzentrieren und klar zu denken.

Kronen-Chakra

- **Klarer Quarz.** Er verstärkt die Kraft aller anderen Steine, die Sie verwenden, und hilft, Erleuchtung zu bringen.
- **Amethyst.** Er heilt Ihre Aura und hilft bei spirituellen Verbindungen.
- **Mondstein.** Er macht Sie offen dafür, Liebe zu empfangen.

Wie Sie den Energiefluss in Ihren Chakren mit einem Pendel überprüfen können

Die Verwendung eines Pendels ist eine der besten Methoden, um den Energiefluss in den Chakren zu spüren. Das Pendel wirkt wie ein Verstärker für die Energie, die durch jedes Chakra fließt. Wenn Sie die Manifestation dieses Energieflusses im Schwingen des Pendels beobachten, können Sie viel über Ihr Chakrasystem lernen.

Denken Sie daran, dass sich Ihre Chakren immer wieder öffnen und schließen, da sie verschiedene Phasen durchlaufen. Es ist gut, wenn Ihre Chakren offen sind, aber es ist auch nicht immer schlecht, wenn einige Chakren geschlossen sind. Das Energiesystem in Ihrem Körper passt die Energie, die durch alle Ihre Chakren fließt, ständig an. Das bedeutet, dass manchmal ein Chakra geschlossen wird, um die Gesundheit im Körper eines Menschen zu verbessern. Dies geschieht in der Regel im Zusammenhang mit bestimmten Problemen in Ihrem Körper, die mit diesem Chakra zusammenhängen.

Es gibt kein spezielles Pendel, das Sie für die Arbeit mit Ihren Chakren verwenden müssen. Verwenden Sie irgendein Pendel, mit dem Sie sich am besten verbinden können.

Hier sind einige Möglichkeiten, wie Sie den Zustand des Energieflusses in Ihren Chakren überprüfen können:

Bitten Sie jemanden um Hilfe

Bei dieser Methode müssen Sie sich von einer anderen Person helfen lassen. Sie brauchen nur ein Pendel und jemanden, dem Sie vertrauen, zum Beispiel einen Freund. Bevor Sie mit dieser Übung beginnen, müssen Sie sich mit Ihrem Pendel verbinden und die Quelle der Antworten nennen, die es Ihnen geben wird. Es ist auch wichtig, dass Sie beide ruhig sind und kein bestimmtes Ergebnis von der Lesung erwarten.

Suchen Sie sich einen bequemen Platz zum Hinlegen und bitten Sie Ihren Freund, sich neben Sie zu stellen, während er das Pendel über Ihren Körper hält. Das Pendel sollte sich ein paar Zentimeter über dem Chakra befinden, über das es gehalten wird. Sie sollten dann die Bewegung des Pendels über jedem Chakra beobachten und die Richtung und die Intensität der Bewegung notieren. Sobald sie dies über den Chakren auf der Vorderseite Ihres Körpers getan haben, drehen Sie sich um und erlauben Sie ihnen, das Gleiche auf Ihrem Rücken zu tun. Bitten

Sie sie, auch die Messwerte auf Ihrem Rücken zu notieren. Vergleichen Sie dann diese Werte und achten Sie auf Unterschiede. Vergleichen Sie die Intensität der Bewegungen, die Größe des Pendels und die Richtung für jedes Chakra. Wenn das Pendel stark ausschlägt, bedeutet dies in der Regel, dass mehr Energie durch dieses Chakra fließt. Wenn die Schwingung gering ist, wird sie von weniger Energie angetrieben. Im Idealfall ist der Ausschlag überall gleich und alle Chakren sind offen, aber es ist viel wahrscheinlicher, dass es Unterschiede und Blockaden gibt. Wenn Sie die Unterschiede erkennen können, können Sie die Blockade oder das Ungleichgewicht identifizieren.

Hier sind einige gängige Interpretationen der Pendelbewegungen:

- Wenn es sich im Uhrzeigersinn bewegt, ist das Chakra offen, die Energie fließt frei und ist ausgeglichen.
- Wenn es sich gegen den Uhrzeigersinn bewegt, ist das Chakra geschlossen und die Energiebewegung durch dieses Chakra ist eingeschränkt. Es ist entweder blockiert oder aus dem Gleichgewicht.
- Wenn sich das Pendel in einer geraden Linie bewegt, ist das Chakra teilweise geschlossen. Das bedeutet, dass eine teilweise Blockade oder ein Ungleichgewicht im Energiefluss besteht.
- Wenn sich das Pendel elliptisch bewegt, besteht möglicherweise ein Ungleichgewicht auf der linken oder rechten Seite des Chakras. Die Energie fließt durch das Chakra, aber sie ist auf einer Seite blockiert oder aus dem Gleichgewicht.
- Wenn sich das Pendel nicht bewegt, ist das Chakra blockiert. Das bedeutet, dass keine Energie durch das Chakra fließt und es vollständig blockiert ist.

Verwenden Sie einen Proxy

Eine andere Möglichkeit, Ihre Chakren zu überprüfen, ist die Verwendung eines Proxys. Dazu benötigen Sie einen Ausdruck der Symbole, die die sieben Hauptchakren in Farbe darstellen, und Ihr Pendel. Geben Sie die Quelle der Antworten an, bevor Sie mit dem Pendel beginnen. Der Chakra-Ausdruck dient als Stellvertreter für Ihren Körper oder die Person, deren Chakren Sie analysieren möchten. Nehmen Sie sich einige Augenblicke Zeit zum Meditieren, damit Sie Ihren Geist zunächst beruhigen können. Halten Sie dann Ihr Pendel über das oberste Chakra und beginnen Sie dort. Visualisieren Sie dabei das Chakra in Ihrem Körper und beobachten Sie die Bewegungen des Pendels. Notieren Sie sich diese, während Sie von einem Chakra-Symbol zum anderen gehen. Vermeiden Sie es, darüber nachzudenken, wie sich das Pendel Ihrer Meinung nach bewegen sollte. Lassen Sie die Bewegungen einfach von selbst fließen und halten Sie sie fest. Sie können die Bewegungen dann auf dieselbe Weise interpretieren, wie Sie es normalerweise tun.

Verwenden Sie Grafiken

Sie können eine Pendeldeutung auch mit einer Chakra-Pendel-Grafik durchführen. Auf der Grafik ist jedes Chakra markiert. Legen Sie sie flach auf eine Unterlage und halten Sie dann Ihr Pendel darüber. Stellen Sie dem Pendel Fragen, die Ihnen helfen, den Energiefluss oder den Zustand jedes einzelnen Chakras zu bestimmen. Sie können Fragen stellen wie: Welches Chakra ist heute aus dem Gleichgewicht geraten? Sie können die Fragen auch spezifischer formulieren und Fragen stellen wie, welches Chakra bereitet mir heute Sorgen? Achten Sie nur darauf, dass Sie alle Fragen so formulieren, dass das Pendel Ihnen klare Antworten geben kann.

Wie Sie ein Pendel zum Ausgleich der Chakren verwenden

Wenn Sie Ihre Chakren heilen wollen, ist das Pendel ein guter Anfang.

- Halten Sie zunächst das Pendel Ihrer Wahl über den Ort des Chakras. Wenn Sie zum Beispiel eine Blockade im Chakra des dritten Auges festgestellt haben, halten Sie das Pendel über die Mitte Ihrer Stirn.
- Halten Sie nun still und warten Sie, bis sich das Pendel von selbst zu bewegen beginnt. Diese Bewegung wird Ihnen die Richtung der Energie in diesem Chakra zeigen.
- Sie können sich auf ein bestimmtes Chakra konzentrieren, oder Sie können jedes Chakra einzeln durchgehen. Wenn Sie an allen Chakren arbeiten möchten, beginnen Sie mit dem Kronenchakra oder dem Wurzelchakra und gehen Sie der Reihe nach vor.
- Wenn sich Ihr Pendel unregelmäßig über ein Chakra bewegt, liegt dort ein Energieungleichgewicht vor.

- Wenn sich das Pendel überhaupt nicht bewegt, deutet dies normalerweise auf eine Blockade hin.
- Nachdem Sie alle Chakren durchlaufen haben, benutzen Sie das Pendel, um damit um Harmonie in Ihrem Chakrensystem zu bitten.
- Sie müssen nur den Körper und die höheren Mächte bitten, das Gleichgewicht in Ihren Chakren wiederherzustellen.
- Wenn Sie diese Pendelheilungsübung bei jemand anderem durchführen, sollten sie diesen bitten, ebenfalls nach dieser Harmonie zu fragen. Sprechen Sie mit ihm über die Chakren und ihre Funktionen. Vermitteln Sie demjenigen Wissen, so dass er seinen eigenen Beitrag zur Heilung seiner Chakren leisten kann.
- Das Pendel selbst wird die Heilung nicht durchführen, ist aber ein nützliches Hilfsmittel in diesem Prozess. Sie müssen den Körper auffordern, sich selbst zu heilen und die Chakren neu auszurichten.
- Verwenden Sie das Pendel, um zu überprüfen, ob die Bewegungen am Ende der Übung einen gesunden Energiefluss durch jedes Chakra anzeigen.

Pendel sind ein leicht zugängliches Werkzeug für den Chakrenausgleich. Sie sind nicht teuer, und Sie müssen sich auch nicht allzu sehr anstrengen, um sie zu benutzen. Ihre Absicht und Ihre Geduld sind bei diesem Prozess wichtiger.

Es ist wichtig, das Pendel von jeglicher negativer Energie zu reinigen, nachdem Sie es zum Heilen verwendet haben. Dies ist notwendig, damit Sie es später für andere Zwecke verwenden können. Ein Pendel, das eine Menge negativer Energie angesammelt hat und nicht gereinigt wird, wird nicht richtig funktionieren.

Fazit

Vielen Dank, dass Sie das Buch über Pendel gelesen haben: *Der ultimative Leitfaden zur Magie der Pendel und wie Sie sie zum Wahrsagen, Pendeln, Tarot-Lesen, Heilen und Ausgleichen der Chakren verwenden können*

Inzwischen wissen Sie viel mehr über Pendel, als viele andere Experten von sich behaupten. Sie sollten in der Lage sein, ein geeignetes Pendel für sich zu finden und erfolgreich damit zu praktizieren. Ihr Pendel hat das Potenzial, Ihr Leben in vielerlei Hinsicht zu verbessern. Das Vertrauen in das Pendel und die Offenheit für seine Führung geben den Ausschlag. Nutzen Sie die Tipps in diesem Buch und versuchen Sie, das Pendel für alles zu verwenden, vom Tarot-Lesen bis zum Chakrenausgleich. Mit etwas Übung werden Sie in der Lage sein, das Pendel mit noch größerer Genauigkeit einzusetzen, als Sie zunächst erwarten. Besorgen Sie sich also Ihr Pendel und beginnen Sie zu pendeln!

Hier ist ein weiteres Buch von Mari Silva, das Ihnen gefallen könnte

Referenzen

Mediumship - New World Encyclopedia. (k.D.). Www.Newworldencyclopedia.org.
https://www.newworldencyclopedia.org/entry/Mediumship

(PDF) Telepathy: Evidence and New Physics. (k.D.). ResearchGate.
https://www.researchgate.net/publication/323811942_Telepathy_Evidence_and_New_Physics

Psychic Readings | Tarot Reading | Psychics.com. (k.D.). Www.Psychics.com.

The Editors of Encyclopedia Britannica. (k.D.). Clairvoyance | psychology. Encyclopedia Britannica. https://www.britannica.com/topic/clairvoyance

Arnold, Kim. „10 Fascinating Facts about Tarot: Ten Tantalising Tidbits of Tarot Trivia!"

Hay House, Inc. November 30, 2018.

https://www.healyourlife.com/10-fascinating-facts-about-tarot

Cafe Astrology.com „The Elements in Astrology."

https://cafeastrology.com/natal/elements-astrology.html

Café Astrology. „What is Astrology?"
https://cafeastrology.com/whatisastrology.html

The Cut. „A Beginner's Guide to Tarot Cards." April 27, 2020.
https://www.thecut.com/article/tarot-cards.html

The Cut. „What Is Your Life-Path Number?" May 14, 2020.
https://www.thecut.com/article/life-path-number.html

Decoz, Hans. „Numerology's Master Numbers 11 - 22 - 33." Hans Decoz and World Numerology LLC.

https://www.worldnumerology.com/numerology-master-numbers.htm

Divination Foundation. „A Short History of Divination." May 16, 2007.
https://divination.com/a-short-history-of-divination/

Garis, Mary Grace. „How to Read a Natal Chart—Planets, Symbols, and All." Well+Good
LLC. March 31, 2020.
https://www.wellandgood.com/how-to-read-natal-chart/

Gilbert, Robert Andrew. „Divination: religion." Encyclopedia Britannica. February 16, 2001. https://www.britannica.com/topic/divination

Hurst, Katherine. „Numerology: What is Numerology? And How Does it Work?" The Law
Of Attraction by Greater Minds. December 18, 2017.
https://www.thelawofattraction.com/what-is-numerology/

Israelsen, James. „55 Celestial Facts about the Zodiac" | Fact Retriever LLC. September 11,
2020. https://www.factretriever.com/zodiac-facts

Kahn, Nina. „Your Guide To The Planets In Astrology & How They Affect You." Bustle.
July 24, 2020.
https://www.bustle.com/life/how-each-planets-astrology-directly-affects-every-zodiac-sign-13098560

Mastering the Zodiac. „How to Read a Birth Chart.. in Minutes!" February 19, 2016.
https://masteringthezodiac.com/how-to-read-a-birth-chart/

Linder, Jean. „Tarot Spreads You Need Right Now." Kelleemaize.
https://www.kelleemaize.com/post/tarot-spreads-you-need-right-now

Lovejoy, Bess. „10 Historical Divination Methods for Predicting the Future." Mental Floss. June 12, 2019
https://www.mentalfloss.com/article/585258/historical-divination-methods-predict-future

Newcombe, Rachel. „Rune Guide - An Introduction to using the Runes." Holistic Shop.
https://www.holisticshop.co.uk/articles/guide-runes

Psychic Library, LLC. „Astrological Tarot Spread."
https://psychiclibrary.com/astrological-tarot-spread/

The Rune Site. „Casting layouts and spreads."
http://www.therunesite.com/casting-layouts-and-spreads/

Sons of Vikings. „Viking Runes Guide | Runic Alphabet Meanings | Norse / Nordic
Letters." February 28, 2017.
https://sonsofvikings.com/blogs/history/viking-runes-guide-runic-alphabet-meanings-nordic-celtic-letters

Tarot.com Staff. „The Major Arcana Tarot Card Meanings." Tarot.com. March 3, 2021.
https://www.tarot.com/tarot/cards/major-arcana

Tarot.com Staff. „The Minor Arcana: Meanings Behind the Number Cards." February 3,
2021. https://www.tarot.com/tarot/meaning-of-numbers-in-minor-arcana

Time Nomads. „Elder Futhark Runes Cheat Sheet." January 11, 2020.
https://www.timenomads.com/elder-futhark-alphabet-cheat-sheet/

Tracey, Ashley. „What Does Your Sun, Moon, and Rising Sign Really Mean?" Mindbody,
Inc. April 15, 201
https://explore.mindbodyonline.com/blog/wellness/what-does-your-sun-moon-and-rising-sign-really-mean

Wigington, Patti. „What Is Rune Casting? Origins and Techniques." Learn Religions.
January 31, 2020.
https://www.learnreligions.com/rune-casting-4783609

Wille. „11 Popular Tarot Spreads for Beginners and Advanced readers." A LITTLE
SPARK OF JOY. December 23, 2020.
https://www.alittlesparkofjoy.com/easy-tarot-spreads/

yourchineseastrology.com. „Chinese Palmistry."
https://www.yourchineseastrology.com/palmistry/

Clairvoyance | psychology. (n.d.). Encyclopedia Britannica.
https://www.britannica.com/topic/clairvoyance

Doors To Other Worlds by Buckland, Raymond. (n.d.). Www.biblio.com.
https://www.biblio.com/doors-to-other-worlds-by-buckland-raymond/work/991425

Medium | occultism. (n.d.). Encyclopedia Britannica.
https://www.britannica.com/topic/medium-occultism

Mediumship Quotes (14 quotes). (n.d.). Www.goodreads.com.
https://www.goodreads.com/quotes/tag/mediumship

ThriftBooks. (n.d.). Reunions: Visionary Encounters with... book by Raymond A. Moody Jr. ThriftBooks. https://www.thriftbooks.com/w/reunions-visionary-encounters-with-departed-loved-ones_raymond-a-moody-jr/292870/#edition=2269514&idiq=1005995

Ana. (2020, September 13). How to Use a Pendulum, Asking Questions About Love, Future, and More. https://Buddhatooth.com/. https://buddhatooth.com/how-to-use-a-pendulum/

Asttaria, B. (2019, August 1). Selecting a Pendulum: Understanding the Differences. Adermark.com. https://www.adermark.com/selecting-a-pendulum/

Caro, T. (2020, August 23). Here's How to Ask Pendulum Questions About Relationships. Magickal Spot. https://magickalspot.com/asking-pendulum-about-relationships/

Caro, T. (2020, May 28). Why Does my Pendulum Shakes? [Meaning Explained]. Magickal Spot. https://magickalspot.com/pendulum-shake-meaning/

Different Pendulums and Their Uses. (2015, August 17). Instant Karma Asheville. https://instantkarmaasheville.com/different-pendulums-and-their-uses/

Five Ways You Can Use a Pendulum to Enhance Your Tarot Readings | Inner Goddess Tarot. (2018, August 12). Inner Goddess Tarot. https://innergoddesstarot.com/2018/08/five-ways-you-can-use-a-pendulum-to-enhance-your-tarot-readings/

How to Cleanse Pendulum and Stone Energies. (n.d.). Ask Your Pendulum. https://askyourpendulum.com/pages/how-to-cleanse-pendulum-and-stone-energies

How to Use a Pendulum. (n.d.). Ask Your Pendulum. https://askyourpendulum.com/pages/how-to-use-a-pendulum

How to Use Your Pendulum to Find Lost Objects. (n.d.). Ask Your Pendulum. https://askyourpendulum.com/pages/how-to-use-your-pendulum-to-find-lost-objects

How to Use a Pendulum to Find Anything. (2013, April 2). Hibiscus Moon Crystal Academy. https://hibiscusmooncrystalacademy.com/how-to-use-pendulum/

Kahn, N. (2018, November 29). What Is Crystal Pendulum Dowsing? This Practice Can Help Answer Your Biggest Questions. Bustle. https://www.bustle.com/p/what-is-crystal-pendulum-dowsing-this-practice-can-help-answer-your-biggest-questions-13207938

Luna, A. (2017, December 18). How to Use a Dowsing Pendulum For Divination - Beginner's Guide ★ LonerWolf. LonerWolf. https://lonerwolf.com/dowsing-pendulum/

Pendulum Dowsing History | Timeline (Updated 2020) - Journey To Ascension. (2020). https://Journeytoascension.com. https://journeytoascension.com/pendulum-dowsing-history/

Pendulums for Beginners: 6 Helpful Tips for Successful Dowsing. (2013, June 6). Love & Light School of Crystal Therapy. https://loveandlightschool.com/pendulum-dowsing-for-beginners-some-helpful-tips-for-successful-dowsing-by-kelly-small/

Rekstis, E. (2018, June 21). Healing Crystals 101: Finding the Right One for You. Healthline. https://www.healthline.com/health/mental-health/guide-to-healing-crystals#Different-types-of-healing-crystals

Sara. (2016, August 3). Pendulum And Tarot | The Sisters Enchanted. The Sisters Enchanted. https://thesistersenchanted.com/pendulum-and-tarot/

Selig, M. (2017, March 1). 12 Quick Mini-Meditations to Calm Your Mind and Body. Psychology Today. https://www.psychologytoday.com/us/blog/changepower/201703/12-quick-mini-meditations-calm-your-mind-and-body

Questions to ask a pendulum. (n.d.). https://www.circa1890.com/home.html. pendulum.html

www.ingramcontent.com/pod-product-compliance
Lightning Source LLC
Chambersburg PA
CBHW051856160426
43209CB00006B/1322